谨以此书

献给父亲夏书章百岁生日

献给母亲汪淑钧的在天之灵

人生 · 课堂 · 课程

人生处处是课堂
——我的课堂人生缩影

夏纪梅 著

·广州·

版权所有　翻印必究

图书在版编目（CIP）数据

人生处处是课堂：我的课堂人生缩影/夏纪梅著. —广州：中山大学出版社，2017.11

ISBN 978-7-306-06215-4

Ⅰ.①人… Ⅱ.①夏… Ⅲ.①高等教育—文集　Ⅳ.①G64-53

中国版本图书馆 CIP 数据核字（2017）第 258153 号

出 版 人：徐　劲
策划编辑：嵇春霞
责任编辑：嵇春霞　李艳清
封面设计：刘　犇
责任校对：粟　丹
责任技编：何雅涛
出版发行：中山大学出版社
电　　话：编辑部 020-84110283，84111996，84111997，84113349
　　　　　发行部 020-84111998，84111981，84111160
地　　址：广州市新港西路 135 号
邮　　编：510275　　传真：020-84036565
网　　址：http://www.zsup.com.cn　　E-mail：zdcbs@mail.sysu.edu.cn
印 刷 者：广州家联印刷有限公司
规　　格：787mm×1092mm　1/16　22.75 印张　444 千字
版次印次：2017 年 11 月第 1 版　2017 年 11 月第 1 次印刷
定　　价：68.00 元

如发现本书因印装质量影响阅读，请与出版社发行部联系调换。

序 一
勇敢的摆渡人生

欧阳护华

我国拥有世界上规模较大的英语教师群体，人数达百万之众，可只有极少数位于金字塔塔尖，主宰知识建构、标准设定和各种学术话语权；位于塔底的普通教师很难参与其中，其声音难以被聆听，其身份难以被认同。

与此同时，国际教育界呈现另一幅图景：以教师叙事、行动研究、校本文化等为核心的各种实践共同体形成了广泛强劲的反霸权、求平等的大势，目的在于强化草根阶级的话语权，实现真正意义的以普通教师为中心的自主解放。

在此背景下，要振兴我国英语教师队伍，急需一群在精英与草根之间起到沟通和对话作用的人。我姑且称之为"摆渡人"。一方面，他们能够倾听和代表底层普通教师的声音，领导草根"抗争"上层权威的垄断；另一方面，他们能够从实践探索成功模式的基础上参与上层的政策与纲领制定，又不忘返身指引广大底层教师的专业发展。然而，出于种种原因，这类摆渡人在我国英语教师队伍中极为稀缺。

在我认识的学者中，夏纪梅教授就是这样一位稀缺的摆渡人。

她生长于中国特定的社会历史环境中，不得已错过了学术精英所必须经历的正规、系统的学科教育，缺乏某一名门流派传承的标签。可她却不因此自暴自弃，反而在逆境中拼搏，自强不息。她没有门派之见，不以权威自居，不唱"阳春白雪"，故无"曲高和寡"之孤独，无"高处不胜寒"之障碍，集聚了令人惊叹的上攀高峰、下接地气的勇气和力量。

她抓住各种机会与时俱进地学习新理念，满腔热情地实践新模式，始终保持英语教育改革创新的敏感和激情，坚定地走在开放、转折、更替的时代节点上，引领教育改革新潮流。

和她相处过的众多本科生、研究生、访问学者、受训教师和业内同事均能强烈感受到浸泡于教育的她的心之年轻、情之炽烈、爱之宽广；折服于她深沉博大的教育情怀，孜孜以求的学习精神，积极创新的研究态度，扎根本土的理论建构、人本主义的培训理念以及行之有效的实践方法。

可贵的是，在名气和影响力与日俱增之后，夏纪梅教授依然不忘初心，始终以淡泊名利的心态和一以贯之的热情投身于教学和科研，展开和持续着一个优秀教育家的绚丽多彩。

《人生处处是课堂》是夏纪梅教授人生故事的结集，生动而深刻地记叙了她独特的人生：她所遭遇的挫折、艰苦卓绝的奋斗、背后影响她的重要他者，以及各种珍贵的历史、难以想象的际遇和她发自内心的反思……

我相信，这本书的阅读将会是一场丰富的精神洗礼、一次心灵震荡的成长旅程。

2017年8月于广东外语外贸大学北校区

作者简介：欧阳护华，广东外语外贸大学教授、博士研究生导师，教育人类学专家，心理分析师。

2007年，欧阳护华与夏纪梅在香港会议现场留影

序 二

学者的快意人生

张曦明

我和纪梅是深交挚友。我俩都是学者。我们的共同点是"学"，乐学善学，广纳深思，研究交流，教学相长，著书立说，享受孤独；不同点是她成就大，地位高，出身名门，家学渊源。

深交，意味着一起探讨人性，认识人性。挚，真诚也，推心置腹，直抒胸臆。深交挚友神交重于形交，精神重于物质，可以密切，可以疏离。我和纪梅长时间不联络，仍互相惦记着；相聚则是快乐时光，必定要找个好地方，舒舒服服地享受美食，开开心心地畅叙人生。

作为学者，纪梅高大上；作为人，纪梅真性情，讲义气，有担当。纪梅为人豪爽大方，广交朋友，同事、下属和学生都是她宴请的对象。我和她吃饭，她总抢着买单。留意到我失望的表情，她自我解嘲道："习惯了，与人为善，不想占人便宜。"

我不与她争抢买单。回到她家，我们继续喝茶聊天。我从买单引出新话题，开起人性课堂来。我说："你买单成了习惯，有些人不买单也成了相应的习惯。你把人纵容坏了，就像父母宠坏孩子，是害人！你不忍心害我，就请收下这顿饭的钱！你自己正好利用这次实际行动作为一个良好开端，从此改变你永远包揽买单的不恰当行为。"

在我霸道的人性课堂上，她这个高大上的学者变成不谙世事的小学生，乖乖地收下我的餐费。

我窃喜！和纪梅交往十分愉悦，包括我"忽悠"她带来的快感！我的狡黠和她的单纯是绝佳的搭配。纪梅的虚心好学常常令我忍俊不禁。有时我随口说点什么，她亦视为智慧箴言，立即取出笔记本记录下来，生怕遗忘。

纪梅乐学、善学，也善思，她的悟性很高。有一段时间，她深受一些人际关系困扰。我和她一起上丹霞山到南华寺，她即兴加入游客的铜钱投掷石龟头游戏，结果只有一枚铜钱未投中。她玩得非常开心。

我问她那枚未投中的铜钱意味着什么？她稍思便答："就是困扰我的人际关系！"

我说:"你掷铜钱的结果太暗合你的人生了!因为你的事业太成功,命运就要安排一些东西来折磨你!然而,你能愉快地接受不完美的游戏,却不能接受不完美的人生。辩证地看,正是这枚未投中的铜钱成就了那些命中的铜钱,也正是困扰你的人际关系成就了你的事业。你应该感谢这些人才是。"

纪梅顿悟,困扰她多时的心结随即解开。

纪梅勤奋好学,高效高质的治学、教学和研究令我欣赏、折服和钦佩。她专业学术造诣高,成就大,却还什么都想学。她数十年来笔记本不离身,随时随地记录见闻,积累了大量珍贵素材。她称其人生为课堂人生再贴切不过。既因为她大部分时间作为教师在学校课堂上度过,也因为她时时处处作为学生在社会课堂上学习。

好学的人不少见,但好学如纪梅把人生过成了课堂人生的人也许绝无仅有。我想,许多人会认为这样的人生很苦、很累。但我知道,这是一个学者的快意人生!

2017 年 8 月于广州祈乐苑

作者简介:张曦明,自由作家,心理分析师,著有《走出情感的困扰》《行为银行》《小行长斗智记》等畅销书。

张曦明与夏纪梅合影

自　序

我与课堂不了情：写作动机与过程

我开始写这本书的时候，正是我父亲夏书章97岁出版《论实干兴邦》之时。他的学术精神和写作劲头给了我莫大的鼓舞。我写作用的是电脑，父亲写作用的是钢笔和稿纸。我们父女俩都是在教育情怀的驱使下书写自己钟爱的专业生涯和人生理想。但愿我的"心著"能够成为父亲迈入百岁的贺礼，成为我自己将要来临的70岁生日的精神礼品。

我这辈子与"课堂"结下了不了情。"课堂"是我眼中的"情人"。情人眼里出西施，眼中的情人是美丽动人的，更是魅力无限的。我对课堂情有独钟，我对学生爱恋至深。恋离不开爱，爱离不开情，情离不开感，感离不开心，心离不开想，想离不开悟。于是，我在从教了50年后的当下有了写作这位"情人"的冲动。

我这辈子经历的"课堂"很大，很广，很长，很宽，很深，很多，风情万种，千姿百态。课堂里的"课"无所不有，包括经历、见识、经验、教训、反思、认知、感悟、习得等等。

我写这本书的动机始于2004年中山大学电视台安排学生采访我的为师理想。这次采访勾起了我关于读书和教学的回忆。2012年，那是我行将结束中山大学教学岗位而进入退休阶段的节点年；学生闻讯纷纷来信，表达对我的依依不舍，我更坚定了撰写课堂人生回忆录的决心。2007—2010年，我接连接受了好几个"专题访谈"。教育部委派我指导的国内访问学者一个接一个以不同的关注点对我进行访谈，有关于我的职业发展的，有关于我的教师培训的，有关于我的教学模式创新的。最值得一提的是，在我指导的最后一届研究生中，有个叫孟玲的优秀学生准备出国读博，我极力推荐她采用教育叙事的范式选题，结果她选择我作为中国外语教师成长和职业发展的代表案例。因为我亲身经历了中国改革开放前后教育的变迁，特别在20世纪80年代以来的教育变革中，我是比较积极的开拓者和实践者，也是有故事并且有感悟的人。无论是人生故事，还是教学故事，都既有民族的共性，也有我的个性，可以从中挖掘和研究一些中国文化的传统与现代交替的表征。与孟玲讨论读博申报计划，引发了我对自己教育生涯的全面回忆和思考，发现许多值得撰写和分享的足迹与心声。

我开始动笔时，想到过的书名全部不离"课堂"。因为我的教学生涯几乎百分之九十在课堂度过，还有10%虽然在课堂之外，但我也在为课堂质量尽心尽力。

实际上，我想叙述的"课堂"远不止学校课堂，还有家庭课堂。另外，我还将形形色色的人生际遇均视为"课堂"，从中学习、反思、领悟人生的多种命题。

因为想写的东西太多，我在很长一段时间里纠结于书名的选择，有"人生课堂与课堂人生""人生课堂一百问""课堂人生扫描""课堂人生际遇""课堂人生感悟""课堂恋情录""课堂畅想篇""课堂里的那些事""风情万种的课堂""谈学论教悟人生""师情话意"等等。

为了使书名和内容与写作风格相匹配，我曾多次在睡眠中从床上爬起来，记下一闪而过的念头；我曾多次在读书听讲时触类旁通，思路豁然开朗；我曾反复推敲，几易版本，对每个版本都爱不释手，难以取舍。我知道，不同的书名会有不同的写法，不同的写法会对内容有不同的处理，真可谓费尽心思。

2016年10月，当我正式和中山大学出版社嵇春霞副编审、营销中心领导等讨论切磋时，我们达成一个共识，即"我的人生故事伴随着家国的历史轨迹，我的课堂故事富含我对教育的价值理解"，具有出版价值；并将书名定为"人生处处是课堂"，以我的课堂人生为缩影。

我想让这本书的读者尽量广泛，有我的同龄人，使他们在阅读中引发回忆；有我的下一代，使他们在阅读中引发思考；有我的孙辈，使他们在阅读中引发兴趣。我理解现代人不喜欢"忆苦思甜"，不接受"九斤老太"，不愿听"干巴说教"，没时间"阅读长篇大论"。所以，我运用的写作手法有独白、对话、叙述、阐释、描写、比喻、比较、反思、自省、悟道等等。所有的章节尽量短小精干，小标题富有答疑和感悟的吸引力。

于是，我在写写停停、写写想想、写写看看、写写改改的艰难过程中不断取舍，不断换版，不断努力，终于迎来成书的一刻。

60多年的人生足迹，有道路、有思路、有心路、有学路、有教路，也有山路、有水路、有靓路、有烂路、有明路、有暗路，还有没有路的路。我就这样深一脚、浅一脚地走到今天，此书算作镜头回放吧。

夏纪梅（曾用名：夏纪美）

2017年8月

中山大学康乐园

夏纪梅
回眸一笑看人生

目录
CONTENTS

前言　人生处处是课堂，课堂处处悟人生 ……………………………………（1）

第一章　课堂意识与认知 ………………………………………………（1）
　　一、课堂意识 …………………………………………………………（1）
　　　　（一）人生即课堂 ……………………………………………（1）
　　　　（二）课堂有学问 ……………………………………………（2）
　　　　（三）课堂育人观 ……………………………………………（4）
　　　　（四）课堂的资源 ……………………………………………（5）
　　二、课堂认知 …………………………………………………………（7）
　　　　（一）人生课堂的课程 ………………………………………（7）
　　　　（二）人生课堂的尺度 ………………………………………（11）
　　　　（三）人生课堂的镜像 ………………………………………（13）
　　　　（四）人生课堂的关系 ………………………………………（27）
　　　　（五）对人生的比喻与思考 …………………………………（29）
　　　　（六）以人为本的服务与教育 ………………………………（31）

第二章　课堂经历与成长 ………………………………………………（33）
　　一、家庭课堂 …………………………………………………………（33）
　　　　（一）家风家教：教育有方 …………………………………（33）
　　　　（二）父母榜样：耳濡目染 …………………………………（38）
　　　　（三）家庭文化：潜移默化 …………………………………（40）
　　　　（四）家庭境遇：悲欢离合 …………………………………（42）
　　二、学校课堂 …………………………………………………………（47）
　　　　（一）受教课堂：基础薄弱 …………………………………（47）
　　　　（二）执教课堂：奋发图强 …………………………………（63）

1

三、社会课堂 …………………………………………………………… (81)
    （一）农场课堂：脱胎换骨，磨炼意志 ………………………………… (81)
    （二）职场课堂：坚定不移，经过考验 ………………………………… (81)
    （三）婚姻课堂：苦乐参半，历练人生 ………………………………… (81)
    （四）产房课堂：声嘶力竭，拼尽全力 ………………………………… (82)
    （五）育儿课堂：无私母爱，舐犊之情 ………………………………… (82)
    （六）社交课堂：芸芸众生，千姿百态 ………………………………… (83)
    （七）健身课堂：健身怡情，通气理脉 ………………………………… (84)
    （八）餐桌课堂：餐饮文化，博大精深 ………………………………… (84)
    （九）茶坊课堂：君子之交，头脑风暴 ………………………………… (84)
    （十）旅途课堂：观人观物，触景生情 ………………………………… (84)
    （十一）媒体课堂：剧情故事，戏外人生 ……………………………… (84)
    （十二）镜子课堂：正面榜样，反面样板 ……………………………… (85)
    （十三）性别课堂：必修难修，有得有失 ……………………………… (85)
    （十四）商店课堂：消费不当，教训多多 ……………………………… (85)
    （十五）庙宇课堂：敬畏鬼神，求佑祈福 ……………………………… (86)
    （十六）街边课堂：驻足观赏，怜悯同情 ……………………………… (86)
    （十七）随地课堂：时时留意，处处留心 ……………………………… (86)
    （十八）自然课堂：发现美丽，欣赏奇特 ……………………………… (86)
    （十九）人文课堂：感慨性别，反思语言 ……………………………… (87)
    （二十）支教课堂：以身相许，不惜代价 ……………………………… (91)

四、领教课堂 …………………………………………………………… (96)
    （一）走过的路：是路非路 ……………………………………………… (96)
    （二）睡过的床：难以置信 ……………………………………………… (97)
    （三）用过的厕所：因地制宜 …………………………………………… (98)
    （四）读过的书：学以致用 ……………………………………………… (99)

第三章　课堂言值与课值 …………………………………………… (102)
一、课堂言值 ……………………………………………………………… (102)
    （一）给大学生的致辞：求学求道求术求生 …………………………… (103)
    （二）给学校的致辞：育人育智育心育才 ……………………………… (118)
    （三）给教师的致辞：立身立命立足立业 ……………………………… (128)

（四）教育感想随笔：感触感动感怀感悟…………………………（178）
二、课堂课值………………………………………………………………（203）
　　（一）课堂收获的来源：天道酬勤，多方兼顾……………………（203）
　　（二）课堂收获的财富：师生共建，经验共享……………………（206）

后记　我与课堂心相印："课痴"的"恋情录"………………………（340）

前 言

人生处处是课堂，课堂处处悟人生

我相信，人生处处有课堂，就看你有没有把那些是课堂也不是课堂的场所和人与事当成课堂。

我相信，人生处处是课堂，就看你在其中有没有足够的体察感悟，是否善于发现。

对我来说，人生处处在课堂，随时随地，随人随事，有形无形，明里暗里。

有"课堂"必然有"课程"，特别是那些隐性课程、无字教材是深不可测的社会课程和玩味无穷的人生课程。

在这些忽隐忽现的"课堂"和广袤无边的"课程"里游刃的自然有"教师"，有"学生"，有"同事"，有"同学"，有过客，有世交……形形色色，林林总总，这些都是人生宝贵的财富资源。

本书命名为"人生处处是课堂"。书中所说的课堂既有广义的课堂，也有狭义的课堂。广义的课堂指的是社会课堂，狭义的课堂指的是家庭课堂、学校课堂与领教课堂。我这辈子所献身的事业在课堂，是课堂体现我的人生价值，是课堂给予我职业幸福感，是课堂伴随我成长发展。

我在我的课堂里既是教师，也是学生；有执教，也有受教。我的老师除了教过我的，还有那些共过事的领导、同事，更有那些我教过的学生和我指导、培训过的青年教师。学生们在我的启发和激励下迸发出来的才智潜力与青春活力也在对我进行反哺，他们成为我人生中最珍贵的老师。

学生也是老师？是的，提起学生，我的幸福感就油然而生。这就是我对课堂情有独钟的主要原因之一。

我的课堂里有激情：一群群思想的"舞蹈者"在我的"导演"下灵动跳跃，在我的"刺激"下绽放出一朵朵绚丽的思想火花。

我的课堂里有恋情：人与人之间荡漾着同学情、师生情、班级情、专业情、外语情、朋友情，我们相互滋润，情感持续发酵。

我的课堂里有生态：教育理想是阳光，教学理念是雨露，课堂环境是土壤，教师是园丁，学生是种子，教学是耕耘，教材是养分，关怀是温度，进度是节气。满园生机勃发，硕果累累。

本书围绕我的课堂人生拉开文字展示的舞台幕布，提供的画面有"课堂的价值、内涵、意义、镜像、长度、宽度、维度、味道、声音、情结、魅力、旋律、意识、认知、运力、生态、耕耘、课程、收获"，讲述的有"我钟情的课堂、我脑中的课堂、我琢磨的课堂、我笔下的课堂、我依恋的课堂、我悟道的课堂、我成长的课堂、我创新的课堂……"。这些课堂里有风情、风采、风貌、风味、风向、风景，有情节、情义、情感、情爱、情动，有课程、课文、课人、课风、课值，有学生、学习、学识、学问、学历、学业、学风。

本书分为三章。

第一章 课堂意识与认知

撰写这一章的指导思想是"课堂是每个人且行且珍惜的资源库"，因此，"课堂意识决定课堂价值"。

我相信"心有多大，课堂就有多大""心在哪里，课堂就在那里""我的课堂无处不在"。

本章谈及"课堂的定义"，既有引自教育专家的定义，也有我自己的领悟。"课堂里的课程"既有人人必修的"人类通识课"，也有我的"人生选修课"。"课堂的尺度"有我任教时间和地理延伸的长度，有包括学校数、学生数和讲题数所涵盖的宽度，有知识、技能、文化、素养、感悟、写作手法的维度。"课堂的镜像"有天南地北、古今中外的感悟拾偶。

本章还有对人生课堂的各种关系的思考，以"人"字为人生关键词和课堂关键词，论述自己对"人字好写，人不好做"的理解，阐释男人与女人、父母与儿女、上司与下属、雇主与雇员、商家与顾客、教师与学生究竟"谁跟谁""谁靠谁""谁谢谁""谁益谁"以及对人、对己的辩证关系。另外，对"以人为本"的服务和"以人为本"的教育也有些思辨认识。

第二章 课堂经历与成长

本章记叙了我的家庭课堂、学校课堂、社会课堂和领教课堂。课堂经历包括幸福的小学、特殊的中学、奇异的大学以及奋力的自学、钟情的教学的"课堂"之路。这是我这一代人上学、失学、复学、自学、教学的历程记录，是特殊年代、特殊教育的原始素材。

本章用特殊的笔调描写了十几种"无字教育"的隐形课堂，抒发了自己在农场里、婚姻中、产房中、育儿中、社交中、舞场中、旅途中、庙宇中、餐桌上、茶坊里、街道旁以及与媒体接触等情境中对自然和人文现象的见闻思绪。其中，我以

"支教课堂：以身相许，不惜代价"为核心记叙我退休前后进驻过的三所大学的蹲点工作。

我相信"经历是财富"，所以书中那些我"走过的路，睡过的床，用过的厕所，读过的书"虽写得别有情趣，却是带着苦涩的回忆。

第三章　课堂言值与课值

本章收录了我在中山大学（简称"中大"）开学典礼和毕业典礼上作为教师代表的发言、在高校教师岗前和在职培训的专题讲座、作为赛事评委的点评、对社交活动和参观访问后随想随写的散文，等等，形式多样，风格各异。

本章也摘选了在我任教的中山大学、退休后蹲点支教的大理学院（2015年已改为"大理大学"）和华中农业大学三校多届本科生具有代表性的课程反馈，有对我的大学英语基础课和人文通识课的反馈，有对我实施的"任务型""输出导向""自主合作研究型""课业作品化"教学模式的经历、心路和收获，有对我采用"以学生为中心""以学为主""干中学习"理念原则给学生带来的成长和发展的感谢。本章还选登了国内访问学者对我进行的不同专题的职业访谈、观摩我的课程后的反应以及同行对我的著作的评价、学生毕业后的来信等。这些都是外界对我的教学的评价。

自传体的人生回忆录有多种写法。我选择以"课堂"为写照，原因有两个。

其一，我是教师之子，也是一名教师，所以自然而然与课堂有不解之缘。

其二，我自认为是个"课痴"，在人生道路上和职业生涯中对"课堂"和"课程"有着"神经质"般的敏感，常常情不自禁地产生思索或联想。

以上内容简介也可以看出，我的课堂人生不外乎两大类。一类是常规课堂，另一类是非常规课堂。事实证明，大量的受教来自形态各异的非常规课堂（即隐形课堂）。

常规课堂又分为两大类，一类是受教课堂，另一类是执教课堂。我在常规课堂的受教历史远远不如执教经历。

我和我这一代同龄人一样，因"文化大革命"失学7年，完全"被缺失"了完整的初中和高中的教育，将人生最亮丽的青春年华无奈地"被浪费"在"战天斗地"的岁月中。也由于"文化大革命"，我的大学教育背景以"工农兵学员"的身份来定位，背负教育出身卑微一族的历史包袱。

为了打好"翻身仗"，我在任教、执教、从教的道路上，抓住各种机会不脱产地"读"过6所大学。我接受过教育的课堂有中山大学和教育部1982—1984年联合举办的助教进修班（相当于在职研究生班，当时任教的都是业内著名的权威专家，如戴镏龄、王宗炎、方淑珍、高鸣元、黎秀石、桂诗春等教授），美国南加州大学（University of Southern California）1986年暑期教师培训班（公派），英国格拉斯哥大学（Glasgow University）1990年春季访问学者（校际交流），英国牛津大学（Oxford University）1995年暑期世界英语教师培训班（英国文化委员会中国华南办选拔资助），英国剑桥大学（Cambridge University）考试委员会UCLES1995年秋季BEC考官亚洲区培训班（教育部选拔资助），并受邀成为香港中文大学CUHK1998年春季合作研究学者。我还自觉参与不计其数的内地举办的专家培训和香港地区举办的国际学术会议，能够立竿见影、只争朝夕地学以致用，所得的实际收益造福了我后来的学术发展。

我用行动证明着"干中学习""边行边知"教育理念的成功效益。值得庆幸的是，我从事的是人文学科语言专业，成就主要靠浓厚的兴趣并舍得下苦功夫。

诚实地说，据不完全统计，我教过的学生数以千计，指导过的研究生和国内访问学者近百人，培训过的教师数以万计。学生对我的评价和反馈以及通信交流留下的文字记录有数十万字。我自己的学习、感悟、交谈、阅读、观察等写下的心得笔记也有数十本，发表的教育散文、论文与出版的著作、教材累计几百万字，申报并成功立项的省部级、校级教学改革与研究课题累积40多项。我想，这些都是我课堂人生的收获、财富、价值积分，是值得珍藏和与人分享的记忆。所以，我在这本书中写的就是其中经历的一些故事、获得的一些心得体会，这是一种反思记叙。

进入21世纪，随着互联网功能的日益强大，实体课堂出现的疑难问题越来越多，未来的课堂将会变成什么样？这本书所记录的在不远的将来会成为历史资料，所以更有收藏价值。

无论如何，我相信，人类社会永远是大课堂，只要留心，处处皆有学问。我愿意在此与他人分享自己独特的体验和感悟。

这本书就是凭借我有限的认知水平写下的近70年来跋山涉水征程上的点点滴滴，以飨读者。

我对所有给过我人生道路上的帮助和恩德的人，一并借此机会致以由衷的感谢！

附　写给自己"奔七"的话

我出生于教师之家，献身教育事业一辈子。从18岁从教到68岁结束教学聘任，累计近50年的职业教龄将会打上句号。

一路走来，我的成长之路与中华人民共和国的时代同步，身上有不少国家命运的影子，脚印足迹完全踏在国家发展的历史轨道上。

我能从教当老师纯属偶然，也有必然；有命运，也有奋斗；有梦想，也有实践；有坚持，也有动摇；有成就，也有遗憾；有顺利，也有坎坷；有优势，也有劣势；有自己已知的强项，也有通过别人的反馈才让自己知道的强项；有自己无意识的毛病，也有用别人来"照镜子"或自觉反思、反省发现的毛病；有自己的成长，也有与学生和同事共同的发展。

人生路上，就像旅游路上，需要不断回头，才会发现另一番美景。我看到自己的课堂有长度，绵延万里；有维度，多姿多彩；有扭曲，千古绝唱；有味道，五味杂陈；有情结，终生不渝；有爱意，专心致志；有意象，形神兼备；有旋律，师生律动；有生态，生机盎然；有耕耘，天道酬勤；有收获，教学相长；有声音，学生致谢；有幸福指数，互利双赢；有生命质量，互哺共生。

人生苦短，就像每次做完一件重要的事情最好都要总结反思一样，要对自己的人生有个交代或提升。我为自己的课堂人生有恋情、有痴迷、有幸福、有悟道、有创新、有变术、有成长、有收获而庆幸。

所以，我为自己将要来临的70岁生日写下了这些回忆，作为献给自己"人生70古来稀""从心所欲不逾矩"的精神礼物。

在此，我想引用北京大学教师、科学家饶毅在2015年大学生毕业典礼上的致辞《做自我尊重的人》最后的一句话："我祝愿：退休之日，你觉得职业中的自己值得尊重；迟暮之年，你感到生活中的自己值得尊重。"我想，我算是做到了。

夏纪梅
中山大学康乐园
2017年8月

夏纪梅
谢天谢地谢恩人

第一章
课堂意识与认知

[人生处处有课堂，课堂行为取决于意识与认知。]

一、课堂意识

课堂的意识决定课堂的价值。课堂是什么？课堂是让学习发生的地方，是每个人且行且珍惜的资源库。课堂里有什么？课堂里有人、有资源。课堂里的人需要什么？课堂里的人需要用心识悟。

（一）人生即课堂

人一生读了一本又一本有字书和无字书，换了一批又一批"老师"和"同学"，升了一"级"又一"级"，转了一个又一个"学校"，修了一门又一门课，获得了一个又一个"证书"。

课堂里有"老师"和"同学"。在这些群体里，老人有老人宝贵的经验，就看晚辈有没有珍惜和学习。孩童有孩童真挚的心灵，就看长辈有没有发现并欣赏。青年人有青年人机敏的学习力，就看他们如何获得并释放。成功者有成功者的路数，有的路数别人能够仿效，有的路数则别人不一定学得到。失败者有失败者的原因，"吃脑"的人也有其迂腐之处，专业之外等同于白痴的并不少见。"卖力"的人也有其智力表现，常常妙语惊人。"猪往前拱，鸡往后刨"，各有各路，都有自己的生活智慧。在这个课堂里，如何待人接物、与人相处，"课堂"会给人打分。

人生有各种不同，如不同的阶段、不同的角色、不同的课堂、不同的课程。每个阶段的人，即使在同样阶段、同样环境的课堂里也会有不同的际遇、不同的收获，这就取决于课堂里的人有没有主动适应那个特定的环境，有没有保持适当的态度，有没有找到适当的学习方法，有没有留心和用心利用那里的资源。

"课堂"无处不在，这不由人的主观意志决定。既然如此，人对课堂的意识水平和认知程度、对课堂的体验和利用方式决定生命质量和幸福指数。人要经过必要的认知课堂、研究课堂、解读课堂，争取做"合格"乃至"优秀"的"课堂人"。

（二）课堂有学问

课堂是什么？捷克教育家、教育学的奠基人夸美纽斯，美国教育家、实用主义哲学的重要代表人物约翰·杜威，苏联教育家、心理学家赞可夫等国际著名的教育专家先后在人类发展的不同时期得出这样一个共同的结论："课堂是让学习发生的地方。"

要让学习发生是人在课堂的目的和追求。学习是什么？怎样才能让真正的学习发生？人的一生始于学习，处处离不开学习。这里主要讲讲学校课堂与社会课堂。人在学校课堂完成学业，在社会课堂拼搏事业。然而，生命质量不取决于学业的长短和成绩的高低，生活质量不取决于职业的贵贱和收入的高低；生存质量取决于人生课堂的学习质量，即取决于对人生课堂里的资源的利用质量。

在学校课堂里，学习资源有限。课程不外乎几门基础课，活动不外乎读书、听课、记笔记、做作业、考试、毕业、升学。就6岁到18岁的12年的基础教育学业而言，有的人只完成了小学，因故失学；有的人只完成了初中，没再升学；有的人顺利读完大学，接受了完全的教育。可是，无数事实证明，只有小学学历的成功人士并不比具有大学学历而平庸的人差，大学期间辍学或成绩一般的成功人士比一些在学校成绩优秀的学生在商界更有优势的案例比比皆是。可见，商界精英靠的不完全是在校成绩。社会上还有一个比较普遍的现象，具有博士学位的人并不一定比没有博士学位的人更有专业成就，会读书、会考试、会做题的人往往实践性动手、创新性动脑能力不强。其中的原因很复杂，不能绝对推论。但至少证明一点，学历不等于实力，成绩不等于业绩。学校课堂里，要让真正意义的学习发生，学什么？怎样学？为什么学？这里面富有学问。

在社会课堂里，人际关系复杂，生活环境逼迫，学习途径多样，需要研习的"必修课"大致有"求职课""入职课""升职课""办公室政治课""人际关系课""恋爱课""婚姻课""事业家庭平衡课""人生修养课""餐桌文化课""公关礼仪课"等等。至于"专业课"和"选修课"，因人而异。有的人很快通过这些"科目"和"课程"，而且得分很高；有的人修了一辈子，还是通不过，只能无奈地放弃；有的人边修边叹气，只会怨天尤人。有的人卡在"关系学"，有的人败在"平衡学"，有的人搞不懂"政治学"，有的人挣扎于"性别学"。也有的人什么都拒学，采取"鸵鸟政策"，我行我素，美其名曰"独善其身"。社会课堂里，要让有效学习发生仍然是学什么、怎样学、为什么学的问题。

无论是学校课堂还是社会课堂，课堂里的人都会有各自的身份。人要有明确的身份的定位、身份的存在方式、身份的功能和价值、身份与"课堂"的关系，从而决定学什么、怎样学、为什么学。

从教师的视角看课堂，我把课堂比作"教育生态园"。课堂环境是土壤，学生是种子，教育理想是阳光，教学理念是雨露，教学方法是耕作技术，教学内容是肥料和养分，教师是园艺师。我是教师，我在课堂这个生态园里满怀爱心地辛勤劳作，欣赏种子发芽、生根、成长、结果的过程，享受阳光、雨露、养分的滋润，体会耕作栽培的苦与乐。课堂成为我从业幸福指数的来源，我和学生的生存状态、生活质量、生命张力等决定了我自己的人生学习质量。

从学生的角度看课堂，我把课堂比作"人才孵化基地"。毛泽东说过"温度对石头，石头还是石头。温度对鸡蛋，可以孵出小鸡"。内因永远是决定性因素。学生是学习的主人、课堂的主体、课程的主件。学生能不能成才取决于学生主观能动性的发挥程度。学生在课堂里的表现要看其内在的"学习力""思考力""成长力""发展力""生产力""创造力"是否产生并充分释放。人的成长和发展既有生理因素也有心理因素，既有先天因素也有后天因素，既有认知因素也有方法因素，既有智商因素也有情商因素，既有学校因素也有社会因素。所以，学生在课堂的行为表现背后的深刻的原因，有待自己用一生去发现并反思。

我是学生，我经历了从"鸡蛋"变"小鸡"再成长为"母鸡"并"下蛋"和"孵蛋"的全过程。我先天基因优良，后天"孵化温度"却忽冷忽热，只好自主探索"求生"方法，不但破壳而出，而且具有正常的生命力和旺盛的生长力。

我在人生各式各样的课堂里动眼观察、动耳聆听、动脑思考、动情感悟，主动适应客观环境，不断唤醒内心自省，积极寻找"生活老师""人生导师""学术贵人"，充分利用可以找得到的资源，是有学习兴趣、目的、目标、动机、动力、方法、投入、求学精神的"学习人"。我不怨天尤人，不随波逐流，不服输，不怕苦，终于成为为了自己的理想而执着努力的"专业人才"。

从社会人的角度看课堂，我把课堂比作"村落"。人类社会从一开始就是"学习型社会"。人类在自己生长的村落里从学习刀耕火种到学习打猎织布，从学习生火取暖到学习烹饪食物。无论是最低级的生活技能，还是高级的精神世界，都离不开每个人对环境的认知、对未知的好奇、对事物的体察、对行为的识悟、对人际交往与对新知的探究、对困难的应对等过程和对结果的思考、求证、反思、总结、联想、分析。亲身体验、见识感悟、相互学习、边行边知、代代相传都是最朴素、最普通的教学方式和认知途径，善于触类旁通、触景生情、睹物思人和"偷师""悟道"是成为"人精"和"业精"的"精道"。

（三）课堂育人观

21世纪，国际教育界提出"学习力"是"第一生存力"。因此，课堂观、学习观、人才观成为本书聚焦的"教育三观"。

课堂观：现代学校课堂是"学堂"而非"讲堂"或"考堂"。学生是学习的主体和本体。学习不是靠"你讲我听""你讲我记""你教我学""你考什么我学什么""你考试我应试"。这些都是"以教师为中心"的课堂行为，违背"以学为主"的原则和规律，是读死书、考死题、学死知识的行为。

学习观：奥斯卡·王尔德（Oscar Wilde）说得好，"凡是值得学的东西都不是靠教会的"（Nothing that is worth knowing can be taught.）。约翰·霍尔特（John Holt）说，"真正的智力考试不是考你知道什么，而是考你对不知道的怎么办"（The true test of intelligence is not how much we know how to do, but how we behave when we don't know what to do.）。我们可以这样理解，人的大脑不是装知识的容器。要让真正有效的学习发生，学生不能把自己当成记录老师讲课内容的笔记本，不能把自己当成只会选择标准答案的应试机器。不靠"教"，要靠"悟"。考你"对不知道的怎么办"就是考你的"智慧"。在老师的指导下，要主动和积极地"挖掘脑矿""释放脑力"。

人才观：课堂不是知识仓库，学生不是知识搬运工。课堂不是教材店，课本可以买，知识和技能是买不到的。课堂是车间工作坊，学生在这里要学会加工知识、体验技艺。课堂是交际场所，是人与人思想共振、情感交织的地方，是心灵的会话室，是师生将各自的已知、未知、新知通过"识知"构建知识链条的开发区，是智慧的宝藏，是学习成果的展示地。

人在"人生课堂"里"识悟"各种"课程"，越见多识广越好。但是，长见识的机会不是等来的，要主动争取，要舍得投入时间和经费。不少职场中的人想进修，想见识多元文化、多样人生，但指导思想却是"单位不派我去，领导不支付经费给我去，没有公派机会"那我就不去。这样的心态下，自己长见识的机会只能等、靠、要。即使

中山大学2008级新生"大学英语任务型教学模式"课堂展示所学（笔者课堂实拍）

有机会外出，还要有"见中有识"的本事，因为见多不一定识广，要及时将见识转化为感悟，才能"识广"。有感也不一定有悟，"感"也分深浅。有的人听了一个高水平的讲座或演讲，读了一本名著，看了一场"精道"的戏剧，很有感觉，但评论反馈不外乎"非常精彩""很有才""很好看""有干货"之类的"浅评"，既不能让人听出究竟精彩在哪里，也不能反映评论人的深度分析。有的人好不容易出了一次国，还在国外待了一年半载，回来谈起的感受也不外乎"空气很清新""环境很干净""行为很文明""条件很优越"之类的表面反应。如果仅有这样的"见识"和"感悟"，"课程"的"成绩"怎么可能得高分？要善于悟道，就要有心、留心、用心、虚心、尽心。

中国的人生哲学中重视"悟性"。大多数人经历的是"开悟—感悟—醒悟—觉悟—顿悟—妙悟—领悟—善悟—大彻大悟"九个过程。其中，有的人"早悟、快悟"，有的人则会"慢悟、迟悟"，最怕的是"不悟、拒悟、瞎悟、误悟、难悟、执迷不悟"。

"课堂"里的人生百态、社会万象总可以让人丰富阅历、引发思考。人生课堂也是一片"书海"，人似乎在读书，其实是在读人、读理、读心、读社会，在此过程中学知识、学智慧、学相处、学生存。想要有所收获，最重要的还在于不管读了什么"书"，都要知行结合、思行相伴、有感有悟、有见有识，让"书"飞起来、动起来、走起来，而不是成为一本死书、一本纸书、一本别人写的书。

书本的意义，读书释放智慧

现代社会课堂普遍存在诱惑重重、选择多样、只看结果而不论过程等现象。这和我的成长时代相比，千差万别。改革开放前，工作由国家分配，没有个人选择。人人收入一样，没有攀比。职位论资排辈，不能"超车爬头"。现在行业之间、专业之间、级别之间、收入之间充满了竞争和比拼，学生如何把握自己，找方向、方法，投入时间、精力、脑力、资本，利用环境资源，更是一门大学问。

（四）课堂的资源

人生"课堂"里有丰富的学习资源，是各式各样的人在不同的人生阶段、不同的生长环境、不同的认知水平下所创造和提供的思想资源和话语资源，其中不乏宝贵的经验、教训、发现、归纳等等。所以说，课堂是每个人且行且珍惜的学习资源库。而这个资源库是否被利用得当则因人而异。有的人视而不见，因为自以为是，唯我独尊；有的人只知不思，只思不做，只做不总结，只做不领悟，只做不反思，都只会浪费身边的资源；还有的人虽然喜欢与人交谈，但谈资太差，目的太无聊，内容太肤浅，对话太"没料"，浪费采集资源的时间和精力；有的人喜欢胡思乱想，无事生非，造成"人际环境资源污染"。相反，志同道合的君子之交而偶尔进行"头脑风暴"、思想交流可以碰撞出闪光的思想火花和创意灵感，心灵闺蜜之间的交流能够产生"狼群舔伤"的心理效应。这样的人际交往才有质量，是对资源库的共建。

　　课堂里的资源有"思想流"。人是有思维的动物，思维方式指导行为方式，行为方式导致不同的结果。常常有人劝慰他人时会说"想开点""换个角度想想"，即劝人不要"一根筋"，要跳出思维定式。事实上，思维方式有顺向思维、逆向思维、多向思维、纵向思维、横向思维、历时思维、共时思维、逻辑思维、常规思维、创新思维、换位思维等等。课堂里有人，就有思想资源。"学问学问"，要学也要问；"见识见识"，要见才有识。不要自以为想法高明，要善于采集他人思想、精于听取他人意见，哪怕对方是处境和条件不如自己的人，因为每个人都有自己的生活经验和体会，不同的见解可以给自己豁然开朗的点拨。

　　课堂里的资源有"交际流"。人是有语言的动物。人的一生有三分之一的时间在睡觉、三分之一的时间在说话、三分之一的时间在工作，而工作时也需要交谈，所以有三分之二的生命在与语言打交道。语言沟通能力的培养是21世纪人才培养的重要目标之一。"话说得好让人笑，话说得不好让人跳""刀伤人，话伤心。刀伤易好，心伤一世""说出去的话，泼出去的水，再也收不回""听君一席话，胜读十年书"，这些"话"说的都是人生课堂里的话语质量与生活质量的关系。语言质量，特别是交谈质量，也是课堂质量的衡量标准。交到有谈资和"言值"的朋友是非常幸福的事。现代学校课堂形态开始转型为人际交流互动的课堂，连"中央发散形"的座位和讲台都改变为"圆桌会议形""多圆组合形""桌椅移动形"，以便于讨论、交流与互动。

　　人在课堂里，如何有效获得有利于自己成长发展的资源？与其说是靠听老师传授或前辈指教，不如说更多的是自己通过观察、体验、思考、交流、感悟、咨询获得。美国曾经拍过一部名为《学徒》（*The Apprentice*）的职场真人秀节目（2008—2012年播放），哈佛大学和耶鲁大学这样的名校的商科毕业生在与普通高中毕业生的营销较量中败下阵来，这从某种程度上让人明白"社会经验"比"书本知识"更重要。

　　课堂里有人，就有人所造成并面对的"刺激"。要"让学习发生"，就必须有"刺激—反应"的过程与结果，这也是世界公认的教育原理。"刺激"有积极刺激，也有消极刺激；有正面刺激，也有负面刺激；有生理刺激如视觉、听觉、感觉，也有心理刺激，正面的心理刺激有榜样、教诲、指引、成功、晋升等精神或利益驱动，反面的心理刺激有逆境、失败、压迫、轻视、竞争对手等多种挫败和打击。

有刺激是好事，也是常态，关键在于反应。对反面或负面刺激有承受力和反冲力者坚强，对外来刺激有正常反应者健康；相反，对刺激无反应者有病，反应不当者痛苦，反应慢者觉悟过程较长。

综上所述，课堂里有人。有人的地方就一定有事，有事发生的地方必定有问题，有问题就等于有课题，有课题才有思考，有思考才有应对问题的办法，有处理问题的过程才有成长。这是在实践中的学习、在学习中的实践。课堂里的"实践"的重要性怎样说也不过分。与其说学习是先知后行、边知边行，不如说学习是先行后知、边行边知，这就是20世纪教育家杜威的思想。国内陶行知先生是引进该理论的第一人。其名字从"知行"更改为"行知"，可见他将该理论身体力行的程度。生活中随时可以找到这样的佐证。婴儿出生后，从坐、爬、立到走路，绝对是先行后知、边行边知的结果。

总而言之，人生课堂里有千种"教师"、万种"学生"、百种"教案"、无数的"作业"、无尽的"试卷"、无限的习得。你看到了什么，听到了什么，学到了什么，因人而异，各有所得。这就是百种课堂，百种人生。

二、课堂认知

课堂里那些人人必学的必修课与因人而异的选修课有待认知。有了课堂意识，人生课堂里的课程便无处不在、无所不有，但取决于认知水平。

（一）人生课堂的课程

课堂有多大？心有多大，课堂就有多大！人生课堂是广阔天地，是汪洋大海，是高山峻岭，是宇宙世界。应该说，课堂就是课程。课堂大，课程就丰富。

课程有多少种？有人人必学的必修课与因人而异的选修课。在人生行程中，课堂一个接一个，课程也接踵而来。有的课程高深莫测，一辈子也学不懂；有的课程生涩难啃，硬着头皮也要尝试。有的人选择失误，一发不可收拾；有的人小有成就，聊以自慰；还有的人半途而废，以失败告终。总之，没有一门课是可以轻易通过的。不同的人生阶段又会面临不同的新课。所以，人要活到老，学到老。英语有句谚语："学习，从来不嫌晚。"（It's never too late to learn.）

人生"课程"的分类首先是人类通识课，这是人人必然经历的，无一人能免修。

1. 家庭烙印课

这是每个人不同的家庭成长环境营造的、家长教育方式导致的、伴随终身的"烙印课程"。中国的语言文字中有不少这方面的论述。例如,"三岁见大""七岁定终身"(人生规律);"有家教""没家教""有娘生,没娘养,缺人教"(社会评价);"龙生龙,凤生凤,老鼠生的仔会打洞"(出身论);"门当户对"(婚配论);"大户人家""名门望族""寒门"(家庭背景);"童年的阴影"(心理学追踪分析)。

2. 小学根基课

这是在人生第一个基础教育阶段获得的、由学校教育质量决定的、养成学习习惯和培养影响一生的读写算能力的"根基课程"。万丈高楼平地起,地基要深、要实、要稳。从人的成长意义来看,小学比大学还要重要。

3. 社会历练课

这是苦多于乐、付出大于收获的"功夫课程"。人们不论在人生的哪个阶段,不论从事哪种工作,不论充当什么角色,都有学不完的新课,都需要重新开始。吃得苦中苦,方为人上人。这也是当下"富二代"干不过"创一代"和"凤凰男"比"城里的孩子"能干的原因。

4. 职场悟道课

这是见仁见智并取决于价值追求、人生态度、认知悟性的"大浪淘沙课程"。职场如战场,职场学问大,职场种类多,如愿与否自己说了算,成功与否别人说了算。

5. 婚姻教训课

这其中包括求偶遇到的"恋爱学课程"、结婚遇到的"性别差异课程"、生育遇到的"选择课程"。从某种意义上说,这是很多人都没上好的"代价最高的课程"。其代价之高,每一代人都付出过、领教过。多少人从相信爱情、沉迷爱情到不相信爱情、调侃爱情;多少人爱看爱情小说、爱听爱情歌曲,只因为缺乏爱情、渴望爱情;多少人熟知《围城》的奥妙;多少现代的"高富帅""白富美"畏惧结婚,拒绝结婚,因为相爱容易而相处难。世界上究竟有多少婚姻是幸福的?只有当事人心里清楚。

生育本是人类顺其自然的事情,殊不知,现代人生育遇到了"怀孕"还是"堕胎"、"顺产"还是"剖宫"、"母亲哺乳"还是"人工喂奶"、"自己养育"还是"老人及保姆养育"的选择。选择后者的人不论找什么借口,都是违反自然规律的。

6. 出国对比课

出国会遇到"文化对比课程"。到过世界发达国家的人纠结于是留下来从而成为永久居民或该国公民,还是回国继续做中国人。当选择前者的人老了,他们的儿女已经在国外生根,成为新一代ABC、BBC、CBC,即洋二代,完全融入另一个国度的文化;他们自己却思念故土,期盼"叶落归根",因为在中国本土出生成长的人衣食住行、语言、思维行为习惯是"根深蒂固"的。所以,老华侨对祖国和家乡总是一往情深,有钱出钱,有智出智,支持祖国教育与基础建设。

7. 老年代沟课

老年遇到的"代沟课"也是无人能幸免的。人到老年遇到的新课题还不少。首先是如何与下一代相处。原来指望自己亲手养育的下一代成人后能感恩回报,原来期待自己老了身边有亲人嘘寒问暖,原来以为老了可以享受儿孙绕膝的天伦之乐,但现实往往是事与愿违:"传统课程"改写了。某些情况下,老年父母对成年儿女的关心成为干涉,牵挂成为负担,期盼成为奢望。

8. 个人兴趣课

人生还有兴趣课。从小就培养个人兴趣是最好的,到退休后再补修个人兴趣课的也大有人在。兴趣爱好是可以培养、熏陶、诱导的。个人兴趣可以非常广泛,首先要有所接触。

马云在2016年有个演讲,将我国的"教育"状况概括为"教"有余而"育"不足。他非常强调育人,特别强调音乐、美术、体育的育人价值。对于这点,我非常赞同。

我在小学阶段接受的音乐教育奠定了我人生全面发展的基础,在中学接受的田径训练对我后来的做事方式有着积极的影响。我在工作之余进行的舞蹈学习有利于我的哲学思考,我因此还发表了关于"舞之美""舞之育"的散文。我自学的摄影培养了我观察大自然和人文景观的视角。我喜欢设计,不断创新教学形式,不断追求教学课件的创新与美观,这些也离不开审美。

笔者1971年在海南农场弹奏手风琴(左图)、20世纪90年代参加中山大学教工演出(中图、右图)

应该说，从兴趣出发，从需要出发，从核心素养出发，从综合素质出发，学什么都不过分。我为了健身怡情而学了舞蹈，参加过宫廷舞和拉丁舞的培训班，但因为很难找到舞伴又改学单人舞，而后沉醉于形体舞、古典舞和民族舞。我根据身体需要学习了太极和气功。每当写作时间长了，我就到太阳底下打一段太极拳，练练气功。这些都是最好的身心调整。我根据教学需要学习了电子课件设计。我的讲学课件不断更新，创新设计，从 PPT 到 ieBook 再到 Prezi，从思维导图到视频剪辑，从静态照片到动态画面，在创作中享受乐趣，在课程和培训中分享成果。我的摄影取景别具一格，天上的云朵、朝阳晚霞，地上的野花小草、树干树叶，路上的景观、建筑都是我的聚焦点。实际上，这些都是"兴趣课"，是给工作和生活增添的"味素"。

9．个人专业课

三百六十行，行行出状元。成为专业的行家里手，前提是"专"，靠的是"钻研"。专家是术有专攻，杂家是无所不能，都需要钻研的精神和执着的行动。说到工作中的"选修课"，更是越多越好。只要有利于学科交叉、渗透、比较、借鉴的都应尽量涉足，博采众长。我的学科是语言教育，结合教师培训所需，我关注的有教育学、应用语言学、语用学、跨文化交际学、管理学、组织学、社会学、人类学、心理学、生态学等。

10．个人修养课

个人修养课是在社会立足、在职场驰骋、在人生修心的"文明课"。有的人口碑好、人缘好、关系好，必定与其修养有关。其实，人要修身养性，不要放纵任性；要积德，不要积怨；要讨喜，不要令人讨厌。同时，修这门课的人不要拒绝"喝心灵鸡汤"，不要厌倦"道德说教"；学习要将心比心，设身处地，移情共情。

11．个人养生课

人的健康状况与饮食习惯、生活方式以及生命规律相关，除了基因的影响，也要讲究后天的保养。人的一生越早懂得常识并付诸行动，越有利于主动健身和科学养生。

如上所述，课堂里有人、有事、有问题、有矛盾、有困难、有交流，所以有思想流、有智慧流，这些都是有待挖掘和发现的课程资源。课程资源无处不在，无奇不有。只要有心，就会有发现；有发现，才会产生学习。

必须承认，以上每一门课都有难度，都有难点，都有迟到的醒悟，都有不到时候不知深浅的经历，所以都会留下遗憾。人生没有"假如"，没有"重来"，没有"后悔药"，最遗憾的是"不听老人言，吃亏在眼前"。正当修习阶段的人对过来人的经验教训往往听不进去，而过来人也往往只能看着这样的人往"火坑"里跳。

（二）人生课堂的尺度

人的一生其实都是在大大小小、林林总总、有形无形、正规不正规的"课堂"中度过的。课堂在哪里？心在哪里，课堂就在那里。

人生"课堂"浩大无际，无处不在。私人空间和公共场所，自然景观和人文景观，眼睛看到的和心眼感悟到的，这些都是人生的课堂。

不论身在何处，都要意识到自己身处"生物课堂、人物课堂、文物课堂、物理课堂、地理课堂、语文课堂、历史学课堂、社会学课堂、人类学课堂、文化学课堂、性别学课堂、心理学课堂、哲学课堂、见识课堂"，即身处"社会课堂"。

1. 课堂的长度

心中有课堂，自己就会在一个接一个的"课堂"里行走、观赏、思考、悟道。"课堂"铺出的大道足有万里之长。

我进过的课堂不计其数。光是我任教过的课堂，就有时间的长度和地理的长度。

从时间上计算，我从18岁开始在海南岛农场生产队小学从教，到2017年写完此书，累计从教时间近50年。

从地理位置上看，我讲过课的课堂分布在全国大江南北，覆盖千所院校。

2009年，我还应邀在美国一所具有200年历史的老牌私立高校 Miami University in Ohio 教过高级汉语，课堂延伸到美国。

2009年，笔者在美国任教期间的师生合影

2．课堂的宽度

这里主要讲学校课堂。我任教的课堂有宽度，这种宽度源于我从1993年起开始的国家和地区性教师培训的工作。每年应邀上门或集中做的教师培训不下十场，专题涉及教学理念、模式、方法、设计、评价、研究、教材建设、师生关系、课堂组织、教师发展等。

我的课堂宽度还体现在我教过的学生论千计数，分布在国内外各行各业。2013年，我去新西兰旅游，没想到当地的中国导游居然是我20世纪80年代初教过的学生。因为我教的是全校性的公共课，很难记住这么多学生。我不记得他，他却记得我。30年的岁月，我早已经是年过60的老人，面目全非，但说起当年的人事，他没有记错。我不禁惊叹世界真小，师生真有缘分。更令我欣慰的是，那些已经当了政府高官的校友、已经功成名就的学者对我曾经是他们的公共英语任课教师还铭记在心。

我的课堂宽度还包括我涉足的领域。由于钟情教学，必然追求博采众长的学习。我对与教育相关的学科领域都感兴趣。例如，早期对语言学、教育学、交际学感兴趣，后来发展到对人类学、社会学、文化学、心理学、管理学、经济学、生态学、哲学、美学等感兴趣。遇到这些学科的讲座、讲学、课程、研讨、交谈等，我都尽量不错过。对能够触类旁通的与交叉渗透的，我立马就应用，要么应用到课堂，要么应用到论文写作，要么应用到思维。就这样，我的课堂越来越宽广。到了近年来的教师培训和人文通识课，内容越来越丰富，这也是凸显教学个性化的重要原因。更有话语资质的是有时候还能够与相关学科学者进行学术交流。

3．课堂的维度

我任教的课堂有多维度。我会想方设法保持课堂里的"知识维度""技能维度""文化维度""素养维度""思想的向度"，通过人与人情感的交流、思想的交锋、语言的沟通、知识的应用、智慧的释放、创意的展示、行为的律动、形神的并举、教学的相长、教研的相益、知识的共建，有效生成师生共同成长的轨迹和业绩。我把这样的课堂称作"慧心课堂"。"慧心课堂"里有"慧心教师""慧心课程""慧心作业"。

我的人生课堂维度有很多。所在的场域和发生的镜像与联想无所不及。这样的课堂就像万花筒里的社会现象的多种组合，多棱镜下的社会阶层人物的多种呈现。例如，我会把农场当课堂，将海南五指山里的悲惨遭遇浪漫化；我会把"文化大革命"当课堂，将受虐后认识到的扭曲人性揭露；我会把舞蹈房当课堂，在习舞、观舞中悟道；我会把公交车站当课堂，记录相应产生的联想和迁移；我会对公园里、旅途中、演出场、医院诊所发生的事情，以及闲谈时触发的点滴感想进行发挥。

其实从广义的课堂来理解，我的人生课堂维度还可以包括生活中大大小小的观察、联想、阅读、写作、交谈、感悟，不一而足。

4．课堂里的美和丑

我的课堂多姿多彩，美不胜收。我曾经与一群年轻人出行，他们看到我沿途不断发现美、赞叹美，常常把周围的人都吸引来一起感受美。是的，课堂里的美要靠人去发现并且发出赞美。感觉是会传染的，所以，人们喜欢与正能量的人在一起。

课堂里当然会有丑相、丑性、丑行、丑话、丑角，我尽量无视或回避，甚至尝试"变丑为美"或"换个角度来丑中寻美"。有的人专看别人的缺点和短处，其实越看自己越难受。有的人还喜欢议论别人的不幸，越讲越得意，拿别人的痛苦寻开心。我把这种行为视为丑行。

（三）人生课堂的镜像

作为课堂的有心人，我的课堂里镜像万千，让人触景生情、思绪连篇。只要有心，俯拾即是。

镜像1　在车站：庆幸没上错车

公交车一趟又一趟接踵而至，不同的车号，不同的线路，不同的方向，不同的目的地。上车的乘客一般都清楚自己要去哪，上几号车。我在想，总会有些上错车的人吧？上错车，就等于选错方向、走错路，到达不同的目的地。我还看到那些赶车的人，只要车还没出站，司机关了门也会再开门让乘客上车。有些追不上的人错过这班车，还可以等下班车。

人生如同候车上车，不同的选择会决定不同的经历和结局。

联想我的人生选择1　选择去农场

1968年，全国百万知青上山下乡运动开始，我所在的广雅中学分配到海南岛农场的名额很快就分完了，我只得到去粤北山区插队的名额。

去农场还是去插队，这是两种不同的命运选择。前者意味着有国家工资，过集体生活；后者则是个人挣工分，下田劳动回来还要自己动灶开伙。

我母亲认为我一个女孩子正当青春年华，应该过集体生活，受国家体制保障。正当我赶不上"国有农场"这趟车的时候，同在荔湾区的邻校广州市第三十二中学划拨出一批名额给我们学校，原因可能是他们学校的学生更想到距离广州较近的农村落户。我一听说有补充

1968年，笔者（前排左二）与女知青在海南岛卫星农场第六生产队住地前合影

名额，立即找到海南国营农场来招募的负责人报名，从而幸运地搭上了海南白沙县卫星农场的"加班车"。

后来的事实证明，尽管我在海南岛的原始森林里吃了不少苦，尽管我在农场生产队终年缺菜少荤，尽管我住的是茅草泥房且没有电灯、自来水，但我们过的是"国有制"工人生活，一个月领22元的工资、30斤大米，8小时工作时间，还是比插队的知青一年一次分红、每天下地干活回来还要烧火煮饭的生活强。

联想我的人生选择2　选择当老师

我庆幸这辈子选择了读"师范"，当老师，上了"教育号"车。

从小，我就有当大学教授的梦想。记得五年级有一篇作文，命题是"我的梦想"，我就写了"教授梦"。那天课堂上写作时太专注，正在写"以父亲为榜样"时，语文老师谢良走到面前，我抬头就叫"爸爸"，弄得双方都不好意思。

还好，经历了"文化大革命"停学、下乡改造、大学毕业分配回农场、调干当行政秘书那13年（1966—1979年）的折腾之后，我终于赶上了教育这班车，如愿以偿进了教育行业。事实证明，这趟车我没有上错。

2005年，笔者（捧花者）与指导的中山大学外国语言学院两届研究生合影

镜像2　在舞场：舞蹈悟道

舞蹈是语言，是思想，是叙事，是抒情，是生命的律动，是灵魂的乐章。

舞蹈有健身、怡情、养性之功效。舞蹈的过程充满了哲学的辩证、文学的意境、运动的节律、音乐的感动、情趣的释放。

用心观赏舞蹈，你会发现欢快的舞尽情，优雅的舞抒情，民族舞调情，形体舞育情。

与舞蹈者同呼吸、共运气，你会体会到舞蹈与太极、气功同理，头顶与丹田为两极，双手双脚是四象，五行八卦，大圆立圆，呼与吸，放与收，松与紧，伸展，运气，传送力度，身体躯干带动四肢。

人在学舞和习舞的时候，也是在感受和感悟人生与世界，因为舞蹈不仅仅是肢体的运动，更有精神的升华。舞蹈之人从内心到万物，从舞场到大地、山脉、河流、田野、草原，把自己的生命和灵魂与一个又一个若隐若现的人生符号对接。肢体、呼吸和表情的变幻,举手投足,一招一式都表现了种种大大小小、深深浅浅的感悟。这些不在话语中,却在潜行中,不自觉地含有对人生和自然追问、体验、求真的符号意义;这些无形的东西与音乐、布景、服装等外在的环境融为一体,成为多维度的完美交织。这正是舞蹈具有教育价值的体现。所以,我认为,任何人爱上舞蹈、练习舞蹈、演绎舞蹈绝对是受益终身的教育形式。

我特别喜欢形体舞、古典舞和民族舞。那一呼一吸、一板一眼、一起一沉,随着音乐的旋律、歌词的蕴意和手脚的协调伸展,令人健身之外,养心还养眼。

养心取决于自我感受,养眼就要看你的眼光停留在哪。虽然习舞学员都是业余爱好者和以健身为目的的人,但其中不乏身材姣好,舞蹈基本功和悟性超人一等,跳起舞来有滋有味、楚楚动人的学员。我常常不自觉地让自己的眼光停留在她们的身上,课间休息还主动走上前去夸赞几句。

由于不同的人对舞蹈的感悟不尽相同,发挥的魅力自然各有风采。我在观赏过程中等于无意中采集了多种妩媚,陶冶情趣的同时积累了丰富的资源,真是"物"有所值。有人说舞蹈是悟道,我心领神会。

2003年,笔者在中山大学79周年校庆中的演出(左图,正中为笔者);2004年,舞蹈表演后,笔者在中山大学荷塘边的造型(右图)

我发现,其实观赏同学的练习并不比跟随教练练习效果差。这和教育界倡导"同伴互助"的原理是一样的。善于发现和充分利用同班同学的优势,暗中比较和学习,不失为一种学习方式,这是一种有效的"偷师"学习。这种收获往往远远超越一位老师的教学效益。

镜像3 小学和大学的"家长现象"

放学的小学校园

小学生们放学了,校门口挤满了接孩子放学的家长。瞧那些孩子,有的把书包背在身上,又大又重;有的拖着拉杆书包,里面塞得满满当当。无论是年轻的父母,还是年迈的爷爷奶奶,第一个必做动作都是接过那沉重的书包。

真的放学了吗?小学生们回到家里,功课一门接一门,读完抄、抄完写、写完背,最后还要家长审阅签名。这一来一去,晚上不到9点半收不了工、上不了床。

我的小学生活回忆

"小鸟在前面带路,风儿吹向我们,我们像春天一样,来到花园里,来到草地上。鲜艳的红领巾,美丽的衣裳,像许多花儿开放。跳呀跳呀……"这是20世纪50—60年代小学生流行歌曲之一。我现在是60多岁的老人了,每每唱起这首歌,蹦蹦跳跳的快乐童年还历历在目。

说起那时的小学课堂,除了快乐还是快乐。我是1958—1964年在中山大学附属小学上学的。那时的小学从课程到课本再到作业和考试,从校长到老师再到学生和家长,留下的记忆几乎都是"简单中的幸福"和"幸福中的简单"。

我们的课程不外乎算术、语文、音乐、体育。书包里只有薄薄的32开的语文书和算术书,外加一个只装有铅笔和橡皮擦的笔盒,总计才几两重。一个单布包,一条细布带,斜挎在肩上,一步三跳,乐乐呵呵地上学去。放学的路上,沿途捡点树叶标本做书签,路边采点能吃的花草过过嘴瘾。回到家,三两下就做完了作业。

太阳下山前,我与同学跳皮筋、跳格子、跳大绳、溜苏联式自行车(脚刹式)等;晚饭后,我到屋外数星星、捉草蜢。我们的童年是在大自然中玩耍的童年,玩的都是有益健康和大脑发育的原生态的东西。

小学时,笔者首批加入少先队

迎新的大学校园

大学新生报到的日子里,校园里人头涌动。最引人瞩目的是陪伴新生入学的家长或亲戚,还有全家祖孙三代组团一起来的。学生宿舍里,有帮忙挂蚊帐的,有帮忙买用品的。看看那些十七八岁的青年人满脸的幸福,他们尽情地享受着家人的照顾与呵护。

我18岁的青春回忆

我18岁那年,随百万知青上山下乡,被发配到海南岛五指山山脚,开始了战天斗地、脱胎换骨、接受贫下中农再教育的青春生涯。

离开广州的那天,我和成百上千的同行人一起在黄埔码头挤上红卫轮,远远地向前来送行的母亲和年幼的弟弟、妹妹招手告别。我的行李中只有"文化大革命"中被红卫兵抄家后幸存的唯一的那床毛毯。

经过几天几夜的海路、陆路、山路的颠簸折腾,终于在某个晚上住进了黑漆漆的农场生产队的茅草房。随之而来的是,白天在似火的骄阳下握锄挖地或挥刀砍那些比人还高的野草,晚上回到驻地还要挑着百斤泥砖盖房,两手僵硬得连梳头都困难。

在那些日子里,生病没人疼,有困难自己扛。与现在的大学新生相比,一样的青春,却是别样的生活。

1969年,笔者在海南农场

镜像4 电子传媒的教育功能

例如,微信群里,只要朋友圈的品位对口,常常会有不少精神佳品。

在微信朋友圈里,我看到一个哈佛大学的研究报告,题目是"孩子做不做家务,直接影响人生"。据说,哈佛大学学者曾经做过一项长达20多年的跟踪研究,得出一个惊人的结论:爱干家务的孩子和不爱干家务的孩子成年之后的就业率为15∶1,犯罪率是1∶10。而2014年,中国教育科学研究院对全国2万多名家长和2万多名小学生进行的家庭教育状态调查中表明,在孩子专门负责一两项家务活的家庭里,子女成绩优秀的比例为86.92%;而在认为"只要学习好,做不做家务都行"的家庭中,子女成绩优秀的比例仅为3.17%。这两组数据试图证明,孩子在参与家务的过程中体验责任、分工、共建、要求、标准,体验越多,感受越深,孩子越出色。

我的童年家庭生活回忆

20 世纪 50—60 年代，家中有兄弟姐妹四人，我是家中的长女。

我妹妹出生那年，我正好 10 岁，便和我爸分工洗尿布。那时没有洗衣机，洗床单、蚊帐就在大浴缸里用脚踩。至于扫地，我不但扫家里，还扫门外的枯树叶。

人民公社成立后，有了食堂。我经常去食堂排队买全家人的熟食。晚上，我负责去指定地点取瓶装牛奶。因为怕黑，所以，我一路走，一路放声歌唱。

也许是从小做家务的缘故，我在后来的生活中，不论在人生哪个阶段，都不怕脏、不怕累、不怕苦，做好每一件负责的事情。例如，下乡时，插秧、翻泥地、洒石灰、挑重担；在农场时，拿锄头、挥砍刀、拉大锯、撬石头、挑泥砖、打井，几乎什么重活都像男人一样干。

也许是从小做家务的缘故，我在学习上、工作上总是本着对自己负责、对工作负责的态度，对手里的活精益求精，没有丝毫的怠慢和拖延，更不会得过且过。事实证明，我的学习在同龄人当中不算差，我的工作在同事中不落后。

1961 年，笔者（前排右一）全家在中山大学西南区 23 号前合影

凭票购物的记忆

20 世纪 50—70 年代，国内物质匮乏，国家实施计划经济体制，市民购买什么都要凭"人头分配票"，例如粮票、油票、肉票、鱼票、副食品票、布票、煤票等等；只要是每人每天都必须要消费的食品和用品，不仅要凭限量的票证，还要早早去排队购买，运送回家。

我记得小时候，清晨帮家里排队买肉、买鱼，有时候排到我时当天的货品已经全卖完了。

后来去了海南岛五指山下的农场，要想买到连队食堂不供应的食品，就要跋山涉水到 20 公里外的小商店购买。

1981 年，我已经回到中山大学安家。即使在怀孕 7 个月时，我还要骑自行车去校园外的市场买菜。我父母从哈佛大学讲学回来，看到我这么大胆，还警告我："你不撞人，别人撞你就麻烦大了。"现在想想，当时所考虑的正是马斯洛的需求层次理论中所说的底层需求，即生存需求。为了基本的营养，为了填饱肚子，为了"身体是革命的本钱"，为了得到有限的物质分配，我和我的上中下三代共同度过了经济困难时期。

进入21世纪，中国的经济腾飞崛起，全方位实现了真正利国利民的"大跃进"。

美国2016年有新闻报道："中国微信功能强大，成为世界超级APP，购物付款方便快捷，网上预约送餐用车省时省工。"如今的中国的确处于互联网时代，进入电子服务功能社会，手机在手，不出家门，什么服务都能"买到"。

镜像5　闲谈中的发现

国内的家长和中小学越来越重视成绩和"升学率""重点学校录取率"，小学升初中和初中升高中是家长为学龄儿童加量、加压、加料的疯狂期。孩子们课外要进行各种补习以拿奖获证，把这些作为有专长、有特长、有竞争力的加分资本。

12～15岁的孩子背负着家长满满的期望，从早到晚，从周一到周日，从校内到校外，他们除了学习还是学习。那些心疼自己孩子的家长、有教育理念的家长、抵制分数奴隶的家长也都纷纷顶不住潮流和现实，"狠心"地"为了孩子的未来"当上了"虎妈狼爸"。

某日，我与时任中山大学教师发展中心主任屈琼斐闲谈时，问起她的孩子，引出一系列育儿叙事，成为我的"课堂拾偶"非常珍贵的素材。我发现她是一位明智的家长。

这位"70后"的母亲不但有教育理念，还有教育方法。在儿子的小学与初中阶段，她成功地实践了"不要成绩，更要成长"，因为成绩靠脑力，成长靠经历。

她和丈夫同心同德，齐心协力。在家里很少过问孩子的成绩，在饭桌上保持贴心对话、平等交流。她为孩子提供各种机会去增长见识。首先是利用所在大学校园的资源。例如，她把还是小学生的儿子带进中山大学图书馆，"寄存"在那儿，让他自由地接触自己喜爱的书籍；结果，他爱上了图文并茂的"建筑"。又如，她把孩子交给植物学的研究生，让他们带着孩子游走校园，认识校园植物的物种表征与特性。中山大学校园一共有800多种植物，他认识了1/4以上，这让他对生物学产生了兴趣。再如，她要求孩子晚饭前高效完成功课，晚饭后到室外做自己喜欢的事情，结果，他去校园随便旁听各种"优秀文化讲座"，开阔了知识视野。这和大部分家长不惜花高价和孩子宝贵的童年时光去读各种辅导班有本质的区别。

屈琼斐实行"给孩子选择权，自己保住掌控权"的家长作风。例如，孩童都喜欢打电子游戏。她允许儿子玩，但引导他选择与历史事件相关的或用英语对白的游戏种类，让他在玩耍中学习了历史和英语。对儿子不成熟的爱好、兴趣、志向，她不当杀手，不强迫他，而是有意识地提供选择。例如，当儿子爱上了建筑设计，她会说："你再想想，还有其他学科也很有意义的，例如你爸爸从事的是材料科学，制备纳米材料，比肉眼能看到的建筑设计更高大上，是微观的高科技设计，对人类贡献更大。"结果，儿子又决心以父亲为榜样，梦想当个科学家。为了培养体育爱好并打下体育基础，她告诉儿子羽毛球、乒乓球、网球在场地、对手、运动损伤度、要求等方面的区别，告诉他哪些体育项目入门门槛高且值得从小打基础，让他自己做出选择。

由于教子有方，屈琼斐早早地收获了孩子的感恩回报。儿子在小学时就主动拿出自己积攒的"利是"，为与父母一道出行新加坡订房出把力。儿子平时谈起自己的梦想，总是会补上一句"妈，会有你一份的"。

我赞赏这样的育儿方略。我佩服这样的家长，他们有胆识、有策略、有定力，不随波逐流，不独裁强迫。

事实证明，屈琼斐的儿子凭着自己的学业成绩考上省内名牌中学。在初中期间，她和儿子仍然不在乎成绩，小孩自己还学习了具有一定难度和挑战性的游泳项目，达到接近二级运动员水平，还喜欢拉奏二胡。

面临着初中升高中的考试，他们全家非常坦然。屈琼斐夫妇都认为，即使孩子进入普通学校，他也会是最棒的；即使孩子进不了名牌大学，他也会成才的。这是如今中国多么稀罕的家长境界。

我的童年成长回忆

我的父母也是明智的家长。他们重视孩子的成长，把饭桌当"耳濡目染、言传身教"的课堂，言谈质量甚高，知识信息广泛，语言词汇丰富，历史典故充实。

他们带我们参加各种校园公共活动。例如，到露天电影广场看每周播放一次的电影。在那里，尽管父母有"教授看台座椅"优惠待遇，但他们坚持要求我们坐在自己带的小板凳上，不占用公共资源，不享受特殊待遇。父母带我们参加每年一次的校园教工春节游园晚会。晚会设在中山大学校园的园林里，那里有猜谜、盲贴、钓鱼、套圈、下棋、打牌等活动，有奖品、有社交、有玩乐，益智又开心。

父母从不为成绩或兴趣选择给我施加压力。我小学毕业时，班主任上门征求意见，问我和家长是否有兴趣选报"广州外语学校"。这是国家当时在北京、上海、广州、武汉、南京五大城市首创的公办外语学校，被称为"国家外交人才培养的摇篮"。我表示愿意，面试高分通过录取。但当我母亲带我去报到时，发现我被分在法语班，我就不乐意了。我妈尊重我的选择，放弃这次机会，改考广雅中学。（注：外语学校提前录取，普通中学考试在后。）

我在大学校园长大，也是充分利用了校园的各种天然资源。例如，树叶、花卉、野草、野果，能吃的都尝过；蚯蚓、蚂蚱、萤火虫、苍蝇、蜗牛、蝌蚪、青蛙、蛤蟆、壁虎、飞蛾、蝴蝶、小鸟、蚂蚁、沙虫、蝉、蚕、小鸡、小鸭、小鹅、小兔,能抓的都抓过、能养的都养过、能玩的都玩过。有一次,我和小伙伴捡到几个坚果,像原始人一样用石头敲开来吃里面的果仁;没想到,那种坚果吃不得,幸亏我们出于身体本能的反应呕吐出来,没有危及生命。

中山大学校园里的建筑很有特色,红砖墙,琉璃瓦,多数是翡翠绿,也有宝石蓝。屋檐有瓦当,屋角有吊铃,木门木窗都是百年不坏的坚实木材。屋前屋后都有一棵大树,有白兰花树、紫荆花树、凤凰花树、木棉花树、鸡蛋花树,这些都是枝干粗壮、满树开花的南国花木;还有桉树、樟树、榕树,这些都是既有景观价值又有药用价值的树种;还有龙眼树、黄皮树、石榴树、蒲桃树,这些都是亚热带水果树。这些树伴随着校园成长,见证着人才成长,有的还有拍电影的历史。黑石屋门前的那棵老榕树盘根错节、硕大无比的根部在20世纪50年代曾用于拍摄电影《羊城暗哨》。

笔者(最后一排中间)全家在曾经住过的中山大学东南区11号前合影

我小时候上下学就穿梭在这些"人文森林""人文建筑"的"文物"当中,放学的时间也都尽情地在草坪、树下、路边、操场上玩耍,没有参加什么补习班、辅导班、应试班,也一样考上心仪的好学校。

顺便说一句,对于中山大学的南校区校园,我可以当"校园历史讲解导游"了。我曾遇到一位92岁的老人,听她讲述自己孙女的升学故事。

她的孙女在中山大学附属小学毕业时成绩排全校前七,但按照小升初政策,这个小孩被划拨到附近的一所普通中学。外婆为此很不服气。孙女却说,"我到哪都能争上游,你们放心吧,别为转到名校折腾"。结果,孙女初中毕业,中考797分,还是进了普通高中。外婆又想通过交纳赞助费转学名校或补贴出国留学。孙女说，"外婆，您留着钱养老吧，别花在我的身上"。高中毕业，她考上了名牌大学；毕业后，她又被著名企业录用。

老人讲述这些真实的故事时脸上洋溢出自豪与骄傲的笑容。她自己就是退休的中学数学老师，这把年纪还这么开明，真是难得。

国内近几年的电视连续剧《小别离》《虎妈猫爸》等都活生生地反映了一批"神经质"的家长，对自己的孩子不惜一切代价出资、出力、出招，只为小孩得高分、考名校，也不考虑孩子自己的想法和心态，酿出一场又一场家庭悲剧。

近来社会上流传一句"谢谢你尊重我的选择"，大概就是因为"不尊重个人的选择"已经到了无可忍耐的地步了。

我曾遇到一位 12 岁的小学六年级学生，问他有何梦想。他首先回答"没有梦想"。他的父母接过话说"曾经听儿子说过他的梦想是当保安"。这引起了我的好奇，接着追问原因。孩子说，"保安站着不干活能挣钱"。再后来，孩子又说"我的梦想是不长大，有吃有玩，挺好的呀"。

我的童年时代梦想是当父母那样的大学教授，因为他们给我榜样。我的中学时代梦想是当外交家，因为我发现自己的外语天赋较高。我的广雅中学同学在那个物质匮乏但精神富足的时代都梦想着当工程师、科学家，因为他们崇尚科学。

那时还有一首歌，唱的是"我有一个理想，一个美好的理想。等我长大了，要把农民当……"，那是国家的号召，所以后来有了"到农村的广阔天地奋斗"的运动。

不论是个人的梦想，还是国家赋予的理想，对照现时的孩子"没有梦想"或"梦想不长大，为的是好吃懒做"或"不干活可以挣钱"的心态，多么让人感叹。

再看看眼下一些大学毕业生，有的"蜗居"在父母家中，宁愿"啃老"，过着"衣来伸手，饭来张口"的生活，也不愿意打工；有的开口向父母要钱"创业"，为的是当老板，一步到位当"人上人"，不愿从零做起，这样的创业动机、态度和能力，结局可想而知。

镜像6　在茶坊：品文化，悟禅意

广州的 12 月，满树的紫荆花和高架桥上的三角梅花争相绽放，阳光明媚，蓝天白云，凉风习习，丝毫没有寒意。

入夜，华灯初放，星光璀璨。这天，我随朋友来到广州最经典也特别繁华的沿江路，在珠江边有个"泉州商会"，顶层 18 楼有个"石在香"茶坊。这里犹如站在开阔的江心，可以鸟瞰珠江东西两面六条横跨南北两岸的桥梁，这些桥梁被五彩缤纷的文化灯饰点缀得富丽堂皇。海珠桥上有"龙飞凤舞""木棉花的绽放"，海印桥上有

"小蛮腰""拉索彩灯",解放桥上有"七色彩虹",更远处有人民桥、广州大桥、江湾桥、猎德大桥,隐隐约约的彩灯在夜色中闪烁。穿梭在珠江上行走的观光夜游船造型各异,悠闲恬静。

如果说这里是观看珠江夜景的最佳景点,不如说这里是代表南国特色文化的"禅室"。进入茶坊,映入眼帘的有来自福建的各式岩茶,主人将茶文化嵌入了诗词字画中。驻足品读,你能读出茶中之意境、心境、人生。究竟是茶在日月山水中,还是日月山水在茶中?好神奇的天人合一、诗情话意!还有吸引眼球和极具美感的体现禅意的茶具器皿,荷花叶形的茶叶杯、观音佛手形的托架、透过灯光可以看到的"禅"字杯底、雕龙画凤的杯垫。随着目光的扫描,又不禁为那些表现品茶意境氛围的家具、摆设、古筝、旗袍、背景音乐、文房四宝赞叹不已。

接下来开始品茶了。大红袍是并不陌生的茶种。先由从瑞士回来的青年曾博士施展他的手艺。"一泡水,二泡茶,三泡、四泡是精华。"一旁的潘姨口中念念有词,她也是个懂茶的人。喝了七道功夫茶后,美丽动人的茶艺师阿英上场了。"半天妖"是岩茶四大名茶之一。阿英一边轻声慢语地讲述中国源远流长的茶史、禅意浓浓的茶道、产地各异的茶种,一边教我们端杯要"三指轻握",饮茶要"一闻二看三品"。品茶还要"三口吸",第一口让茶水充分接触口腔、第二口将茶水吸入口中、发出陶醉之声,第三口咽下后回味余香,最后还要闻闻"挂杯香"。更为独特的是,我们一边品茶,一边"观香"。一缕点燃的沉香散发出特殊宜人的香味,那翩翩起舞、徐徐盘绕、婉婉升天的烟絮令人遐想、思索、悟道,我们好像进入了仙境,又好像回到了古代,更忘记了身在闹市。

我们在聆听这位妙龄女郎"讲经论道",在"动中取静"的繁华闹市里悉心品茶、倾情交谈,别有一番乐趣。

镜像7 在植物园:观花性,想人性

历史悠久的大学校园几乎都是大花园。花卉品种繁多,四季轮番绽放,成为天然的"花品汇""植物园"。

满树开花的有梅花、樱花、桃花、梨花、紫荆花、木棉花、凤凰花、黄槐花、杜鹃花、夹竹桃花,这些花给人壮观、震撼、陶醉的感染力。

这些花当中,梅花在寒冬绽放,所以不少诗句赞美她的铁骨铮铮、傲凌风雪的气质。梅花还有中国"梅兰竹菊"之首的君子之喻。

其他"树花"多数在春季绽放,樱花"凄美"、桃花"妩媚"、梨花"飘雪",都是"春华秋实"的象征,因为这些花都是要结美味果实的。

能结果但结的果不能吃的当属南国的紫荆花和木棉花。紫荆花又称"羊蹄甲",

23

叶子形状就像羊蹄。这花是香港的区花，一年四季都盛开，白色的夏天绽放，红色的冬天盛开，粉色的春天吐放。其结的果像细长的关刀，所以也称"刀豆"，只能做种，不能食用。木棉花只在每年的3月盛开，满树只见红花不见绿叶，花朵硕大，花蕊向上，像一团团火焰在燃烧，又像一个个火球在翻滚。木棉花因这种战场上的"血色弥漫"的景色而得名"英雄花"，是广州的市花。除此之外，还有杜鹃。这种灌木每年春季一茬又一茬地争相开花，五颜六色，波澜壮阔，是最娇俏争春的似锦繁花。南国还有一种"树花"是凤凰花，因为树干高，只能远看，也是一片红云，在蓝天下飘扬。

然而，那些散发出淡淡清香的花总是长得那么不起眼，要么就是深藏在树叶、枝干中，要么就是长在高高的树干上，不抬头仔细瞧，根本看不到花的"芳容"。例如桂花，香气宜人，而且远闻比近闻还要香。每当下过雨，桂花开得更多、更密、更香，只是貌不惊人。与桂花相似的还有米兰。又如鸡蛋花、白兰花，这些都是长在高高的树干上，被浓密硕大的叶子烘托着、藏掖着，只有当花瓣落地，捡起来闻一闻，才知道这是讨喜的香花。有一种不讨喜的香花是夜来香。这种花等到天黑入夜才散发"香味"，这种味道有人喜欢，有人讨厌。

又香又美的花首选玫瑰。这种花色彩斑斓、婀娜多姿，还能散发诱人的特殊香气。玫瑰在阳光充裕的花圃里才能生长茂盛。

观花性，想人性。有些人比较个性张扬，就像"以壮观引人注意"的花种。有的人个性比较含蓄，在相处中才会慢慢让人发现，就像"香花不美"的花种。有的人"有形有款"，还有"真材实料"，就像花美果甜的花种。还有的人深藏不露，让人揣测，让人仰视，就像"高树上的香花"，见不到，闻得到。我还仔细端详过紫荆花。有的开放前被花萼包得严严实实，不到五瓣花瓣全部绽放，花萼不落地。有的花

2013年，笔者在樱花绽放的大理学院支教留影（左图）；2015年，笔者在华中农业大学任教时于桃花园留影（右图）

萼早就脱落，任由花蕊自由盛开。这让我联想到父母对子女的关爱，有的过分保护，有的充分信任，从而导致孩子不同的成长结果。

镜像8 在QQ：指导"博士论文"发现"没有成长的老师"

最近，收到"粉丝青椒"的来信，记录如下：

李文梅（以下简称"李"）：敬爱的夏老师，我是中国矿业大学的李文梅，目前开始进入我的博士论文撰写阶段。上次指导我研究大学教师时，您提议我关注受访教师的内心想法外显化的问题。后来，我就学习了质性研究的方法，专门学习了高等教育出版社的网络课程"质化研究方法和工具"。我想从大学教师职业发展中的关键事件入手，先访谈高校教师的关键事件，然后将访谈得来的关键事件进行扎根理论的分析，提炼出关键事件对大学教师发展的内在机制来。在此基础上再编制问卷，验证我建构的作用机制模型。您看这样设计是否合理？目前已经访谈了全国大学教师50人，访谈还没有全部撰写完。访谈中，我发现，老师们对关键事件的理解有点困难，请问您是如何理解您的职业发展中的关键事件的？我将其定义为对职业发展起到关键性作用或影响的事件，触动心灵并导致情感、态度、信念和行为等发生显著变化的事件，包括积极性的和消极性的二类事件。

夏纪梅（以下简称"夏"）：我同意你的想法思路，我把关键事件定义为 turning point 和 milestone，负面刺激的事件有职称评审遇到的阻力，但也激发了更大的斗志。

李：谢谢您！夏老师！如果访谈时问有哪些转折性和里程碑式的事件，不少老师就说自己没有这样的事件，说一切都平平淡淡。我就问触动您采取行动的事件呢？或者令您难忘的事件？有的受访者则讲的是影响因素，没有具体事件，只是泛泛而谈。

夏：其实这就显现出教师反思的水平，成长和发展过程中怎么可能没有影响事件？参加某一次的培训，聆听某个专家的讲座，接受某一次评估考核或某一次学生评教，开展某一次教研活动或观摩学习，某一次课堂失控，某一次创新成功，诸如此类，都应该有所触动吧？看来，你的访谈问题要具有引导性，要设计这么具体的启示点拨才能引出"素材"。

李：是的，夏老师，我发现很多问题。发展好的老师说出来的关键事件又快又多，不爱反思的老师说教学没有什么特别的事件。

夏：成功教师成长的路径是"经验+反思"，这是国际教育界的共识。凡是不反思或不善于反思的老师，一定不会成为好老师。

我自己的专业成长和职业发展过程中，每一次感动、触动、心动、灵动都会带来行动上的飞跃、进步或华丽转身，都会作为"转折点""拐角处""里程碑"深深地印在记忆中。而且，我会记住让这些事件发生的人，即教育叙事研究中的"重要他人"（the significant others）。每一次的转身和升华都是质的变化，都经过"洗脑"

"换血""重生"。

我看过电视访谈节目《人生拐角处》,嘉宾都是成功人士。可见,成功的经验都离不开"事件"及其引发的"转折点"。

〔我随后建议李文梅在她的研究中增加教师分类:善于反思的,不善于反思的,不反思的,拒绝反思的。我看好这个研究,看出这个研究绝对是动态的、不断生成问题的。〕

镜像9　在食堂:今非昔比

在高校的校园食堂里,可以看到很多老人用餐。有独自一人的,也有夫妇俩一起的。他们与年轻人在一起排队打饭打菜,与大学生坐在一张桌子上吃饭。人们不禁要问,这些老人为什么不在家吃饭?

事实上,我认识一些老人,有曾经当过校长和院长或系主任的,有著名的教授、科学家,也有普通教工。应该说,他们都是20世纪50—70年代吃食堂大锅饭的群体。

那时,食堂是人民公社的产物,大家都过集体生活。食堂的菜系选择较少,能够排队打到心仪的菜式会很心满意足。我们家当时就是全家吃食堂的家庭之一,父母和兄弟姐妹轮流定时去排队打菜,由于物质匮乏,荤菜还限量供应,一人只能最多打两份。

现在,这群人都老了。食堂变得菜肴丰富,价格合理,选择多样,加上多年的食堂情节,所以,回归食堂,不足为怪。

镜像10　在农场:谁说"青春无悔"

提起知识青年上山下乡运动,被发配的一代已经进入老年,对那时在农村或农场度过的青春年华,他们总会通过诗文、歌曲、舞蹈传递这样的集体心声——"青春无悔"。

谁说"青春无悔"?谁有资格说"青春无悔"?真的"青春无悔"吗?历史的车轮无情地碾压了一代青年的梦想、青春、时光、成长甚至生命,时间的隧道残酷地剥夺了一代青年15~30岁本该接受正常教育的岁月。"知识青年"所创作的动人诗句、歌曲、舞蹈换不回失去的、被掠夺的、被压制的、被摧残的、一辈子只有一段的金色年华。

1968年,笔者(右一)与下乡海南岛卫星农场六队舍友合影

尽管如此，这一代人的心态、良知、情绪都是那么正能量满满地释放着、展示着，正如《岁月甘泉：山的壮想》歌词中唱的"山风轻轻吹，青山高巍巍，不要问我青春悔不悔""山有山的壮想，海有海的沉醉……没有什么比生命更可贵"。

（四）人生课堂的关系

课堂里有各种各样的人，"人"字好写，人不好做；人生苦短，及时反思。

众所周知，"人"字好写，人不好做。人与人，二人成"仁"。但"仁"常常与"义"拼成"仁义"，仁义是人所追求又难以达到的高标准。

"人"字的构成靠一撇一捺，相互支撑，可以看成"相拥"，也可以看作"靠背"，少了对方不成"人"字。

"人"字的撇和捺对立统一，撑起了人与人。就像男人与女人、老公与老婆、家长与儿女、领导与群众、教师与学生、医生与病人、商家与顾客、雇主与雇员、朋友与朋友、同事与同事，没有彼就没有己，我中有你，你中有我，相互依存。

人与人相处，各人因不同的立场、处境和利益而拥有不同的思维方式、话语权力和价值追求。人与人相处的结局因人而异。

男人和女人相互都有生理需求、心理需求、情感需求、利益需求，所以走到了一起，住到了一起，生育后代，相处一段人生。

然而，世界上究竟有多少婚姻是幸福的？有多少男欢女爱的关系是持久的？有多少夫妻是同心同德的？

父母与儿女是没有选择的血缘亲、养育情。世界上究竟有多少家庭是幸福的、完整的、尊老爱幼的、独立人格的、关系融洽的、相互体贴和照顾的？

父母对子女悉心照料与无私奉献，其中的辛苦自不在话下，但有谁想过父母从中得到的乐趣和满足感是儿女没有的？虽说"有妈的孩子像个宝，没妈的孩子像根草"，儿女从父母的关怀疼爱中得到了幸福，但不少家庭也无意识地用爱"绑架""剥夺""压制"了儿女的选择、梦想、追求、兴趣与幸福。

父母生儿育儿养儿是天经地义的事情，多数父母也尽心尽力地履行自己的责任。然而，有多少儿女在心理、伦理、情感、行为上感恩父母、赡养父母、回报父母、照料父母？粤语有言"老窦养仔仔养仔"（老窦指"父亲"）、"仔大仔世界"，站在父母的立场上解读，能够听出隐含意义和话外之音。每一代只需要对自己的下一代负责。下一代成人后有他们自己的生活，脱离父母的管辖和期待。当下一代扛起他们对再下一代的责任时，往往无力照料年迈的上一代。

当"独生子女"一代的家长进入老年，微信上传播的一些文章劝说老年家长要"学会放手""体谅儿女"，这种"人"字的写法是否意味着不完整呢？难怪中国传统美德要强化"百善孝为先"。

　　父母对儿女永远情深意长，永远相思牵挂。因为儿女是父母精子与卵子的成功结合体，是数十万分之一的命中率；母亲十月怀胎，孩子是母亲身上掉下来的肉，脐带连着母体的生命，这里面满满的是父母含辛茹苦的血脉亲情。知恩图报的儿女会对父母说："我是我妈生的，没有我妈就没有我，我的生命是我爸妈给的，岂有不报恩之理？"记恨父母的儿女会说："谁叫你生我的？把我生下来受苦受难，这账得从头算起！"麻木的儿女会说："赡养父母只是道德和义务问题，并不是情感上的问题！"所以，尽孝还是不尽孝，关照与感恩父母与否，因人而异，父母无法期待和强迫。

1982年，笔者的三口之家（左图，右一为丈夫吴潜龙）合影；2004年，笔者的儿子吴宇厦（右图右一）从外交学院本科毕业，与外交学院校长吴建民（右图左一，时任外交部部长）合影

　　作为领导，要关爱员工，善待员工，员工的积极性发挥得好，业绩成果最终是记在领导功劳簿上的。有的领导不会这样想，只会摆谱、耍权，欺压下属、员工。这就是连"人"字都不会写的迂腐。

　　听过一个有关"雇员心理"的企业培训讲座。雇员是否选择和愿意跟随这个雇主有三种心理因素：我跟着你能得到什么？这是关乎物质收益的需求；我跟着你能学到什么？这是精神层面的成长需求；我跟着你能发展什么？这是关乎未来前景的期盼。

电视连续剧《温州两家人》的企业董事长对高层雇员说:"不怕你们提问题,就怕你们看不出问题。不怕你们说问题,就怕你们没法解决问题。"

这里列举的是雇主和雇员双方的心理,成功的企业或单位,雇主和雇员谁也离不开谁。

优秀的教师都会由衷地感谢自己的学生。事实上,是职业对象成就了职业人,特别是成就了教师这样的专业人。施教的成果价值必须在职业对象身上体现,这是不言而喻的。平庸的、不求上进的、把职业当特权的教师的共同表征是:忘记了自己的工作对象是人,不谙"以人为本"的内涵,不爱工作对象,不研究工作对象,不想方设法将自己的价值有效地迁移到工作对象身上,更没有成功地让工作对象的成果反射出自己的价值。相反,那些优秀的、卓越的、深入民心的好老师都有共同的动人事迹,都对"人"有仁爱之心,对"育人"行为有使命感和价值观。

"人"字有"大写"也有"小写"。大写的"人"高境界、宽胸怀、大智慧,懂得"益人就是利己";小写的"人"庸俗、小气、狭隘、恶毒,损人不利己。

对人好,自己也开心,正所谓"赠人玫瑰,手留余香"。对人不好,自己也难受,"生气伤脾"也对自己不利。

真正做到对人好,境界要达到忍不是弱、让不是输。但行为上真正能够做到"让你三尺又何妨"并不是那么容易的。近年来,报刊、图书、网络媒体以及电视等传媒渠道流行"心灵鸡汤",聚焦"如何做人""如何取悦于人""如何礼让"这类与人相处的原理、原则、策略、技巧。可见,"大写"的人不易做。

教师是特殊的群体,无论做人还是育人,都注定要与人打交道,都必须面对人生课题,不断学习、实践、研究、考试、思考、应对。例如,如何能够立己达人,强己强人,助己助人,这其中不乏辩证关系。

(五) 对人生的比喻与思考

1. 人生是一出又一出自导自演的戏,但不是独角戏

每个人在不同的时段、不同的场合都带有不同的目的、持有不同的立场、扮演不同的角色,并依据不同的追求使用不同的表演手法,当然会有不同的演出效果。不过,每一出戏都不可能是独角戏,所以还有与其他角色的合作问题。

每台戏一定有脚本,有戏路,有演员,有观众,有评论,有背景。每个人首先需要弄清自己在戏里戏外担任什么角色,对脚本要认真研读,对戏路要用心学习,对背景要了解清楚,与同台演出的其他角色要建立明确的关系,与其他角色要对好台词。

戏有演砸的时候也有演得精彩的时候,有卖座的也有掉价的。有的人刚上场就下场,只是走过场。有的人在场上经久不衰,算得上"戏骨"。有的人演得很到位,有的人演得很蹩脚。喜剧让人开心，悲剧让人落泪。剧情复杂，故事跌宕起伏才是"好戏"。

2．人生是一程又一程漫漫的行旅，一段一感受

人生每走一段都有极相似又不同的感受，共同规律是童年的天真、少年的逆反、青年的激情、中年的压力、老年的无奈。

学生时代以分数为优劣之分、职场阶段以收益为胜负之别；恋爱时以对方为中心，为人父母时以儿女为中心；小的时候想长大，长大了想还童；单身时想结婚，结婚后想单身；做学生时想工作，工作后想学习；有工作时想休假，没工作时想上班；离家时想回家，在家时想出走。人生总是在追求得不到的或者失去的，对已经拥有的不去珍惜，所以痛苦多于快乐。

然而，痛苦是生活的一部分，挫折是一笔人生的财富。经历让人富裕，哪怕是受苦受累、令人心碎的经历。追求不寻常必然会失去不少寻常的东西。赶路的人总有一个目的地，但为了赶到那一个目的地，往往忽略了沿途的风光美景。在人生旅途上，阳光与阴影永远同在，不尽如人意之事十有八九。能及时地、积极地、主动地抓住那十分之一的快乐的人就是乐观者、明智者、幸福者。

3．人生是一条河，要掌握水性

船在河上行，如何控制船不翻？平衡至关重要，大家齐心协力才能到达彼岸。每年端午节观看龙舟赛，船员在号声和鼓声中，动作一致地拼力气、斗意志、抢速度，团队赢，赢的是"合力"。

掌握水性，就是理解人性。水能载舟，也能覆舟。我在澳大利亚黄金海岸观赏冲浪的年轻人，看懂了敢于和善于冲浪的人就是会把玩水性的人。

水是硬还是软，要看水流的状态。"滴水穿石"，以柔克刚。水流畅通无阻时，欢快流淌；遇到阻力时，水花四溅，反冲力无比。人在受到阻力、障碍、打击、贬损时应具备应对负面刺激的能力和抗击的能力，要向水性学习。

与浪潮相伴的是海中礁石。新西兰南岛的海边，惊涛巨浪每时每刻冲击着冒出海面的礁石，面对那惊人的冲力、轰隆震天的巨响，礁石"我自岿然不动"，让人明白什么是坚如磐石。

4．人生是一首歌，可歌可泣

人生如歌，因为人生可歌可泣。在人生不同的阶段，歌曲有时凄婉，有时激昂；有时像交响乐，由多乐器、多音阶、多部曲组合，时而波澜壮阔，时而欢快淋漓，就像风云变幻的职场变奏曲。人生歌曲有时像二重唱，好比夫妻对唱，多数都唱得不那么和谐；有时像四重唱，好比某些一家四口，各唱各的调，也不那么好听。当然大量的还是独唱，好比一个人的心灵独白。

5. 人生是"麦地摘穗",选择了就别后悔

这是苏格拉底的千年哲学命题。"谁能够一次性摘到最大最饱满的麦穗,下田后只能向前走,没有回头路?"有的人说,"我下田随便摘一枝,然后把所有其他的毁灭,我手里的就是最大、最饱满的",这是希特勒的思想。有的人说,"我在田边走一圈,看好最大、最饱满的麦粒位置,直接去那里摘取",这是运用概率的方法。有的人说,"我直接下田,喜欢哪一株就摘那一株,只要我认为这是最大最饱满的,我不后悔",这是一种人生态度。

尽管答案是开放的,但我更赞许那个"不后悔"的人。人生一路走来,你选择了谁做婚姻配偶,你选择了什么专业和职业,必定是由一连串的欢乐和遗憾组成的。世上没有"后悔药",一次选择或决策很可能就会带给你一生不一样的结局,但人生没有"假如"。

作为教师,课堂是我的舞台、我的大海、我的旅途、我的麦地、我的歌、我的戏。

我的课堂人生走到今天,已近尾声。近70年的收获与遗憾、选择与决策、拥有与失去都在这本书随后的章节里有详尽的记叙和反思。

选择当老师的幸福(左图)、选择生活方式的快乐(中图)、我的人生尽其在我(右图)

(六) 以人为本的服务与教育

"以人为本"就是要了解人的本性、共性、差异性、相互性,了解人的个人利益、共同利益、追求的利益。凡事都要遵循"做事先做人""做人要做得让人喜欢你,做事要做得让人需要你,说话要说得让人接受你"的原则。

服务行业的服务对象是人,当然要以人为本。所谓服务的"软环境""软件",指的就是服务精神、服务态度、服务技巧、服务水平、服务质量。买方是掏钱的顾客;卖方卖"物有所值"的服务,就是要让顾客花钱花得心甘情愿,更要让买方成

为"回头客"。

可惜，经济困难时期的"买卖"是"以票为本"，若要说"以人为本"，常常只有"以官为本"。改革开放初期，又出现"以钱为本"的买卖乱象。且不论"一锤子买卖""买卖骗术""胡乱忽悠"，最让人受不了的是"花钱买罪受"。

进入21世纪，形势发展很快，时代进步飞速，"个性化服务""上门服务""度身定做服务""因人而异服务""各取所需服务"涌现，随着互联网的创意层出不穷、电子技术的更新换代，过去做梦都想不到的"周到贴心的服务"实现了。

当然，"周而不到""贴不到心"的服务依然存在。例如，银行、医院、管理所、办事处，以及商店、酒店、餐馆尽管"硬件"改善，有的甚至比国外还高级，但"软件"还是跟不上，即缺乏"以人为本"的意识。

教育者眼中要有人。所谓"教书育人"，着眼点在"育人"。世界上没有一片叶子是一样的，何况人！"以人为本"的教育"是农业"而不是"工业"，应该视种子不同而给予不同的生长环境和温度等培育条件，而不是像工业生产流水线那样按照统一规格和模板生产组装产品。

遗憾的是，我们的教育太多"以课程为本""以知识为本""以教材为本""以教师为本""以标准答案为本"。一些教师"照本宣科""目中无人"，好像"完成教学任务"只是"教完第几册第几单元第几课"的事情，只是执行教学计划的事情。至于学生是否学会，学得怎样，还缺失什么知识，哪些知识是终身有用的、可持续发展的、有潜力的，哪些知识和定论是值得让学生质疑的、挑战的、探索的、创新的，哪些学生是哪种类型的人才，哪些方法有利于调动人的积极性、表现欲从而有效产生学习力、思考力和创造力，这些关乎教学质量和教学效益的问题都不在这些教师的关注范围。考试命题也只是考学生"懂了没有"而不是考其"会用多少"，考学生"掌握了什么知识概念"而不是考其"能够应用创新技能解决什么问题"，学生大量"做题"而不是"做事"。评价打分靠的是"唯一的标准答案"而不是"检验和分析学生思想的深度、广度、维度、开放度、创新度"。

"以人为本"的教育应该是"以学生为本""以学为本""以能力为本""以思考为本""以方法为本"的教育。这既是目标，也是手段。要实现目标，需要实施策略。未来的教育更会像所有服务一样，是个性化的、应需的、解决实际问题的、学会方法的，而不再是大一统的、齐步走的、供给现成知识的。

第二章

课堂经历与成长

> 人生处处是课堂，课堂经历来自四面八方。

每一代人都有其特殊的生活轨迹，每一种职业群体都有其独特的生涯故事。这样的大大小小"课堂"可以凝练出几十种甚至上百种。这些课堂里的故事和感悟反映了时代音符，印记了历史足迹，展现了同时代人的生活历程，具有为社会提供史料素材、比较教育素材和趣味阅读的价值。

人生课堂也好，人生课程也罢，都会大量涉及与教育、学习、悟道、成长相关的话题，有共性也有个性，有雷同也有差异。例如，人类对婚姻的共识是"世上幸福的婚姻都是一模一样的，世上不幸的婚姻是各式各样的"。事实证明，正是如此。照此推理，"成功的原因都是相似的，失败的原因多种多样""学习成绩好的路径都是类似的，学习成绩差的因由各有不同"。

总而言之，万事有规律，凡事须用心。把自己走过的路、做过的事、读过的书、识过的人、见过的世面等当作人生课堂里的人生课程，就会发现学无止境。

一、家庭课堂

人生第一课堂，教育润物细无声。

（一）家风家教：教育有方

我于1950年12月25日出生在广州中山医科大学第一附属医院，这天恰好是西方的圣诞节。我常常调侃说"妈妈真会挑日子生产"，其实应该说"我真会挑日子出生"，因为十月怀胎是母亲的事，胎动临盆则是胎儿说了算。由于我的生日与圣诞节重合，相识的人都很容易记住。

人生处处是课堂——我的课堂人生缩影

笔者1951年9个月（左图）、1954年3岁（中图）、1956年5岁（右图）照

我在家排行老三，是当时家中的独女。父亲夏书章和母亲汪淑钧都是中山大学的教师，他俩同班、同专业、同年毕业于中央大学（现南京大学）。

出于职业的关系，当年我们兄妹三人的起名和父母的教育理念与情怀有关，即"真善美"：大哥叫"夏纪真"，二哥叫"夏纪善"，我叫"夏纪美"。多好听的名字！人生追求真诚、善良、美丽的境界，教育崇尚真诚、善良、美丽的育人目标，社会需要真诚、善良、美丽的风尚！

说起名字，出于我对父母的了解，顺便对他们各自的名字也做点趣味解读。

"书章"很符合我父亲跨世纪"书写华章"的学者人生经历。他从12岁离乡求学开始，经历了基础教育阶段的勤工俭学、半工半读，高考成绩在上海考区排名第一、被中央大学录取；后从美国哈佛大学研究生毕业，在中山大学任职，获得"中国的MPA之父"的名誉、国际贡献奖和中国管理学终身奖等等，这些都与他善于读书、著书、教书息息相关。

1952年，真、善、美三兄妹合影

"淑钧"也恰当地表现出我母亲刚柔并济的性格特征。她的"淑"在于善良贤惠，女人该会的她都会，女人不擅长的她也能，算得上"全才型淑女"：针织钩绣样样会，烹饪保健样样精，修理补救样样能，生儿育女样样行。她的"钧"在于该发力时力挽狂澜，如"文化大革命"时为保护父亲奋不顾身。她本身的学术业绩傲立

群雄，出版的翻译作品精益求精。她早于20世纪80年代被录入《中国翻译家词典》。在许多人眼里，我母亲是集淑女、才女、英女、孝女、贤妻、良母、明师于一身的卓越女学者。

再说我现在的名字由来，也算是教师之家家庭教育的产物。1966年，"文化大革命"以迅雷不及掩耳之势从高校入手，殃及无辜。我父亲因为时任中山大学副教务长，相当于现在的副校长。当时实施校

笔者父母1943年结婚照和1993年金婚照对比

长班子"三长制"，即教务长、总务长、秘书长。他被当作"走资本主义道路的当权派"打倒在地，又因为是留美归国的知识分子而被冤枉为"美国特务"。莫须有的罪名当中居然有关于我的名字的诋毁，硬说"纪美"是为了纪念美国。当时我才15岁，在广雅中学念初中二年级。一夜之间，我也莫名被叫作"黑五类"和"狗崽子"，被北京来的红卫兵联动分子和我们班的几个红卫兵狂躁分子捆起手脚，一顿鞭打。我宿舍里的床铺被扔在教室外的泥地上，我被命令在课室地板上过夜，结果被蚊子咬了一身的包。第二天，这些武装分子押着我回家，逼我参加抄家行动。我那时哪里经得起这样的侮辱折腾，又天真地以为改了名字就没事了，于是跟父母哭着闹着要改名。母亲经过深思熟虑，认为毛主席的"咏梅"诗寓意深刻，希望我今后的人生能有梅花的花性，铁骨铮铮，迎寒绽放，俏也不争春。况且，"梅"与"美"叫起来又有谐音，不需要改口。从此，除了中小学同学还习惯叫我"纪美"外，我以"纪梅"之名开始了随后的人生。从下乡之地海南回城后，我曾想把名字改回原来的"纪美"，一来为了正本清源；二来我有过一种滑稽的想法，"纪梅"听起来让人联想"纪念倒霉"，很不吉利。母亲笑我胡思乱想，派出所也答复只能在迁出户口处才能办理，结果没有办成，也算天意。说来奇怪，我改名后的人生还真有点梅花的特性，不畏艰险，不惧严寒，报春却不争春。

出身于教师之家，家庭就是人生第一课堂、父母本是人生第一教师的意义就更加非同一般。

2014年春，中央电视台采访百姓"什么是家风"和"你的家风是什么"时，我想我的家风可以归纳为勤劳、节俭、自律，我的家庭教育可以用"严格""全面""高标准"几个词概括。

笔者母亲给笔者60岁生日卡片"蜡梅迎春"(左图)和背面的藏头诗"纪梅生日快乐"(右图)

首先是勤劳。我记得20世纪50—60年代,夫妻都是高校知识分子的家庭不多,很多家庭里丈夫是教授、妻子是家庭主妇,有些还有家庭佣人。我的父母是双职工,都有工作在身。但从养育几个儿女到打理家务琐事,他们和我们子女一起分工合作、尽心尽力,合奏了一曲曲"家庭劳作之歌"。劳作时,谁也没曾偷过懒,谁也没想过要偷懒,都是乐呵呵地干活。从我记事起,我家就没有请过佣人。那时,要想买到荤菜,不但要有肉票,还要清晨排队抢购;要想买到好吃的,要挤公交车进城,最近也要骑自行车到住地之外的晓港大市场买。要买米、买煤,不是肩扛就是用单车拉或者儿童车推。妹妹纪慧出生时,正逢国家经济困难时期,为了补充营养品来源,家里还养起了鸡、鸭和兔。这种"一头家""八张嘴"的日子,没有勤劳的家风是难以想象的。

我家的节俭可以以"新三年,旧三年,缝缝补补又三年"来形容。我母亲手巧,能把自己的旧大衣裁剪成漂亮的小女装,我穿出门每每受到邻居的夸奖。记得我在反叛年龄时,因为家里让我穿大哥穿过的裤子,我觉得穿男装被同学讥笑很难堪,就回家抵制。母亲给我买了一条新裤子,我硬是穿上身就不愿意换洗,导致与父亲发生了一场不愉快的风波。父母节俭持家、节约为荣、艰苦朴素的作风直到现在还在不断发扬光大。用过一面的纸张反过来再用,不能再写的纸张用来放餐桌垃圾,不能穿的旧衣服剪成细条扎成拖把用,家里各种各样的代用品都是废物利用。每顿饭后,饭碗见不到一粒剩

笔者(前排右一)穿哥哥的男装吊带裤

米，剩菜一定留作下一顿。家里的沙发故事最多。原来有用过几十年的木座沙发，没有钉子的接缝榫头散了，母亲用胶水粘过继续用。后来有了藤沙发，靠背松了往后倒，母亲用绳子捆住继续坐。空调等家用电器坏了，要不是子女坚持更换，还在凑合着用。父亲至今还喜欢在家穿着破衣服、破裤子、破鞋子，说是"舒服"，其实还是不舍得穿新的，尽管我们都给他买了高质量的新装。

我家严于律己、自尊自重、不搞特殊的家风也在我小时候就留下深刻的印象。

中山大学校园在 20 世纪 50—60 年代看电影是在露天广场。电影屏幕的正前方有一个看台，是给校领导和教授的座席。父亲虽然带我们子女一块去，但一定要我们自己端着小凳子，坐在过道上，不准占用正席。

每当我在事业上有所进步，父母总是不忘警示"要自律"。父母到了晚年，常说的一句话就是"随心所欲不逾矩"，也是要自律的意思。

我的家庭教育严格、全面、高标准。

首先谈母亲的家教。"学习要向高标准看，生活要与低标准比"，这句话几乎成为我的家庭教育格言。作为一个女孩，爱漂亮、爱打扮本不足为奇。单就这一点，我没少受母亲警告。她总是说："女孩把心思放在打扮上一定没出息。"事实上，我在中小学同学眼里就是一个大大咧咧、不修边幅的"假小子"。在大学时，很多同学都看不出我是教授之女，我也从不张扬。曾经有个农村来的同班同学要求到我家坐坐，我都没有答应，生怕被误认为在"显摆"。

母亲为了培养子女的全面发展费了不少心血。小时候，母亲觉得音乐和乐器能陶冶性情，就手把手教我们弹手风琴。选择手风琴的原因一方面是手风琴携带方便，另一方面是钢琴等其他乐器太奢侈。她其实是弹钢琴好手，那时的教工晚会上有个必备节目，就是生物学家、中国科学院院士蒲蛰龙教授拉小提琴，我母亲为他做钢琴伴奏。母亲退休后，还在老人合唱团当过好几年的指挥和钢琴伴奏。

在学习上，为了保证我能考上好中学，母亲还帮我补习数学。她的数理化基础非常好，说她是理工科人才一点不为过。母亲对诚实的要求很有一套管教办法。我记得从学校回来汇报情况，最怕母亲反问："是真的吗？我去问老师的哦！"在专业取向方面，父母很民主。我哥中学时因为参加了跳伞队，喜欢上了航空，就让他如愿以偿报考了航空专业。我阴差阳错地进了师范院校，虽说当时的选择本可以更广泛、更高级，但这成为事实后，父母也没有异议，母亲还一如既往地发挥她的优势辅导我。

说起来，我母亲的英文底子是在美国教会女子学校打下的，她在大学期间又得到英语教学名家余大茵教授的培养，在中山大学担任的是英语课程的教学工作，所以，她在英语语法和原文阅读与翻译方面的水平很高。有难度的英语文章经过她的分析解读，会让人茅塞顿开，连连叫绝。

人生处处是课堂——我的课堂人生缩影

20世纪70年代初，我所读的大学工农兵学员英语专业所采用的教材主要是英文版《毛主席语录》《中华人民共和国宪法》《北京周报》（*Peking Review*），还有像《半夜鸡叫》之类的革命故事书英文版，学的多是"政治术语"，如"无产阶级专政""革命""资本主义剥削"等等，学了三年英语专业连西餐"餐刀"和"叉子"这样的单词都没有出现过。说真的，我在那特殊历史时期所读的大学，真正的专业收益来源不是学校，而是家里，幸亏有我母亲周末及其他假期的补课。

再说说父亲的家教。他对子女的家教可以称得上严格有加，标准永无止境。

记忆犹新的小时候的礼教有：不在人前放屁，不在人前掏鼻孔，不吃别人的东西，不讲粗口，不与别人比条件；遇到长辈要主动称呼，比父母年轻的要叫"叔叔或阿姨"，比父母年长的要叫"伯伯或伯母"；见了长辈要起立迎接；坐要有坐相，站要有站姿，饭前要洗手；等等。

成人以后，父亲总是保持"耳提面命"的姿态，严格审问、督查、检测我们是否关注时事政治，是否严谨治学，是否自觉补缺，是否读书看报，是否考证某词语、某典故的科学出处，等等。从这个意义上看，我觉得自己很幸运，父亲和我成为一对一的导师与学生的关系，多么难得。

父亲还有一种"冷爱"教育，坚决不准子女依赖或依靠他的地位、权势、关系、资源来谋取哪怕一丝半点的利益。事实上，他做到了，我们也做到了。我们兄弟姐妹无一人利用父亲的美国资源出国留学就是最典型的例证。正因为我从心底里不对父亲的协助抱半点指望，所以造就了我独立自主、自力更生的发展之途。

20世纪50年代初，夏书章、汪淑钧、夏纪真、夏纪善、夏纪美合影

（二）父母榜样：耳濡目染

父母是子女的榜样，更何况我的父母是大学教师。在我的眼里，父亲博学多才，母亲多才博学，两人对等相称、不相上下。尽管如此，他们双双治学严谨，于己于子女均身体力行。

我的父亲在中央大学毕业后不久就赴美留学,是国内第一位获得哈佛大学"公共管理专业硕士"(MPA)学位回国的青年学者,所以28岁就被聘为教授。由于他12岁丧父,家道中落,全靠自己半工半读,一路打拼,吃了苦也磨炼了意志。因此,他对我们要求之严厉恐怕是别人难以想象的。我作为长女,在他面前永远是崇拜敬畏、毕恭毕敬的模样,而且底气不足、不敢任意妄为。

他对子女维护的是父道尊严,实行的是君子之交,享受他给我们的爱特别需要承受力。他自己学贯中西,能够随时随地引经据典,对子女总是"恨铁不成钢",所以总是少不了提问、考问、常问、多问、插问、追问,内容涉及政治、经济、文化、历史、语言、人物、事件、背景、原因等等。只要跟他交谈,凡事皆问,不一而足,想到什么就问什么,谈到什么话题就问什么问题。更严格的是,遇到我们回答不了或回答不对的,他绝不会给现成答案,而是要我们自己去查阅寻找。而且,他不会给你指出查阅的方法、路径或线索,要你在浩瀚的书海里自己解决目标检索问题。这和父亲在美国名校学到的教育思想与教育原则相关。他不当保姆型或秘书型导师,学生要在实践中摸索探究。

他总是以自己的成长道路为经验,要求子女靠自己而不靠父母,靠实力而不靠关系。他对子女的教学方法也很"中国",很传统。批评、训斥是常有的事,绝不捧杀。让人哭笑不得的是,我都"花甲"之年的人了,在他的面前永远是个长不大的6岁娃娃。耳提面命的警告还是那么煞有介事,好像我连起码的人生经验都没有,白活了60年似的。当然,我心里很明白,父亲是出于一片好心,只是表达方式独特罢了。其实,我还真愿意多被他耳提面命,只是希望多点指教、少点训斥。

笔者父亲夏书章1946年哈佛大学毕业(左图)、母亲汪淑钧1950年中山大学入职(右图)

我的母亲也是中央大学的毕业生,从事英语教学和翻译工作,中英文语言功夫扎实,语汇丰富,谚语、成语、典故脱口而出且恰到好处。从她收藏的中英文各类词典、辞海、词源、百科全书、专业词典的版本、数量、种类之齐全,足以看到她治学之严谨。遇到把握不准的词,她一定不厌其烦地查阅、核实,翻烂了好多工具书。国内最权威的商务印书馆曾邀约母亲翻译行政学方面的名著,她都圆满完成了任务。

1979年起,我在中山大学教授公共英语。因为当时与父母一起住,就有机会向母亲取经求教。我记得,她对英语教材里课文难句的解读和翻译字斟句酌,当着我的面查阅词典也是一丝不苟,给我树立了榜样。这实在是世界上屈指可数的最高级的教师培训。

我是喜欢写作的人,每当我得意地将文稿交给母亲看时,总是有不少瑕疵被她的火眼金睛挑出来。母亲直到93岁的高龄时,每天还在读书和写作。说来可以申报"吉尼斯世界纪录"了,因为她在85～93岁期间出版了五本书:《金石家话》(合著)《行政奇才周恩来》(合著)《教余漫笔》《英美幽默故事选编》《英语箴言选编》。写作期间,为了求证准确,母亲和父亲交流、切磋、统一思路的情景让我百感交集。有一天晚上,他们四只老花眼聚焦台灯下的文稿的那一幕被我即时抢拍下来,真是一对相伴70年的学者夫妇真实生活的写照。

2013年,笔者九旬父母于灯下研究翻译

(三) 家庭文化:潜移默化

我的家庭有益于促进子女成长的环境可谓丰富多彩。例如,饭桌文化。

我认为,把我家的饭桌就餐视为课堂太恰当不过了。小时候,我们一家人吃饭时,4个孩子每人面前有一个小碟子,母亲饭前必做的一件事,就是给我们的小碟子里盛上均等份量的菜,保证大家不争不抢,计划用膳。我记得,我总是把好吃的留在最后,这个习惯一直保留到今天。父母要求吃饭时要闭着嘴且不发出声音,这叫"餐桌礼仪"。

孩童时,我最怕父亲利用吃饭时间检查功课,常常弄得我狼狈不堪。至今还难以忘掉一边哽咽抽泣一边往嘴里扒饭的情景。成人后,我倒喜欢吃饭时听父母说话,因为他们的语言丰富、知识丰富、经验丰富、资源丰富,如同一顿学问大餐和精神美食。父亲引经据典,谈古论今;母亲旁征博引,语汇丰富,还一会中文、一会英文地双语交谈,或举例,或比较。这些都不知不觉地成为我们耳濡目染、言传身教的受益过程。我们兄弟姐妹后来都在演讲方面比较出众,与父母的语言熏陶分不开。

另外,我们家还有家庭音乐会、棋牌、字谜、绕口令等活动。

我还记得小时候家里一停电,我们就在黑暗中玩智力游戏。有一种数学玩法是:一人口中念"一只青蛙一张嘴,两只眼睛四条腿",另一人接着念"两只青蛙两张嘴，四只眼睛八条腿"，越接越快且错误率少者胜出。

我读高小的时候，家里常常开音乐会。父亲吹笛子、拉二胡、唱京剧，母亲弹奏手风琴、唱经典歌曲。直到最近，父亲还能偶尔在公开场合唱一段《捉放曹》，在家里也会听到他低声哼几句京剧段子。

我父母打桥牌、玩扑克以及下围棋、象棋、军棋都很厉害。即使在"文化大革命"受迫害的后期，父母乐观的人生态度也可以通过他们坦然下棋略见一斑。

父亲95岁高龄时，还能玩猜词"脑筋急转弯"。由于"脑筋急转弯"的思维方式与传统的套路完全不同，都是现代儿童的猜法，所以，当他把我们考住时，就乐得像个老小孩，真是青春不老。他说过，"Age is a matter of mind. If you don't mind, it doesn't matter"。90多岁的父母还用一种测试法测量他们自己的心理年龄，结果是28岁。

笔者父母夏书章、汪淑钧"文化大革命"后期在家下棋，小女儿夏纪慧在一边观看

1965年，笔者全家福（笔者大哥考上中国人民解放军军事工程学院）（左图）；1970年，笔者全家福（笔者下乡回城探亲）（右图）

（四）家庭境遇：悲欢离合

20世纪60年代正是我们生长发育阶段，恰逢国家经济困难时期。我记得母亲为了保证我们吃饱，好多次把自己碗里的饭让给我。难得吃上一次鸡，她总是吃鸡翘（鸡屁股）和鸡头，还说自己喜欢吃，其实是她把好吃的鸡肉留给家人。我和大哥在广雅中学念书时，大哥因为学习刻苦，周末很少回家。母亲担心他的营养不够，总是让我带给他一瓶干炒黄豆。那时候，黄豆和黄豆制品算是很营养的食物。我妹妹出生后，妈妈没奶，妹妹吃的全是黄豆制作的"代乳粉"。

"文化大革命"时期，我家受到前所未有的迫害和破坏。那时，我才15岁，对"运动"不明就里，对父母所处的境遇不知所措。记得有一天，我刚好在家里，亲眼看到父亲的学生以"红卫兵"和"革命小将"的面孔冲进我家，手持棍棒皮带，凶神恶煞、翻箱倒柜，吓得我一边躲藏一边偷窥，惊恐中带着一点好奇和不解，想看看他们究竟要干什么。整个校园都是铺天盖地的大字报，电影广场上办了一场接一场的批斗会，校园主干道上，每天有被戴高帽或被剃怪头的教授胸前挂着"牛鬼蛇神"的牌子，低着头、弯着腰，被人拖着游街示众。这一幕幕骇人听闻、触目惊心的场景，父亲都"被经历"了。我后来才知道，当父亲在名誉、地位、身份全面陷入危机时，是母亲勇敢、智慧、仗义、悉心地保护着父亲，给他精神上、意志上、身体上必要的支持、慰藉和护理。在随后被发配到粤北山区干校的艰苦岁月里，也是母亲冒着各种危险，坚持翻山越岭去探望孤独的被隔离在"牛棚"的父亲，送去亲人的一丝温暖，真是患难见真心。每当回忆这一段历史，我就为之动容。这就是我的父母这对"金刚钻夫妻"心心相印的真实写照。

在"文化大革命"期间，我家还值得回忆的有母亲的舐犊之情。她牵挂着4个因父亲蒙难而受牵连的孩子。那时，大哥在中国人民解放军军事工程学院，因父亲问题降级分配到贵州三线工厂，前途未卜。我在海南岛五指山的农场，生活艰苦。弟弟妹妹年纪尚小，留在中山大学校园，自己照顾自己，几乎成了孤儿。母亲当时已是年过半百的人了，既要经受山区干校艰苦生活的折磨，还要坚持探望被隔离在另一座山的"牛棚"里的父亲，更要为4个儿女操心。她给我和哥哥写信，鼓励我们在困境中磨炼意志。她给弟妹安排生活，往返在崎岖山路上，奔波在粤北与广州之间来去匆匆的途中。她一个人扛起了非常时期全家的大事小事，称得上真英雄。

1968年，在全国"知识青年上山下乡"运动中，我面临离城、离校、离家接受劳动改造的命运。当时，广雅中学的学生分配的主要去向是湛江和海南岛国有农场。可是，连这样的机会也落不到我的头上。我被告知"农场满额"，要分配我去粤北山区插队，我还傻傻地不知利害。母亲是个明白人，她对我晓以利弊，要我尽量争取去国有农场过集体生活。结果,天助我也。我就读的广雅中学所在的荔湾区有所广州市第三十二中学,他们有海南岛农场的多余配额。于是,我如愿以偿地过上了集体生活,尽管那是相对沿海老华侨农场更加艰苦的山区新垦农场。事实证明,国有农场的生活方式比农村插队更适合我。

说起海南岛,我经历了前后两段悲哀时期。18~23岁时,我是"知青",与一同挤红卫轮再坐敞篷货车进驻五指山的同学一起战天斗地,同甘共苦,心里还比较踏实。26~29岁时,我是大学毕业生,被分配回农场,与当时大批回城的知青正好形成反差;加上当时海南岛闹地震,回程路上,我以天当被、以地当床,露宿街头,我那时的心情非常沮丧、绝望、惶恐,感到前途一片渺茫。母亲善解人意,派弟弟一路护送我到农场。

我在海南期间,对父母兄妹也是牵肠挂肚。有一次,我有一个偶然的机会到了三亚海边,第一次看到大虾干,特别兴奋。当时,我们在五指山,一年到头吃的是南瓜、冬瓜和萝卜干,缺肉少荤,看到海鲜自然很想过过瘾。那时,我一个月才有22元工资,全部拿去买了一盒虾干。想到广州的弟弟妹妹和干校的父母,我把虾头、虾皮留下来自己吃,把大块的虾肉寄回家中。后来,我还步行去购买和挑回一些大海鱼干,泡在花生油里寄回去。

在我事业走上正轨时期,母亲自始至终对我关怀备至。

相比较而言,父亲全身心扑在工作和学术上,对子女的关怀照顾虽说没有母亲那么细致,但也有许多温馨的事迹让我永记心头。

小时候,父亲带我参加过一些上流社交活动。例如,周末到中苏友好大厦,那里是市长、省长和高级知识分子、艺术名流聚会的地方。遇到京剧或话剧演出,他也带我去看戏。最难忘的一件事是,1973年夏天,我从下乡的海南岛农场被选拔回城上大学时,父亲一人拉着大板车到珠江天字码头接我,那一幕让我每每想起就感动得掉眼泪。近年来,他知道我做教师培训需要广泛的资料,就特别认真地把他自己看过的《中国社会科学报》留给我"淘宝"。

当父母进入九十高龄,成为

夏书章、汪淑钧及其四儿女(2000年):夏纪真(高级工程师)、夏纪梅(大学教授)、夏纪康(企业总裁)、夏纪慧(中央机关部门领导)

真正的古稀老人时，我们4个子女也陆续到了退休年龄。

由于父母坚决抵制请保姆，所以家务就成了他俩之间的相互分工与照顾的内容，别有情趣。父亲每周去市场买一次菜，成为中山大学市场一景。只见他满头白发，拖着手推车，握着购买清单，不砍价，不挑拣，认真完成任务。母亲一日三餐煮饭烧菜，科学搭配，有益健康。她不用煤气炉，不爆炒，不过量，还与父亲喝点自己泡的果酒。母亲凡事喜欢动脑发明，原创不少。家里喝的果酒原料是最便宜的"红星二锅头"，她把苹果、葡萄、枸杞子等分别泡进酒里，这样既淡化了酒精，又增加了口感，还有益血液循环。

2013年12月12日，父母自己在家里庆贺结婚70周年。父亲总是有即席的精彩说法。他说："人生70古来稀，今不稀；婚姻70古来稀，今更稀。"的确，结婚70年不离不弃并且双双健在，极为稀罕。那天，我从武汉乘早班飞机赶回，专门把我们家4个兄弟姐妹从小到大的照片整理打包，用电脑展示给父母观看。我还把刚从汉口母亲当年母校原址"圣西理达教会女子中学"拍摄的旧楼照片、收集的父亲的学术作品扫描件、广州电视台当年校庆访谈父亲的电视节目、2012年父亲生日家庭餐宴照片等逐一用电脑播放，展示给"金刚钻"老夫妇观赏。晚上，我与他们一道吃我从武汉买回的湖北特产。如此，总算尽了一回他们喜欢的孝心。要知道，我们想方设法给父母买好吃、好用、好穿的东西，但多数都被他们谢绝。他们反反复复地说"还能用、还能穿的不要浪费""不要乱花钱"。为了不给儿女增加负担，他们绝不轻易找我们帮忙，弄得我们常常为"难以尽孝"自责。

2007年，父亲米寿，笔者与父母在家中合影（左图）；2013年12月12日，笔者父母70周年婚庆，笔者陪伴家中（右图）

（注：另见笔者主编《贤母良师益友：祝贺汪淑钧教授80大寿暨从事外语教学与翻译50年》，广东人民出版社2000年版）

附 我的父亲夏书章教育思想在家庭教育中的体现二三事（一篇尚未发表的回忆文章）

夏书章是我的父亲，更是我一生做人、做事、做学问的导师和表率。他是一位追求完美的教育者，时时处处都在履行教育职责和使命。因此，在家庭教育问题上，他的教育思想和行为自然有所表现。

对儿女的期望：真善美

早在我出生的那年的春节，父亲特意写了一副对联："教学面向工农兵，儿女止于真善美。"前一句的意义自不待言，是"跟着党走"的教育路线的体现。后一句既有教育者对人类教育的终极目标的追求，也有作为父母对下一代人格培养的理想寄托。我们家那时添了我正好凑成三兄妹，名字就是由"真善美"构成的。

对儿女的栽培：中西合璧

从我懂事以来，我受到的"家教"可以说是"中西合璧"的，既有中国传统的师道尊严和严格要求，又有西方的自主学习、独立探索精神的培养。在我的记忆中，父亲的"严"有几种表现。首先是严格要求。他对我们子女的思想、品德、做事、求学、为人等是全方位的高要求、严管理，不许有任何违规违纪的行为和不文明礼貌的举止，即便是生活小节也不例外。例如，他经常告诫我们不要在公众场合东张西望，或盯着某个人看，或不自觉地掏鼻孔、张大嘴打呵欠，或在别人面前坐姿不雅，或者对长辈不恭敬，或者与人交谈时声调像高音喇叭。我刚从海南结束下乡回城的那段时间，由于长期在野外作业，后来又担任小学教师，都需要"大嗓门"操作，习惯成了自然，回到家里与父母交谈也时常扯着嗓门"喊话"。好几次父亲提醒我说："你不是在给1000人做大报告吧?!"直到现在，我们兄妹4人都是四五十岁的人了，在各自的岗位上也还算有点出息。但每次回家，还时时要接受他的训导，一不小心就要挨批。他最重视的是思想品德和文明礼貌。他批评起人来非常严厉，不仅不留面子，而且把某些言行可能造成的后果说得非常严重。正因为如此，我们总能够在他那里感到"警钟长鸣"，对待大是大非都很谨慎，从而保住道德良心的底线。

他的"严"还表现在极强的时间观念和非常认真的治学态度上。就连全家团聚外出吃饭也必须守时，求学、治学就更不用说了。在我们家，饭桌就是课桌，父亲经常在吃饭期间提问考核，古今中外、文史典故、时事政治、汉字成语、英语词汇、名言翻译、经典出处等等，不一而足。遇到我们答不上来的，他不会直接告知，而是要求我们自己去搜索、查阅相关资料，从而培养我们自学求索的能力。

对儿女的要求：独立自理

父亲的"家长作风"也很"西化"，那就是要求儿女"不靠家长靠自己""不要对父母存依赖幻想""不要指望沾父母的光""不应该享受因父母而有的特权"。这方面的例子很多。这里只讲几件印象特别深的旧事。小时候，中山大学电影广场在最好的位置设置了教授席，常有教授带家属一同观看，但他总是让我们自己端着小凳子坐在边角之地。他告诉我们："这是给教授坐的，你们不应该占用。"对于出国留学，在20世纪80年代和90年代，那是许多青年人梦寐以求的事情。父亲在国外有许多关系，不少人都以为他的儿女有他搭个桥、牵个线、推个荐出国是轻而易举的事，但他就是没有为儿女这样做，并反复强调"靠自己"。更让我难忘的是，我大学毕业被分配回海南岛农场。当时，如果他肯出面找关系，我就有可能留在广州工作。但是，他仍然没有这样做。在用权问题上，他对家人和对单位的态度与行为形成了鲜明的对比。为了他所在的单位的发展，为了他所从事的学科的建设，为了他的专业团队的利益，他都是竭尽全力，尽其所能。这就不用我来说了。

做儿女的榜样：负责、勤劳、公德、谦虚

父亲在家庭的教育行为还表现在负责任、爱劳动、以身作则、身体力行上。尽管他毕业于世界名校并且28岁就当上了教授，尽管他当过副校长，尽管他被敬为"中国的MPA之父"，但他在家里总是尽心尽责当好家人的角色。我们小时候，一家六口，琐事不少，都是大家分工负责，各行其职，他只要在家，一定帮忙做家务。"大跃进"时代，他会亲自到食堂去为全家排队打饭。我妹妹出世后，他每天和我一起洗尿片。这在当时的教授群体里极少见，因为大多数教授家里不是有保姆，就是妻子是家庭妇女，而我父母都是在职教师，家中也没有请保姆或帮工。母亲85岁做大手术后，他给病中的老伴端屎端尿。他对与他相濡以沫、患难与共60多年的母亲的悉心照顾真让我感动。他对我说："病来如山倒，病去如抽丝，你妈需要慢慢调养，有我在，放心吧。"现在，他已经是年近90岁的老人，凡是自己能做的事情绝不麻烦别人。

作为教育者，教育无处不在。父亲对公共秩序、党纪国法、洁身自好、民族美德等都以身作则并且秉公仗义。这方面的例子也很多。例如，在公共场所，只要看见违反公共秩序、妨害公共卫生、损坏公共物品等不讲公德的人和事，他总是进行干预。他当学校工会主席期间，对校门工友、食堂工友、环卫工友都亲切和蔼，逢见面必先打招呼，而且叫得出他们的名字。他最反感自我张扬，绝对不会自吹自擂。他讲课之精彩、对学科建设之贡献、获得的国内外大奖、受到国家领导人的接见等荣耀之事，我们儿女从来没有直接从他口中得知过，只能偶然从其他渠道获悉，成为"过时新闻"。回去问他时，他还叮嘱再三"别去宣扬"。对儿女的成就，他也极少夸奖。在他面前，我们经常听到的是"不要骄傲，不要得意，不要忘乎所以"这样的警告。

感恩之心

我作为教师，对父亲的教育思想、教育行为、教育榜样不断有深层的认同。我深深地感激他对我一如既往的严格、严厉、严管和严教。如果说，我今天在教育事业上能有所成就，那一定是离不开这些长期以来耳濡目染、耳提面命、熏陶烙印、心领神会的教育过程的。

我衷心祝福我的父亲健康长寿。

2007年8月写于中山大学康乐园

2005年，笔者全家福（左图）；2009年，笔者父亲九十大寿儿孙四代同堂合影（右图）

二、学校课堂

上学、失学、复学、自学、教学，不一样的课堂经历与成长。

（一）受教课堂：基础薄弱

我的学历和我的同龄人一样，因国情背景和时代事件被集体耽搁中断，所以，我这辈子经历了上学、失学、复学、自学四个阶段，我的最终学历很不光彩。然而，事实证明，学历不等于实力，学位不等于职位，文凭不等于水平。"天道酬勤""功夫不负有心人""英雄不问出处"这些老话都验证了我"学历不够，实力拼搏"的经历。我庆幸有快乐的小学课堂，赢在起跑线并没有靠"增负"。我不幸遇到先优后劣再空缺的中学课堂，体验人格培养随环境而变异。我上了不是大学的大学，经历了特殊的历史时期畸形的大学。我奋力挣扎在几乎全靠自学的课堂，无须扬鞭自奋蹄。

1. 简单快乐的小学课堂

我于 1958—1964 年在中山大学附属小学上小学。我们的书包是两块薄布拼成的边长大约 20 厘米、厚度大约 3 厘米的方形袋子，里面装着薄薄的 32 开本的语文书和算术书，外加一个只有铅笔和橡皮擦的笔盒，总共才几两重。仅从这个又轻又薄的小布书包可见当时的小学生学习轻松、负担不重。

值得一提的是，背着这样的书包上学，我们中山大学教工子弟当中，考上广雅中学、执信中学、华南师范学院附属中学等老牌或名牌中学的为数不少。

这和当今小学生的学习生活比起来，已非同日而语。现在小学生的书包有的重得需要拖车来拉，背在背上根本跑不动。

现在的孩子在校课业繁重，课余家长还逼着参加多种辅导班，花钱、操心、费时，为的是"提高竞争力"和"赢在起跑线"。

其实，我们那时也有精英教育和全才培养，但都是学校的事。当年有个"梁公公"，专门在课余时间教我们学识谱、合唱、指挥等，这些音乐培养太重要了。后来我下乡时能够创作表演，教唱革命歌曲，还在同批知青当中最早被选拔当乡村小学教师，靠的就是这些基础。那时学校还选拔有天赋的学生到少年宫，培养舞蹈、音乐、美术才能，而且培养都是免费的。

说起我们儿童时代的玩具和游戏，不仅丰富多彩，而且不需花钱买。例如，玩具有石子、树枝、草茎、废纸等。游戏都是室外活动，有平衡肢体的，像荡秋千、站浪桥、单脚跳格子、左右手抛多个石子等；有强健体魄的，像丢手绢、老鹰捉小鸡、拔河、跳绳、跳橡皮筋、两人各自左手抱右脚碰撞看谁先散架、10米内一次一大步看谁先到达终点线等；有训练技巧的，像滚铁轱辘、鞭打陀螺、一只手边抛一石边在一堆碎石中抓尽可能多的碎石子，看谁抓得最多等；有训练

笔者 50 年后回访 20 世纪 50 年代中山大学附属小学旧址时留影

快速反应的，像一人站前面当司令，后面众人往前冲，当司令突然回头时，后面众人不准动，止不住或站不稳者出局，最先到达司令所在位置者赢等；有释放童真的，像

捉迷藏、捉萤火虫、挖蚯蚓、数星星、捡树上掉下来的果子吃、把葱叶吹胀了当气球要等。

可见，我们利用的材料都是大自然里的东西。各式各样的自制玩具也富有创意，简朴益智。例如，纸做的有风筝、飞机、帆船、灯笼，木头做的有弹弓，其他材料做的有串珠子、编织手套、袜子、围脖、手袋，钩绣的有通花饰品，等等。

逢年过节，游园晚会选择的不是在康乐园特有的蒲桃林里，就是在月朗星稀的露天下，最通常的娱乐活动有下棋、猜谜、套圈、钓鱼、蒙眼画像等。

现在回想起来，这样的游戏需要动脑、动手、动脚，有知识性、技巧性、合作性、竞争性，有运动量、有交际量，实谓优教优育的第二课堂。

对比今天的孩童，放学后不是做大量的作业就是玩电脑。这样的活动伤害眼睛、有损体魄、缺乏人际交往、无益于创新思维且耗费父母的经济资源。

除了自发自创、生动活泼、益智健身的课外活动以外，还有学校组织安排的课余生活，我觉得具有特别的教育意义。

记得在中山大学附属小学读高年级时，中山大学选派了在校大学生做我们的少先队辅导员。这些大学生代表和我们小学生少先队干部一起搞活动，也邀请我们参加他们的一些课外活动。我记忆最深的是：每周六晚上，小礼堂都举行交谊舞会，伴奏的曲子多是俄罗斯圆舞曲。后来，跳舞跳出了问题，有的大学生"上了大学后，不认爹和娘；读了数理化，扔了破衣裳"。学校对此现象进行了批评教育。这对我们小学生的思想品德也算得上一种积极有益的"早教"。

随着国家发展的行程，中山大学附属小学当年组织小学生开展了一些具有时代特征和教育意义的社会公益活动。例如，响应号召，积极参与除"四害"的活动。为了消灭苍蝇，我们用苍蝇拍一只一只地拍打公共场所的苍蝇，用火柴盒装起死苍蝇回学校交成果。谁交得多，谁就受到表扬。又如，为了体现班集体的互助精神，我们班主任要求学习好的同学要与成绩差的同学结对互助，我直至今日都还记得四年级时我的"对子"是谁。

这些社会活动和集体活动有利于培养少儿关心社会和关心他人的品性，也形成了良好的小学校风。对比当下城里的小学生，除了应付上课、作业、考试，就是关起门来自己玩自己的，生活上有父母和保姆照顾，不要说参加社会活动，连社会交往都很少。

事实证明，小学打下的知识基础对我的成长可谓大有裨益。我因史无前例的"文化大革命"运动，初中二年级没读完就失学了。回想起来，我的语文基础几乎全靠小学打下。

我对小学的语文老师印象特别深刻。一位是小学一年级的班主任李崇敬老师，另一位是六年级班主任谢良老师。我从他们身上感受了师德、师恩、师情，也学到了许多为师之道和为师之理。

李崇敬老师是一位矮小得要靠站在小板凳上写黑板的女教师。她出身名门，但平易近人，对学生充满爱心。李崇敬老师在我8岁的童心上留下的音容笑貌和讲课风格至今历历在目。她很善于以情动人。一篇课文、一个故事经过她的讲述，文字变成了生动的语言：她像在绘声绘色地朗诵，又像在抒情抒志地演讲，更像在和盘托出地倾诉。她通过声音、表情、动作和学生架起了感情交流的桥梁。于是，悲惨的故事常使全班同学跟着她涕泪俱下，咽泣声声；快乐的篇章又常引得我们随她一起手舞足蹈，开怀大笑。她的每一堂课时时刻刻牵动着全班同学的心。她的话语，字字句句像春雨、像花瓣，飘洒着，落进我们幼小的心灵。

从她的课里，我不仅学到了语文知识，更重要的是培养了爱憎分明的情感。常言道："教师是人类灵魂的工程师。"李崇敬老师正是在用自己经过生活洗礼和磨炼后具有一定修养的灵魂向一颗颗纯洁无瑕的童心灌输对人类真善美的爱和对假恶丑的恨。这种灵魂培育工作是通过她的情感来进行影响和熏陶的，而不是通过干巴刻板的说教来进行的。人们常说："教学也是一种艺术，也有风格。一个教师在教学中表现出来的特色是教学方法、教学语言、教学风度等各种因素的综合。"

我认为，一个教师的教学风格来自其对教学工作和教学对象热切的爱。李崇敬老师在课堂上那感人肺腑、牵思引魂的诵读和启迪是她将满腔的热血情不自禁地倾泻在学生身上的结果。她是用她那颗活生生的心以及满身热腾腾的血在教人，在导学，在从事她所献身的人类灵魂的塑造事业。我觉得李崇敬老师不愧是教师中教书育人的典范，她给我留下的印象是终生难忘的。在她的影响下，我从小就立志做老师，要做像她那样能在师生间架起感情桥梁的、慈父善母般的老师。

在我18岁开始从教以来，我的学生和家长对我的评价中，有把我的教育比作茉莉花的芳香，有把我的指导比作隐形的翅膀，有把我的关爱比作带学生漫游的飞毯。如果李老师知道她的学生后来在继承着她的事业，从事着灵魂塑造的工作并且取得了一些成绩，她一定会感到高兴和欣慰的吧！

谢良老师是一位干瘦但利落的男教师。他教语文很严格，要求我们尽量多的背成语、谚语、习语、美句等语料。他批改作文也很细致，一丝不苟。在他的培养下，我打下的作文基础比较牢固。由于年轻时脑中储存了许多"精道"的语料，写作时的语汇较丰富，优美的语句常常随着思路自然跃于笔下。每当我对自己的写作感到语言恰到好处时，我都会想起谢良老师。

记忆中也有教学效果不太好的老师，那是一位代课老师。我读初小所在的班级里，有一个特别调皮的男同学。他经常在上课时捣乱，一会用刀片架在脖子上扬言自杀，一会做鬼脸逗全班同学大笑。这位代课老师面对这样的课堂毫无办法，只能面对窗户背对着学生站了一堂课，任由全班混乱，她不理不睬。这个形象永远定格在我的记忆当中，那是一个"无能的老师""不负责任的老师""不会当老师的老师"。

原来，这个调皮捣蛋的同学因为太聪明，不满足于教学内容，所以捣乱以释放他多余的精力，也是心理学上说的"吸引注意力"的典型表现。校长决定让他跳级。后来的事实证明，这样的因材施教、灵活处理非常适当和必要，那个调皮学生考上了名牌中学。

小学是人才成长的起跑线、终身发展的根基与本钱。不能看不起只有小学基础的人，我认识的人当中不乏各种只有小学基础的英才——普通人当中的英才。

笔者小学高年级期间家庭照［1962 年（左图）、1964 年（右图）］

2．先优后劣的中学课堂

"风里锻炼，雨里考验，我们是一群展翅高飞的海燕。不怕困难，不怕敌人，勇敢前进，坚决斗争。向着胜利，向着前方，勇敢前进，前进前进，我们是新中国的接班人。"

这是 20 世纪 60 年代中国一部歌颂跳水运动员的著名电影的主题歌。我 1964—1966 年在广雅中学念初中。每当唱起这首歌就是我们女生在冬天澡房洗冷水澡之时。澡房在露天的天井，寒风袭人，冷水喷洒，我们哆嗦着高唱这首歌，为的是壮胆驱寒、磨炼意志。

广雅中学当时的校风提倡艰苦朴素，艰苦锻炼，刻苦学习，热爱劳动。尽管许多学生是高知、高干或军干子弟，但都以穿破衣烂裤、打赤脚为荣，以冬天敢洗冷水澡为荣，以步行回家为荣，以晚自习不缺席为荣，以早上高声晨读为荣，以运动项目见长为荣。大家比朴素、比毅力、比学习、比才华，没有人比家庭、比待遇、比条件。

有一年夏天，我尝试赤着脚踩在滚烫的柏油马路上步行回家，从学校所在的广州城最西边到我家所在的珠江南岸的郊外，我足足要走2小时。由于地面烫脚，我几乎是吸着气跳着走，一步一哀号。回想当年，没有人逼你这样做，也不是没有钱不得不这样做，就是一种风气所致。

中学住校，我们的生活很有规律，也很自觉。每天早晨，我先在校园跑道训练，因为我是田径队的，项目是短跑和跳远，这些项目主要靠爆发力；训练完，我们在课室门外的草坪上晨读外语，这是必做的事情。

至于劳动，我记得我们要除草、清河塘淤泥、喂养兔子，但大家不以为苦，还以为乐。在那个年代，为了防止城市学生"四体不勤""五谷不分"，我们还要在农忙季节下乡劳动。记得有一年去东莞，那是个鱼米之乡，物产丰富，特别是粮食和荔枝。我们干完了活，美美地吃一餐，饱得躺在禾秆堆上起不来。改革开放以后，东莞的稻田、香蕉林、菜地、鱼塘、甘蔗林、荔枝林都变成了加工业工厂、作坊、商品房或高速公路，田园风光和荷塘美景再也不能大片复现，真让人可惜。

那时，我们在食堂吃的是大锅饭和大盘菜，是平均主义的限量供应，与国家的计划经济体制很一致。每个人先排队在大木桶里盛饭，然后坐在桌上共享大盘菜。由于大家都是长身体的年龄，很能吃，为了防止手慢了就抢不到菜，每个大盘按照人数分好份额，各人往自己碗里盛一份。那时吃什么都香，但物质不够丰富，红豆也算菜。

说起那个时代的中学生，不得不提的是"分男女界线"现象。生活在"性封闭"的时代，谁也不知道什么是"性"，也完全没有任何渠道去获得"性知识"，13～15岁的男女同学之间不但没有异性相吸还互相排斥。男女同桌的，在桌上画线不准逾越的情况很常见，男女生普遍不交谈、不来往。我因为当了团支部书记，因工作需要找团员发展对象谈话。好几次找过男生"谈心"之后就被人议论，感觉别扭。

相对而言，这比当下中学生早熟、早恋要好多了。那时候的情况，既不会让父母担心，又可以使大家都能专心学习。不过，等我们现在都老了，再说起当年的同学关系，都有点遗憾，都认为浪费了最真诚的同学资源。

1966年，"文化大革命"以迅雷不及掩耳之势从高校入手，殃及无辜。

我父亲因为当时在中山大学任副教务长，被当作"走资本主义道路的当权派"而打倒在地；又因为是留美归国的知识分子，被冤枉为"美国特务"，莫须有的罪名当中居然有关于我的名字的罪名，硬说"纪美"是为了纪念美国。

在那个无理取闹的"大革文化命"运动中，欲加之罪，何患无辞？名字也可以被人任意解读。

当时我才15岁。一夜之间,飞来横祸,我从共青团支部书记一下子变成了"黑五类"和"狗崽子"。我遭"红五类"同学捆打后,被勒令在课室地板上过夜,真是想起就后怕。

第二天,这些武装分子押着我回家,逼我参加抄家行动。尽管我是被逼无奈假装抄家,家中也早被大学生抄过几遍了,根本没有什么"四旧物品"或"资本主义东西"。最糟糕的是,我那天的"抄家行为"深深地刺痛了我父母那已经受伤的心。

这里提到被同班同学鞭打的真实事件,我一直耿耿于怀。因为我始终想不明白,为什么我和她们明明是好朋友、好同学,就在打我的前一周,我们还一起跳"东方红",一起唱"长征组歌",那种纯真的关系怎么一夜之间不见了?我想,这就是人格的两面性。

上文回忆的广雅中学良好的校风培养出的是正能量的人格。"文化大革命"腥风血雨的环境造就的是负能量的人格。"文化大革命"时期的广雅中学,许多优秀的老师被学生侮辱、殴打、折磨、残害。学生态度之恶劣、手段之残忍,耸人听闻,历史罕见。一些所谓"出身好,根正苗红"的学生满城到处"除害"、抄家打人,有的人亲口说自己在广州西关打死过"资本家""地主婆",还引以为荣。许多同班同学成了势不两立的两派"革命小将",刀枪对阵,打斗不断。那时走在街上,随时会被不知从哪里飞来的流弹击中。我一个同学告诉我,她走着走着,"哎哟"一声捂着肚子,原来中了流弹,幸亏那颗子弹已经无力,伤得不重。

1965年,笔者在广雅中学首批入团(左图);"文化大革命"前,笔者与广雅中学初一丁班同学合影(中图,后排右一为笔者;右图,前排左一为笔者)

想想人的两面性,还是一样的学生,在不同的政治环境中就会有不一样的能量释放,真是太可怕了。2013年,凤凰卫视播放了陈毅的儿子陈小鲁对自己在"文化大革命"中的不当行径的公开道歉和其他一些当年杀过人的红卫兵的忏悔等采访节目,使2013年成为"文化大革命"的忏悔年。这些良知的恢复让那些被冤死的好老师、好同学在九泉之下应该有所慰藉了。

就这样，我才读了两年中学，经过"文化大革命"，大家停学"闹革命"，接着我就被发配下乡"劳动改造"，真是令我充满遗憾的中学教育。

3. 奇异特别的大学课堂

1973年，我被下乡所在的中国人民解放军建设兵团四师九团推荐上大学。那年需要考试筛选，所以还出了个"张铁生拒考事件"，"白卷英雄"新闻曾鼓噪一时。我不管三七二十一，抓紧时间找了当地一位"文化大革命"前毕业的大学生林维纲辅导。结果，考试成绩不错，除了强项正常发挥以外，基础空白但临时恶补的化学还得了加分。

在选择入读学校时，我还算理智，有自知之明。我知道自己数理化基础单薄，文科见长。所以，尽管可供选择的学校包括全国理工农医类院校，但我喜欢文学评论或新闻报道，所以想报中山大学中文系。谁知还是父亲的背景原因，招生的干部拒绝录取。当时还有一个北京外国语大学的名额，我很想去，但这个名额被一个北京知青争取了。无奈之下，我报了华南师范学院（当时已改名为"广东师范学院"）。因为是外语专业，需要面试。记得面试时，我把中学学过两年但几乎忘光的俄语捡起来对付了一下，顺利通过。

就这样，我选择了师范，选择了英语，选择了广州，后来的职业发展证明了我的选择是对的，也算作冥冥之中"天意"的英明指引。

在华南师范学院1973—1976年这三年，正是"工农兵学员上大学、管大学、改造大学"的时代，正遇上"反击右倾翻案风"。在那个特殊时期，高等教育和高等院校的办学方法恐怕在国内外的历史上都是奇特无比的。

学生来源五花八门。在文化基础方面，有初小水平的山村人，也有"文化大革命"前的名校高中生；在身份方面，有大城市的孩子，有印度尼西亚归国华侨，还有下乡知青、工厂工人；在年龄方面，有十几岁的，也有二三十岁的。

以英语为专业，学生中英语零起点的不少，而入校前已经能阅读英语名著的也有几个，发音到毕业还搞不定的不乏其人。我属于"俄转英"的，英语也是零起点，但因为我特别擅长学外语，找对方法，加上个人努力，还得到老师的表扬。

由于当时全国的高校学生都是"工农兵学员"，情况大同小异，所以，这个年代出来的"大学毕业生"名声不太好。值得庆幸的是，这群人当中在随后的改革开放中脱颖而出的精英也不少。

同样是因为"文化大革命"和之前的"四清"等政治运动，当时在华南师范学院任教的老师，水平和身份也同样是五花八门的。在教育背景方面，有1965年入学

1973年，笔者在华南师范学院外语系五班课室与同学留影（左图，中排剪短发者为笔者）、五班同学合影（右图，前排左二为笔者）

后就遇到1966年"文化大革命"停课闹革命而实际只读了8个月大学的"大学毕业生"，而且当时能否留校任教取决于出身好不好而不是依据学习成绩。有20世纪60年代初在"四清运动"中读大学并没有多少专业含量的，有香港回来的英属殖民地英语专业毕业的，也有50年代内地名牌高校英语专业毕业的。可见，他们的专业水平、英语水平、文化水平、教育水平差别巨大，师资质量参差不齐。

由于一个年级有6个班，任课教师不够，还会出现代课老师或一个精读老师跟随班级连教两年的状况。

关于课程设置，最能反映特殊时期时代特征的是教材。那时我们英语专业采用的教材是英文版的《毛主席语录》《中华人民共和国宪法》《北京周报》（*Peking Review*），还有一些中国革命故事的英语译文，例如《半夜鸡叫》《白毛女》等。这样一来，我们学的英语多是"政治术语"，如"无产阶级专政""社会主义""资本主义""革命""剥削"等等。

记得有同学到五星级餐馆实习，外宾问厨师怎么能烹饪出这么美味的菜肴。厨师回答："为革命而烹饪！"同学翻译为"I cook for the revolution"，把外宾吓了一跳。原来，"revolution"这个词在英语中实际上指的是"暴力"和"武力"。

那个年代，什么都是"为革命"，我们挂在嘴边说的"study for the revolution""work for the revolution""teach for the revolution"，所以"cook for the revolution"一点不奇怪，该怪的是我们学英语的人并不知道这个词的英文含义。

说来可能让人难以相信，我们学了三年英语专业，连西餐"餐刀"和"叉子"这样的单词都没有学习过。当时，《灵格风》《新概念》《英语900句》这些经典原版的英美教材只能在"地下"偷偷地学。

我还记得,当年不知道谁弄到文学名著《红与黑》,大家在厕所偷偷把这本"禁书"在极为有限的时间内排队轮流读完。

4.奋发努力的自学课堂

俗话说:"师傅引进门,修行在个人。"我相信这句话用在大学最为合适。且不说正常状况,大学生应该以自主学习为主。在非常时期,大学生更应该自主学习。

由于在工农兵学员上大学期间,一切都很不正常,我的求学机会如何把握、求知欲望如何满足、专业水平如何提升完全取决于自己。

首先是充分利用有限的课堂。我们当时一个班20多人,在小课室上课。我每次总是挑前排就座,为的是抢先回答老师的提问。学外语有个窍门,就是利用与老师的问答和对话提高外语思维和口语能力。优秀的老师提出的问题往往是好问题、值得思考的问题、有逻辑关联的问题、引导深挖人生奥秘的问题。

传统的外语教学多数以课文为本,对课文的解读常常是对课文主题的深入思考。跟着好老师的思路走自然是一种思维发展之路。

我记得有位香港来的黄洁贞老师温文尔雅,情感细腻,英语水平较高,我比较喜欢她的教学,所以抢答特别积极。

后来等我当了老师,对此理更是认同有加。我认为,堂上不主动争取回答甚至拒绝回答的学生其实很不明智,浪费了学费,错过了机会。当然,要能够回答高质量的问题,除了需要勇气,更需要准备和实力。

我每天早晨坚持早读,晚自习坚持听录音。当时的录音机有现在的行李箱那么大,约20斤重。班里薛世平同学负责到语音室签领,然后将录音机提到教室,为大家服务,风雨不改。我们当时不准收听国外电台,听的英语录音都是中国人录制的。印象最深的有复旦大学董亚芬先生录制的电影《闪闪的红星》对白,声线温柔,语音纯正、赏心悦耳。20世纪80年代因为使用董先生主编的《大学英语》教材,有幸

1973年,笔者使用老式播放机

与董先生认识。在随后的20年里,经常有机会当面请教,深深为她的学术与人品倾倒。

现在掐算起来，3 年"华师"，3 个寒假，3 个暑假，100 多个周末，我实际在家中学到的知识远比在校的多。这里需要补充一笔，我母亲中学时代在武汉圣·西里达教会学校念书，英语基础很扎实。在中央大学就读期间，她的英语老师是大名鼎鼎的余大茵教授。母亲本人的英语语法知识、中英翻译能力和阅读写作水平都是一流的。

应该说，我在华南师范学院就读的 3 年里，几乎所有的周末和假期都是在母亲的英语学习辅导下度过的。母亲在中山大学图书馆借了不少英语名著简写本供我阅读学习，作家有莎士比亚、狄更斯、海明威等。

5．自觉补缺的职业课堂

1979 年 5 月，我开始了中山大学公共英语课程的教学生涯。我深知自己底子薄，自觉在岗上补缺，坚持"教学相长"和"干中学习"。我从教学的最基本环节做起，从听课、备课、讲课入手，边教边学，边学边教，三十年如一日。

进校上岗后，我做了两件事。首先，我选择了几位口碑好的老教师的课堂去用心观摩和虚心取经，对大学课堂教学的套路有了基本的了解。当外语系领导到课堂听我试讲时，我把教材、教案、讲稿都准备得尽可能充分、充实、充盈。试讲的学生对象是 1978 级哲学系一年级学生，听课的有系主任陈珍广教授、教研室主任郑昌珏教授和老教师代表。他们课后给我的评价是"有激情、有经验、有水平"。

随后，我被分配负责的第一个教学班是历史系 1979 级。从此，我一边开始教学，一边开始岗上补课。

教师的自主学习和专业发展首先依托的是所教的教材，它们既是教学用材，也是学习用材。备课是最见效的教学相长的途径。

长期以来，我对教材"备它千遍不厌倦"。备课没有十二分的把握和准备绝不进课堂。即使假期仔细备过的教材，在临上课之前还要再备一遍。

那时的教材没有现在配套出版的那种周到细致的教师用书，但其实对我来说是具有多重意义的好事，这种条件逼着自己下足功夫，精读细学。

事实证明，这个过程比听老师灌输讲解现成的知识还管用。备课时，对每个生词的中英文定义及其上下文含义，对每个目标短语的应用举例，对每个难句的语法关系分析，对每篇课文的写作背景、作者历史、文化现象、历史典故的查阅，对每句话的准确解读和适当翻译，对每篇课文主题的发挥都是最扎实的学习。

要查阅的工具书有英汉词典、全英词典、文化词典、搭配词典、同义词词典、反义词词典、语法手册等等。备一节课的时间和工作量比上一节课多 10 倍不止，但很值得。

在依托教材发展自己方面，最典型也最值得一提的是，1986—2010 年，我连续使用上海外语教育出版社出版、董亚芬先生和李荫华教授主编的《大学英语》长达20多年。在此期间，我从不简单重复旧的教案，而是每教每新，越教越有心得。在出版社组织的全国教师培训和教学研讨会上，我还多次应邀与同行分享教材使用的多重效益，发表过这一专题的研究论文，主编出版了该教材修订版的教案1～6册。

除了备课平台可以补课以外，在职进修也是必不可少的途径。

我如果有进修机会，一定不以任何理由错过。尽管入职早期，我的婚姻、家庭、育儿等事情全搅在一起，而我认为，越是这样，越有轻重缓急的取舍，需要经营和计划。《人民日报》华南版曾报道过我如何当个"多功能杂耍人"，玩转家庭、事业、进修多个"球"。

1984—1986年，中山大学受教育部委托，举办了"助教进修班"，颁发的是教育部的结业证书。当时，给我们上课的除了外籍教师以外，全是国内资深的名家。有王宗炎先生（语言学与语言）、戴镏龄先生（文学与翻译）、高铭元先生（名著阅读与英文写作）、桂诗春先生（研究统计与测试学）、黎秀石先生（报刊阅读）、方淑珍先生（教学法）等。

当时进修的都是中山大学在职的青年教师，有1977～1979级留校的高才生，也有工农兵学员留校或调回的成绩优秀的毕业生。

1996年，笔者在恩师王宗炎教授家中与恩师合影（左图）；2014年，笔者与桂诗春教授合影（右图）

这个所谓的"助教进修班"其实就是后来的"研究生课程班"，因为授课的是研究生导师，也要求写论文。我能近距离接受这些老一辈外语名家的培训，从中获得的收益是终身的。特别是王宗炎先生给我的影响最深。他成功申报立项的国家社科"七五规划"课题是"朗文版《外国应用语言学词典》译本"，我荣幸地被他收作团队队员，参加了一些词条的翻译，又是一次"干中学习"的宝贵经历。此后，我经常主动求教王宗炎先生，特别是论文写作，得到他的传授和指教。

1986年，刚结束"助教进修班"的学业，一次偶然的机会，我获得到美国南加州大学（University of Southern California，USC）暑期培训的机会。那是跨学科的进修，同时修教育学院和英语系的课。

可能因为我大学读的是师范院校，第一次出国培训又与教育学院有关。从此，我将外语教学置于教育学的范畴，对"外语教育学"的兴趣越来越浓厚且专注，导致后来的专业发展与此紧密相连。

1986年，笔者在美国南加州大学暑期培训证书颁发现场留影

至于"外语教育学"和"语言学"的学科区别，我经过反复考证，曾在专业核心期刊发表过几篇论文进行详细阐述。

在岗上继续教育的路途上，1990年，我还以交换学者身份到英国格拉斯哥大学（Glasgow University）进修了一个学期，也是同时在教育系和英文系听课与研究。这个大学有500多年的历史。教育系主任是学校学术委员。我听了他的高等教育学课，与他讨论自己的研究思考。他亲自为我写了读博推荐，我最终获得录取。可惜由于我去英国的时间太短，错过了奖学金的申报。回国后，这个录取资格还为我保留了两年。由于家庭原因，我不得不放弃这个机会。

1990年，笔者在英国格拉斯哥大学进修留影

为了甩掉"工农兵学员"的帽子，弥补没有学位的空缺，好几次我都动了读博的念头，也曾有国内博导表示愿意收我为徒。

在我为此纠结的时候，我听从了母亲的启示与引导。她认为，与其花同样的时间读博，不如利用这些时间读书、写作、发表文章、积攒实力。学位只证明学历，实力才能争取职称。这在20世纪末和21世纪初国内高校尚未强调高学历的时段的确是一条发展之路。

事实证明，我在教育研究上下的功夫一点不比读博少。当我有了足够多的发表成果并得到教授职称之后，我与一位留学日本并获得博士学位的老同学交谈。我羡慕她有博士学位。她对我说："我有博士学位没有高级职称，我羡慕你才是，因为博士是学历，职称才是身份。"

当然，随着国内高校教师队伍的标准与需求的变化，现在博士学位已经是高校教师必要的条件。许多已经是教授和院长、系主任的中年人争相读博已经屡见不鲜，不足为奇。

1995年，笔者在剑桥大学培训借一件博士袍留影

我对于自己最终没有读博士的事情，不知是遗憾还是庆幸。

6. 学无止境的终身课堂

1992年，我被评上了副教授。尽管职称有了，我对继续教育从没有停过步。

1993年，我有幸成为国内第一批"剑桥商务英语证书（Business English Certificate，BEC）"口语考试考官。在国内接受过多次剑桥大学考试委员会专门选派来的英国专家的培训后，成为华南区考官队长，于1995年得到英国文化委员会（British Council）的资助，到牛津大学（Oxford University）参加"国际英语教师暑期培训"；同年秋季，又被教育部委派到剑桥大学（Cambridge University）考试部 UCLES 接受 Teaching and Testing 方面的专门培训。

应该说，这两个培训是我专业发展的里程碑和转折点。

在牛津大学和剑桥大学，我广泛地接触了牛津大学出版社（Oxford University Press）和剑桥大学出版社（Cambridge University Press）两家世界权威顶尖的出版社出版的各类英语教材，在导师和培训师的指导下，对如何选择、如何使用、如何评价、如何创作教材及其相关的教育理念、原则、教学法进行了专业化学习。

培训内容还包括参观、观摩、访谈、研讨英国最优秀的英语课堂教学，从课室座位的摆放如何有利于交流互动、教室空间如何有利于语言习得的利用，到先进的教学设备如何有利于视听说和即场交流、教师角色如何有利于促进学生学习，还有贴近生活的教学活动、生动立体的教学材料、真实应用的教学过程等等，让人大开眼界。

1995年夏季,笔者在牛津大学暑期培训证书颁发现场留影(左图);同年秋季,笔者在剑桥大学培训证书颁发现场留影(右图)

有了这些"资本",我回国后的教学实践与教学研究真正上了一个台阶。良性循环也随之而来。在随后的一些学术交流聚会时,我与学者的交谈有了质量。

1998年,又有一个专业发展里程碑式的机遇。我被邀请到香港中文大学进行合作研究,课题是"英语教学设计与教材建设"。

1995年秋季,笔者在剑桥大学培训时与导师合影(左图)、在做课程结业汇报(中图)、在剑桥大学国王学院前留影(右图)

香港的高校办学资金充盈。那时,香港中文大学一年的办学经费就有30多个亿(同时期内地重点大学的年度办学经费只有几千万)。由于经费充裕,香港中文大学的图书资料非常丰富,国际上当年出版的著作当年就在该校图书馆上架。

因为有经费保障,加上注重教育理念的更新,学校教师发展中心每学期邀请国际教育大家和专业大腕到校讲学的活动很密集,国际最前沿、最时新的教育理念或科学发明在校园和教师队伍中第一时间传递,学校内各学院的院长、系主任、首席教授都是各专业的世界名人,国际英语教学界那些如雷贯耳的名家几乎都在香港的大学任过职。

我的邀请人孔宪辉博士早年毕业于世界名校爱丁堡大学。他和我是合作研究关系，但我更愿意认他为导师。孔宪辉博士对内地外语界的人才培养做出过突出的历史贡献。他先后邀请到香港中文大学合作研究的内地学者有北京大学语言学家胡壮麟教授、广东外语外贸大学语言学家桂诗春教授、南京大学美国文学家王守仁教授、苏州大学外语教育学家顾佩娅教授、华南师范大学外语教育学家何广铿教授、华南师范大学语料库专家何安平教授等，受邀的都是内地外语界的学术领军人物。

我在孔宪辉博士的指导下，广泛读书，严谨治学，开拓思路，认真写作，定期讨论，听了不少高水平的讲座，参加了教育主题的国际研讨会，出版了专著《现代外语课程设计理论与实践》（上海外语教育出版社 2003 年版）。这本书后来成了全国大学英语教师的"案头书"，受到广泛好评，被引用率很高。

1999 年，我终于如愿评上了教授。可以说，我的专业发展轨迹分别在 1995 年和 1998 年到达"转折点"，

笔者著作的封面与封底

这些年份成为我的专业发展的"里程碑"，而 1999 年更是我开始腾飞的"起点"。我不但没有因为评上了正高职称就止步不前，而且"变本加厉"，冲劲更足。在中国知网检索可以发现，我从评上教授之后发表的论文有 50 多篇，验证了我搞学术、搞科研不只是为了评职称。每当节假日，我几乎都在办公室或家中电脑前度过，因为读、写、思、研已经成为我生活的重要组成部分。我经常自我调侃说"读书不为他人忙，写作研究自成趣，别人假日看人头，我在家中耍笔头"。很多人，包括教师群体中的不少人，都不理解这种"学者生活方式"。其实，真正学术有成就的学者哪个不是这样的生活状态、这样的生活内容、这样的生活品质？这是学术精神所在，这也是"醉心""痴心"于学术的学者中的普遍现象。

本书本章写到这里，我受教的课堂人生自传可以告一段落了。

回首反思，我经历了快乐的小学、特殊的中学、奇异的大学、奋力的自学。

我对恩师感激不尽，我为教育事业奋斗不息。

我发现，学业进步，首先靠的是内驱动力，其次才是外来压力。换句话说，要善于做学习的主人，主动学习比被动学习效率高、效果好。起点低不要紧，只要坚持"自在不成才，成才不自在""无须扬鞭自奋蹄，梅花香自苦寒来"，就会有收获。

我庆幸在中山大学这样历史悠久、人文气息浓厚的高端研究性大学从教,光听校园讲座就无以计数,有专家讲座、名家讲座、多学科讲座、优秀文化讲座等等。听高水平的讲座、听交叉学科的讲座有利于触类旁通,使自己成长为大文科的高校教师而不仅仅是一个外语教练。

我对大学的体会是:大学是专业人才培养的摇篮,但学习的关键是"师傅引进门,修行在个人"。不少名牌大学优等生毕业后没见成才成器,其实可以追究反思的规律很多。

(二)执教课堂:奋发图强

我的学历先天不足,执教从茅草房学校干起,但与我上学、失学、复学、自学的"受教经历"相比,我爱教、从教、创教、研教的"执教经历"才是聊以自慰的浓重的一笔。

我从1969年1月开始被当时下乡所在的农场生产队选拔当小学教师,到1973年选读师范大学期间被选拔担任试验班助教,再到1978年自愿调到五指山的通什农垦牙挽干校当教师,最后于1979年开始在中山大学执教大学英语课程,一路走来,至今陆陆续续执教近50年。

笔者于1979年开始憧憬中山大学教学(左图)、2012年结束中山大学最后一届本科生教学依依不舍(右图)

1. 茅草房里的小学教师

1968年11月,我随全国知识青年上山下乡运动来到海南岛白沙县卫星国有农场第六生产队落户,开始接受贫下中农的再教育。由于我虚心受教,认真干活,工地上自编快板诗歌鼓劲,工作之余还教职工唱歌。老工人很快选拔我做他们子女的小学教师。当时,连队的小学只有一座茅草房,三间泥巴墙隔开的教室。我和另一位老职工

人生处处是课堂——我的课堂人生缩影

教师陈继芬两人就是一、二年级的班主任兼语文、算术、体育三门课的老师。有时，我一个人要同时上三个班的课，就通过泥巴墙的破洞，在这间课室讲课，监督旁边的课室里的学生做练习。

1969年，笔者在茅草房住所前留影（左图）、笔者与学生在茅草房课堂前合影（右图，最后一排中间为笔者）

2. 五指山里的中学教师培训师

1976年，我大学毕业返回海南岛农场工作，在白沙县委农场工作部从事秘书工作。1978年，我主动要求调到通什农垦牙挽干校，在那里开始教师培训工作。

记得那时的海南五指山山区仍然缺菜少肉，只能到厨房讨要几块大蒜下饭。我与受训教师同甘苦、共患难几个月，结下了师生情。他们写了赞美诗，把我比作"茉莉花香"。

通什农垦牙挽干校1978年教师培训班师生合影（左图，第三排左五为笔者）、笔者在课堂播放录音（中图）、学员30年后探望笔者（右图，左二为笔者）

2008年，当我回访曾经工作过的海南岛，还有30年前经我培训过的老师想方设法联系我。再相聚，大家百感交集，这份情谊永存我心。

3. 名牌大学里的公共课教师

我坚信"实践出真知""百炼能成钢""大雪压松松更青""梅花香自苦寒来"。没有学历，我边教边学以夯实实力。没有学位，我争取以有为赢有位。底子薄，我利用一切可以利用的条件学习。

1979年，我开始执教中山大学本科生公共英语课。第一批执教的是1979级历史系和人类学系。我以20多岁的年龄但已有几年教龄这样的"年轻的老教师""有经验的新教师"身份出现在大学课堂里，精气神十足，恨不得使出全身的劲，倾尽全心的情，用尽所有的知识和智慧。

我的课很快受到领导和同事的肯定与学生的好评，第二年（1980年）就获得学校的"教学质量奖"，也与学生结下了不解之缘。那个班的学生后来都是国内各行各业的领军人物，有担任省级领导职务的，有商务印书馆高级编审，有名牌大学教授。他们毕业20年回校相聚时，还特别邀请了我作为公共课教师代表赴会。更有趣的是，他们在聚会上告诉我"不少当年班里的男生暗恋这位年轻待嫁的英语老师"。

随后，我还教过汉语言文学、法学、哲学、经济学、管理学这些中山大学最牛的文科专业的学生。说他们牛，是因为中山大学文科几乎全是国家级重点基地学科。中山大学文科强势也符合孙中山先生当年建校的初衷，"一武一文"，即黄埔军校和广东大学（孙中山逝世后改名为"中山大学"）。

回想起来，虽说中山大学文科是强势学科，但早期的学生不少来自农村，英语基础相对差些，教起来蛮有难度。1987年，全国开始实施"大学英语四级统考"。为了辅导文科起点低的学生，争取他们能在全国英语四级考试时顺利通过，我迎难而上，想尽办法，使尽全力，结果硬是把中文系和历史系的通过率从原来全校各院系通过率倒数第二名的状况反转为全校前两名。这两个系的时任领导黄天骥教授和陈胜麟教授都对我刮目相看。

再后来，我有意选择多种专业进行教学，在对不同专业的学生的英语教学中，广泛了解专业对人才成长的影响和各专业的人才特征，为后来的教学改革创新、人才培养模式、人文通识课程的开设、通科教师的培训、教学研究等教师专业发展增加了"全位"视角。这也算是我长期坚守公共课岗位的一大收获。

我教本科生公共英语课程，开始用《许国璋英语》。这是我国20世纪60—70年代最权威的英语教材，具有典型的时代特征，课文几乎都是中国的选材。例如《半夜鸡叫》的英文版。教材很重视语音、语法也是中国外语教学的特色。

那时，我所教的学生都是恢复高考后1977～1980级的人，他们当中大部分经历过社会的洗礼与磨砺，经过"文化大革命"，英语基础参差不齐，所以只能采用《许国璋英语》的第一册、第二册。我与这些学生亦师亦友，一起"正语音""学语法"，齐声朗读那些中国经典故事。回头想想，那个阶段的英语教学正符合我步入大学任教之初的实际，强基固本，由浅入深。

1984年，国家级优秀教材《大学英语》面世。那是复旦大学英语教学权威董亚芬教授和她的团队的力作。上海外语教育出版社把《精读》《泛读》《快速阅读》《听力》《语法》这一系列书装订成套出版。我喜欢这套教材，因为它的选材来自世界经典，主题都是值得深入挖掘的人类关注的问题。这套书成了我情不自禁进行"精读""悦读""审读""细读"的文献，读后不但能够充分发挥自己的讲解优势，同时在"输入—输出"的过程中领悟其中的精髓。

我觉得有"讲头"的都是好材料、好词句、好故事，其中不乏精辟的人生哲理。我记得有一篇课文是一位美国年度优秀教师写的《我为什么当老师》，谈的是作者发自内心且源自自身经历的感悟，生动深刻地阐释了教师在人类发展史上的价值意义。还有一篇《人为什么工作》，也把工作的人生价值与社会价值相关联的双值性阐释得有理有据。虽然时下"心灵鸡汤"满天飞，随手可得，但了解中国国情的人都应该知道，在20世纪70年代，"革文化命""革教育命""革教师命"长达10年之久，国外声音被严密封锁多年，所以当我开始接触到这样的人类普世性知识，深有同感，如获至宝。这两篇文章深深地震撼了我，加强了我对教师事业和工作意义的价值认同。

我采用这套教材从"试用版"到"修订版"前后十几年，不断更新讲稿、教案，每教一遍都有全新的充实、提升和感悟，真正达到了"教学相长"的效果。由于我对这套教材的使用体会深刻，成效显著，教材主编和出版社多次邀请我在全国教材教法研讨会上做主题发言，介绍经验，还出版了我的教案6册。

此外，我还在国内外语界核心期刊发表了若干教学研究文章，其中我的代表作《教材、学材、研材、用材——教师专业发展的宝贵资源》载于《外语界》（中文核心期刊）2008年第1期。

1995年，我从英国牛津大学和剑桥大学进修回来，有了全新的教育理念和教学方法，趁热打铁，开设了全新的选修课。

那时，我已经不满足于基础英语课程的教学，不满足于英语教学停留在工具性上，觉得应该挑战自己的人文素养，加强英语教学的人文性。

于是，我在全校范围内率先开设了"跨文化交际""跨文化商务交流"两门课。我尽量采用牛津大学出版社（Oxford University Press）、剑桥大学出版社（Cambridge University Press）的权威出版物作为教材，而且不是选用一本教材，尽量博采众长。

除了内容取胜，我还开始勇敢地超越"语法翻译法""句型操练法""形式练习法"，尝试国际流行的"交际法""情景法""主题法"等有教学法论支撑的教学套路。换句话说，我把大学英语从关注"字词句篇"usage的"语言教学""识字教学"转型升级为关注"意义""应用"use的"语文教学""人文教学"，并从中尝到了教学创新的甜头。

1998年，我在香港中文大学合作研究教材，从此开始实践"任务型教学法"（TBL：Task-based Learning，中文简称"任务型学习""任务型学习法""任务型教学""任务型教学法""任务型教学模式"），这是与美国哈佛大学推出的"难题教学法"（PBL：Problem-based Learning）异曲同工的教学模式。我先在国内核心刊物发表了关于这两种全新教学模式的理念与原则的论文。这篇推介教学模式创新的论文在国内属于领导潮流的声音。紧接着，我开始在自己的课程中全面实践全新教学模式。

记得那是在中山大学岭南学院上课。我有针对性地调动学生的才智，将许多学习任务交给学生去创作，有个名叫刘凯安的男同学留下的课件至今还有生命力。

2003年，我在全校开设的公共选修课"跨文化交际"获得了大丰收。学生对中西文化差异做了全方位的比较，在各自的作品中精彩呈现自己的理解。我的学生作品中有"中西棋术、美术、建筑、饮食、婚礼、教育、医疗、新闻、广告、营销、环境"等多方面的对比。

最优异的作品是中文系1999级张英做的"中西医比较案例分析"。她结合当年流行并且造成全国恐慌的"SARS"病毒，对中西医在人体结构、病理、治疗手段、用药等方面进行了生动比较。她选用的材料有中美电影剪辑，诊治现场视频片段，阴阳五行，中国李时珍、孙思邈等名医与西方病理学鼻祖的照片与论述等。她的作品设计之精美、切题、高明表现在每一个细节：从PPT封面的中医"阴阳图"和西医"病毒图"的对比到PPT封底的中医"中药图"和西医"针筒图"的对比，从时光隧道的故事开头引入中西医对同一病症采用的不同理念、认知、治疗、现象、结果的

  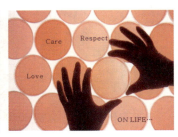

中西医对比分析作品封面（左图）、封底（中图）与结论页（右图）

层层剖析，作品水平之高，英语水平之高，足以到世界卫生组织（WHO）做一场精彩纷呈的英文报告。这个作品在2003年展示。至今14年过去了，一点不过时、不落伍，我为此骄傲。

有了对"任务型教学模式"的本质体验和信心，有了对"以学生为中心"的教学活动操作的技巧，有了驾驭动态课堂、指导学生创作和即场评价的能力，我随后在基础英语高起点班进行了进一步的实践。

2005年毕业季，笔者作为研究生导师收获花束（左图）；2010年，笔者在生日的时候收获"导师"条幅（右图）

笔者任教的中山大学2010级博雅班：笔者与学生展示团队合影（左图）、全班课程结束师生合影（右图）

课程结束告别即场留言选登

  直到 2012 年，我收获了 8 届中山大学本科生几百个优秀作品，主题涉及"环境保护、社会安全、人类美德、克隆技术的伦理问题、教育的本真、性别平等、文化差异"等等。这些都是基于教材提供的单元主题让学生进行解读、演绎、关联思考和延伸阐释的结果。学生的聪明才智一旦获得释放，我获得的"反哺"就越多。记得学生展示"社会安全"专题时，展示了许多人身自卫术，让我大开眼界。

  与此同时，我继续开设了全校人文通识课程，有"职场精英备战实训""社会性别与语言沟通""多元思辨与跨文化交际"。学生自主合作的课业作品有"男女性别差异，性别偏见，性别沟通""美国文化核心价值观，审辩思维，中西比较"等等。相比基础必修课程，这些高阶选修课不再单一采用指定教材，我与时俱进，广泛取材，使用"全真"（authentic）的鲜活的文献或视频。

  学生的作品一个比一个优秀，运用的软件一个比一个先进，选用的材料一个比一个丰富，令我的评分一个超越一个，从 very good, excellent, excellent$^+$, 5-star excellent 到 7-star excellent，一路飙升，最后，获得 excellent 的已经不算"杰作"了。

  我至今收藏着"星级优秀作品"多达几个大容量移动硬盘。每当讲学需要展示的时候，我随便选取几个，都让人百看不厌。记得在 2003 年的学生作品中，有一位男生自选题做了"堕胎中西对比"，大量的堕胎图片显示杀婴的多种方式，看得我目瞪口呆，深刻地明白了堕胎的残酷。2014 年，又一位男生做了同样的选题。他展示的已经不是图片而是视频，更是触目惊心。那些曾经堕过胎、流过产的女教师看了泪流满面，深感内疚。有的学生对"中西教育对比"选择了自己的成长心路，反映出一代又一代学子对有效教学、有益教育的向往，对无奈、无效、无益教学的批判。有的学生对"克隆"技术、"转基因"技术的利弊分析得非常深刻，解剖中联系自己的未来，关注人类的未来。有的学生对"环境"的污染问题表示关注和担忧，展示的图片让人对污染行为深恶痛绝。对"性别差异"专题，学生的选材更是让人在捧腹大笑的同时开悟、顿悟。对"求职市场"的关注，学生选展的新闻图片真实、震撼、发人深省。我收藏的学生作品精彩纷呈，是真正的珍藏品。我曾经联系出版社出版这些学生作品，无奈的是，学生选用的图片和视频可能遇到版权问题。作为教育之用，没有侵权问题；但若是出版销售，就无法解决版权问题。所以，这些作品不能面世，这不能不视为遗憾。

事实证明，"任务型""自主合作""成果导向""课业作品化"的教学模式让师生双赢，是"以学为主""以学生为中心""以输出为驱动"的教育理念转化的成功实践。

2012年，笔者在中山大学教完最后一届本科生2010级博雅班与学生留影后学生制作的感谢卡（前排两位老师来自云南大理学院，也是笔者最后指导的一届访问学者，她们全程观摩笔者的课程）

我真不明白，那些坚持认为"非教师为中心""非课本为中心""非讲课为中心"的教学形态在中国行不通的教师和领导为什么会这样顽固不化？这对人、对己都不利。

有人说，我的成功归因于中山大学是985大学，学生生源好。我不这样认为。我后来在其他普通高校，甚至少数民族边疆地区的大学都进行尝试，也有不少成功的案例和学生优秀的成果。例如，2013年，我在大理学院（现已改名"大理大学"）进行尝试。经过两个学期的努力，我们成功组织外语学院10位骨干教师在10个院系500名本科二年级学生中开展"结合专业的英语课业作品化"实验，并向校长、院系领导、学生处、教务处展示部分优秀作品。例如，"莫言为何获得诺贝尔文学奖""蟑螂制药的成功案例""心肺复苏的救生技巧""皮肤病的诊治"等来自药学、化学、护理学、语言学专业的选题，学生经过老师的指导，多媒体课件制作精良，英语表述准确，专业知识得到推广应用，现场老师、同学、领导给予高度赞扬。

2013年，笔者在大理学院与大学英语教学创新团队合影（左图）、教师团队课程总结现场留影（中图）、指导学生作品现场留影（右图）

2014—2016年，我在华中农业大学进行尝试。经过多方努力，也成功举办了由社会科学、法学、资源环境学、园艺学、生命科学、计算机科学本科生向国际学院、学生所在学院领导、教务处展示英语课业作品，包括我开设的人文通识课"跨文化交流学概论"的考试作品的活动。题材有"跨文化视角看转基因""中美校园建筑文化比较""中西教育差异比较"等，让学校教学管理部门领导对公共英语课程刮目相看，改变了一贯以"大学英语四六级通过率"看公共英语的教学业绩的标尺。

2016年，笔者在华中农业大学人文通识课现场留影（左图）、学生展示作品广告目录（中图）、笔者与领导和展示的学生合影（右图，后排正中为笔者）

我从2000年开始为硕士研究生开课。先后开设过"外语课程设计""跨文化交际导论"，也基本是贯彻"以学生为学习主体"的教育理念，采用"研究型教学模式"。另外，我于2002年开始接收教育部委派的国内访问学者。直到2012年在中山大学退休为止，我总共指导过研究生和访问学者近50人。他们曾众口一词地说过"中山大学是我的福地，夏纪梅是我的贵人（教育界称'重要他人'）"。他们中后来不少人成为院长、教授、博士、骨干教师。在我心中，他们也是我的生态园里精心培育过且能开花结果的种子。

笔者与研究生唱歌合影（左图）、与最后一届访问学者（手持笔者主编的教材）合影（右图）

讲起我的教学生涯，不能不提成人教育和继续教育。

1980年，为了弥补"文化大革命"失学的空缺，成人教育、继续教育以夜校、夜大、业大、电大等形式蓬勃兴起。我教这样的学生属于兼职。我教过的有中山大学历史系夜大学生、外语专科学生、商务英语专升本学生。

尽管这些都是无学历或低学历的教学，我仍然满腔热情，认真负责，急学生所急，想学生所想。

这些学生中，有年纪比我大的，工余进行学习；有职位比我高的，因为公派出国而需要恶补英语；有高考落选的，为了求职而需要自考专科文凭。早期最多的是因上山下乡而耽误了上学的"大龄学生"，他们正逢婚育和回城工作的节点，提升学历真是不容易。

我记得中山大学历史系夜大学生中就有为了学习推迟结婚和生育的，有为了学习一边工作一边照顾刚组建的家庭的，他们属于励志一族。一位女同学修了大专商务英语后成功被当时很牛的外企 P&G 录用。

回想当年的英语业余教学，最早期才8元一节课的课酬，我就靠这些外快帮补一个月几十块钱的工资。那时孩子刚出生，日托保姆费一个月30元，需要"炒更"兼职。那时，一个星期有两三个晚上要出门上课，回到家快10点了，还要照看孩子，等他睡了才爬起来备课。现在当我对青年教师讲起这些往事时，年轻的母亲会说"我把孩子哄睡了，自己也爬不起来了"。可见，我当时的意志力很强，吃苦耐劳，有强烈的事业心。

1982年，笔者初为人母，丈夫吴潜龙在"读研"

4. 全国大中小学教师的培训师

我的教师生涯到了后期还有大量的教师培训。

1993年，我被选拔为"剑桥商务英语证书（BEC）"和"剑桥少儿英语证书（CYLET）"考官。后来，经过英国专家多次培训，我成为考官培训师，承担过国家和华南地区多场考官的"标准化（standardization）"培训。

1998年，我接受教育部的邀请，成为国家级教师培训师。后来，每年的暑期教师培训，我都应邀出场，成为"热门"培训师，积攒了全国的"粉丝"。

笔者暑期在不同的地方培训讲学照片选：福建（左图）、西安（中图）、上海（右图）

进入21世纪，教育部开始实施基础教育教师"国培计划"（即"中小学教师国家级培训计划"），我也成为广东省第二批获得资格的国培师，应邀去过广东、广西、浙江、云南、四川、福建等地培训中小学英语教师。从此，我真正实现了"大中小学一条龙"的"通培"，对了解基础教育和高等教育如何接轨以及如何满足一线教师的专业发展需求，我都有了平台和条件，所以发表的论文涵盖这两个层面。

人生处处是课堂——我的课堂人生缩影

2014年，笔者在广西"国培"现场留影

除了应邀参加"国培"项目，我还应邀参与了"省培""区培""校培""海培""地培""网培""面培"等多种规模、性质、目的、形式的教师培训，有专题讲座、反思活动、教学设计工作坊、研讨、观摩评价等。有了这些需求，我的课程设计专长也得以发挥，延伸到教师培训课程设计上来，这不能不算作我的教师发展道路上的一个新阶段。

2000年，笔者在广西大学支教，随后在全国多地进行了多场教师培训

2006年,我应邀作为教育部专家巡讲团成员到多省市进行专题演讲。随后,受到曾经听过我培训讲座的高校领导的单独邀请,我给他们做校本培训。记得仲恺农业技术学院(现仲恺农业工程学院)的副院长听了我的"教育部专家巡讲团广东地区"报告后,邀请我到她的学校为全校院系领导和骨干教师做报告。我那时就提出"教育生态"的说法,结果,我的说法获得专业人士的认同,我因此非常有幸福感。还有的老师听完巡回演讲,申报教育部国内访问学者,指认我做导师。我当然欣然接受。结果来到门下的青年教师果然很珍惜机会,学习努力,进步显著,不少人回到自己的学校后晋升了职称。

2006年,笔者参加教育部专家巡讲团留影(左图、中图),专家团队见右图(右二为教育部高校外语教学指导委员会主任王守仁、左三为教育部大学英语考试指导委员会主任金艳、左四为笔者)

2014年以来,教育部推进高校成立教师发展中心,网络培训也开始走上正轨。我应邀到高校讲学和现场培训以及网播培训的频率越来越高,足迹踏遍祖国大江南北。

综上所述,从1993年至今,我的教师培训专题日积月累,比较全面地覆盖了教育理念、教育理论、教学方法、教学模式、教学设计、教学评价、教学研究、教材建设、教师发展、课堂转型、师生关系、学习共同体构建、理论实践化、实践理论化、经验分享、作品展示等。

为了保持与时俱进,我推陈出新,不断充实新文献、新材料,应用新软件、新技术,追求创新、出彩、卓越、完美。一个小时的讲学课件所投入的时间高达授课时长的20倍。我反复修改完善,这个过程包括阅读、写作、思考、设计、修改、补充等。我觉得,这是最有效的"干中学习""反思梳理""推陈出新""创作生产"的过程。

尽管准备了许多,我还时常遇到邀请方因需出题的情况。我接到需求便立即进入全新的准备,我称之为"你命题我作文""你考试我交卷""你需要我供货"。其中有些现象很有意思。由于各个学院领导的个人喜好或学院发展的取向不同,邀请的选题就会不同，但总有几个选题是大家普遍感兴趣的。这些被一致选中的专题往往反映教师发展中的主要缺失。遇到教师培训专业团体机构的命题需求，我更是心中暗喜，一丝不苟，加倍认真完成指定任务。因为这些机构都是有调查研究数据和市场需求分析的，所以我得来全不费功夫，从中收获丰盈。

例如，教育部高校教师网培中心的命题和选题"构建慧心课堂，培养高大上教师""构建师生学习共同体的要素与招数""新入职教师的第一个五年规划目标与途径""微课设计的标准与评价：课程论与教学论视角""成果导向教学模式下大学生课业作品化的理论与实践"等，都经过全国高校定时直播后挂在该中心官网，获得业内同行点赞。

如果培训对象是大学新入职教师，我的培训目的是协助他们制定五年职业发展规划，包括身份转型、观念转变、目标制定，关键在于进行体制内的计划、策划、规划、筹划。

如果培训对象是中青年教师，我的培训分别针对他们在瓶颈期、掏空期、倦怠期、发展期的问题，为他们排忧解难。

现在，我的培训已经触及公立学校和私立学校，高端学校和普通学校，本科学校和专科学校，大学和中学、小学，其中已经挂在教育部高校教师网培中心官网的就有近十个讲座视频，点击率和点赞率很高。每到一个地方培训，我的微信群和QQ群就增加很多"粉丝"，一些"老粉丝"可以通过新增的成员知道我的行踪。

就这样，我渐渐发展成为"专业培训师"。就像我在教师培训开场白中所说的，"玩球的有球经，炒股的有股经。再进一步，评球的有评球经，评股的有评股经。干一行专一行，干一行精一行。我们从教的就应该有教经和评教经"。我自己首先做到了。

说起培训，我的职业早期还有企业培训。

1980年，南海石油公司委托中山大学对他们的技术骨干进行外语培训。20世纪90年代初，经人介绍，日本三菱汽车广州公司邀请我为他们的高管做英语培训。企业培训的经历让我对企业人的工作环境和生活方式有了直接的了解。在我后来从事教师培训时，还有意留心企业培训的精华，适当借鉴迁移。例如，我在机场候机的时候，经常到书店观看那里播放的企业培训视频。我发现企业培训比我们教师培训更"好听"，原因

师生共同体讲座选页

是他们完全是为了解决问题而提供出路和策略。这些演讲内容有哲理，有谋略，有智慧，有案例，有演绎。有一个培训师巧妙地应用三角形，把"天、地、人""雇主、雇员和利益"的关系讲得很通透。我有意识地借鉴引用到"师、生、课"的三角关系上，其中的点、线、面恰到好处地演绎出"师生、师课、生课"及其与教学目标的关系。类似的例子很多，只要遇到有迁移价值的，我都当场做了笔记，随后充实到我的教师培训教案里，不亦乐乎。

5. 专注教学研究的教师

我的教学先后获得过20多种不同级别的奖项，有国家级、省级和校级、院级。例如，"教学名师奖""南粤优秀教师奖""先进教学工作者奖""南粤巾帼奖""教学成果奖""教学质量奖"等。我的教师培训也赢得多方的认同，受邀次数不断攀升。

我认为，这样的业绩离不开我对教学的研究。

我相信，没有研究，什么事情都不可能做好、做精。即使是美容、美发、美食等行业的人，特别是那些打下手的徒弟，对各自手里的活用心研究与不上心研究的结果也是大相径庭的。用心研究的有的很快升职，有的赢得大量回头客，有的不久便升级成为师傅。

我相信，教学是科学、技术、艺术的结合体，怎能缺了研究？研究离不开实践，依托于实践，来源于实践，服务于实践。我对教学与研究相依相促、相得益彰的关系体会很深。

在实践的基础上研究，本钱首先来自专业知识的"输入"。

20世纪90年代，我出国进修，经济再拮据，行李再难搬，我都不会舍弃那些复印的文献资料。在英国，我与其他中国人一起用海运方式处理书文行李，因为海运可以论立方计价。

20世纪90年代末，我利用每年参加香港地区业内国际学术会议的机会，花大价钱购买外语教育原著，一本需要500元左右。后来，内地外语出版社引进版权，一套丛书20本才需要几百元，我又全部买齐。这样，我几乎将外语教育领域国际权威的专著都收入囊中，藏书比较全，而且及时阅读。每年寒暑假，我坚持阅读专著，定期做核心期刊的文献检索，为研究和写作打下基础。

我阅读过的外语教育专著字里行间都留下笔记，那是我的思考、反应、反思、联想和被"刺激"出来的写作灵感。

2012年，当我行将结束最后一批国内访问学者的指导、把自己读过的书籍赠送给他们的时候，有的学者看到那些密密麻麻的、多种符号标记的、红蓝颜色相间的笔记，表示"夏教授的读书心得以后要成文物的"。

有足够的输入,还必须有大量的输出。输入产生内化,内化产生思维。正向思维引发分析、评价、讨论、论证,逆向思维产生怀疑、审问、争辩、反证。有输入,没输出,就会"断链",缺乏生产力和创造力。输出指思考、研究、写作、发表、交流的过程与成果。这样的输出要及时,要"读后即写"。

事实上,我的输出既快又多。2016年年底,我上"中国知网"检索查询作者为"夏纪梅"在中国中文核心期刊发表的论文及其下载率和引用率,结果还不错,特别是从我评上教授以来,发表的论文保持在每年3篇以上,最高的下载率、引用率、复印率有几千人次。这在外语教学领域发表率比较有限的情况下是非常不容易的事情。

除了发表学术论文,我出版的著作和教材累计30多本(套),出版社全是具有权威性的,例如北京大学出版社、清华大学出版社、中山大学出版社、吉林大学出版社、上海交通大学出版社、高等教育出版社、外语教学与研究出版社、上海外语教育出版社、上海教育出版社、广东人民出版社、广东高等教育出版社、中国人民邮电出版社、中国农业出版社等。

我出版的专著有《运用英语的技巧》(1992年)、《英语交际常识》(1995年)、《现代外语课程设计理论与实践》(2003年)、《现代外语教学理念与行动》(2006年)、《外语教师发展的知与行》(2010年)、《基于课堂的外语教师技能发展》(2011年)、《外语还可以这样教》(2011年)。

笔者著作(《现代外语教学理念与行动》《现代外语课程设计理论与实践》《外语还可以这样教》等)签名赠书现场照

我主编或合编、参编、主审的有英语阅读、英语视听说、跨文化交流、商务英语、备考、教案等方面的教材。

我撰写的教育散文发表在《羊城晚报》《南方日报》《广州日报》《中国日报系：21世纪英语教育周刊》《中山大学报》等。

此外，我还为一些图书撰写了序，如《走出情感的困扰·序》（张曦明著）、《行为银行·序》（张曦明著）、《小行长斗智记·序》（张曦明著）、《教学三字经·序》（鲍继平著）、《基于课堂的教学研究·序》（余渭深主编）、《舞出我天地·序》（武昌林主编）；一些图书，如《大学外语教学改革研究》（王守仁主编）、《教育语言学在中国读本》（俞理明主编）、《中大童缘》（蔡宗周主编）、《贤母良师益友》（夏纪梅主编）等也收入了我的文章。

2015年，笔者与教育部高校大学外语教学指导委员会主任王守仁合影

我发表的还有大型活动的公开讲话、学术会议的主题发言、教学竞赛或演讲大赛的点评。

笔者在全国多所军队院校英语优质课教学研讨会上做主题发言后与他人合影（左一图），笔者在中国大学英语课堂教学研讨会上做主题发言后与他人合影（左二图），笔者在香港教育展示会上作为内地代表在会场留影（左三图），笔者在英国剑桥大学"商务英语证书"考官集训会上作为代表发言后与中国代理沈树红合影（左四图）

6. 与学生同学习的教师

我教过的学生和指导或培训过的青年教师数以万计，他们中有许多与我结下忘年交、师生缘、母子（女）情。他们称我为"恩师""贵人""重要他人"。其实，我也把他们当作"智慧资源""创作源泉""学习伙伴""专业同事"，因为我们之间已经形成互哺互利与共建共生的关系。

我始终坚信，我的专业成长和职业发展必须感谢我的学生。原因很简单。我作为一个教师，只有一个大脑，而我教的一个班或一门课的学生有几十甚至上百个大脑；我作为一个培训师，只有一个人的学识经验，而我培训的教师（学员）带来了各地区、各学校、各层次、各学科的学识经验。这些几十倍甚至上百倍于我的智慧和才华一经调教、启迪和释放，对我的反哺效益是无穷无尽的。

教师要达到这样的效果，态度上要对学生开放平等，方法上要善于与学生"同学习，互淘宝"。事实上，我的许多教学创意、研究灵感、思想火花都来自于与学生交谈、互动、共建过程中的那一闪念、一瞬间、一触动，也就是教育界常说的"头脑风暴"。我许多的教学素材也直接来自于学生，特别是自从我采用"任务型教学模式"及我开设人文通识课以来。例如，中西教育对比、性别差异与沟通策略、跨文化交流学等课程，学生在我的指导下自主、合作地广泛检索、选择、利用、呈现的丰富多彩的资源素材，成为我下一轮上课再利用的"精彩"。那些主动找我指导论文和课题的青年教师，即使关系不熟、交情不深，我也非常用心且舍得投入时间与精力，在与他们交流研讨的过程中实际上也激发了我对同类问题或研究方法的思考与借鉴，使其具有为我所用的价值。

7. 评价办学和教学质量的专家

我执教的课堂已近尾声。2018年，是我完成湖北省"楚天学者"聘任合同的最后一年。在即将告别我心爱的课堂之时，还值得一提的是，我从执教发展到培教和评教，除了每年应邀做教师培训之外，还应邀参与了教育部高校大学英语教学改革示范点的调研验收评估工作，还在教育部本科教学工作水平评估期应邀作为专家组成员到过十几所高校进行省级预评估和国家级正式评估，包括"985"高端研究型大学、"211"重点大学、地方院校。这些深入高校、走进课堂、查阅教学档案、访谈师生的全面观摩和调研以及与专家组高水平的人物一起工作的经历，为我的专业水平、评价能力、教研质量的提高以及教育视野的开阔奠定了坚实的基础。

2007年，笔者应教育部邀请在浙江大学进行本科教学质量评估（左图）；2012年，笔者应邀做教育部义务教育课程标准终审专家（会议现场）（中图、右图）

三、社会课堂

这是人生际遇与习得反思的大课堂，是无字教育和隐性学习，处处留心皆学问。

（一）农场课堂：脱胎换骨，磨炼意志

我在社会底层、边远山区磨炼意志的"农场课堂"里接受过"工农兵的再教育"，体验过劳动人民艰苦困难的生活方式和劳动方式。虽然这个"课堂"是强加于我的、不堪回首的、损失大于收获的，但既然是一段历史，就是人生组歌的一个插曲，可歌可泣。1998年，花城出版社出版了由曹淳亮主编的《知青故事》，编者在扉页留出空白，让读者写下读后感，期盼共同将自己的感受留给历史，留给沧桑岁月。我在那页曾经写下这样的感怀："一串让人含着眼泪笑的故事，一段不堪回首但铭心刻骨的历史，一个糟蹋青春却磨炼意志的人生经历，一种酸涩苦辣的回忆。"当然，经历也是财富。2008年，知识青年上山下乡40周年，由广东知青自编自演的大型歌舞《永远的情怀》在广州白云国际会议中心成功演出。大合唱、舞蹈、朗诵、短剧，分别给了我山的壮想、海的沉思；那青春的磨砺岁月，真是千难万苦一回首。

（二）职场课堂：坚定不移，经过考验

在我选择教育职场后，曾经有过动摇，想改行经商下海，想进入世界名企，结果，还是坚定不移地在教学职场走到底。我也经历过职场最难考的试，那就是为了晋升职称、为了专业发展、为了学术生命、为了钟情的事业而不停地学习与研究，不断地交卷与发表，坚韧不拔地接受考核与验收。

（三）婚姻课堂：苦乐参半，历练人生

"婚姻课堂"让我最终明白了真理：婚姻需要用心经营和呵护。世界上幸福的婚姻是一模一样的，不幸的婚姻是各式各样的。婚姻既是两个人的事情，也是两个家庭的事情，更是影响至少三代人的生命质量的事情。两个人之间想改变对方是不可能的，只能学会改变自己以适应对方，学会忍让、换位思考，但又不能纵容、迁就那些无情、无理的行为，这个"度"很难把握。两个人各自的家庭成员都是亲人，特别是配偶的亲爹亲妈，对他们不尊重，就是对配偶不尊重。这一代的婚姻状态对下一代的心理和性格都会有烙印，对他们后来的人生造成行为影响。为了未成年儿女而维持不幸福的婚姻是对自己的一种残酷，为了不让对方解脱而维持名存实亡的婚姻是对对方的残酷。

笔者夫妻全景：中山大学东南区11号笔者家客厅合影（左图）、1981年2月2日结婚照（中图）、笔者丈夫家乡汕头市照相馆合影（右图）

（四）产房课堂：声嘶力竭，拼尽全力

女人都说"孩子是我身上掉下来的肉"，这块"肉"的出世可不是轻而易举地"掉下来"的。那是一场没有退路的生死搏斗！那是只有自己扛的痛。所以，孩子的生日其实是"母难日"。

现在家庭条件好的女人生孩子，产房有丈夫陪伴；产后有月嫂照料吃喝与陪护婴儿，保证产妇睡眠；家中有父母关怀呵护，还有丈夫"陪产假"的待遇。

想想自己当年，深夜独自一人在产房里，剧痛加恐慌，狂呼乱叫还要受到值班医生的呵斥阻止。产床上拼命挣扎，精疲力尽。第二天还要自己提着"吊针药瓶"带伤上公共卫生间。出院回到家里，天天夜里要伺候啼哭不停、嗷嗷待哺的婴儿，彻夜难眠，无法恢复产伤。寒冬腊月中"坐月子"，还要自己洗尿布，落下一身风湿病。回忆整个过程，只有可怕的记忆："受刑""无助""遭罪""折磨"！

（五）育儿课堂：无私母爱，舐犊之情

我经历了腰酸背痛的十月怀胎、从产床上挺过来的鬼门关，以及孩子出世后当月的手忙脚乱，随后便开始了抚养、教育、陪伴、投入、牵挂、照料儿子的育儿生涯。如果说生孩子是女人在产床上没有退路的生死搏斗，那么养孩子就是母亲在自己的人生道路上没有止境的付出。

为人父母，付出心血最多的是孩子上大学之前的18年。我在"育儿课堂"里忘我地"耕耘"。原来，我并没有意识到自己那种忘我的程度，直到有一次培训机会才让我有了这样的发现。

1993 年，我在中山大学当大学生心理辅导员志愿者，接受香港著名心理咨询师林孟平的专业培训。她搞了一些心理活动，其中让我们写出自己"人生五件最珍惜的东西"，然后出人意料地要求我们逐一删除，看看最后剩下的"唯一"是什么。我很认真地写了"事业，家庭，儿子，职称，收入"。当时，我每删除一个都要咬咬牙，因为我对这五个都非常珍惜。当全班学员相互交流结果时，我忍不住哭出声来，因为我最后剩下的"唯一"竟然是儿子。有人问我为什么剩下的"唯一"不是自己，同学们还调侃说我"太无我""真无私"，我才意识到自己重视儿子的程度。我当时的指导思想是"儿子是延续我的生命体"。

我的儿子是我亲手带大的。从自然哺乳 12 个月，到每天接送他出入幼儿园，没有找人帮过忙。从他小学就读、小升初、中考到高考，每一次家长会我都没有缺席过。直到他大学毕业入职、考研，每一个成长的关键节点，每一个人生的重要转折点，每一个学业发展的历程，我都保持关注、扶助、参与决策、精准补缺。由于我是教师，有新教育理念，所以对儿子的教育也是采用新教育方法，即不代劳、不逼迫、不唯分数。但我又是母亲，有栽培教养的使命和心愿，所以对儿子的成长坚持保驾护航。他读小学低年级时，我教他骑自行车。开始阶段当然要扶着自行车他才能骑得稳，到学上车时我就不再扶车了；但是，他不断地跌倒，哭着要我扶车。我告诉他，我再扶车的话就永远学不会了。该放手时就必须放手。学游泳时，他紧紧抱住父亲不肯撒手。我告诉他，这样永远学不会游泳，只能靠自己熟悉水性和掌握游泳技能。中考前，我和他每天练计时跳绳、计时长跑，因为这是中考内容，也是儿子的短板。高考前，我找了刚上大学的新生给他辅导物理和数学，我帮他练英语听力及口语，也是针对性补缺。为了培养儿子的独立生活能力，我做到了他到北京上大学我不送行；他大学毕业我不帮找工作，让他自己尝试求职的滋味。对他的恋爱婚姻问题，我也不包办、不独断、不干涉。

在这个"育儿课堂"里当然也有教训。作为独生子女的家长，我们给予孩子太多无私的、专一的关爱，却忽视了"感恩教育"，没有从小给孩子灌输子女对父母应有的关怀。当孩子长大成人甚至成家立业仍然理所当然地享受和索取年迈父母的人力、物力、财力支持，家长只能怪责自己自作自受。

（六）社交课堂：芸芸众生，千姿百态

"社交课堂"最难应对的是人脉关系与相处策略。其实，凡人各有各的活法，凡事各有各的说法。因为各个人都生存在不同的社会阶层，有过不同的人生境遇，具有不同的身份立场，所以，不能为别人的议论和建议去过没有自我的生活。

（七）健身课堂：健身怡情，通气理脉

"健身课堂"的价值随着年龄的增长越发重要。舞蹈、气功、太极拳、游泳、散步、打球等都是健身、养生、护理、治病的有效途径。再忙，也不能省这些时间。舞蹈和太极都有玄妙的辩证，边习舞边打太极，边思考边感悟，那种感觉真好。散步也是思考的好时机和好途径，有时边走边听用心收集的好歌也是一大享受。

（八）餐桌课堂：餐饮文化，博大精深

我经历了"醉翁之意不在酒"的"餐桌文化课"，领会了中国社会聚餐的功能效益，其中的学问包括座位的划分、身份的高低、消费的标准、敬酒的规矩等等。中国的关系文化体现在"酒文化"及其相随的"餐饮文化""嘴皮文化"，可谓博大精深。

（九）茶坊课堂：君子之交，头脑风暴

"茶坊课堂"之意义并不在喝茶本身，"请人喝茶"已经远远超出"喝茶"的本意。学者君子相聚，目的主要在于交谈，谈资很重要。朋友相约，来到真正的茶坊，那是领略品尝茶道、茶香、茶文化以及相匹配的环境。现今人们的生活逐步迈入了小康，开始追求"小资情调""小众聚会"，提供插花、朗诵、古琴、旗袍、曼舞于一体的茶坊应运而生，很有味道。

（十）旅途课堂：观人观物，触景生情

"旅途课堂"就是"行万里路，读万卷书"。在旅途中，在景点，不论是走路、乘车、还是乘飞机、坐高铁，边行边看，边看边想，边想边记，已经成为我的习惯。遇到历史遗址、人文景点、博物馆、展览馆，我一定聘请导游讲解。边看边听才会对那里的一事一物有与历史同步的遐想和领悟。

（十一）媒体课堂：剧情故事，戏外人生

"媒体课堂"在现代社会非常丰富，就看目的和品位。我看电视、电影、报刊、影碟、真人秀，都会联系现实，迁移思考。我从来不追星，不当影星的粉丝。我只关心剧情创作、人物演绎、思想内容和折射寓意。我最喜欢的电视节目是真人秀，例如《我是演说家》《中国正在说》《谢谢你来了》《大声说出来》《爱情保卫战》《金牌调解》《朗读者》《金星秀》《非你莫属》《职来职往》《我是好老师》《欢乐中国人》

《出彩中国人》等正能量的节目。我对电视剧的质量评判主要看角色的对话是否有思考深度、内容是否对自己有所启示。

自从有了微信,我的媒体课堂又多了一个种类。我的朋友圈几乎都是教师,也有闺蜜和老同学。相互转发的多数都是正能量的东西。在此转载我的大学同学郑胜喜于2016年即将过去而2017年即将来临的交替时刻发来的微信:

尊敬的乘客,您好!您所乘坐的2016年永不返程号列车还有几天即将到站。请您整理好所携带的回忆,以免遗落。下车前,请给列车上您所认识的每个人说句谢谢。不论你们的关系如何,在这段旅程中经历过什么,好的坏的,不管怎样,他都陪您走过了2016年。让您在这段旅途中有些许回忆、有些许指导、有些许体会、有些许心得。2016年只剩下几天了,在此说说几句心里话:伤我的人,我原谅你;我伤的人,我说声对不起。爱我的人,我感谢你;我爱的人,我祝福你。陪我的人,我感激你;想我的人,请继续带着这想念。心累了休息休息,人累了放松放松。失去的不再回来,到来的更加珍惜。祝各位乘客珍惜并享受好2016年这最后几天的时光。愿各位在下一班列车2017年更加幸福!

(十二) 镜子课堂:正面榜样,反面样板

"镜子课堂"里有正面的榜样和反面的例子。对那些好人好事,能学的尽量学;对那些坏人丑事,不要只顾讥笑或批评,适当对照自己有没有不经意犯同样的错。当然,别去照哈哈镜,把自己照得变形了、失真了。

(十三) 性别课堂:必修难修,有得有失

"性别课"是人生最难修的。男女性别差异造成的对立、矛盾、分歧甚至仇恨无时不有,无处不在。虽说"男大当婚女大当嫁""男女搭配,干活不累",尽管"男欢女爱,异性相吸",但毕竟是"两个星球的人种",相互好奇之后就是无尽的"战争"。我修这门课有得分也有失分。得高分的是向男性学者学到了理性思维、逻辑思维,这对学术研究大有裨益。我失分在于太过自强自立,不善于照顾男人的面子,没有适当巧妙地给男人机会展示其"强大"。痛定思痛,我后来干脆边学边教,开设了"社会性别与语言沟通"课程,尽量全面介绍性别差异与沟通策略,受到学生欢迎。我也注重教学相长,从中醒悟不少。

(十四) 商店课堂:消费不当,教训多多

"商店课堂"获得教训较多。例如,经济不宽裕时,只敢买地摊货。由于质量不

好，衣服穿几次就不喜欢了。不经穿的衣服一大堆，其实也没少花钱，应了"便宜货卖穷人"的结论。有段时间常去上海开会，发现有几条街专门售卖个体加工的服装，物美价廉，所以也积攒了很多"上海装"。广州临近香港，那里真是购物天堂。每年圣诞季，商店打折，高质量的货也能买得起、穿得出去。开始关注高质量商品后，价钱是十几倍地上去了，但也买过穿20年不被嫌弃的好衣服。进入21世纪，广州成了服装集散地，每年年底商品大甩卖，高档商品甚至低至一折。

（十五）庙宇课堂：敬畏鬼神，求佑祈福

留学英国期间，每到星期天，阳光明媚，教堂的钟声响起，我就随之而去，感受神父的演讲、教徒的唱诗、环境的肃穆。在广州和香港，南方人敬畏和膜拜"黄大仙""妈祖""观音""六祖慧能"，佛庙、道观、关帝庙的香火很旺，人头攒动。仅是观音菩萨，在广东三座名山最高处就分别设有立观音、坐观音、望海观音。

（十六）街边课堂：驻足观赏，怜悯同情

"街边课堂"里有盲人夫妇卖唱的，有音乐学院学生配备全套音响设备演唱的，有流浪者在地铁过道手抱吉他边弹边唱的。只要是付出劳动的，我都会给钱。这和我在欧洲的经历有关。尊重公共卖艺的人也是一种公共文明和公民美德。

（十七）随地课堂：时时留意，处处留心

"随地课堂"靠留心。出于主动学习、积极思维、抓紧补缺等的动机，我养成了好学、好问、好谈、好听、好看、好记的习惯。所有的手袋、背包以及家中的书桌、睡房、厕所都会放着纸和笔，还有那种小小的单行本，方便携带和更换。我用来随想随记、随读随记、随看随记。那些一闪而过的灵感、一触而发的联想、一下子涌上心头的美词佳句都会成为讲课、发言、培训、写作、思考用得上的点滴积累。这样的笔记本我有几十本。有位英国剑桥大学来华培训的专家评价我说，"别人集邮票、集钱币，你集思想（collect ideas）"。

（十八）自然课堂：发现美丽，欣赏奇特

"自然课堂"里，收进眼里都是景。一山一水、一草一木、一花一景、一叶一根、一路一物、一街一村、一屋一城，动物世界，植物园林，自然界的生命繁殖、生物种类、生存状态，无一不是与人类息息相关的。我参观过大连的海洋博物馆，东北的森林博物馆，广东和其他一些省市以及其他国家的植物园，还有各地的奇山怪石、地下涵洞、大湖小溪、湿地戈壁、海浪礁石、千年老树、万年化石，除了为那些奇观发出赞美的惊叹，更多的是引发了我的迁移性思考。

（十九）人文课堂：感慨性别，反思语言

1. 迟到早退的性生活，无知无量

曾经参加一个社交活动，年轻人热情地迎接来宾，第一个游戏是"找回初恋的感觉"，我立刻就变了脸色。我听到这句话只有刺痛感，没有幸福感，他们连声说"对不起""没想到"。

我们这一代是"性封闭"的一代。封闭来自家庭、社会、学校、媒体等全方位。我们在人生头20年里，不但没有任何渠道了解或接受性刺激，连起码的性知识都没有。说起来令人难以相信，我直到26岁还不知道性是什么。

我们在小学时兴分"男女界线"，男生女生在课桌上划清"界线"，在课外相视如仇，完全不来往，不一起玩耍，不做朋友。什么两小无猜，什么青梅竹马，完全没有如此记忆。初中当了团支部书记，要找同学做鼓励入团的工作，找过班里一位男生谈话，被全班议论纷纷。18岁上山下乡"改造"，更不敢轻举妄动，只管埋头干活。连农场生产队的老工人都大为不解，在这帮青春靓丽的年轻人身上怎么看不到异性相吸、两情相悦的迹象？

关于性本能，我只记得两次"关键事件"（教育人类学的专有词，即产生人生影响的事情或经历）。

我11岁开始来月经，第一次来潮，我在厕所大喊"妈妈"，让妈妈教我用月经带。那时的月经带很麻烦，有兜有绳有纸，血纸扔了，兜带用完还要洗了晾干，下次继续用。每次洗这玩意都是满盆血水，一鼻子血腥味。接着，我发现乳房开始隆起，觉得自己有种莫名的"春情涌动"。

至于我所谓的"初恋"，其实也只是本能的"懵懂"。我18岁随知青到海南岛农场，同一个生产队里有一位高中的同学，身材高挑，有才有貌，稳重大方，特别是他笑容可掬的表情、谦谦君子的派头深深地吸引了我。在开发森林大会战的工地上，我总是忍不住要在人群中寻找他的身影，好想多看他几眼。回广州探亲期间，他来找过我，带我去公园散步。我们走了很久，刚想在公园的椅子上坐下来，时间已近黄昏。我想起临出门时，我妈再三叮嘱天黑之前必须回家，所以我就与他告别了。后来，当我听说他与某某同学结婚了，心里乱了一阵，酸了一遍。我很后悔那次没有与他相拥坐下，也不懂得什么"表白"，因为我根本不知道这就是"初恋"。

2. 性别意识与表现：今非昔比

在性封闭的年代，凸显性别差异的东西却十分"严谨"。例如，男性的裤子在前面开口，女性的裤子在右边开口。我中学时穿着哥哥的裤子，就遭到同学的取笑。那时的自行车，男装车有通条，上车要从后面跨上去。女装车没有通条，上车直接坐上去。女人骑男装车"不斯文"，男人骑女装车"不地道"。

如今男女性别意识和特征反而淡化了，表现在服装、发型、交通工具、用具的方方面面。T恤衫、牛仔装、运动鞋等男女同款；自行车统一无杠；裤子统一前面开口；女人以超短发为时髦，男人以留长发为有范。中性的服饰比比皆是。男生唱女腔，女生唱男音，越反串越招引关注。原来只有男人干的工种，越来越多的女性加入行列，而且越战越勇，大有取而代之的架势。男人女性化，女人男性化，这种现象比比皆是。另外，还出现了同性恋与变性人的现象。

3. 性别差异与醒悟：原来如此

美国哲学家John Grey写的《男人来自火星，女人来自金星》一书问世以来，让世界上多少婚姻配偶明白一个真理：男女的差异，不仅仅体现在生理上，更表现在心理特征、思维方式、情感需求、语言表达上并带来沟通的障碍、和谐的破坏、家庭的"战争"。谁都别说自己倒霉，别怨自己嫁错人或娶错人，男女之间的激战、暗战、冷战、恶战、争战都是因为不明差异的乱战和瞎战。

自从我在大学开设了人文通识课"社会性别与语言沟通"，先学一步，反复取证、不断反思、放开讨论、收集案例、理性分析。经过多轮的课程，自己也从中幡然醒悟。

男人和女人，既分不开，又合不来；既合不来，又分不开。男人和女人是来自两个星球的人，相互吸引，相互矛盾。男人和女人相互了解，才能相互理解；相互理解，才能相互谅解；相互谅解，才能相互化解。

可惜，世界上有很多人知道得太晚了，都是悲剧发生过后才有所觉悟、领悟、醒悟。不仅如此，知道不等于做到，做过不等于做好。实际生活中的男女相爱容易相处难。

如今上层社会青年中有"恐婚症"的人不在少数，特别是那些高富帅、白富美、"三高白领"（高学历、高收入、高职位）。

4. 爱对职业的女人终身有价值

人说"男怕入错行，女怕嫁错郎"，也有人说"女人干得好不如嫁得好"。

我这辈子选对了职业，入对了教育行，虽然也尽了婚姻的责任，在人生特定阶段做到了事业、家庭两平衡，但自我感觉还是女人的社会价值给予的幸福感更长久、更有宽度和长度。

我在自己选择和忠诚的教育事业道路上幸福地前行，职业早已经悄然升级为事业。

在很多人眼里，我是"工作狂"。我认为"工作狂"可以分为两种，一种是"被工作狂"，另一种是"自工作狂"。我属于第二种，因为工作能给我带来全身心的快乐。

我对教学如痴如醉，对学生爱如己出，对课堂情有独钟，爱校园的人文景观和自然景色，爱学校的生活节奏和行为方式。总之，我对教育踌躇满志，所以总有做不完的事情。例如，读不完的书籍和文献，写不完的论文和著作，设计不完的新课程，创作不完的新教法，制作不完的新课件，看不完的互联网资源，指导不完的学生和青年教师，思考不完的研究课题，做不完的教师培训讲题，等等。在这些过程中，我有输入、有充电、有创新、有输出、有发现、有反思，自然有成长、有发展、有提升，我把这些看作生命质量和幸福指数。

出于热爱、投入、执着，我早已使工作成为自己生活的重要组成部分。毫不夸张地说，对我钟爱的教学工作，我可以陶醉到忘我的境地。长期以来的节日、周末、寒暑假期、规定课时以外的时间，我都是在做与教育和学术相关的事情。为了上好一堂课，做好一场培训，备好一次重要场合的发言，我自己投入的时间都在 10 倍以上。直到退休后，我不断接受本校的返聘，还有其他多校的特聘、外聘、散聘、培训、讲课，这不是为了填补退休金的缺失，而是为了继续享受那份教学的幸福快乐。

很多与我同龄的亲朋好友都认为我生活观有问题。他们不知道这就是我的生活。人各有志，各有各的活法。与其退休后游手好闲，打发余生，或者去当贴钱卖命的"孙奴"，或者只为自己游山玩水而享受世界，不如将有限的生命余热继续奉献给需要帮助的人，将自己厚积薄发的知识、经验、技能、专长与青年同行分享。这是生命的余热和职业人的剩余价值，一息尚存，肝脑涂地亦在所不辞。难怪有那流芳百世的说法：教师的职业生涯是"春蚕到死丝方尽，蜡炬成灰泪始干"。这不是悲壮，而是追求。

有人说，"人应该把生命浪费在自己喜欢的事业上"。我把这句话改为"我把生命消耗在自己喜欢且有意义的事业上"，我很幸福。

5. 买对鞋子真不容易

我不知道自己这辈子买过多少双鞋，穿过多少种鞋，花过多少钱在鞋上。但是，真正穿得舒服，愿意经常穿，或穿着感觉陪衬服饰提升了自己的形象，大概就只有那么几双。

从概率上说，买对的鞋子占十分之一也不为过。买鞋要考虑的因素很多，也最花时间。例如，样式是否新潮，是否容易与服装搭配，材料是否内外真皮、透气保暖。太重的走路脚步沉重费力，太轻太薄的脚下不踏实；结实又轻便的往往是休闲款，不能出场面，不能配正装。另外，上了年纪的人，为腰、腿、膝盖、脚踝等部位的健康着想，都不适宜穿高跟鞋。

有一次，我因为买了蕾丝镂空的连衣裙，必须穿上高档美观的半高跟皮鞋才配。我特意买了两双，颜色、款式、材料、设计与那条裙子都是绝配。可惜，出了一次场面，腰腿疼得够呛，又不得不将美丽昂贵的鞋子搁置起来。

家里鞋柜中还有从欧洲买的名牌皮鞋、国内工厂店买的名牌运动鞋、地摊买的便鞋，最后都成为观赏品、多余物品或送人的礼品。

难怪民间将婚姻比作"穿鞋"，舒服不舒服，合适不合适，只有"脚"知道。

6."假如你是我"和"假如我是你"

人与人在一起，有时候就像"狼群相互舔伤"。遇到伤心、费心、闹心的事情，女人特别喜欢向人倾诉。所谓"分享快乐，快乐成双；分担痛苦，痛苦减半"。

"假如你是我"的说法显然是在索取同情和移情，下一句便是"我该怎么办""我能怎么处理"或者"你就会明白我的苦处"。

而"假如我是你"的说法是一种提出建议的策略。我分析这样的说法是来自英语语用策略。西方讲究"个人主义"和"独立人格"，不喜欢别人对自己指手画脚提供建议。所以，用"我"来说事，让对方自主决定听取采纳与否。

7."你听明白了吗"还是"我说清楚了吗"

关于人称指代词的妙用，在英语里还可以找到更多的例子。

例如"你听懂我的意思了吗"？英语表达则是 Have I made myself clear? 我说清楚了吗？显然，说话人用"你"，对听话人有居高临下的问责的味道。人称代词进行这样的转换，"意思是否清楚"则展现说话人的主动友好的姿态。

又如，下属犯了错误，违反了公司规定。上司对他说"Let's review the regulation"，这种措辞避免了对"你"的指责，用了"我们一起"就平等友好多了。

8."都是你的错"还是"都是我不好"

两家人是邻居。一家幸福一家愁。愁的一家问幸福的一家："你们为什么幸福？"幸福的一家说："凡事都说自己错。"愁的一家明白了，原来自己家人的习惯用语是"都是你的错"。

一般人都会为自己辩解或吹赞，都会推诿、卸责与怪罪。这样相处，对方受不了，反戈一击，反唇相讥，伤害不断升级。

9．"你总是这样的"

常常听到女人责备丈夫或孩子的一句话是"你总是这样的……"或者"你从来没有……"或者"你就是不……"。丈夫和孩子一旦觉得不符合实际情况，嘴仗就打起来了。

性别研究专家发现，女人是情绪动物，女人说话比较绝对，容易以偏概全，实际上是情绪化地表现心理需求，无意中把期待的事情放大了、夸张了。男人是理性动物，认为不符合事实或不合逻辑，就会反击或逃避。

（二十）支教课堂：以身相许，不惜代价

不夸张地说，我对支教课堂以身相许，不惜代价。

2002年，我刚完成了高级职称的评定不久，在中山大学任外语学院副院长职务任期届满，儿子也考入了外交学院，我一身轻松，本可以开始"混日子"；但当我获悉，世界华人首富、香港儒商李嘉诚先生资助国内第一批西部高校支教计划，我便义无反顾地率先报名，应征去了广西大学支教。

在那里，我负责化学系本科生的英语教学，采用改革创新的教学方法，遇到了非常大的困难。首先是经历了与中山大学这类研究型高端大学差距极大的"课堂状态"，学生态度上不配合，水平上难跟上。我感觉学生智商不高，情商也不高，学习动力不足，学习方法不佳。我问校长这种状况的原因。对方的回答是"从小学到中学的应试教育的结果"。我想想还真是有道理，对这些"做惯了选择，习惯了做题，没有思想，只有依赖"的大学生，我不忍心

2002年，笔者在广西大学支教留影

放弃。我是个不轻易认输的人，"没有教不会的学生，只有不会教的老师"，我就不信自己不能"因材施教"。结果，经过艰难地调教、改造、启发、引导，全班学生有了进步，课堂步入正常的轨道。

在那里，我每周坚持用一个下午辅导青年教师，有时候指导他们审读学术专著，有时候指导他们教学创新。青年教师邓桂东多次到课堂观摩我的课，在教育技术和课件设计方面与我共同切磋，到处寻找创作灵感和素材。经过坚持不懈的努力，她后来成了全国教师新秀。还有一位青年教师依照我的推荐认真读完了当年19本系列引进版英语教育权威原著，顺利到英国名校读研。该校时任党委书记专门为我的支教贡献颁奖，外语学院同事临别送给我一块牌匾"教师楷模"。

2013年，我指导的最后一批教育部国内访问学者中，有三位来自云南高校。她们知道我行将结束中山大学的退休返聘，就盛情邀我去大理学院发挥余热。我欣然同意。

没想到，我的身体受不了高原反应，严重缺氧，剧烈头疼，内分泌紊乱。尽管这样，我坚持了一年的教学。我发动和组织了10位青年骨干英语教师志愿者，在他们担任的10个英语教学班开展"任务型研究式团队合作，结合专业将课业作品化"的教学模式。想要在边疆地区针对少数民族生源做这样的工程，难度可想而知，结果令人欣慰。我努力，实验班的老师和学生同心协力，最后拿出的作品有科研成果"蟑螂的药用价值"，有学以致用、造福公益的"心肺复苏救生技术应用"，有结合翻译专业分析的"莫言为何能获得诺贝尔文学奖"，还有来自文学、医学、药学、护理学、法学、计算机学等多个专业的展演，让校方刮目相看。主管教学的副校长、学生所在的学院领导、学校教务处等职能部门领导、外语学院领导、英语教师和部分自愿到场观看的学生观看了本科生的英语作品和演讲都纷纷点赞。这一年，我获得了外语学院刻有"教师团队培育的良师"评价的纪念品。

尽管从那以后，我的身体出现了高原反应留下的后遗症，但我不后悔。

2013年，笔者与大理学院大学英语教学创新试验班团队庆功留影（左图）、在学生展示后与段副校长等领导现场合影（中图）、在杜鹃花丛中与外语学院马凤鸣院长合影（右图）

2014年,经另一位我指导过的国内访问学者胡素芬引荐,我申报了"湖北省楚天学者计划"并成功地通过评审,受聘为华中农业大学外语学院主讲教授。聘任合同时长为5年。

华中农业大学外语学院院长姚孝军教授为笔者颁发聘书(左图)、笔者在外语学院地图墙前留影(右图)

在那里,我每年按照计划要求开设两门全校人文通识课,组织学术沙龙,指导青年教师开展教学创新和教学研究。虽然花甲之年离乡背井,异地教学,但我为自己能够以课堂为生、以教学为乐、生活有自己的方式而开心。我的"职场精英备战实训""社会性别与语言沟通""跨文化交流学概论""中西教育比较分析"课程受到学生的高度赞扬。甚至有学生说:"这是我上大学以来最值得听的课,没有之一。"连续跟踪选修我的课程的学生也大有人在,其中还有报不上名或已经修满学分而直接来蹭课的。

2016年,华中农业大学学生课业作品展示后笔者与指导的学生留影(左图)、笔者在华中农业大学校园留影(右图)

在那里，我也成功地举办了一次"非英语专业学生英语课业作品化"的展示活动，同样受到校方和院方的刮目相看。我的目的达到了，即"英语课不仅仅是为了通过四、六级考试，大学英语是学术工具，能为专业服务"。

应该说，我的"支教"课堂在西部、在中部、在边疆、在民族区域、在农业院校。我能够在晚年"支教""支边""支农"，特别有意义。

附　华中农业大学教师发展中心报道：夏纪梅做客"名师讲坛"谈构建"慧心课堂"

核心提示：2015年3月25日下午，中山大学首届教学名师、广东省教学名师、教育部国培教师培训师和示范课程评审专家夏纪梅教授做客我校名师讲坛，与教师现场讨论如何创建"慧心课堂"，争当"高大上"教师，培养出有智慧、有创造力的学生。

此次名师讲坛由教育思想大讨论领导小组办公室主办，外国语学院承办。

夏纪梅首先提出对"课堂是教师赖以生存之地、是教师身份价值体现之地，大学课堂的状态和质量直接关系到大学教师如何生存、如何出彩、如何实现专业发展的问题"的思考，在接下来的两个小时里，共分七个方面向在座的老师进行介绍。

课堂变革的背景：新时代新教育新生态

谈到当今时代，夏纪梅说新时代是信息时代和互联网时代，学习型社会逐渐形成，课堂走向也会发生变化，因此，与新时代相匹配的新教育的特征将会是以学为主、干中学习、慧心教育、通识教育。要培养学生做人、做事、做学问的技能，教师与学生的角色与功能也要从传统向现代转换。她说："我们的课堂教学要像营销产品那样让学生'尖叫'。老师和学生的角色要互换，把由老师输入变为让学生输出。"

课堂变革的必然与应然：变化与应变

夏纪梅教授在讲述过程中向大家展示了全人发展图以及世界五百强企业对人才的招聘标准，从中可以看出个人能力、人际能力、职业能力、信息能力、创新能力、解决问题的能力是当代企业对员工的关注点，而这些正是当代大学生所缺乏的。对此，夏纪梅教授为在场教师举出了许多案例，包括她身边发生的故事，以说明教师和学生现在迫切需要变革，否则就难以培养能够适应社会的人才。夏纪梅教授还向大家展示了获得智慧、智能的途径案例，供大家借鉴学习。

大学使命与大学教师专业发展的关系

夏纪梅教授认为，教学是立身，科研是立命，发展是立足，三位一体是立业；学科专业水平和教学专业水平的双重发展是对大学教师的要求，也关系到师生双重拔尖创新人才的培养。教师的发展要依托课堂，课堂是什么，不是什么，应该是什么，实际是什么，如何把课堂变得高效？对这些问题，夏纪梅教授一一做了解答，还列举了课堂应该有的变化。

构建"慧心课堂"的要素

所谓"慧心课堂"，就是让学生用心参与启迪智慧的课堂，而教育观念与教学行动的颠覆更新是构建慧心课堂的重要方式。当谈到该如何颠覆更新时，夏纪梅教授说要做到行中知，先学后教，先输出再输入，课堂是学堂，应由学生提问，学生讲解，实现教学双主体；同时，她为课堂教学设计与学案共建提出了关于课程模式、学生角色、教师功能三个方面的许多建议。

现代课堂的种类和运作

夏纪梅教授提出，清华大学2014年新方案中的六种课堂可以作为现代课堂的概括，分别是实体课堂空间、课外活动空间、校外实践空间、线上网络空间、院系助工空间、国际交流空间。这六种课堂为大学生提供了立体化的教学环境，以及广阔的自我锻炼、提升自身素质的空间。让学生成为主角是现代课堂要达到的目标。对于有的教师提到的学生积极性不高的问题，夏纪梅教授认为"不要怨学生，我培养的学生自己做的调查和创作都让我刮目相看，关键看老师如何去指导"。

有效教学的理念与评价标准

夏纪梅教授归纳了17世纪以来国际教育大师总结的"有效教学的核心理论"，即利用学生已有和现有的认知能力，调用学生已有的学习与生活经验，挖掘和释放学生的探究潜力，注重学生对新知识、新技能的体验过程，给予学生自主、合作、探究性学习的机会，发挥教师的引导、协作、评价、共建作用，关键在于把教学模式由输入导向变为输出导向，发挥学生的潜能。对于有效教学的评价，夏纪梅教授提出了实践模式"任务链"理论，真正有效的教学缺少不了任务链中的任何一环。

教学"高大上"的大学教师发展目标（必备条件）

"如何做一个合格的大学教师呢？"夏纪梅教授认为，有道有术，为师之道，执教之术，道高为师，术精为范，这是对一个老师的要求。她还以自己的亲身经历向各位教师讲述如何做到师生同心、课堂共生，以及学生与老师之间的榕树效应和齿轮效应。

本次讲座，夏纪梅教授围绕教师如何构建"慧心课堂"、把自己变得"高大上"的主题，对课堂的过去、现在、未来进行了纵向梳理，旨在引导教师全面了解现代大学课堂的定义、价值、功能、形态及其变化，明确了构建"慧心课堂"的有效途径以及未来课堂的走向。她采用互动研讨的方式，以国内外真实案例，对国内外课堂、教育理念、人才培养目标、教学有效性和教学评价方法等进行横向对比，启发教师深入思考，为应对新时代、新教育、新生态变化做出积极的应对与探索。

讲座尾声，在座老师纷纷举手提问，夏纪梅教授也一一细致解答，现场气氛非常热烈，最后，外国语学院张瑞嵘老师进行了学习研讨小结，讲座在一阵热烈的掌声中圆满结束。

2015年3月，笔者在华中农业大学教师培训现场

文字报道：华中农业大学教学信息中心通讯员娄文豪

四、领教课堂

酸甜苦辣、奇遇怪事也是人生财富，领教了才能成为人生课堂里的课程。

（一）走过的路：是路非路

在广雅中学读书的时候，学校提倡艰苦朴素、锻炼体魄、锤炼意志，所以，我们都"想方设法"让自己吃苦。例如，尽管我父母当时每周给我足够往返的公交车费，我仍然在高温的柏油马路上赤脚步行回家，这一趟路程足足有20公里，从城西走到城外，还要过海珠桥。一路上，因为地面的高温烫脚，我咬紧牙关，硬是坚持走到家。为了锻炼意志，我还赤脚走跑道。那时的校园 400 米跑道是用煤渣铺出来的，光脚走在跑道上，就等于接受针扎的考验。我当时是校田径队的，晨练时也尝试过不穿鞋，在跑道上忍痛坚持竞走。有时候双脚脚皮伤得好几天不能正常走路。

说起我走过的路，还有没有路的路，那是自己开辟的路。20 世纪 60 年代末，在海南岛五指山山区的农场，要想到商场买东西，或是到黎村买吃的，需要翻山越岭，披荆斩棘；手里拿把砍刀，在山林里一路走一路砍掉拦路的藤蔓。我们继续往前走，又被一条水流很急的溪水挡住去路。我们同伴中的老工人很有经验，先将一条绳子甩到对岸的树杈上，然后让大家借助绳索的定力蹚水过去。好几次，我都被激流冲得站立不稳，歪歪倒倒，大呼小叫，也总算挺过去了。到了目的地，发现裤子里鞋子里有软乎乎的东西，脱下来一看，全是山蚂蟥。这是一种血吸虫，专门在树丛中等着生物，悄悄上身，趁机吸个饱。

（二）睡过的床：难以置信

1966 年，"文化大革命"中红卫兵对我下毒手的那天晚上，我平生第一次被厄运逼得在课室地板上过夜，留下"天当被、地当床"的记忆。

1968 年，我随百万知识青年到海南岛下乡，渡过南海的红卫轮上挤满了我的同龄人。当时，船上一张床要两个人合睡，船底大通铺更是人挨着人。风浪里，随着船身的摇摆，我们随时可能被摇下床，只能紧紧地拽着床沿。

到了农场，我在茅草房的泥巴地上，睡过与老鼠、蜈蚣共被窝的床，那时不小心还会被老鼠咬脚趾头；也睡过床底存放甘蔗的床，因为每年将砍下来的甘蔗绑成一捆一捆，背回来没地方放；也睡过爬满了蛆的"虫"床，因为是用刚砍下的树干拼成床，潮湿的木头很适合虫卵的生长。

1976 年，海南和广东地震，正逢我大学毕业被发配回海南。当时，沿途宾馆酒店都不准住宿，我们只能在街边打地铺，体会了流浪人的街床。

在华南师范学院就读期间，我们的学生宿舍有四层楼。我的房间在顶楼，睡高架床的上铺。每到夏天，天花板的热气就把距离不到 50 厘米的我热得像热锅上的蚂蚁，汗流浃背，通宵难眠。

再后来，我去旅游或开会的地方，在莫斯科睡过巨大的大软床，在朝鲜睡过臭烘烘的床，在香港五星级酒店睡过 king size 豪华大床。

生活困难时，我们都基本睡木板床，用旧棉被垫着。生活条件改善了，我尝试更换高质量的床垫，有钢丝弹簧床、棕榈床、高级棉垫床等。但年纪大了，腰病犯了，我又回归了木板床，回到朴素原点，回到大自然的原材料。

(三) 用过的厕所：因地制宜

厕所是中国如厕文化的一大"怪"。我这辈子用过的厕所种类有十几种。上过山、下过乡的人都知道厕所为什么叫"茅坑""茅厕""茅寮""粪坑""粪池""便池"。

在水乡，厕所就是用木条和茅棚搭建的"空架子"，建在河塘边，人的排泄物成为河塘养鱼的饲料。人蹲在悬空的厕所架子上，直接看得到鱼儿大群地涌来，听得到自己的排出物叮咚下水的声音。有知青回忆当年的趣事，男生站在水上茅厕外，专门等候女生如厕时发出的溅水声，根据排放力度评价谁的身体好。这种真实可笑的经历故事可以视为那个年代18岁的青年把如厕当作异性相吸的消遣，很有文学色彩。

陆地上的茅坑，上面是高高在上的棚架。人蹲在上面，看到下面又大又深的粪池，恐高症的人会晕眩，怕脏臭的人会恶心，不适应的人会拉不出大便。记得有一年在普陀山上，茅厕里给人"方便"的是巨大的"便盆"。说巨大，一点不夸张，竟然有一口缸那么大。更绝的是，盆口很大，盆下面就是空高的粪池。对这么个家伙，我坐也不是，蹲也不是，只能翘着屁股抓紧完事。

我们在海南岛农场，上的厕所根本不能叫厕所，就是一块水泥地，屎尿都直接拉在上面，久而久之，连立足之地都没有了。太阳一出来，尿液味道刺鼻难闻。直到20世纪80年代改革开放，外国游人到海南岛，遇到路边这样的"露天厕所"，他们说"不知道如何操作"，真让人哭笑不得。

随地大小便在落后的农村是很正常的事情。我们到了村里，随便找个人家看不见的地方，蹲下拉大便，但因为"刚出炉冒热气"的"美食"会引来猪和狗跟着抢，只能"打一枪换一个地方"。最可笑的是，连猪、狗都知道蹲着的人想干什么。于是，蹲着的人便成了它们追逐的对象。

在海南开荒时，原始丛林里哪有"厕所"可言。大家在林里就地"方便"，不小心还会惹上山蚂蟥。那是一种血吸虫，特别容易吸附在人的皮肤上，等你发现了再抓走时，这些软体动物已经从细身变胖子，吸饱了你的血。还有，这样如厕方便是方便了，但走山路时就可能随时随地"踩地雷"。

回到广州，我发现仍然有高校的厕所是"一条渠"敞开的，像一列屎尿火车，如果不幸蹲在最后一节"车厢"里，就要将前面流下来的屎尿尽收眼底。

中国地方特色的厕所和基本共性的厕所还有的是。我自己经历过的还有那些没门的，你只能在众目睽睽中完成排泄任务。还有那些空间狭窄得像犯人监房的，冬天衣服穿多点就蹲不下去。

进入 21 世纪，国内生活条件和公共环境越来越好。广州有些公园的公共厕所已经自称"星级"卫生间，里面的设施大有改进。

（四）读过的书：学以致用

说起来惭愧，因为"文化大革命"和下乡，葬送了我本该正常读书的青春年华。1966 年到 1979 年，长达 13 年的人生黄金阶段，我和我这一代被迫随波逐流，不务正业，不学无术，形成知识断层。最可悲的是，那时的社会背景不容我们读来自资本主义、帝国主义、西方列强的书籍，也就是今天的世界经典或文学名著。那时候，中国古典文学经典也被划入封建主义范畴而被打入地牢。

老实说，我没有读过国内外的经典原著，常常被父母警示要"补课"。由于自己的专业缘故，我只读过莎士比亚和狄更斯等人的作品的简写本。

30 岁以后，进入婚姻、生育、抚养、家庭和工作、进修、"炒更"混为一体的"挣扎期"与"奋斗期"。每天在"打仗"，在"平衡"，在"杂耍"。那个阶段的读书充其量是"临时抱佛脚"式的、"现买现卖"类的、"实用功利"性的。也就是说，读什么都是为了备课，为了讲课，为了答疑解惑，为了解释语法现象，为了让自己"浸泡英语游泳池"而增强语感和语言水平，等等。我选择性地读了当时国际权威的韦伯斯特（Webster）的英文词典，还有《灵格风》《新概念》《英语 900 句》《走遍美国》等当时市面上买得到的书籍，而且以经典教材为主。还是为了教学需要，我通读精读了国内业界最权威的张道真的《实用英语语法》与许国璋的《英语》（6 册）。

我真正的读书始于 1995 年，我荣幸地获得机会到英国牛津大学参加世界各国选派的英语骨干教师集训。在那里，牛津大学出版社（Oxford University Press）和剑桥大学出版社（Cambridge University Press）以及许多外语教育界国际名牌出版社借机举办"书展"。在集训班导师的指导下，我认真阅读了 Jack Richards, David Nunan, Henry Widdowson, Brian Tomlinson, Penny Er, Fraida Dubin, Henry Stern 等外语教育名家的著作。回国后，陆续在香港购买和精读的还有 Jane Willis, Larry Samovar, Barry Tomalin, Deena Levine 等跨文化交流学的名家的作品。

1998 年，我在香港中文大学合作研究期间，充分利用那里的图书馆，博览了"课程设计""教材建设""教学方法"领域的最新著作，为随后兴起的教师培训打下比较坚实的基础。后来，我的兴趣全部集中在教师发展方向上，购买和阅读的书籍装满了家中好几个书架。其中不少书是我在北京行政学院校长书屋发现的国内多家著名师范大学出版社近年来出版的语文、数学、历史老师的杰作。

应该承认，我读书不多、不广、不全、不快，但还算能做到"为我所用""活学活用"，尽量学以致用。有人说，爱书的人分三种。第一种人买书不读书，爱的是藏书。第二种人读书不用书，爱的是阅读时的感觉。第三种人读一点用一点，边读边用，边用边读，爱的是读到所需、读完有用，读书为了应用。我算第三种人。只要我选择了一本值得读的书，我就会在阅读中同步进行思考与写作，书中每一页都会留下我被作者激发的反应、灵感、想法、反思、联想、延伸和创新。

近年来，我爱上了思维导图和思维技能。运用到审辩式阅读与创新性写作的互动中，更能形成读者与作者的思想与情感的交流、立场与观点的交锋以及思维技能的发展。例如，运用思维导图，可以将思路显性化。人在阅读时经历的思想流程如下图所示：

人在阅读时经历的思想流程

上图中大脑运作程序是，以"文本"作为"刺激物"，刺激思维的互动性运作。其步骤是从"理解"到"反应"到"交流"直到"创作"或"产生"想法。"理解"不仅仅是对语言表层的"解码"或对信息事实的"知晓"，还包括对作者的解读和对其深层意义的"解构"。"反应"和"交流"一定是自我关联的，是需要调用已知、常识、专业知识并受自我经验影响的。这样就形成了一种加入自己理解和想法的"重构"，经过与其他读者的讨论和交流碰撞出更多的思想火花，进而产生创新的多种"建构"。

又如，读者在阅读中与作者的交流可以通过思维导图来呈现。具体如下图所示：

阅读中，读者与作者交流的思维导图

以上两图均是笔者为教师培训设计的即场手绘，都能显示审辩式阅读的要领，同时透视出高质量的阅读对读者的学术要求。

审辩式阅读能够刺激创意性写作，这是有研究证明的。Alec Fisher 认为，critical thinking 指的是"critic-creative thinking skills"，强调这些技能有利于对已有观点的挑战、对相关信息的再探索、对事物多样性的想象发挥、对解决问题的多种可能性的提出，这些都是经过提问、追问、归纳、分析和反思后激发创新意识和行为的技能。所以，具有审辩思维的阅读能够自然带动写作的创新思维，从而形成读与写的有效互动与积极互动、思维互动与行为互动。

我的读书原则是"读书不为他人忙"，目的非常明确，"阅读只为教学与写作"。我在指导青年教师做研究时，不厌其烦说的一句话就是"没有足够的输入，哪来像样的输出"。也就是说，阅读是写作的基础，阅读质量是写作质量的前提，阅读不在多，而是在需要的时候选择合适的读物，用学术的方法及时把所学应用到自己的实践中去。通俗地说，就是学会把书"吞下去"再"吐出来"。这一进一出就是教育规律中的"输入—内化—输出—发现—再输入"的建设性链条循环效应。

关于读书，我想还是要提我的家风。我父亲经常说"书到用时方恨少"。他和我母亲一辈子读书，直到 90 岁以后的耄耋之年，他们还在家里每天读书。阅读已经深入他们的骨髓，成为他们生活的重要目的和组成部分。我以我的父母为榜样，并以他们为骄傲。

2017 年，笔者 98 岁老父亲为考证某论点在书房查阅书籍

第三章

课堂言值与课值

> 人生处处在课堂，课堂价值凭课堂人的胜任力和软实力。

一、课堂言值

"言值"是教师重要的软实力。"言值"不是耍嘴皮的水平，而是思想水平和语言水平。

我是教师，是追求卓越的教师，曾荣幸地被评选为"中山大学首届教学名师"（2003 年）、"南粤优秀教师"（2007 年）和"广东省教学名师"（2009 年）。每次学生评教，当我在全校任课教师得分排名中名列前茅时，我总是说"我靠的不是颜值而是课值"。当然，我所追求的"课值"有必不可少的"言值"。

了解我的家庭背景的人对我说，"你像你父亲，讲课特别中听"。

网上流传着学生们这样一句话："在中山大学，没有听过夏纪梅老师的课是遗憾。"校园里也常常听到其他院系的老师说："很喜欢看你在校报上发表的文章。"南京航空航天大学外语学院前院长吴鼎民教授说："你的发言是散文诗式的。"受过我培训的教师普遍反映我的培训用语"富有磁性"。我还收到过无数各地听过我讲座的青年教师的来信，反映"物有所值，受益匪浅"。

得到如此的评价，让我从别人的反馈中了解自己。久而久之，我也在问自己，我讲课"有气场"，能"煽情"，会"引人入胜"，受众多，可听性强，究竟靠的是什么？我父亲的基因？当然有，这是我的福气。光靠嘴巴能说？当然不是。

其实，为了讲课，为了发言，为了培训，我在阅读、思考、比较、写作、修改、完善、雕琢上下的功夫恐怕不是常人能做到的。

例如，中山大学开学典礼，学校多次邀请我作为全校唯一的教师代表发言，只要求讲 5 分钟。为了这几分钟的发言，我至少要花费 3 个星期的时间来准备和打磨。为了避免重复，我还依据当年的形势和当届学生的特点选题、选材、选讲法。我借鉴世界名校校长开学典礼致辞，浏览中国治学名家名言，更重要的是从日常留心收集的教育案例中选取片段，博采众长后凝练出自己个性化的表述特色。

又如，应邀做教师培训，我首先在选题上尽量贴近一线教师的发展需求或疑难问题，在选材上尽量有理论、有实践、有案例、有分析、"接地气"；在讲授过程中，我不断自我关联、现身说法、有情有义；在课堂现场，我声情并茂、绘声绘色、不断走近学生，保持眼神和情感与听众的近距离交流。一句话，就是为对方着想、为对方送福、为人贴心服务、与人精神互动。这在心理学上就是"移情"与"共情"。

在语言措辞上，我字斟句酌，讲究排比、韵律、意境以及文字的画面感和话语的可听性。这得感恩我的小学语文老师和母亲的写作指导。长期以来，我自己因为爱写作，笔耕不辍，所以才有文字的功底，这是"文心雕龙"的结果。

（一）给大学生的致辞：求学求道求术求生

1. 与大学生谈学英语的"高原反应"及"对症下药"（2001 年，笔者应邀为学生做的专题讲座）

不少大学生特别是大一新生反映，上了大学，学英语找不到感觉，或者感到没有进步反而退步，对英语又爱又恨，既想学又不知怎么学，既想学好又很难学好。面对一大堆指定的听力、口语、精读、泛读、语法课本，学生无从下手；看到每学期数以百计的生词，学生不知所措。他们问老师，学英语有无捷径可走？有什么妙方记住单词？如何提高听力、口语或写作能力？

这些问题、困惑和求索其实是每一届大学生都经历过的。有的人很快或最终找到了出路（当然不是取巧的出路，也不是捷径）；有的人听从有经验的老师或师兄师姐的指点去下功夫，也有所长进；有的人 4 年都没有找到感觉，得过且过；有的人怨天尤人，放弃学习，等到毕业后为谋生所迫，又不得不再花大价钱去读各种英语提高班。对为数不少的人来说，英语成了总是拿不起也放不下的工具。如何提高大学期间英语学习的效率和效果是大学生最想解决的问题之一。

我把以上现象比喻成"高原反应"。据爬过喜马拉雅山或其他海拔数千米高山的人说，登山上到一定高度时，每前进一步都很艰难，要喘气、要吸氧，要付出比前面行走时数十倍的力气。大学生学英语与此经历有相似之处。他们在中学打下了英语基础，掌握了上千个基本常用词汇，有了基本的语法知识。应当说，我国中学英语属于中等水平，学生等于爬山爬到了半山腰。在此基础上寻求发展，争取进步，跃上新的高度，达到高级水平，学生在认识观念、认知习惯、学习方法、修炼功夫等方面都需要全新的调整和足够的投入。

在大学求学不能仅仅依靠教师讲授,也不能仅仅依靠课堂空间,更不能仅仅依靠课本教材。课堂时间有限,懂得现代高等教育理念的大学教师一定重在启发和引导,教学不求量而求质,不在乎教了多少而在乎教了什么,后者指教方法及探求路径。如果学生不谙此理,往往启而不发,导而不行。其实,方法才是好"东西"。懂了方法,加上实践,课堂才能延伸,教学才能生效。其实,教师讲得再多、再细、再全、再精彩,那只是老师的"东西",还不是学生自己的。只有经过自己去挖掘、发现、锤炼的东西,才能成为自己的本领。现在一些学生喜欢听讲座,听完之后如果没有顺势去看相关的书,那只是过瘾,成了现成知识的"容器"。

语言是训练出来的。如果说中学阶段的英语学习重在"训"的话,那么,大学的英语学习则重在"练"。"练"是别人代替不了的。学生要不断调用中学已输入的词汇和语法知识,遵循老师堂上的示范、启发和引导,自己在课外读书、背诵、听录音、练说写、查辞典、用工具书,在用中学,在学中用,边学边练,英语才会成为学生应用自如的工具。工具是越用越熟练、不用就手生的东西。语言是工具,道理当然是一样的。

具体而言,练听力,每天都听一段录音最好,难度和速度不宜超过自己的现有水平,不要嫌简单。这样听有两个基本目的,一是"练耳朵",培养语感;二是巩固词汇,因为词汇在不同的语境和场合以声音的形式反复出现,使大脑的记忆加强。

单词是语言的基本要素,是学语言的"本"。听、说、读、写、译无不需要单词。练单词要几种方法并举才有效。一是要死记硬背,二是要活学活用,三是要反复出现,四是要运用联想。如果看到或听到一个单词即刻或追忆后能联想到该词是在哪一册哪一课什么故事或事件里,则学得最好,一般不会遗忘。所以,平时朗读和背诵课文很重要。现在校园里很少看到晨读的学生。早晨朗读英语课文是英语学习的好习惯之一。

词汇的重复再现除了通过听力材料以外,还包括泛读。泛读是最有效的词汇学习,因为有语境、有情景,可以通过上下文帮助猜测、理解和记忆相关词汇。《大学英语教学大纲》规定精读和泛读的比例为1:4,没有阅读量,精读再认真也是有限的。所谓泛读,就是只需泛泛而读,广泛地读,不必做习题,不必记生词,不必做翻译,其目的是巩固旧词、扩充新词、接触语料、培养语感。泛读材料来源越广泛越好,包括各种各类的英语报刊。

掌握词汇还需要运用。运用英语词汇、短语、句型,通过口语或者书面形式造句,表达和传递自己的思想、感情、经历或关注的问题,在提高撰写句子水平上再进一步提高撰写篇章水平。英语写作是巩固和发挥词汇的途径之一,可以通过撰写日记、做读书笔记、写信、发电子邮件等，集中练记叙、描述、争辩、说明这几种常用文体和功能。凡是有交际目的、交际需求、交际对象的语言应用都是最有效的学习，因为语言是交际工具，学语言是为了交际。

能用语言做自己想做的事，一定有成功感；而且是做了还想做，还想做得更好。这就形成了良性循环。越不做，越不会做，就越不想做，最终还是不会做。关于大学英语课内外做什么，千万要搞清楚。中学是做题，一切为高考；大学是做事，为求职和求学。两者有本质的区别。

归纳起来，大学生学英语要走出几个心理和行为误区。①靠老师教。指望老师多讲、细讲，喜欢听老师讲。其实，语言不是教会的，而是学会的，是练出来的。②等老师布置作业。布置了作业才做，没布置作业就不做或不知道做什么。其实，老师布置的作业是极其有限的。学生可以做的事多得很，以上提到的都是值得做和必须做的事情，就看自己有没有去做。③以为看懂精读课文就行了。其实，从工具性出发，学英语不是"懂不懂"而是"会不会"的问题。看懂课文不是目的，会用课文里的词汇、短语、句型进行交际才是目的。④以为听力材料太简单而不值得听。听力是接受信息的能力，理解语音材料的能力，听太难的材料只会因听不懂而浪费时间。

说到这里，关于学习大学英语的有效方法，已经十分清楚了。那就是，靠自己，靠多练，别无选择。祝同学们在新的一年里勇敢地克服"高原反应"，登上新的高峰。

2. 上大学如何学问思辨行（笔者应邀在中山大学2001级、2004级和2006级新生开学典礼上作为教师代表讲话合并摘选）

成为名校学子，不要枉担其名。怎样才能名副其实呢？

深刻理解孙中山先生校训中的五个字"学、问、思、辨、行"的含义，并且认真付诸行动。当代大学生应当学什么、问什么、怎样思、为何辨、如何行？这些问题涉及对大学和高等教育的认识以及对人才和成才的理解。例如，大学"大"在哪里？高等教育"高"在哪里？本科以什么为"本"？人才的"才"从哪里来？上大学要学什么？大学生应当如何学习？大学和中学的区别在哪里？在未来大学4年里有没有短期目标、长期目标、学业目标、事业目标、人生目标？

这些问题可以作为大学生活开始前的"追问"，也供大家在今后的4年里去主动思考并且积极寻求答案。

应该说，大学是创新型人才成长的沃土，是头脑型产业园，是天才、帅才、将才的培养基地。高等教育比基础教育有更高的标准和要求，所以高等教育的英语表达是higher education。就知识、能力和素质这三个基本的教育目标而言，更高的标准和要求在于掌握学习知识的方法，要问知识从哪里来、到哪里去，这需要探索精神、创新意识和创造能力。大学生最重要的是培养自主学习与终身学习的能力，从而掌握自我发展能力和可持续发展能力。只有具备知识、能力和人品，才具备高等教育人才的综合素质。

不少大学生感到从中学到大学出现很多的不适应。

在中学，自己有明确的奋斗目标，那就是上大学。而上了大学似乎就没有了明确和具体的目标，因此出现"目标盲"和"目标恐慌"。在中学凡事听老师指挥和安排，上了大学则一切由自己掌握，因此出现"行动盲"和"行为恐慌"。中学教学以课本为主，学好课本就基本完成学业；大学靠的是课外功夫，"师傅引进门，修行在个人"，因此出现了"学习盲"和"自主恐慌"。

从中学到大学，有一个非常重要的转型期。这个转型期越短越好，千万不要迷失方向。不知道往哪走是迷失路的方向，不知道想要什么是迷失心的方向。迷失就会迷茫，迷失自我就很容易出现无心向学的现象。

大学4年，有的人第一年找感觉，第二年找对象，第三年找外快，第四年找工作。找来找去，就是没找到真本事，到了工作岗位才后悔不学无术，出现"自我价值盲"和"本领恐慌"。

大学4年，有的人拿下两个甚至三个不同专业的学位，有的人被保送读研，有的人获得一项或多项竞赛大奖，有的人考取国内外名校研究生，有的人受聘名牌企业。这些同学无一是侥幸者，全是打拼出来的英雄。

可见，大学阶段是人生很重要的"学历"基础阶段，大学生将来是不是人才，成不成为人才，很大程度上取决于这4年的经历。

那么，在大学应当经历什么呢？

顾名思义，读大学当然要读书。

千万别为应付考试而读，别为敷衍老师而读，别为一时的热门职业而读；应该为接受高等教育而读，为自己真正感兴趣的未来事业而读，为人生价值而读。

不要把高校读成"后高中"，不要把大一读成"高四"，不要把自己读成高分低能的"合格废品"。读大学，要善于读书，带着思考读，带着问题读，带着目的读，做到审读、深读、精读、研读、泛读。读一本好书，就等于与一位智者、哲人、专家对话。与此同时，不要读死书。人生经历何尝不就是读书的过程？社会是一本书，老师是一本书，同学是一本书，学校环境也是一本书，关键在于自己是否善于利用这些"无字课本"。

上大学自然要上课。

大学的课是"学术课"，学术学术，"学而有术"。要学方法、学智慧，这些不是直接从书中来的、不是从黑板上来的、不是从老师的口中来的，而是从自己的参与、体验、尝试、感悟、实践中来的。

大学的课还包括多种社团和社会活动，从中培养和锻炼才干。所谓"才干"，就是"有才能干"。美国哈佛大学的学生就在"学"和"干"这两方面下足功夫。他们用三分之一的精力修课，用三分之一的时间参与社团活动，用三分之一的时间打工赚学费。因此，使得自己大学经历丰富充实，也为毕业后的人生打下坚实的基础。

孙中山先生提出的"十字校训"之中，首先是"博学"。这里的"学"，就是"学会学习、学会思考、学会提问、学会做事和学会做人"。大学生读大学在学习态度和行动上，变"要我学"为"我要学"，然后再进一步将"我要学"转为"我学要"，学会要什么，变"买鱼的人"为"打鱼的人"。

在信息时代和知识经济时代，知识的更新周期之短始料不及。只求掌握现成知识的话，这些知识4年后很可能已经被淘汰。"知识就是力量"的说法已经过时，应当改为"应用了的知识才是力量"和"会创造知识才有力量"。因此，一定要改"学到知识"为"学会索取知识和创新知识的方法""学到智慧，即思考的方法"。达尔文说过，"最好的知识是关于方法的知识"。爱因斯坦说过，"我的成功除了思考还是思考"。这就是我们中山大学学子成才的努力方向。

在大学学习是智力开发的过程、挖掘"脑矿"的过程。因此，对未知、新知需要探索精神和创造能力。在此过程中，找到问题并解决问题的前提是提出问题。曾在英国诺丁汉大学任校长的杨福家在《百家讲坛》节目上说过，真正的人才不是会回答问题，而是会提出问题。善于和能够提出高质量的问题需要许多必要的素质，大学期间就是要培养人才的核心素养。

在"博学、审问"的基础上，"慎思，明辨，笃行"是中山大学人才核心素养的最全面的标准。

古语云："宝剑锋从磨砺出，梅花香自苦寒来。"要想成为国家的栋梁人才，要想成为人才市场的帅才和将才，就要能吃苦、受磨砺，不要虚度光阴，不要浪费学费。4年在人生的旅途中转瞬即逝，好好珍惜大学时光，充分利用大学条件，刻不容缓。

成才先要成长。成长要有只争朝夕的意识、态度和行动，要有"噔噔噔"的声音和速度。每一步留下一个脚印，看得见，听得到。路是人走出来的，是

2006年，笔者在中山大学开学典礼发言现场

107

自己一块砖、一块石铺出来的,用现代时髦的话来说,就是"经营人生"和"拼搏人生"。随着我国高等学校扩大招生的形势的发展,在校大学生很快要达到2000万。也就是说,每4年就有2000万潜在人才在为自己的人生铺路。谁是筑路的英雄?4年后见分晓。

有句话很值得我们深思:上大学,各路英雄;上了大学,英雄各路。

英雄不提当年勇。高考状元也好,高分学子也罢,那已成为过去。祝你们成为未来的英雄。

3. 向着人生新目标起跑(2004年,笔者应邀在中山大学本科生毕业典礼上作为教师代表致辞全文)

同学们,各就各位,预备,跑!

听到这句耳熟能详的起跑号令,现在正站在人生起跑线上整装待发的2000级同学,一定百感交集。

请允许我谨代表曾经和珠海校区第一届新生共同翻开历史新篇章的教师们,再一次经历这具有历史意义的一刻,为首届两校区培养的毕业生送行祝福。

我们和2000级同学情深意长,因为我们为大家付出的比任何一届都多得多。

老师们特别是公共课的老师们,两年里,每人跑了2万多公里路,多费了300多个工作时数在校车上。校领导和各行政管理部门为学生和教学所操的心和出的力更是无法计量。我希望2000级同学作为历史的见证人、历史的开创者,也是历史的记录人,要为历史讴歌,为中山大学的历史变迁留下令人回味的一笔。

你们在人生最宝贵的4年里,既感受了中大珠海新校区的宏伟,又领略了广州老校区的幽雅;既给予了珠海校区活力,又浸染了广州校区的深沉;既欣赏了珠海校区的蓝天白云,又领略了广州校区的红墙绿瓦;这种结合是韵律,是交替,是互补,是契合,是经历的多彩,是阅历的增值,是学习的刺激,是人生的财富。

面对人生新的历程,我想让同学们回首大学4年,展望未来5年或10年,对自己作为接受过高等教育的人才做个比喻:若把自己比作"雄鹰",翱翔的翅膀长硬了没有?若把自己比作"骏马",奔驰的马蹄打好了没有?若把自己比作"桃李"上市,味道够不够鲜美?若把自己比作"种子",颗粒够不够饱满?若把自己比作"产品",是不是货真价实?

英语有句谚语:"树是由其果子而得名的。"中山大学已经进入中国高校前十强,这棵"大树"是不是名副其实,就要看我们的毕业生像不像出自名校和是不是强者了。

如果说名牌大学的学生进校时是"各路英雄"的话,那么名牌大学的学生离校时就应当是"英雄各路"。何为英雄?俗话说"英雄不问出处",也有说"英雄不提当年勇"。

当今国力的竞争很大程度上是高级人才的竞争。大学毕业生作为受过高等教育的人才资源，其竞争力不是靠文凭而是看水平，不是靠学历而是凭能力，不是靠分数成绩而是讲实干业绩。社会对人才的评价也有标准、有尺度，能否及格或优秀，另一份试卷在等候你们去完成。

同学们，台上一刻钟，台下十年功。

历经了寒窗十六载，现在终于到了展现才华的时候了。

我们作为园丁，当然希望看到树上果实累累，田里丰收在望。不过，经验和现实告诉我们，收获和付出不是天平的两端，不是可以对等称量的，付出要比收获大得多。这是永恒的真理。

成功是一种耐力长跑。学业成功不意味着职业顺利，职业令人羡慕不等于事业有成。职业是饭碗，事业是生命。只有那些把职业当事业、情不自禁地投入、心怀无限追求的人才能成为精英。

当今社会，不敬业就容易失业，不爱岗就容易下岗。此外，谨记终身教育的原则，学无止境。有人说，关系是泥饭碗，是会碎的；文凭是铁饭碗，是会生锈的；本事是金饭碗，是会升值的。而本事是历练出来的。谁是真正的英雄？经得起历练者也。谁是真正的强者？有志、有识、有恒、有为者也。

最后，让我对起跑线上的同学说一声，没有天生的强者，只有勇敢的行动者。

我衷心希望：今日你们因母校而自豪，明日母校以你们为骄傲。我们在80周年校庆上再见。谢谢。

4. 以奥林匹克精神上大学，争当追求梦想超越自我的明星（2008年，笔者应邀在中山大学新生开学典礼上作为教师代表发言全文）

同学们，大家好！

作为中山大学的老教师，在迎来又一届朝阳学子、英才种子之际，我首先想说四句话。第一句话表示感谢。感谢大家在取得优异的高考成绩后，向往中山大学，钟情中山大学，选择中山大学，报考中山大学。第二句话表示祝贺。祝贺大家在如林强手之中胜出，考入中山大学。第三句话表示欢迎。欢迎大家从祖国的四面八方来到中山大学，就读中山大学，为中山大学注入新的活力。第四句话表示祝愿。祝愿大家从今天起，在中山大学立志追梦，扬帆起航。

今年，我们欢迎新生具有十分特别的意义，因为威震世界的奥林匹克运动会在北京刚刚结束，意犹未尽。"梦想""超越""拼搏""夺冠"这些铿锵有力的关键词言犹在耳。

我想，同学们应该以奥林匹克精神上大学，争当追求梦想、超越自我的未来明星。

同学们应该从中学到大学，从基础教育到高等教育，尽快转型、提升、突破、超越，从而在人生跑道上、人才赛场上实现更快、更高、更强的目标。

奥运专题歌曲中有一首歌曲《我是明星》。其中唱到"有一个梦，由我启动。把汗水融化成满脸笑容……海阔天空，我是阵风；把旗帜飞扬到南北西东"。我想借此歌声，表达我们教师想和学生一起启梦、追梦、圆梦，一起播种和飞扬的心愿。

大学4年是青年有梦的年华，是人生影响力最大的阶段。大学本科的学习是人才储备竞争力的过程，是准备冲刺的过程，是酝酿精华的过程。

微软奇才比尔·盖茨虽然大三辍学，但他却在事业成功之后说："我在哈佛大学的经历是一段非凡的经历，是在这里的经历和结识的人以及发展起来的思想与想法永远地改变了我。"

苹果公司和皮克斯动画公司首席执行官史蒂夫·乔布斯虽然也在大学期间退学，但他也说过，"我凭着好奇和直觉，在大学所选听的课，无意中涉足的许多事情，后来都证明是非常有价值的"。他在斯坦福大学劝告大学生，"你们的时间是有限的，因此不要浪费时间去过别人的生活，不要让别人的声音淹没你自己内心的声音，最重要的是要有勇气听从你自己的心灵和直觉"。

美国第二十八任总统托马斯·威尔逊在普林斯顿大学演讲时告诫大学生："4年的大学生活过去后，永远无法重建、重构，它在每个人的经历中都是独一无二的。"

我想，高中毕业的你们已经进行过成人宣誓，已经成为独立的人，不再依赖他人。因此，在大学，第一年，要尽快实现自我转型；第二年，要开始自我认识；第三年，要有自我实现；第四年，要能够自我超越。事实证明，那些在大学期间就实现自我定位并把握自我的同学，更容易成为未来职场的精英。

耶鲁大学曾经做过跟踪20年的研究，发现有一个30人的班里，其中毕业前就制订好人生计划的3个同学20年后的财富比班里其他人的总和还多。

同学们，中山大学是有大师、大气、大爱的名牌大学。你们从被中山大学录取之日起，就要伴随着中山大学这一名牌称号而负有种种的责任和使命。你们是未来的设计者、未来的开拓者、未来的决定者，未来取决于今天的学习和行动。

我们作为老师，愿意指导和协助你们设计和建设各自的未来，但是，"师傅引进门，修行在个人"。你们的命运掌握在你们自己的手里。大学是开发智力、培育能力、构建发展力的场所，这三种"力"都不是靠别人所能给予的。让我们师生共同努力，敢于探索、善于实践、勤于学问、敢拼争赢，携手做好又一代当之无愧的中大人，用我们的行动在未来引为自豪的校史上留下闪光的点点滴滴。

5．教师的理想追求（2009年6月，中山大学电视台对笔者的专题采访摘选）

问：夏老师，是什么让你坚守教师梦想？

答：我觉得做教师充满了使命感、幸福感、成就感，体现了个人与国民的发展价值。

我在农场生产队做小学教师时，看到自己的辛勤付出换来穷乡僻壤的孩子们的成长，无比幸福。那时，我还组织孩子们在农场巡回演出。

我在五指山的通什农垦牙挽干校做教师培训师时，看到自己能够带动一个地区的教育发展，极富成就感。培训结束后，我收到学员的赞美诗。

我在重点大学任教时，看到自己与时俱进、不断创新、因材施教、与学生一同成长并共建骄人的作品时，自豪感油然而生。好几届学生的作品、反馈和多次的教学成果获奖都成为我做教师的人生财富。

我做研究生导师和访问学者导师时，看到自己的心血和研究成果在全国高校辐射、延伸并产生效益，有一种"播种机"的幸福感。

我做成人教育老师时，常常被学员的学习精神感动和鼓舞。

我做教师培训师时，受训教师的拥戴、收到的反馈、自己的创新成果被广泛应用、同行的发展就是最大的业绩。

我做教材编写者、教学研究者、教学设计者、教学评价者、教学领导者，都是在过程和结果两个环节上富有隐性和显性业绩成果的作为、富有眼前和长远效益的作为。

常言道，教好一个学生，辐射一个家庭，影响一个社会，反映一个民族，波及一个世界，造福整个人类。可见，做教师多么有意义。

问：是什么给你长期坚持本科教学和研究的动力？

答：我从1979年至今30年始终在本科教学岗位，而且是公共课教学，每年首选大学一年级进行教学，这样做的动力来自学生。

我把学生视为智慧的源泉、青春的活力、创作的动力。依据"教育"的本意，教育是挖掘开采脑矿的行为过程。在师生共同"开采脑矿"过程中去发现知识、探索知识、共建知识、创造知识，这些过程需要教师和学生共同去释放智慧、发挥能力。这些过程很开心，是可持续发展的过程。

我把教大学新生当作一种使命，为的是将基础教育和高等教育在理念、目标、原则、内容、方法、途径、模式、

2007年教师节，中山大学学生会代表到笔者家中采访

要求、标准、考评等各个重要方面的本质区别通过我的教学设计去体现和强化，养成大学生自主性学习、合作性学习、研究性学习、创新性学习的良好习惯，为后3年大学学习以及毕业后的终身可持续发展打下扎实有效的基础。我教过的学生的任务型教学成果展示有学习计划、学习作品、教学反馈、课堂笔记等。

6. 论人才竞争力（笔者应邀评审中山大学第二届本科生育人精品实践活动项目成果有感）

2012年2月22日，我荣幸地应邀参加中山大学第二届本科生育人精品实践活动项目成果汇报展示，很有为大家喝彩叫好的冲动。

中山大学作为我国"985"高校、研究型大学和向国际化标准迈进的优质大学，本科生的"进材"优质、"用材"优质、"出材"优质，其风华才气通过这样的专业实战展示得淋漓尽致，无愧中山大学的称号。

这次参赛的活动形式丰富多彩。归纳起来，有社会调研、技能大赛、文化交流、读书报告、学术科研，设立了各种大课堂、训练营、文化周、服务月、暑期团队等等，特别符合"90后"大学生的培养需求。

进入21世纪，大学生面临着全新的社会挑战、时代挑战、人才市场挑战以及自我挑战。在大学求学期间，应当如何"备战"？如何提高自身的竞争力？

众人皆知，当下大学生对课堂教学颇有微词。敢于逃课和善于逃课的"逃课文化"在大学校园风行已经成为不争的事实。究其原因，学生已经不满足老师有限知识的灌输和讲授。对待这种"课堂危机"，许多教育家认为，要把这种危机作为课堂创新突围的牵引力，不能由教师一人的力量来控制和推动，而应该是由学生的集体力量来创造和展示。

学生是有认知能力、有创造能力、有智慧源泉、有思维能力、有与教师不同的情感体验以及人生经验的青年群体，他们的潜力应该受到尊重和释放，学校应当创造机会还原属于他们自己的学习和成长，而不是由教师的成熟和专业去代劳、去逼迫、去制约。学生学习最大的敌人是依赖，教师教学最大的悲哀是包办。生本活力课堂的构建是学习力释放的课堂、高效的课堂、超越课堂时空的课堂、最大化还给学生的课堂、最优化利用智力资源的课堂、让每一个课堂生命因子高质量生长并活出精彩的课堂、发展思维张力和创造力的课堂，教育界把这种课堂称为"社会化课堂"或"活化课堂"。

各院系专业都能善于捕捉"活化剂"，让学生挖掘潜能，积极参与专业实践活动或项目，建立自主学习、合作学习、探索性学习的气场、气氛、气势，让学生自己"造势""找米下锅"而非老师"给米下锅"。

发达国家的名牌高校早在20世纪末就采用了"problem-based learning"（基于难

题的教学法)、"task-based learning"（任务型教学法）、"project-based learning"（项目驱动教学法）、"inquiry-based learning"（研究性教学法）等诸如此类的超越物理课堂空间的"行动学习法"（action learning）。其中，通用的"八步骤"是：①（targets）设定任务或项目目标；②（assignment）进行任务或项目分配；③（action）采取任务或项目行动；④（interaction）成员交流；⑤（presentation）陈述汇报成果；⑥（demonstration）展示成果；⑦（evaluation）进行项目评价，包括自评、互评、师评；⑧（reflection）反思任务或项目。

通过专业实践和项目实施，学生才能够把内隐认知过程变为外显成果进行展示，再通过分享交流并且获得外来评价，学生获得的是在行动中有所寻、有所见、有所思、有所悟、有所说、有所干、有所发现、有所发展。

关于"人才竞争力从哪里来"的命题，除了以上提到的"生本活力课堂的构建和学习力释放的第二课堂构建"外，还有一种成功经验是创意作业形式。

我们现在以项目形式做作业，具有作业的多样性、可选择性、应用性、激励性、竞争性、成就感、快乐感，是各种智慧才华的比拼、应用能力的蹦极、专业知识的搜索、职场或学术圈游戏规则的涉入，作业水平得到了多维度和动态化的评价。

这种作业已经不是课本提供的 home work，而是延伸课堂教学的、教育与生活和社会相关联的、应用已知探索未知的以及形成技能、发动思维、提高解决问题能力的作业 assignment，是对课堂练习和传统书本作业形式的颠覆与改造，是有效学习的关键，是避免读死书的有效途径。

总而言之，高校本科大学生要有 4 个 sion/tion，那就是 vision, passion, action and reflection（视野、激情、行动和反思）。现在校方给了大家一个平台，让大学生在 4 年里攒一张一辈子刷不爆、用不完的"人生才华储蓄卡"。这张卡里储存的不是金钱而是本领。希望同学们把握时机，积极参与，做好做优，做无愧于时代发展的有真材实料的中山大学学子。

最后提两点建议。除了给参加项目的学生一定的成绩和学分之外，建议：①学生处把每年参赛获奖的成果印刷成册发给学生，互相借鉴学习以越做越好；②把成果放入校档案馆、博物馆或成果馆，载入史册，作为校友未来的美好回忆。

7. 大学求学：构筑梦想的人，把握现在，圆梦未来（笔者致 2015 级大学新生对关系处理的十问）

同学们，18～22 岁的"青成"时代开始了。你们将把宣誓成人后的 4 年用于大学求学，这是筑梦的开始。要让梦想成真，就要把握现在；只有把握现在，才有圆梦未来的基础。

成年人要学会处理关系。在这里，我想依据大学求学必然面对的十种关系提出十问，作为大学4年学有所值、学有所获、学有所成、学有所用，并让学习增值和增智的导向。

你准备好处理以下关系了吗？

（1）我与自己的关系。大学与中学的本质区别在于："我是学习的主体""我的课程我做主""我为教育终点线冲刺"。大学求学增值与否取决于自己。从大一开始，尽快弄清"我喜欢什么""我需要什么""我期望什么""我擅长什么""我为谁学习"，处理好我与自己的关系，就是实现自我了解、自我负责、自我约束、自我激励、自我评价、自主学习。

（2）我与他人的关系。上大学的主要目的是"学会做人、做事、做学问的方法"。"人"字结构就是相互依存的关系的写照。大学里的人是"学习共同体""学习社群"。从大一开始，就要不断检查"我做好与老师同学交流、分享、共建的准备了吗""我有师生和生生互动的行动及其效果吗""我的共存质量好吗"。

例如，与大学老师和同学的关系：大学教师的作用是启智、启发、启示，而不是灌输、讲授、给予。传什么道、授什么业、解什么惑首先来自学生的需求、学生的提问、学生的思考，单纯依赖老师对课本知识的讲解已经不是现代大学求学的路径；相反，与同学的交流切磋、合作分享，实现师生和生生之间携手共建并探索未知才是当今教育的倡导。

例如，与宿舍舍友的关系：大家来自不同的地域，有不同的家庭背景、生活习惯、个性特征，学会包容、体谅、照顾、沟通无疑是为今后的社会人际相处之道做热身准备。

例如，与异性同学的关系：大学期间的恋爱往往出自最纯真的爱情，处理得好富有积极作用。况且，"男女搭配，干活不累"，若能搭伴学习，一定功效增倍。

（3）我与知识的关系。在大学，最佳状态的学习应该是善于应用已知，敢于探究未知，主动搭建已知、新知和未知的知识桥梁，知道知识从哪里来、到哪里去，只有这样，才能在浩瀚广博的知识海洋中追求知识的更新和创新。达尔文说过："最有效的知识是关于方法的知识。"单学课本知识或现成知识不仅学不到探究知识的方法，而且有些知识不到半年就被淘汰或更新了。背下来的东西是"死"的，千万不要读死书、死读书。此外，不要"短期功利主义"地看知识的有用与无用。眼前所谓的"无用"知识很可能成为未来有用知识的基础或发明前提。最经典的案例是乔布斯在斯坦福大学毕业典礼上讲的故事。他在大学一年级辍学后并没有离开学校，而是听了一些自己感兴趣的课，其中一门是美术字课。这在当时看来完全无用的课，在10年后他设计电脑上的可变字体时发挥了作用。短期功利主义在教育中盛行。比如，大学人文类的专业和课程不受青睐。又比如，学生在选课前总要先考虑这课程对找工作有什么用。可是另一方面，毕业 10 年、20 年、30 年的校友们对他们在大学时期所上的课的评价却与在校生很不一样：他们感到遗憾的是，当时学的所谓有用的课在后来变得如此无用；同时又后悔，当时没有更多地去学那些看上去"无用"但日后很有用的课，比如一些人文、艺术、社会科学类的课。有趣的是，不少美国商界的成功人士在大学本科读的是"无用"的人文类专业。比如，投资银行高盛的 CEO 劳埃德·布兰克费恩（Lloyd Blankfein）在哈佛大学的本科专业是历史，私募基金黑石的 CEO 史蒂夫·施瓦茨曼（Steve Schwarzman）在耶鲁大学的本科专业是文化与行为，网上支付公司 PayPal 联合创始人和前 CEO、《从 0 到 1》的作者彼得·蒂尔（Peter Thiel）在斯坦福大学的本科专业是哲学。大学教育不仅是为毕业后找工作，更是为一生做准备。

（4）我与专业的关系。大学本科的专业不一定伴随终身。无论自己所选择的专业是否热门、时髦、实用或者枯燥、艰苦，首先需要明确自己的兴趣和价值取向。兴趣是选择的依据，价值取向也是以自身特长为参照，遇到既不感兴趣又无优势特长的专业，就学通用方法，还可以选择辅修专业、交叉专业、通识课程。中国科学院院士杨淑子说"理科是人的骨骼，文科是人的血脉"，文理兼修是最佳专业培养。哈佛大学的本科生课程"中国古代伦理与政治理论"有 700 多名哈佛大学本科生注册选修。这门课程的主讲教授普鸣（Michael Puett）在课堂上提出像"怎样才能过更完满、更合乎伦理的生活"的问题，然后引用《论语》《孟子》和《道德经》来作答。这些经典都属于人类历史上最伟大的智库。这样的课程是将要改变学生一生的课程，而这些学生将要改变世界。

（5）我与课堂的关系。21 世纪的大学课堂有六种课堂并存。第一课堂：启发创新，思想碰撞；第二课堂：实践应用，兴趣导向；第三课堂：网络资源，跨国跨校跨专业；第四课堂：实习基地，深入一线；第五课堂：社会服务，情操品行；第六课堂：海外研修，国际交流。当今的教育倡导"以学生为中心"的课堂：学生是主角而非听众或观众。老师敢于、善于赋权，把探究知识的权力交还给学生。现代课堂也是"以学为主的课堂"：以学定教，以学促教，以学评教，即知识点和思考点由学生归纳、总结、分析，最后由老师点评，从中发现难点、弱项。学生设计学案，建立学习档案袋，将学习作业作品化。"与其记忆所学，不如展示所学。"近年来，国内外高等教育实施"翻转课堂"：学生课外学教材、听讲座、看视频，课内交流思想、观点，是一种将讲授和其他传统课堂元素移至课外，以更多学生间互动、小组问题讨论取而代之的教学形式。国际教育界预测 2030 年的"课室"将成为"会议室"。

（6）我与学校的关系。高校的图书文献、公开讲座、交流项目、社团活动、竞赛活动都是学校的学术环境和资源。学会充分利用，交叉利用，积极参与，留下身影和贡献，成为对母校永久的纪念。

（7）我与社会的关系。世界著名教育家杜威说"学校即社会"。大学生不要做"学校人"（school being）、"课堂人"（classroomese）、"不食人间烟火的书呆子"（bookworm）。大学生作为社会英才，要关注国家大事，关注社会，参与社会，了解社会并对社会有担当。

（8）我与职场的关系。职场是适者生存、优胜劣汰、大浪淘沙的竞争场。强中自有强中手，一山更比一山高。其实，求学与求职相似，学业与职业要对接，了解职场，参与职场。如果态度、观念、思想、行为、学业都不与求职和职场对接，教训是本科毕业后成为"合格的废品"而不被职场接受，或因不具备求职竞争力便以报考研究生延迟就业。

（9）我与未来的关系。在大学期间就要做人生规划。规划是长远的梦想，计划是眼前的行动目标，筹划是权衡利弊、轻重缓急，策划是行动方略。大学生要有大视野，对未来人生有憧憬、有行动、有足迹，计划和策划还要有符合自身的可行性。

（10）我与世界的关系。伴随互联网和全球经济化进程，人类所面临的问题很难再独立存在，人类已不由自主地形成"利益集团"，如"全球化""地球村""世界公民""国际人"，不同国家、民族、区域、组织相互往来，必然会有"文化冲突"。因此，知己知彼，学贯中西，培养跨文化交流意识、常识、能力、水平是大学生的必修课。

同学们，在这开学之际，我想引用哈佛大学校长 Drew G. Faust 在清华大学演讲时提到的对新生的期望："我们吸引并培养着最优秀的学生。他们被选中，不是因为过去的辉煌成就，而是因为未来的创造潜力；不是因为已有的知识，而是因为即将施展的想象力。"

大学是链接过去与未来的纽带。大学的开学是开始新学阶，开拓新学习；大学的学生要知道学什么、怎么学、为何学？要喜欢学、善于学、有效地学、创新地学。

以上十种关系涵盖了 vision, passion, action, 孕育着 ambition, ability, achievement。大学 4 年转瞬即逝。好好珍惜这"青成"黄金年轮，踏上新的人生征途。在实现"中国梦"的实践中放飞个人的青春梦想，共创中华民族美好的未来。

8. 教师对学生的师情话意："'95 后'大学生的底色与神韵：如何做最好的自己"（2017 年 5 月，笔者应邀给中北大学 2016 级新生做的关于大学生上大学的学问专题讲座）

进入 2016 新学年的开学季，媒体对"95 后"成为大学生主力的评论与期待是：与互联网一起成长的一代，低调与张扬并存，质疑与包容同在。媒体对这些大学生群体特征的评价还有"不善于与人打交道"。

新入校的大学生一定有自己的梦想、期待、计划、困惑、发现、疑问等，不外乎"大学、老师、课堂、人际"这几个问题。

我想让同学们先想想这三个问题。

（1）你把上大学比喻成什么？为此做好准备了吗？有人说，上大学是进了黄金屋、淘金矿，因为"书中自有黄金屋"。有人说，上大学是走到了读书链条的末梢，可以好好歇歇了。你想到大学来"淘金""淘宝"还是"混混""歇歇"？我想说的是，上大学是"大浪淘沙"。在此过程中，有人成为沙子，有人成为金子。淘沙也好，淘金也罢，都要经历磨砺和筛选，最重要的是在过程中发现自我、诠释自我、发展自我和释放自我。

（2）你期望上了大学与没上大学的同学比什么？人们想当然地以为是比学历、学位、文凭、证书，其实真正要比的是职场人生软实力！这远不是教材课本、课堂听讲、卷面考试所能给予的。为什么现今社会有这样的怪相：大学毕业生不得不给当年没上大学的同学但后来当了老板的人打工？为什么有的大学生毕业即失业？为什么有的本科生考研只是为了暂缓就业的无奈之举？为什么大学生毕业季招工的招不到人、找工的找不到工？什么是社会和职场摒弃的"合格的废品"？是信息不对称还是期望不对称，标准不对称？毕业率、就业率、学生满意率，你关心哪一个？从出口反过来想入口，这是一种倒逼思维。

（3）你想从大学4年带走什么？人生18～22岁的4年说长不长，说短不短，眨眼间，开学典礼就变成了毕业典礼，你带走的是有限的专业知识还是终身受用的做人做事的能力？知识不等于能力，有知识不等于有文化，有专业不等于有素养。伴随你离开母校的是否有方向、方法、智慧、智谋、关系、能力？例如，自主能力，思维能力，沟通能力，合作能力，领导力，组织力，学习力。你对大学的生活和学习经历会有什么样的记忆？留下什么样的成长足迹？

作为大半辈子在高校与大学生同成长、共命运的老教师，此时此刻我想与大家分享的"师情话意"是，上大学是人生的转折点、征程的拐角处、成长的里程碑、生命的黄金期，要让这段人生精彩，必须华丽转身、身份转型、活法转变。这里提供"五个学会"。

（1）学会适应新环境。面对"新人、新地、新资源"，应该适应还是被适应？别沉浸在网络虚拟世界，要学会利用大学校园和所在地的真实环境，包括图书馆、博物馆、文化馆、艺术馆、体育馆、展览馆、社团等。只有在特定的高雅的人文环境中，才能经历和培育领导力、交际力、学习力、演讲力、解决问题的能力等软实力。

（2）学会建立人脉关系。在校期间攒人脉，毕业之后用人脉。适当地、主动地、积极地与老师、同学、室友、老乡、师兄师姐、师弟师妹等建立关系、处理关系，并保持和维持持久有效的关系，是大学生应该学的一种本事。

（3）学会管理时间。时间是最公平的，时间是海绵里的水，时间是不知不觉溜走的。第一年找感觉，第二年找对象，第三年找外快，第四年找工作，什么时候找本事？修课、选课、上课、课内课外、校内校外、兼职等必须分轻重缓急，自我负责，自主支配，不要毕业时后悔"时间都去哪了"或自责"时间都用来干啥了"。

（4）学会理财。在大学有勤工俭学的机会，有银行贷款的条件，要学会理性消费、自主消费、计划消费，还要尽量学会挣钱。大学在校生最适宜的挣外快方式是小创业，从中获得必要的体验和历练；或者当家教，能够把已知教给别人，这是激活知识和应用知识的重要途径。

（5）学会学习。不要以为会考试就是会学习，会做题就是会学习，会做笔记就是会学习，听老师讲课就是学习。真正的会学习是会破旧立新、推陈出新、吐故纳新地学（unlearn），会重新学习、不断学习、研究性学习（relearn），会学方法、学技能、学智慧、学共存。

总而言之，大学生要有大志向、大胸怀、大视野、大本事、大能量，要把入学与入行、求学与求职、就读与就业、拜师与出师、启智与用智、知行与行思、做事与做人、学习与学术、课程与课值、学分与学值、成绩与业绩无缝对接、标准匹配，要有人生新的高度、新的跨度、新的挑战、新的训练、新的竞赛、新的成绩。在大学，大学生要善于发现自我、诠释自我、发展自我、释放自我，找到快乐源、行为源、发展源、成长源。尽快制订个性化的学有所值、学有所获、学有所成、学有所用并让学习增值和增智的行动计划，向着"学习人""社会人""职场人"三结合的方向努力。

（二）给学校的致辞：育人育智育心育才

1. 赞中山大学领军人的"亮剑"气魄和"江湖"勇气（2007年，笔者参加中山大学发展战略研讨会有感）

在我校2007年发展战略研讨会上，学院院长和直属系的系主任一个接一个地上阵"打擂台"。他们第一摆"战绩"与"阵容"，第二谈目标与宏图，语气之自信、态度之豪放、分量之坚实、成果之丰硕，令听者痛快淋漓、豪情万丈，深深地为自己的学校人才崛起和地位上升而自豪与骄傲。

最震撼人心和气吞山河的是那种南方人少有的"亮剑"气魄和称霸"江湖"的勇气。这些学术领军人，一方面，自己实力过硬；另一方面，善于和敢于调兵遣将，敢与国内本专业的强者比高低、争输赢，不甘人后，力争上游。他们仅仅10分钟的发言既让学校党委书记、校长、处长们刮目相看，又让其他院长、院系书记、系主任们"摩拳擦掌"。这样的战略研讨会开成了展现才华、鼓劲加油、碰撞火花、奋勇向前的誓师大会。

校党委书记郑德涛的开场报告"中山大学的发展思路、发展目标和工作思路"既务实又务虚，既有高度又切合实际，可谓"顶天立地"。他的发言理念新颖，信息丰富，旁征博引，具有教育专业性、权威性、引领性和指导性。印象最深的是，他多次表示他所表述的这些精彩的意见直接来自我们的教授，这无疑说明他有深入细致的调查研究，这些意见是集教授们的智慧、心声和建议于一体的产物，因此听起来更有说服力。

校长黄达人的结尾报告"大学院长的基本素质和最重要的工作"更是会议的压轴戏。他在充分肯定院长们的"亮剑"气魄和拼搏精神的同时，进一步倡导"超越自我，追求卓越，扬名天下，舍我其谁"的魄力和气势。他从多个角度阐述孙中山先生的"天下为公"的含义以及它与大学教师承担的责任和使命的关系，希望各个层面的领军人在学术竞争、造福社会、服务社会、招才用人等方面出以公心，誓把中山大学做大做强。

2009年，笔者与时任中山大学校长黄达人合影

我作为一个"老中大人"，由衷地为我校今天这样的人心、人气、人力与"人绩"而鼓舞、激动、叫好！

2. 论中山大学的办学特色（笔者在中山大学2009年春季战略研讨会上的发言）

依据《教育部普通高等学校本科教学工作水平评估方案》关于"特色项目"的描述，"办学特色"全方位涵盖了学校的历史积淀、人才优化培养过程、教学效果显著、具有社会影响这四个主要方面的办学理念、治学方略、教学管理、教学模式、课程体系、教学方法以及人才特点。

要在以上这些涵盖面凸显我校的"办学特色"，提炼我校的"学校个性"，一定要打"中山牌"。我们要以孙中山先生"博学、审问、慎思、明辨、笃行"这十字校训为品牌依托，在其显性、隐性和认同性这"三性"上做文章。从现在起，广泛深入地收集、总结、发掘我校领导、教师、学生这三种群体的"学、问、思、辨、行"各自特有的表象和内涵，特别是那些校内已经形成风气、校外早就传为口碑的事例。

记得前不久我校组织过关于"中大精神与校园文化建设"的大讨论。从某种意义上说，"中大精神"是无形的；从另一个角度看，"中大人的精神"就是"中大校园文化",则"中大精神"是有形的。无形的东西会有形化,有形的东西会反映出无形的东西。现在可以采用同样的思维方式来挖掘我校的"办学特色"的表象和内涵。

"办学特色"可以体现在不同的群体和层面。首先是学生作为人才产品的表象和内涵。一方面要从校外获得反馈,如中山大学学子的一言一行、一招一式、一举一动,在社会上的身影、形象、口碑等;另一方面要让校内学生自己评价。

我最近在一所省内专升本的高校预评估,在学生座谈会上要求他们用一句话评价自己学校的校风。有学生评价为"教师愿教,学生愿学",我认为这是对学校的最实在的评价。

从学生的嘴里,我曾经听到过这样的评论:吃在某某学校,指伙食质量好;住在某某学校,指住宿条件好;玩在某某学校,指社团活动丰富;爱在某某学校,指漂亮女生多。奇怪的是,竟然没有听到学在哪个学校或成长在哪个学校。

我也曾听到用人单位议论:某某学校毕业的学生擅长思辨与创新,某某学校毕业的学生从政的人数多,某某学校毕业的学生口才好或笔头强。从我有限的个人信息来说,我听到的是中山大学学生"有后劲""好使"。我想,现在正是对中山大学学生或毕业生的人才特点进行归纳与总结的时机了。哈佛大学的校长曾经说过,在校没有三个三分之一的学生不是哈佛大学的学生:三分之一的时间用于修课,三分之一的时间用于社团活动,三分之一的时间用于兼职打工。那么,什么样的学生不是中山大学的学生?什么样的学生才是中山大学的学生呢?这就要听听大家的评论了。

其次是教师作为办学主体的表象和内涵。我也常常听到校外的教师说"中大的老师就是不同,有大家风范""这个学科的师祖或泰斗在中大""某某是我们国内本领域的领军人"等评论。我想,我们不能总是在如数家珍地端出曾经在中大任教过的历史名人,现在是时候认真调查统计现代各个学科"专业行尊、江湖老大、学术权威"的数量和成果了。

学校的特色往往与社会名气分不开。我校在华南地区名气很大,这是不言而喻的。至于名气大在哪里,有什么别校不可比的地方,这是需要下大力气去总结提炼的。在省内高校预评估期间,我听到复旦大学的一位新闻学专家对我说,"你们学校名气不大,因为常常听不到你们的声音"。我不服气,但也只好说:"那是你听不到而已。"我曾代表学校到南京师范大学附中招生宣传,正遇毕业生开大会。我们亮出身份并且准备答疑,没想到他们问的第一个问题是"中山大学在哪里"?我感到愕然,但也只能自我解嘲:"广东人很务实,不善张扬。"

我想,一所学校的名声、名气和名望可以由许多因素构成。英国老牌和名牌大学很重视"学校开放日",是让中学应届毕业学生、家长、老师与大学全方位接触了解的日子。他们还有"新生开学导入周",开展指导新生对大学科目、课程、导师、学习方法、贷款方式、校园兼职等方面进行了解和选择的活动。"导师值班日""学位颁发典礼"等都在内涵和形式上体现"以人为本"的教育理念以及学校的历史传统和办学特色并且"强化形象、广为人知"。英国考文垂大学把学生在校期间的小创作、小发明连同发明学生的照片和发明实物一起出版成集,置于校展,证明学校重视学生的创新培养并且富有成果。这些"动作"和"仪式"不可不做。

我校可以在招生(进口)、培养(在校)、招聘(出口)这三个环节对学生进行分类。例如,把学生分为学术研究型、科目尖子型、应用技能型、创新发明型、多才通用型的学生,对他们分别采用相应的人才培养的战略与战术,一定能够形成"名气效应"。

由于我对全校师生的业绩不甚了解,只能从理论上提出,中山大学的办学特色应该体现国际与本土结合,即 global + local,国际上与时俱进,地域上要具有岭南风格,成为 glocal 特色;历时与共时并存,成为"先知先行,

2009 年,笔者与许宁生院士合影

善教善学"的典范。提炼成口号的话,以下供参考选择:①秉承中山思想(传统人文特色),崇尚现代教育(教育时代特色),实践岭南文化(地域风格特色);②国际与本土结合,历时与共时并存,作育高素质高技能和高竞争力人才;③国际化标准,本土化实践。

3. 情与缘——中大的财富(笔者在中山大学 80 周年校庆上的感怀)

在我校 80 周年校庆的日子里,所有的聚会、回忆、倾诉、交谈、致辞、留言都洋溢着千般情意、万番情缘,那是恩重如山的师生情、清纯如水的同窗情,还有幽雅如画的校园情。正是这些甘淳浓郁、经久不衰的情缘与爱意将四面八方的学子牵回母校的怀抱。

说情论缘,最感人的是师生情。它像父母儿女之情,因为在中国文化的土壤里,我们的民族笃信"一日为师,终身为父"。这份情既有父母对儿女的挂念,也有儿女对父母的感激。它也像爱人依恋之情,师生人各一方却相敬如宾,心心相印。它更像朋友相知之情,在校为师,离校为友,在社会大学里共同探讨人生的真谛。

其实,师生之间的感情、情谊和情分是难以言喻的。有情必有爱,爱是有巨大的吸引力、驱动力、向心力和感召力的。听说有一位年近八旬的老校友,身患癌症,不

久于人世。他临走前悄悄地回到母校，不留名不留姓，只留下几万元，用行动表达了他对母校的纯真的爱。由中文系学生组织采访和撰写的《金秋有约》，每一篇校友故事都是一首情意切切、爱意浓浓的歌，歌声里散发出校友对老师的爱、对同学的爱、对校园的爱、对师弟师妹的爱。一句话，那就是对母校的爱。

记得2003年的国庆黄金周，康乐园永芳堂二楼会议厅举行了一场历史系1979级"毕业二十周年校友聚会"。来自香港、北京、深圳、珠海、中山、湛江和广州以及美国的历史系1983届毕业生50多人与当年任教的老师和历史系现任领导一道共叙师生情。我作为当年担任公共英语课的老师也应邀赴会，心情格外激动，因为公共课教师常常是校友聚会少见受邀的另类。学历史的学生尊重历史，他们对自己人生过程中的"历史人物"颇有情结，请来的既有专业课老师，也有公共课老师，还有辅导员。已经当上湛江市市长的徐少华说得好："我们今天专程来拜会老师，是因为在4年的大学生活里，你们给我们点燃了理想之火，教会我们做事做人的本领，我们一辈子受益无穷。人的一生是在关系中度过的，人与人的关系有很多种，其中永远不会改变也最高尚纯洁的是同学情和师生情。因此，你们永远是我们的老师。"无数事实证明，大学教育对人才一生的发展起着不可估量的作用。的确，历史系1979级同学无论从商、从政、从军、从教或者始终从事史学研究，在20年的职业生涯中都各有所为，成果显赫。他们中有来自统战部、中央人民广播电台、国家级史学研究单位的，有省、市、区、镇政府领导，有文物单位的文化工作者以及大中专学校教师，也有外企中国总代理。他们有的著作等身，有的获奖频频，有的位高权重，有的称雄商界，但在曾经教过自己的老师面前，他们仍然那么毕恭毕敬。不少人还能将24年前我对他们所做过的事和所说过的话嘴嚼玩味。这令我这个至今已有弟子三千而施恩不望报的老教师吃惊之余深感欣慰，情不自禁地慨叹："此生清贫从教，值也！"

法律系2000级朱瑜坤（现在香港新华社任职）在校4年来，每年都给我一封信，信中的感悟随着年级的递增而递升。她在临毕业的信中说道："进入大学以来，得到最宝贵的一笔财富就是能够和很多很好的老师接触。大学的珍贵之处在于老师和同学共同构筑的学术环境。如果只通过课本来学习知识，那么大学就没有必要存在了。所以，我很珍惜与老师交谈的机会，我们很荣幸能够分享老师您的许多故事，没有故事的人生是不完美的人生。人的一生一环扣一环，环环相扣就成了生命链。老师您就是帮助我们把生命链扣好的人，您教我们怎样面对生活的形形色色，怎样做人做事，正是老师的一句话或者一个行为已经或者正在或者将要改变一个学生的一生。您是一位从言行折射出正直光芒的引路人。"每当我精读细嚼这位颇有思想的学生的来信，除了平添更多的教育工作者的神圣感、使命感和责任感以及一生执着教育事业的欣慰感以外，我都会有一种心灵的震撼："师生情，情在教育过程，情在分享、交流、关爱，情在相互的心灵深处。"

还有一位学生，2000年教师节发来的电子贺卡是一幅《空中飞毯》图。图中的老师带着学生在浩瀚的天空遨游。霎时，我的成就感和幸福感腾空而起，灵魂得到升华。我想，那是一张学生对老师授知的感激和老师对学生知遇的感激交织而成的"神毯"，师生共同在无限的知识太空中探索未知，多么富有教育意味的诗情画意。

说情论缘，当然少不了同窗情。"我们一同走过"舞蹈专场由1993级到2003级十届学生舞蹈团团员从全国乃至全世界回来，利用业余时间排练数月之久，只求为母校深情献演，那是一种什么样的凝聚力！他们曾经是不同专业的同学，是舞蹈艺术为他们增添了一份同窗缘。如今舞台上的演员们从体态相貌上可以区别出他们的年龄，但他们脸上那份情和那丝意却是那样的一致：为母校献礼——一份肢体语言的礼、舞台艺术的礼、用心意编织的礼、情深意长的礼。

说情论缘，校园情也是少不了的一笔。校园是师生教育活动的场所，"雄鹰"在这里练硬了翅膀，"骏马"在这里打好了铁蹄，"桃李"在这里生根发芽，"种子"在这里培育改良，"产品"在这里研制包装……校园里的一草一木都见证了学子成长的脚印、足迹和步伐。可以说，校园十年树木，百年树人，园林环境和人文环境交相辉映，造就了国家栋梁之材。

母校情牵八方，缘自万里。师生情、母校爱、校友缘都是中山大学的宝贵财富。这种财富无与伦比，它供古今

80周年校庆，笔者与校友、著名作家陈小奇合影

中外的中大人共同拥有，它伴随每一个中大人在人生的道路上不断升值，为国家、为民族、为世界创造更多的财富。

4."中大女"忆旧抒怀（笔者于中山大学86周年校庆时的抒怀）

我是生在中大、长在中大、献身中大的中大之女。我与中大的花草树木、楼房亭阁、河塘土地、师生员工已有54年的交情，目睹和经历了许多校园里的人、事、物、景的历史变迁。

我父母都是中山大学的教授，都是国内名牌大学的毕业生。父亲夏书章还是哈佛大学研究生毕业的"海归"学者。他1947年回国，年方28岁，可能是当时全国最年轻的教授。

人生处处是课堂——我的课堂人生缩影

　　我曾经在中大校园度过了金色的童年和幸福的少年时代。回忆多是美好的。

　　这里的人文环境能为一个人的人文素养、人品修养、人格塑造刻下烙印。中山大学有史以来以文科见长。孙中山先生亲手建立了两所学校，一文一武。文的是广东大学（中山大学前身），武的是黄埔军校。曾在中山大学任教的文史哲学科泰斗或著名教授还真多。我能记得的父母同事、住宅邻居有：历史系的陈寅恪、刘节、蒋向泽、金应锡、陈锡祺、钟一均以及后来调到恢复的法律系的端木正、调到恢复的社会学系的何肇发等，中文系的容庚、商承祚、王起、娄栖、吴宏聪等，哲学系的马采、杨荣国、刘嵘、张迪懋、罗克丁等，外文系的戴镏龄、周光耀、谢文通、高铭元、方淑珍、杨秀珍、王宗炎、王多恩、蔡文显、顾寿昌、张仲将等。我父母是文科的，所以我从小受文科熏陶比较多，受父母以及他们那一辈文科同事和朋友的言谈举止、待人接物的影响，耳濡目染，潜移默化，不自觉地将他们作为自己努力的目标和崇拜的偶像，从小学就立志要成为有所建树的大学教授。

　　"文化大革命"前的广东省省长、广州市市长、中山大学校长、中山大学党委书记对我父亲这样的"高级知识分子"给予的无微不至的关怀和精神、物质的支持，我至今还记忆犹新。校党委书记都是我党的老干部，有延安时期的香港地下工作者，例如冯乃超、李嘉人、黄焕秋、曾桂友，他们都懂得知识分子政策，爱惜人才，经常与教授们近距离接触，我也从中感受到党的温暖。

　　孩童时期接触比较多的人当中，还有大学生和工友。我们当时的中山大学附属小学请了一些在校大学生做少先队辅导员。大学生带小学生，小学生跟大学生，这也为我在这所大学校园里成长多树了一类榜样，增添了环境熏陶的价值意义。说到工友，那时的校园工人兢兢业业、尽职爱岗、不辞劳苦为教师们服务的情景至今历历在目。我父亲尽管是地位颇高的教授，但他兼任校工会主席，对门卫、食堂、园林工人很尊重，见面都会打招呼。我还记忆犹新的工人有九叔、三妹、桂姐、馨姐。提起馨姐，她真是一个敬业爱岗的典范。她是一个文盲妇女，在外语系打杂工，却能够区分英语、法语、德语、俄语这些洋文报刊，收发派送基本无误。她闲时还为图书馆"补书"。可见，她对工作的那份投入和尽责。这位平凡而伟大的劳动妇女终身未嫁，以系为家，赢得外语系教师对她的尊敬。

　　中山大学的建筑和中大文人一样富有人文色彩。惺亭的吊钟无声胜有声，默默地在学子心中奏响校园钟声的旋律，陪伴着学生的晨读和夜谈。怀士堂随着时代的变迁而变换着它的功能。从中华人民共和国成立前的礼拜堂，到"文化大革命"前的周末舞厅、春节的团拜礼堂和茶话会场，到今天的精彩报告会场和毕业典礼会场。黑石屋以其独特的室内屋外风格披着神秘的色彩。我依稀记得20世纪50年代拍摄的影片《羊城暗哨》就有几个暗杀镜头在这屋外的大榕树下拍摄。现在这里仍然是接待贵宾稀客的高贵地方。马丁堂曾经是学校图书馆，成为人类学系楼后，里面有博物馆。门前的母子石狮是我们小时候爬上去玩耍的大玩具。"文化大革命"时被人推翻掩埋，多亏花岗岩石顽固不化，才能重见天日，幸存至今。孙中山铜像据说是全世界仅存的三件真品。不知是我的记忆有误，还是传说有误。雕像原来有拐杖，"文化大革命"时被人打掉了。伟人风度不减，姿态变成了"指点江山"。

对我们在这里长大的人来说，教工住宅特别值得回忆留念。我两岁左右随父母从市区北斋搬迁入住康乐园。住过西南区 2 号（后来曾经改为武装部楼）、东南区 14 号（现在的校医院楼）、西南区模范村 23 号（现在的学一饭堂）、西南区飞机屋 83 号（现在的 9 层新楼）、东南区 11 号（现在的博雅学院，也被列为陈心陶故居）、东北区 3 号（后来曾经改做心理学系楼，现在的逸仙学院）。这些楼都是单门独院、红墙绿瓦、砖木结构，所用的建筑材料十分考究，特别是那些通花瓷砖和瓦当。屋顶的金字架房梁和屋里的门窗都是上好的原木材料，百年不坏。这些岭南大学留下的楼房特征在于：外观是中式的，内部却是典型的西洋结构；客厅都有壁炉，卧室都在楼上，厨房脱离主屋，门前必有参天大树。现在，这样的楼房都应当作为古迹，好好保护修缮。

还值得一提的是中山大学原来的两个教工食堂。旧时的教工很少自己买菜煮饭，多以食堂为家。我就是吃食堂长大的。中区教工饭堂（现在的永芳堂）是人民公社的产物。我记得开张的那一天，人人端着饭碗上食堂排队取食，以为共产主义时代开始了。紧接着开始了经济困难时期，物质紧缺，去晚了还会什么也打不到。

中山大学自然环境的优美是国内数一数二的。大榕树构成的林荫道是一景。大榕树的树冠、树根、树须、树形都好像在述说着故事，能给人无限的遐想。校园里一年四季都有满树开花的景色，有的气势磅礴，像凤凰花、紫荆花、木棉花、紫薇花；有的不事张扬却香气飘逸，如白兰花、含笑花、米仔兰、鸡蛋花、桂花。枝繁叶茂的树开的花颜色有白的、紫的、粉的、黄的、红的、橙的，花开时有的一簇簇、有的一串串、有的一片片，真是花团锦簇。供人采摘品尝的果树种类也很奇特，大多是南方才有的稀罕水果。有大得像枕头的，如波罗蜜；也有小得像扁豆的，如水翁子。其他还有橄榄、小沙梨、空心蒲桃（黄色、香甜）、番鬼蒲桃（模样诱人、红色无味）、黄皮、桑果、樱桃等。可惜的是，这些果树现在在校园里已经很少见到了。校园里还有不少花和草可以吃。例如，大红花花蕊甜，紫荆花花瓣香，酸味草酸味纯。中山大学曾经有好多河塘，东区和西区都有好几个，河里养鱼、放鸭、种藕，加上那几片西洋菜地，构成了一幅校园里的田园风光。

想起那时的校园文化生活，很原始、很传统。露天电影广场（现在的梁球琚堂）有放映室、主看台，草地上竖着电影幕布。每到周末，人们扛着椅子、端着凳子，从四面八方进场。住在周围宿舍的学生和教工不出校门也能看电影。即使遇到刮风下雨，前面观众的雨伞挡住后面观众的视线，雨滴在背上和腿上，大家照看不误。散场时，密集的人群挤挤碰碰，小孩的头撞在前行人背上的椅腿是常有的事。风雨操场（现在的中山楼）偶尔有京剧表演或话剧演出，凭票进场，调皮的孩童在舞台前后左右追逐嬉戏，常常影响演出。除了看电影和看演出，很多人晚饭后喜欢到西大球场以及中区草坪"走谈"，那里是夏天大人纳凉、孩子捉草蜢与萤火虫的地方。我父母是棋琴书画爱好者，晚饭后常见他们下围棋。周末，有时开家庭音乐会，吹拉弹唱，甚是温馨热闹。

2010年，笔者应邀为中山大学86周年校庆做"康乐园抒情"报告

时光飞逝，孩童时代的中山大学仍似昨天，今天的中山大学在校园面积、人力资源、环境条件等方面已经不同往日。我从1979年开始在这所生我、养我、培育过我的南方名校从教，为实现孩童时期的梦想而如痴如醉地把身心献给我钟爱的高等教育事业，至今已经25个年头。在这里，我教过几乎文理科所有系的学生，教过全日制本科生、夜大生、在职培训生、考证生、研究生等数千人次。与学生谈心、交友、辅导、答疑、娱乐、合作成了我生活重要的组成部分。与此同时，听课、修课、听讲座、参加培训班、出席研讨会也是我在中山大学保持成长进步的主要途径和方式。

中山大学，这是一片赋予我生命、哺育我成长，我将为她奉献终身的神奇园地。

笔者在校园度过的童年照片选

5. 也谈"中大精神"与"中大人的精神":无形与有形(笔者参与中大精神与校园文化大讨论)

关于"中大精神与校园文化建设"的大讨论,《中山大学报》已经连续多期发表了文章,相信只要关心中山大学的名誉、尊严、地位、建设和发展的中大人都会有所感触或引发思考。我每期都认真拜读,发现几乎所有抒发己见的人都有一个共识,即讨论中大精神就是讨论中大的灵魂,讨论中大校园文化就是讨论中大人的风貌。我虽然算不上英雄,但也与他们所见略同。一个人没有灵魂,就没有了生存的价值;一个有尊严的人一定在乎自己以什么样的风貌为人所知。一个学校何尝不是同理?

为了更深入、更全面地理解"精神"和"文化"问题,我把中外权威辞典(中国《现代汉语词典》、美国 Webster's New Collegiate Dictionary、英国 Cambridge International Dictionary of English)对"精神"和"文化"两词的定义做个简单的归纳:"精神"可以指灵魂、脉搏、特质、气质、观念、态度、感觉、活力、心灵的力量以及原则、标准、法规或规矩的精髓,换言之,精神就是理想。"文化"可以指思想方法、行为方式、由某种东西控制、统领、占上风的意向或倾向的表现。可见,精神与文化,在这个意义上看,一个是内在的、无形的,另一个是外在的、有形的。

精神是文化的灵魂、支柱和根源,文化是精神的表象、标志和产物。精神是非物质、非形体但却有影响力的东西。影响本体,形成特定的气质;影响客体,形成特定的印象。顺此思路,我所思考的"'中大精神'是什么"这个问题已经讨论得比较透彻了。值得进一步探讨的是,理想中的"中大精神"与客观存在的"中大人的精神"是否一致?中大人谈起的"中大精神"与非中大人谈起的"中大人的精神"是否一致?如果不一致,为什么?理想中的"中大精神"有无或者有多大程度影响中大的师生员工?客观存在的"中大人的精神"给校外产生了什么影响和印象?

从某种意义上说,"中大精神"是无形的,"中大人的精神"或"中大校园文化"则是有形的。无形的东西会有形化,有形的东西会反映出无形的东西。中大人的一言一行、一招一式、一举一动,以及在社会上的身影、形象、口碑等,都会反映出"中大精神"。问题是反映出来的是理想中的还是客观存在的。反映客观存在的"中大人的精神"可以来自不同的群体和层面。

事实上,无形变有形,一种是无意识的,另一种则是有意识的。潜移默化是无意识的,以上列举的现象是无意识的。有意识地表现和提倡好的精神和文化需要许多形式。新生进校的军训就大有改善的空间,除了队列操练,可以加入很多爱校、建校、校风、学风的多种形式活动。

综上所述,"中大精神"是理想,"中大人的精神"或"中大校园文化"是理想的实践。我认为,理想的"中大精神"除了在《中山大学报》读到的各种高见之外,

还应当体现"三结合":结合世界潮流,结合中国传统,结合岭南特色。具体体现如下:

结合世界当代和未来可预见的时代精神,"中大精神"应当体现在"求知尚学"。众所周知,现当代的世界发展趋势之一是知识更新周期变短,大学教师和学生都必须善于求知和善于学习。

结合中国人"外圆内方""礼仪之邦"的民族特质,"中大精神"应当体现在有原则的温良恭俭让。校园里多一些文明举止,礼貌言行,修身养性,温文尔雅,大家风范,高级知识分子的风度。

结合岭南文化和商业文化的特征,"中大精神"应当具有广东人的灵气、充当改革先驱的勇气和创品牌领导潮流的胆识。

最后,还需要指出的是,要保证"中大精神"和"中大人的精神"的一致,要避免有形物造成的污染或玷污,必要的和适当的体制、机制、政策、制度、措施具有非常重要的导向和监督作用。至于是先有"中大精神"还是先有"中大人的精神",这个问题就像"是先有鸡蛋还是先有鸡"一样,有待论证。问题是,每一个中大人都是中大的影子。正如英语谚语所说,"树是由其果子而得名的"。因此,每一个中大人都应当尽心竭力。

笔者应邀在中山大学附属第二医院(孙逸仙纪念医院)做青年医生英文大赛评委后与院长、长江学者宋尔卫合影

(三)给教师的致辞:立身立命立足立业

1. 论教与学的权力再分配(2003年,笔者应邀在中山大学新上岗教师培训上的讲座摘选)

大学师生的教与学要能够相长,有一个教与学的权力再分配问题。

中国传统教育赋予教师支配和控制教与学的权力,且至尊、至上、至全、至尽,因为中国传统教育在理念、原则和方法上都体现了"师道尊严"和"尊师重教"。因此,教学过程成为教师对教学和对学生极端负责的过程。

现代高等教育强调"学"比"教"更关键,提倡学生自主学习,因为现代高等教育对"学习"的理解是，学生对他们自己所需要的知识的寻求、技能的发展和经历的体验负责的过程。教师赋予学生权力，给他们提供机会，让他们充分行使支配学习诸因素和调控学习行为的权力，真正为自己的学习负责。大学生所支配的权力包括支配学习资源、学习时间、学习精力、学习量度等，调控权力包括调控学习态度、学习方法和学习途径以及学习目标。这些权力以往都集中在教师的手里。

从"教师为中心"转向"学生为中心"，这种中心的转移就是一种实质性的"权力转移"。教师对学生教学的让权、放权和赋权是当今教育提倡的"以人为本"和高等教育实施的"以学生为中心"的意义所在。

人是需要权力的。权力给人动力、能量、责任和智慧，让人为了既定的利益去行动、表现以及努力改变条件以期更新现状。因此，权力还可以被视为具有驱动性和创新性的东西。

人又是群体性存在的，学生作为个体参与教学，对整个学习环境只负很少的责任。创造一个拥有集体权力的教学环境，学习者的群体既有自我的独立性，又有与他人的相互性，这种环境可以成为学习力量的一种源泉。它能够使学生成为学习的主人，保证他们为学习付出的努力获得更大效果。一个学习者群体经赋权后对课程负责的程度远远超越教师单方面对教学负责的程度。

课堂中师生彼此相处的一种新方式就是把教师单方面使用的支配和控制权力改变为学生个人和他所处的群体共同支配和控制的权力。这包括一种参与的、民主的、合作的、互动的和互补的过程，课堂内外自然形成团队，大家一起努力以达到共同的或分担的目标。

教师和学生权力的重新分配还归因于时代特征。网上世界成为信息流和思想流的无疆域天地，将全球的学校、研究所、图书馆和其他种种信息源连接起来，构成一个庞大和复杂的资源库，囊括了数据、文字资料、图片、教学软件等等。学生通过多种渠道对信息和知识的搜索、筛选、处理和利用都是对知识的接触、学习和应用过程。

2. 我对教师生涯的回味与反思（2006年，笔者应邀在中山大学新聘教师上岗培训上的讲座）

我当大学教师近30年。现在来回首、回顾、回想、回应后生的问询，总感到回味无穷。

当经验成为人生的财富和职业发展的资源，就有与人分享的欲望。经验像货币，需要交流，有流通才能升值。资源要利用，无形变有形。玩马的有"马经"，经商的有"商经"，炒股的有"股经"，还有比玩在其中更高明的评论分析员"评球经"或"评股经"。我的教师生涯，既当教师，也当教师培训师和评教员，所以也有"教师经"和"评教经"。

我很乐意与青年教师分享交流自己当教师的人生经验。俗话说，分享快乐，快乐成双；分担痛苦，痛苦减半。当教师有苦也有乐，但追求的是"痛并快乐着"。

要说教师的成功在哪里，我的体会是：被学生认同、接受、喜欢、爱戴、崇拜，与学生有缘、有情、有爱、有分享。要说教师的幸福快乐在哪里，我的体会是：只要爱当老师，喜欢教学，心爱学生，就会享受教学的每一个环节，包括备课、教课、与学生相处，自己快乐，也让学生快乐。这样当教师很享受，享受教学、学生、耕耘、收获、研究、成果、过程。

当教师要能说会道，讲课水平是心、神、魂、情和知识、技能、文化、素质、教养等的综合表现。平庸的教师讲述，较好的教师讲解，优秀的教师示范，伟大的教师启发。

低等级的师生关系是服从、约束、管制，中等级的师生关系是认同、崇拜、领教，高等级的师生关系是共情同化、相互融合、平等交流、互为资源、产生智慧的思想火花和创新能量。

我当教师，参加过无数次在岗教师培训，接受过国内外专家对我的培训。近10年来，我也应邀主持过无数次教师培训，以专家身份对年轻教师进行培训。

一生读书和教书，受训和培训，不外乎围绕"教师"这一特定的身份、职责、专长、成长、发展等进行思考、探索、实践、总结，以提升自我、栽培后人。我觉得，当教师的生涯是"波澜不惊""高贵不贵"的。

"波澜不惊"

教学生涯有波有澜，有涛有浪，并不是人们以为的那样风平浪静、按部就班、安逸单纯、自由自在。

选择当教师的人最好想清楚：想把教学当职业还是当事业？要教书还是教人？图生活安逸还是图人生价值？是追求物质利益还是追求精神享受？做培养人才的人才还是做人才废品的制造者？这些是价值观和人生观的波澜所在。这里有传统与现代、迂腐与阳光、粗俗与高深两股思想浪潮在教师观念上的交锋。

有人说，教育改革首先要革教师的命。这句话听起来很抵触，细想一下不无道理。教学质量首先来自课堂教学，课堂教学主要由教师掌控。"教育改革"势在必行，随行随市，其波澜波及每一个教师。是我行我素、不理不睬，还是主动适应、积极行动？职场会做出大浪淘沙的选择。

教育领域的波澜最突出地表现在职称评定和学术地位的竞争。多少人为此尽折腰，多少人为此怨声载道，多少人为此不畏艰险、执着努力，多少人为此遵循游戏规则、不达目标誓不罢休并为此付出应该的代价？职称是用实力拼出来的，是专家评出来的，难度可想而知。

教师面临的波涛还来自学生对教学的评分、评价所造成的挑战和威胁。偶然排名倒数不是某一教师的问题，但连续被评低分就是某一教师的问题了。不要凭空埋怨不公平，以最好的姿态、最好的教学赢得学生的高分才是硬道理。

有波澜而不惊，在于"十有"：有意识、有准备、有斗志、有刺激、有追求、有承受力、有勇气、有意志、有毅力、有努力。

具体来说，能够在波澜中冲浪的人才具英雄本色。经得起风浪的老师是追求卓越的老师。为此目的，需要在观念上明确：教育是什么？教师的"师范"在哪里？教学应该教什么？学校是什么？课堂是什么？应该学什么？

"教育"在拉丁语中最原始的意义是"抽引"。抽引什么？人的大脑中的智力。怎样抽引才有效？抽引的人需要什么？设备、马力、技术。教师是抽引智力的人，自己的智力要充足。

教师的"师"有垂范性，所以要拜师。师傅引进门，修行在个人。从学生转型当教师，"成师"主要还是靠主观能动性。导师，导什么？良师，良在哪？恩师，一堂课还是一辈子的恩德？其他还有明师，明教育之理；慧师，启迪智慧；经师，有专业经验；技师，有专业和教学技能。

教师的"师"有技术性：与工程师、会计师、园艺师、律师、医师、技师的"师"同理，即需要相当的操作性、工匠心，需要资格证、上岗证、执业证。

教师的"师"还有德行：先生先生，先做学生；先人一步体会人生者，教师自己对人生感悟不深、不明、不妥，会影响学生的人生观。教师要教学生学会做人、做事、做学问，自己先要对这"三做"有体会。

在大学当教师，高级职称是教授，授什么？是"授人以渔"而不是授人以"鱼"。中级职称是讲师，讲什么？讲道德、讲道理、讲知识、讲方法，讲得要让人信服。

以上这些可以说是教师的起码标准。事实上，当教师不难，当好老师却不易。成才不自在，自在不成才。贪图安逸的人绝对当不了好老师。

好老师"十二要"

（1）要有教师梦：过去"干一行爱一行"，现在要改为"爱一行干一行"，不爱就别干，折磨自己，折磨学生，慢性自杀，贻误他人，变"诲人不倦"为"毁人不断"。

（2）要痛并快乐着：做学问是非常痛苦的事情，要耐得寂寞，一辈子学而不倦，永无止境，并以此为乐。

（3）要爱读书、会读书，且读书不为他人忙：阅读，"阅"用的是眼，"读"用的是心。真正的读书不如说是"思书"，要有读者与作者的思想交流，有与阅读同步的思考、思辨、思索，以及从中引发的创作行为和效果。

（4）要爱写作、勤笔耕："写"是用笔"组合文字"，"作"是用心"整合思想"。好脑袋不如烂笔头。好文章不是写出来的，而是不厌其烦修改出来的。

（5）要爱听、会听、倾听、聆听："聆"是用耳，"听"是用心。听会议发言、听学术讲座、听学者对话、听学生的心声，不只要听出信息、知识、事实、数据，更要听出门道、听出问题、听出经验、听出精粹等。

（6）要爱说、会谈、会演说、会对话、会交谈、会讨论："说"是用嘴，"话"是用心，说出来的话要有说服力、感染力、启发性。

（7）要爱教、会教：有教学情，对教学情有独钟，如痴如醉，全情投入，课如其人，有绝活、招牌、魅力。

（8）要爱学生：发自内心的爱、相互的爱、慈母严师的爱、师生有缘有份的爱。

（9）要有激情：生活有激情，教学有激情，科研有激情，先让自己激动，才能让别人激动。

（10）要与时俱进：观念滞后会导致行为落后，知识陈旧会占据大脑空间，教育技术跟不上会与互联网时代脱节。

（11）要自我提升：自觉抓住各种机遇进修、研习、读书、写作、发展胜任力和软实力。

（12）要反思内省：经验＋反思＝教师专业成长。

热爱教学的人把教学视为"十当"：当成播种、耕作、收获、体验、历练、享受、成长、发展、智慧资源、青春活力。

"高贵不贵"

教育是神圣的 noble career，noble 有两重意义，高雅的和不计较得失的。在世界各地，教育者现阶段的经济待遇通常是相对不高的，即便在英美等发达国家教师的待遇也只属于中等收入水平，而在日本、新加坡以及中国香港三地的教师特别高薪，教师是令人羡慕的职业。

在我国，当教师实际上有尊严无地位，有面子无权势，所以不是位尊权贵，而是位尊权不贵。想发财别当老师，当老师别想发财；想掌权别当老师，当老师别想掌权。

我个人在以上这些方面走过的路、吃过的苦、尝过的甜很多。总体而言，付出的和得到的虽不对等，也算公平。是否很有代表性我不敢说，但至少代表了教师群体中的一种类型。作为真实的个案，我具体讲讲三个主要方面的经历。

（1）教学：备课认真达到炉火纯青的程度，"备你千遍不厌倦"。教学认真达到如痴如醉的程度，走进课堂浑身来劲。关爱学生达到视如己出的程度，"恋爱着，总也看不够"。

（2）职称：感谢那些曾经看不起自己、利用权势压制过自己、对自己不够公正的人。应对压力有两种态度，或放弃，自暴自弃；或不服气，变动力。我采取的是后一种。严格遵守"游戏规则"，缺什么补什么，直到硬件、软件达标为止，不留话柄。

（3）生活方式：清贫而富足，单调而丰富。身为"贫下中教"多年，但精神富足，笔耕不辍，不断有精神作品和产品问世。从住宅到课室的行走路线单调，但学生一届又一届不断更换，因材施教、开设新课，丰富多彩。

笔者培训现场照

3."科研，想说爱你不容易"外语教学研究课题与方法（2006年4月，笔者应邀在《中国外语》杂志主办的"首届中国外语中青年学者科研方法学术研讨会及科研写作高级研修班"上的发言摘要）

科学研究对广大外语教师来说是一个沉重的话题、一个痛苦的经历、一个无奈的状况、一个需要帮扶的发展过程。就像学生说"英语，想说爱你不容易"一样，老师说"科研，想说爱你不容易"。

关于科研的痛，我们时常听到老师说的不外乎："我想搞科研，我不得不搞科研，但我没有时间，没有条件，没有资料，没有资金，没有环境，没有机会，没有……"

我认为，以上所谓的"没有"都是外因。其实，内因才是主要的。没有兴趣，没有投入，没有研究，没有信心，没有吃苦精神，没有执着的努力，怎会有成果？

还有不少教学很受学生欢迎的老师说："我有教学经验，我有教学方法，但我不懂研究方法，我的论文总是不被认可。"

我知道这是世界性问题。

20世纪60年代，英美教育界兴起的"校本研究"运动提倡"教师即研究者"。他们认为，"没有教师参与的教学研究是无应用价值的研究。教学研究的成果应该是教师能够接受的和有助于教学的"。因此，应以教师为研究主体和本体，注重解决实际问题，注重经验的总结、理论的提升、规律的探索，需要引导和指导教师树立科研意识，引导他们开展基于自己教学实践的行动研究、发现问题、创新地解决问题、提升自我，从中体验教学研究带来的成长和成功。

我在此与大家分享交流一些外语教师需要澄清和可以做的研究：①外语教学研究只可采用语言学范式吗？②外语教学研究应当以什么为主要研究对象？③外语教学研究有哪些课题可以做？④研究教师有什么课题可以做？⑤研究学生有什么课题可以做？⑥研究课堂有什么课题可以做？⑦外语教学研究需要什么条件？⑧外语教学研究有哪些研究方法？⑨外语教学研究有什么难点？⑩教学研究的心路经历与心得体会。

根深才能叶茂

以下摘选。

（2）外语教学研究应当以什么为主要研究对象？

外语教学研究特别关注三个 L，即 language，learning，learner（语言、学习、学生）。

以语言为对象的研究本应是语言学者的事情，属于探索"语言"的科学，除非教师对此特别感兴趣和特别有研究。例如，对英语语言作为符号、知识、技能、功能、行为、工具、媒介、文化这八大领域中的方方面面进行微观研究是很有趣的。

以学习和学生为对象的研究才是外语教师主要关注的事情。教学主要是学，教的效果也落脚在学。能够促进有效的学才是有效的教。因此，外语教学主要是技术和艺术行为，解决操作性问题和追求效果效益，其中大有学问。

例如，把外语教学作为一项系统工程来研究。桂诗春（1988 年）认为，外语教学具有系统工程的四个条件是：①要素，即教学大纲、教材、教师、学生、环境等。②结构与功能，即要素组成的结构和完成的功能。教师是外部结构，完成外语信息输入的功能；学生是内部结构，完成外语信息输出的功能。③目的性，即外语教学的目的。④阶段性和层次性，即外语教学的阶段性和层次性。杨忠（1995 年）认为，外语教学—学习整体模式由四个部分组成：①外部结构，即大纲、教材、教法、教师。②内部结构，即学生的心理因素，如动机、态度、兴趣等；生理因素，如年龄、智力等；认知因素，如观察、感知、组织、分析等；情感因素，如信心、情绪等。③负反馈调节机制，即测试。④环境。他认为外部与内部结构是既相互独立又相互联系、相互依存的统一体，需要有机的结合、优化的结合，产生综合效应与系统效应。

根据系统理论，外语课堂教学要防止外部结构和内部结构的脱节，只完成教师外部输入的任务，忽略了学生内部输出的过程，造成知和行脱节的结果。事实上，我国外语教学存在不少系统结构上的错位。

可见，教学系统里的每一个因素都可以成为研究的对象。

（3）外语教学研究有哪些课题可以做？

外语教学研究十分提倡基于课堂教学的研究，可以做的研究课题围绕与教学有关的人和事，往往"小题大做"。

1）变化研究：观念、方法、模式、手段、技术、学生、环境、要求、标准、需求、条件等方面的变化，变化的实质、表现形式、变化所引起的问题、结果以及应变措施等。特别值得研究的是教学管理的应变研究：教学部和教研室要应对改革形势和标准要求的变化而变化，否则会成为改革创新的阻力。管理的组织机构、职能功能、队伍建设、评估方法、资源开发、成果推广等方面的指导服务措施要跟上时代的步伐和教师发展的需要。

2）行为研究：支配或影响教学行为的观念，也称"行为源"。例如教育价值观、质量观、教师观、学生观、人才观、学习观、评价观等在行为上的表现特征及其给教学造成的后果。

3）角色研究：传统与现代教师或学生的角色差异、转换，及其对外语学习的效果影响。教师的角色如统治型、灌输型、保姆型、互动型、交际型、合作型、放手型等，学生角色如被动型、依赖型、主动型、合作型、自主型等，以及这些角色的特征、形成原因及其给教学造成的后果。特别是教师的角色转型研究：从讲课者转为活动组织者和学习协助者，从执行者转为设计者和研究者。

4）关系研究：师生关系，学生之间的关系，教师之间的关系，领导与教师的关系，交际伙伴的关系，学习伙伴的关系，主体和客体的关系，关系的建立、维持、交互、发展等，学生的应对、教师的应对、领导的应对等。

5）"沟渠"研究：师生之间、生生之间的交际沟、信息沟、观点沟、视角沟、观念与行动之间的沟、理想与实际之间的沟、理论与实践之间的沟等。

6）创新研究：教学模式与方法，考试形式与评价，课堂活动形式与组织，强化语言、交际、思维技能的教学法，融合跨文化素养的教学法，等等。

7）真实性研究：教学环境的真实性、教学材料的真实性、教学行为的真实性、语言交际的真实性（being real, authenticity），违背"真实性"的教学、"伪真"的教学，等等。

8）教的研究：输入的渠道、方式、种类、目的，输出的目的、效果、方式等；输入与输出的关系，输入与输出的量比、作用、循环、发现。另外，还有归纳方式即事前归纳（deduction）和事后归纳（induction）的区别及其效果，交际法、任务型、合作型、功能法、主题法、情景法、提问法、卷入法、参与法、体验法、角色法、讨论法、游戏法等教学方法的理念支撑与有效实施，课堂管理、活动组织、课件设计、教案设计、教学活动设计、教学小技术、活动控制、半控制、纠错的艺术、提问的技术、教学刺激的方法和效果、单项技能和综合技能的教学方法、因材施教等。

9）学的研究：记忆、想象、联想、思考、用法、应用，在干中学，体验性学习等；输入渠道、输出形式、归纳法、记忆法、想象力、思考力、创造力、生产性、应用性、自主性、词汇学习法、各项语言技能培养法、个性化学习、合作学习、学习资源利用、工具书利用、学习外语的过程或进程中成功与失败的因素等。

10）教材研究：理念，目的，路径，结构，活动形式，材料来源，真实性，时效性，科学性，人文性，工具性，教育性，实用性，教学方法，等等。

11）测试与评价研究：课程测试、水平测试、分级测试、诊断测试、测试评分标准和标准细目表设计，形成性、终结性评价及其对教学的反拨作用。考核 usage 和考核 use 的题型差异，对大学英语四、六级考试的结果分析。口语考试的成败因素研究：例如，三人组合搭配中的心理研究，有强者/弱者的同伴心理反应和表现影响力研究，语言应用缺陷研究（词汇、习语、句法、语篇等），语言功能应用状况研究（表述、争论、承接、交谈、插话、反驳、解释等），口语通病研究，专业影响研究（哪些专业学生口语相对强/弱及其原因），口语弱项研究（口试五个部分中哪一部分最弱及其原因），语言、思想和交际三方面比较分析研究，口语强者进入自然交际状态的基本要素研究（信心、语言、思想、交际、习惯等）。教学质量评价标准与评价方法，业绩评价、绩效评价、针对性评价、阶段性评价、全面评价、单项评价，评价的最佳时机，评价方式的多样化即测评、访谈、调研、案例分析。

12）误区或区别研究：将外语学生当作语言学者还是语言学生的区别，learn 和 study 的区别，工具性外语教学与专业性外语教学的区别，大学与中学的外语课的阶段性区别；现实中的外语考试是考核交际能力还是检查语言知识水平，是考察分析语言的能力还是直接运用语言的能力，是检测运用外语交流信息的能力还是通过语言解决问题的能力？

13）错位研究：教学与考试的错位，教师的教和学生的学的错位，教学目标和教学方法的错位，教学内容和社会需求的错位，教师的期望和学生的期望的错位，教师的个性化教学和教学管理的错位，等等。

14）课程研究：课程标准、大纲、要求、课程设置、课程设计、课程评价、课程开发，是否与时俱进，如何与时俱进。

15）教学研究的研究：教研意识、动机、敏感性、行动、课题、方法，如何从经验上升为理论，从理论转化实践。

（4）研究教师有什么课题可以做？

教师是学生学习的引导者和指导者，因此，导向很重要。引导要得当，指导要有方；否则，误人子弟。研究教师，就要关注教师的教育价值观、教学理念与信念、需求与关注、行动与行为、态度与表征、自主学习与同伴相助、知识更新与创新、技能获得与提升、心理障碍与排解、职业发展阶段、进修与培训方法等。

据 2000—2005 年 6 月期间部分国际知名的应用语言学和外语教学期刊发表的关于外语教师发展的论文检索，已经被关注的研究课题有：课堂提问研究（questioning），教师的教学理念与实践行为的关联/差距研究（gaps between beliefs and practice），教师的信念对教学的影响研究，教师和学生的期望冲突研究，教师在教学过程中的认知与反思和行动方法（ways of knowing, reflection and action）探究，既做教师又当学生（feelings of a teacher as a learner）的感受差别研究，教师的行业用语（teacher's use of jargon）研究，教师自拍教学录像（self-taped）与自我分析研究，分别在教师、学生和管理这三种群体中进行的有关优秀外语教师的标准的调查研究以及倡导群体内反思和个性化发展（grouped and personal）的教师培训研究，外语教学行政管理对教师自主型（autonomy）教学的利弊研究，外语教师培训的"后方法论"（post-methodology）研究，在教师培训中倡导基于语料库的研究方法，等等。

此外，据 2005 年部分国际外语教师协会召开的与教师发展相关的国际会议上发言的内容，研究课题有：时代变迁中的挑战与机遇问题研究，教师发展问题研究，外语教学某一方法的隐含意义（implication in application）研究，某一地区的教学案例分析、教师培训中的"过程"与"产品"的关系（process and product）研究，"以学生为中心"的教学方法研究，"交际能力"的"可教性"研究（teachability of communicative competence），基于网络的教师发展研究，教学评价标准与教师个性化发展的冲突问题研究，教师的教学"问题意识"（awareness of issues）研究，教师培训的目的探究，教师在培训过程中的"自我"和"他我"（self and other）及其影响力研究，教学文化定式中的行为改变研究，教师培训师和教师受训者的关系研究，如何通过教师同行网上交流（net chat）进行职业培训研究，如何让教师对自己的教学价值观（teaching value）有所了解研究，如何加强教师的自信心（self-esteem）研究，教师如何从媒体技术化教学中获益研究，如何创造有利于教师学习动机的培训环境（motivating the training environment）研究，中西外语"教学文化"对比分析（teaching culture）研究，基于对教和学的假设的教师讨论，等等。其他还有教师教学的话语策略研究、教师的心理问题/心理障碍调研、不利于教师发展的因素调研、课程改革过程中的教师角色转变问题研究（抵制、改变、无奈）、教师培训的方法技术创新与实践研究、亚洲教学文化制约外语交际法实施的因素研究、英语国家对非英语国家英语教师培训对象的需求分析研究。

总之，教师的信念、理念、态度、关注、担忧、行为、设计、学习、研究、知识、能力、意识、放权/赋权以及单位文化影响、区域特征、文化特征等都可以成为研究的小课题。

研究方法包括：观察法，访谈法，记叙法，反思法，体验法，任务法，行动法，研讨法，等等。

以下我就以上课题可以开展的具体研究举例说明。

对教师发展的研究及其研究范式：教师个人发展过程研究（跟踪观察、访谈、记录、自述），群体发展过程研究（集体备课的相互影响、教研会议、学术研讨），单位发展过程研究（领导方式、单位氛围、管理措施、激励机制）。

课堂提问（questioning）研究：研究提问的目的、形式、类别、质量、对象、应对、误解、时间掌握等。例如，观察者的记录与分析和访谈。调查教师：提问哪一类学生，提问哪一类问题，是否自问自答，如何等待学生回答，给学生多少时间回答，应对学生的回答或不回答的办法，等等。调查学生：如何应对，为何不答，为何下课才提问，如何理解教师的提问，隐含意义，等等。

教师在培训过程中的"自我"和"他我"及其影响力以及同行互学研究。例如，教师培训的笔记比较研究：听讲座和参加工作坊所做的笔记，记什么和没记什么，怎样记，为什么记或为什么不记或漏记，有无写下自己的思考、反应、发挥、应用、创造性想法。又如，教师的学术著述研读研究：读什么，怎么读，如何思辨、思考、笔记、摘引、积累、应用等。再如，教师对同一师培刺激物的不同反应和感受以及不同理解的交流。

（5）研究学生有什么课题可以做？

例如，交际法/任务型/合作型教学与主讲型教学对照实验，在学生各方面的结果上进行预测和对比分析：动机、态度、策略、反应、行动、表现、知识量、输入量、输出量、应用/交际能力、自我意识、学习行为改变等。又如，大学高年级和低年级学生学习行为的比较，对学生不想学、怕学、厌学英语的原因分别对教师和学生进行调查以对比结果，英美国家英语教师对中国学生学外语的反馈评价调查，学生学习档案的建立与健全，学生的合作心得、交流感受，等等。

（6）研究课堂有什么课题可以做？

课堂是师生作为社会人的真实交往的场所，凡是与交际、教学、语言听说读写单项或综合技能、社会技能、工作技能、学习技能相关的方面都应当成为研究的课题。研究外语教学课堂离不开研究话语行为、语义分析、语用分析、语境分析、反应分析、问答分析、话语策略等。

例如，研究如何实施或保证师生在课堂上的双向且真实的交际，研究人际教学和人机教学或人网教学的教学方法的区别，研究外语课堂教学"学听、说、读、写、译"和"在听、说、读、写、译中学"以及"学交际"和"在交际中学"的区别，研究教学过程中 usage 和 use 的区别，研究在实际教学过程中如何处理课文和词汇、想达到什么目的、实际效果如何，研究教学过程是输入多还是输出多？是老师教得多还是学生学得多？是老师讲得多还是学生练得多？研究课堂中学生的参与率、参与形式、参与量，特别是话语量的分配。

（7）外语教学研究需要什么条件？

端正科学研究的态度，掌握教学研究的方法，加强教学研究的能力，落实教学研究的投入。

思想上：无论做什么，特别是做意义重大的事，要问"3 W"：why，为什么搞科研？①出于功利动机。为职称，为学位，为名利。②出于兴趣。读书不为他人忙，写作研究苦亦乐。③出于职业精神。干一行专一行，边实践边研究，边发现边改进、总结和升华经验，有所建树，追求成功等等。what，什么是科研？①有科学理论，即前人的研究经典。②有科学精神，即好奇心和求知求解的欲望，有研究计划、研究规范、研究成果。"研究"就是"不断地追寻"，英语由 re 和 search 构成 research。how，怎么做科研？有思想，有学习，有投入，有方法，有过程。

概念上：学位论文，科研论文，科研项目申请报告，这三者都属于科研范畴，彼此一脉相通。其相同之处在于"三同三有六性"：同性质，同难度，同标准。有竞争性和筛选性：有竞争，有筛选，必然有比较；有比较，必然有强和弱之分、优和劣之别。想成为"强"和"优"很不容易，因为不容易，所以成功者不多。筛选的标准是什么？有规范性和规律性：任何有科学性和选拔性的事物都有规范、规律和规则。什么叫作规范？科研论文（不是文章或散文）有哪些规律和规则？有创新性和推广性：什么叫创新？创新需要什么条件？在什么基础上创新？

行动上：要在六个方面下功夫。

功夫1——读书。读书的意义在于输入知识和学习理论，刺激思考，收集观点，了解前人的研究成果，争论思辨，充实积累。阅读的种类包括：学术专著，例如与英语教学相关的有外语教育、应用语言学、社会语言学、心理语言学、二语习得、语用学、修辞学、翻译学等专业领域的代表作、新近的著作以及权威的著作。学术期刊，例如国内核心期刊、国际权威杂志。科研方法论工具书，例如量化/质化研究方法范式、教育学研究范式、人类学/社会学研究范式、应用语言学研究范式。国内现有的外语教学研究方法工具书和文章，如刘润清《外语教学中的科研方法》（外语教学与研究出版社1999年版）、高一虹《研究和研究方法对英语教师的意义》（《现代外语》2000年第1期）、高一虹《从量化到质化：方法范式的挑战》（《1998年第三届北京应用语言学与外语教学研究讨论会论文集》）以及黄国文和桂诗春等人的相关著作和文章。国外引进的有 Nunan, D. *Research methods in language learning* (6th printing)(Cambridge University Press1997), Seliger, H. *Second language research methods* (4th impression)(Oxford University Press1997), Chaudron, C. *Second Language Classrooms Research on Teaching and Learning* (CUP1988) 等。还要阅读相关学科或文史哲类书籍，追求广泛的知识面，借鉴丰富的研究成果，达到触类旁通的效果。阅读要领是要有质、有量、定期、不间断。要善于做笔记，做不做笔记、如何做笔记、为何做笔记、如何利用笔记是决定阅读质量和收获的关键技术。阅读过程中的思考、疑问、探究、争辩、求教、思辨等都要及时记录下来。要有目的地读，分别读关于"教"、关于"学"、关于"文化"、关于"交际"、关于"语言"的论述。要读原著，根据别人论文后列出的文献追踪性、直接性、深入性地阅读，要读自己感兴趣并看得懂的。

功夫2——选题。①小题大做。一事一议，题目宜小不宜大（微观），宜专不宜泛（具体），宜理性不宜感性，宜学术性不宜行政性。例如，"应用交际法提高大学英语教学效果"这样的题目大而泛，属于行政文体。②同题另做。观点、视角、材料、结论、发现等有别于他人，哪些课题别人已经做过，是从哪些方面入手做的，做到什么程度了，自己继续做同类课题是否有不同的角度、不同的深度、不同的方法、不同的观点/结论、不同的材料等。若要做其他课题，是否有新意、有创意、有理论依据、有事实根据、有推广应用价值等。

功夫3——论证。有论有证，即有理论、有论点、有证据，可正论、反论，可实证、反证以及归纳总结、演绎推论等。通俗地说，论证就是接着说（没说到的），顺着说（同意，支持，证明），反着说（变换角度），对着说（反对，不同意）。即使是翻译，也要用语言学、语用学、语篇分析、功能语法、文体学、修辞学等理论，不要纯经验介绍，基本理论依据要明确。

功夫4——写作。写作框架有研究目的，为什么研究这个课题，有什么理论意义、现实意义或应用价值，想达到什么目的、说明什么问题，应用到哪里去。对已有的研究综述，表示你对现有领域知根知底，不是盲目主观地选题研究。写作规范指"三段论"：引言—正文—结语。段落要有主题句；篇章结构要有逻辑关联性；内容表述要有5C，即 clear, clarified, connection, cohesion, coherence, 不要写 good English, bad article（好英语，差文章）或者 correct sentence, bad passage（正确句法，劣质篇章）。可见，学术论文的语言表达除了有正确性，还要有清晰性、逻辑性、规范性、地道性，运用学术用语和专业用词时，如果只看过中文版本，用英文写作时往往会走样。所以，一定要追踪专有词的根源出处。学术论文的写作重在修改。没有十几二十遍的反复修改，难以写出好论文。修改完善过程包括邀请批评、冷藏处理、文字润色、材料处理，切忌材料堆砌、观点拼凑、泛泛而谈、经验之谈、无个人观点、无个人发现、无个人特色、人云亦云、鹦鹉学舌、应付了事。完稿时，还要认真整理参考文献。如果引用他人观点数据不加注，改头换面使用他人的研究结论或成果都属于剽窃抄袭现象。这种侵权行为被视为不道德行为。引用他人观点或成果的目的是论证或反证或发展依据。切忌盲目堆砌，也切忌将别人的中文论述擅自译成英文引用，必须追踪查阅文献原文。

功夫5——其他相关技能。做对照试验样品要大，时间要足。做统计的统计工具、方法、公式、分析要专业化。访谈及调查问卷设计要有目的、方法、依据、规范量表，还可以收集案例并做案例分析、观察记录等形式的研究。

功夫6——选择研究方法。

（8）外语教学研究有哪些研究方法？

外语教学研究不同于语言本体研究，应当以质化/定性研究为主、量化/定量研究为辅，前者以人文学科用得较多，后者以理工科和社会科学用得多。外语教学既有人文学科的特征，也有社会科学的特征。如果千篇一律地采用量化研究方法，总是用一堆数字阐述和分析问题，总是用假设和比较来论证，一方面，会导致把活生生的语言教学"数字化"，失去了对人和事的生动描述、复杂内心的分析等（事实上，并不是所有的现象都可以量化的）；另一方面，量化得来的数据不一定科学可靠，其中涉及假设的适当性与研究意义、调查或实验的科学性、统计的准确性和对数据所做的分析的水平；定性和定量各有以下利和弊。定性研究通过日记、访谈、观察、叙事、反思以及话语分析、案例分析，强调真实性、环境性、复杂性、变异性、个体性，往往有不可复制性或没有普适性。定量研究通过数字、数据、实验、假设、推断、证据、证明，强调信度、效度与可复用性。

与理工科相比，人文社会科学关注的是人，很难通过一两次实验得出科学可靠的结论，也很难对相同的群体重复做试验。这说明量化研究只是一种手段，不是唯一的手段，人文社科研究不是所有研究结果都带有普遍真理性，只要能真实记录或反映人和社会的现象、事例与存在方式，就算研究。一概采用量化研究手段与一概只认数据都是不科学的。

我比较推崇借鉴并应用人类学、民族志、语用学、交际学等人文社会科学研究方法进行外语教学研究。例如，田野调研法、观察跟踪法、故事叙述法、话语分析法、行动研究法，重在描述或记叙一种经历或现象。其他可以采用的研究方法有语料库应用研究、综述性研究、评论性思辨性研究和验证性研究等。

由外语教师来做的教学研究的最佳方法是将教学研究和教师培训有机结合，在培训过程中寻找或发现研究课题。国外常用的这类研究型外语教师培训方法：第一种是观察/观摩法（observation），有观摩评价标准（criteria，checklist），培训师分别观察教师、学生、师生关系、教学活动或行为等，从中发现问题、归纳问题、研究问题。观察可以现场观察，也可以录像观察（video taped）。第二种是反思法（reflection），让受训教师有目的、有意识地参与事先设计好的合作、交流、互动、任务、行动、实践等活动，从中体验、醒悟、反思自己的教学理念、方法并发现自己的短缺和差距等。第三种是记录法（journal），要求教师养成日常记录和描述自己的教学过程，供专家或者自己或者同事评论反馈，从中发现问题。其他还有访谈法（interview）、同伴互评法（peer evaluation）、研讨法（seminar）、工作坊（workshop）、记叙法（diary，journal，narration，story）等等。

（10）教学研究的心路经历与心得体会。

万事开头难，从"门外汉"到"圈内人"有无数摸索过程。其间很可能有十次失败却只有一次成功，甚至全盘皆输。"失败是成功之母"，从"无心"到"有心"，变"虚荣心"为"虚心"，改"伤心"为"恒心"。"四多四少"：多些决心和实干，少写灰心和抱怨；多些反思和总结，少些攀比和任性；多些思考和创新，少些跟风和守旧；多些学习和请教，少些浮躁和蛮干。

我的具体体会有三条。

1）了解自己是否是做科研的料。要真正了解，必须经过无数次尝试。俗话说，"是驴或是马，拉出来遛遛才知道"。但是，无数次尝试意味着无数次失败，要经得起这个过程。现在许多大学定位为研究型大学，非研究型大学也要求教师凭研究成果晋升职称。其实，一个人一生能够做好一样已经很难，而且做好这一样就会缺失另一样，因为多数人是常人，并非超人。精英是少数。精英也分教学精英、研究精英、管理精英、发明创新精英，不能要求人人都是全才，所以对自己要有个基本的定位。

2）找准适合自己做的研究方向和课题。外语教师做科研一定要自知之明，明白自己适合做什么学科领域和研究范式。语言本体研究属于语言学范畴，语言教育研究属于教育学范畴。两大学科各有许多分支。有了明确可行的研究方向，还要特别关注相关的课题，这个过程需要大量和定期的阅读。阅读专著和期刊需要大量时间和精力的投入，要舍得这种耐得住寂寞、沉得住气的投入。选择好适合自己做研究的方法和手段，否则开展起来不能得心应手或者不受学界认可。

3）时间分配、资源利用、研究经费、参考文献、专家指导等方面的自觉性与主动性。时间是海绵的水，要靠挤才有；资源在身边，要有敏感性和利用率；研究经费不是等来的，而是靠研究计划的竞争力争取来的；参考文献如今已经不再缺乏，因为可以从网络获取，也可以在国内买到引进的外语教学研究专著；专家其实有远有近，就看是否有心求教；求教的方式和途径也有讲究，交谈、提问、审稿、观察、阅读专家著述等都是求教过程。总之，时间和资源对大家来说都相差无几，只有肯干和能干的人才会在与别人相同的条件下取得别人不能或难以取得的成果。聪明的人不在于脑袋聪明,而是会利用别人的聪明使自己变得更聪明。多参加有充分互动、合作、体验、反思、研讨、交流的培训,多参加"小题大做"的外语教学研讨会,多关注外语教育核心期刊的应用性研究,从中掌握可行的研究方法,就能在自己的课堂上、学生中乃至作为教师的本体上找到值得研究的方方面面。

科研的最高境界或最佳状态是"痛并快乐着,先痛后快"。

科学研究费心、费时、费力,九次失败不一定有一次成功,一次成功将是今后成功的开始,前期投入,前期成果,良性循环,个人定位,扬长避短。起步的时候,就像在黑屋子里寻找阶梯;找到后,越往上爬,景色越清晰,道路越光明。

好风凭借力,送我上青云。希望我给大家开启的是清爽的南风窗,送来的是一阵助力风,提供的是职场加油站、成长推进器。

衷心希望和热切盼望外语教学研究百花齐放、硕果累累的局面很快到来。

祝大家"痛并快乐着"。

多谢邀请单位给我与同行分享的机会,我等待着欣赏大家的成果。

2006年4月,笔者应邀在"首届中国外语中青年学者科研方法学术研讨会及科研写作高级研修班"上发言

4. 大学使命与教师职责（2007年，笔者应邀在中山大学岗前教师培训班上的讲座摘要）

培训主办者把这个发言命名为"成功教师的经验分享"。我想先对"成功教师"的定义和标准做个简单的个人阐释。

我对"成功教师"的理解是"两爱"和"两享受"，即喜爱教学，喜爱学生；自己享受教学的全过程，也让学生享受学习的全过程。同时，我为自己自豪和喝彩，也受到学生的认同和爱戴；一辈子与学生共同成长进步。

我在中山大学任教期间的教学相长、教研相益、与学生共同成长的过程使自己很有成就感。从这个意义上说，这就是成功。

在大学任教要有所作为，教师对高等教育的定义、大学的使命、人才的目标、教学的目的和方法以及一系列相关的理念原则都要有充分和深刻的认识并且付诸实践。

现代高等教育强调"以人为本"。这里的"人本"，我理解为教师和学生，即教育者和教育对象。两者都是人才，都是有思想、有智慧、有专长、有学习潜能和知识创造力的高级人才资源。那么，高等教育的人才需要怎样培养？培养高等教育人才的人才需要怎样施教才能实现人才目标？这两种人才是什么关系？

越来越多的教育工作者认识到，大学的主要任务是三个"教会"和四个"学会"。

三个"教会"首先是教会学生学习，以便他们自我发展、终身学习从而可持续发展；同时教会学生思考，特别是审辩式思考和创新性思考；最终教会学生做人的要领和做事的本领。

国际上高等教育领域归纳出四个"学会"，即 learn to know，learn to do，learn to live together，learn to be（学会学习、学会做事、学会共生、学会做人）。特别需要提请注意的是，与传统教育相比，learn to know 和 learn the knowledge 不同，learn to do something 和 learn something 有本质区别。虽然都是"学"，但一个是学方法，另一个则只是学现成的知识。现代大学追求的"学"需要教师与学生共同去学。事实上，学生学现成的书本知识不需要在学校里学，不需要教师教。灌输传授现成的知识其实是很低级的教学活动，只有善于启发学生心智、激发学生思考、诱导学生创新、引导学生掌握方法、指导学生朝着自我发展的目标努力并且以身作则，与学生共同前行的教师，才能显出大学教师的英雄本色。

应当说，现代大学教师的任务不是教书或教课，而是教人。这三者的区别在于：教书是以课本为中心，围着书本转，着眼点在现成的书本知识；教课是以课堂为中心，局限于课本，着眼点在当课；教人是以学生为中心，着眼点在人的认知，追求课堂的延伸和知识探索的效益。

在大学，面对大学生这样的人才群体，教师应当教什么？怎样教？要和学生建立什么样的关系？这些问题涉及教育价值观和方法论。孙中山先生提出的校训"博学、审问、慎思、明辨、笃行"就是强调"学、问、思、辨、行"。问题是，大学如何让学生有效地"学、问、思、辨、行"？教师和学生如何共同或相互"学、问、思、辨、行"？

现代青年人思想活跃，视野宽广，一经点拨，二给挑战，就会焕发出不可估量的聪明才智。事实上，一位老师只有一个大脑，一个班有几十上百个学生，调教得当的话，其智慧的力量会很大。从这个意义来看，高等教育者的使命和职责，就是"脑矿开采者"，而不仅仅是知识传授者。

关于大学的人才培养目标，依据美国一个"教育政策导向团"团长（2006年访问中山大学）的说法，就是"两个出路"：大学毕业生中的一部分人将进一步深入象牙塔做学术研究，另一部分人将直接进入社会职场搞业务。因此，她认为办大学的任务就是让学生在学期间为这两种出路分别做好准备。

按照这样的办学思路去反思我们的大学在教学目标、内容、方法、手段、评价与检测等各个环节有没有按照这样的需求、规律和要求去做呢？

就教师而言，我们在教学的过程中有没有教学生做学问、做学术的方法或者培养学生应对、处理和解决社会复杂问题的能力？

我国的教学改革至今已经有十几年的历程了。实践证明，"以教师为中心"的教学，教师好当、只管讲，学生也好当、只管记，但这种单向讲授型教学既不利于培养有特色的好教师，也不利于培养有创新能力的好学生。"以学生为主体"的教学，教师和学生都不好当，因为有很强的挑战性，但却能够锤炼富有创意和个性的好老师、好学生、好人才。不论是自然科学还是人文科学或社会科学，都是科学。科学不是灌输而来的，是探索、研究、求真、求解而来的。中国科学院院士杨叔子教授认为，科学教育给人以灵性，人文教育给人以人性。灵性和人性也不是读死书、听讲课就能获得的，还要靠体验和感悟。所以，高等教育必须讲究方法。

学术学术，学而有术。才干才干，有才能干。"才"指科学和专业知识，"干"指运用知识和创新知识的能力或动脑动手的能力。"才""干"合一加上良好的品德才算具备综合素质。问题是，"才"从哪里来？"干"的能力从哪里来？不会从天上掉下来，不会直接从课本里来，不会从黑板上下来，不会从教师的口中来。

早在1940年，哈佛大学商学院Charles L. Gragg就在校友名册上写道："聪明才智不是教出来的，而是干出来的。"他认为，"教育的目标是培养学生将其所学付诸行动"。

当代教育提倡让学生学会分析问题，寻找办法，运用知识，解决问题，克服困难、创造发明或改革创新，在干中学习，在干中培养才干（learning by doing）。据1998年的信息，在美国的哈佛大学和斯坦福大学的医学院、工商管理学院、工程学院等应用性强的学科院系，40%的课程是用一种叫"难题教学法"（Problem-based Learning）完成的，就是把本学科、本专业、本行业中各种难题、问题、矛盾等交给学生去解决。学生在解决问题、处理难题的过程中学习，而不是接受现成知识。"难题教学法"就是"在干中学"理念的产物。

如前所述，大学生的创新和创造潜力很大。问题是，教师作为培养创新人才的人才，自身有没有创新能力？有没有意识到学生有创新的回冲力？愿意不愿意放下师道尊严的架子与学生一道在"难题堆"中闯荡？

教师的教学创新应当表现在许多方面，可以说涵盖教学的各个环节。例如，课程创新、教案创新、模式创新、手段创新、测试创新、课堂创新、师生关系创新等。而这些创新首先来自观念创新，因为行动跟着观念走。观念更新了，还需要能力跟上。

按照现代高等教育的标准，大学的学习最重要的是培养一种学习的能力而非获得学习的内容。因此，现代大学教师至少要有两种能力。

（1）自我发展的能力：自我认识、自我学习、自我评价、自我更新、自我挑战。

（2）助人自我发展的能力：教师不是救世主，不是万事通，不是学生知识的唯一来源，不是帮学生解决问题，而是教学生自己去解决问题。解决问题能力培养的前提是提出问题。要让学生敢于并且能够提出问题，老师也要提出有挑战性、有高峰可攀、有未知东西待开发的问题。教师和学生都敢于提问，善于提问，接受提问，共同求解问题，从中得到合作感、互动感、成就感。

要达到以上教学效果，教师对教学的研究很重要。教学研究包括研究教学对象、教学目标、教学内容、教学方法、教学手段以及教学测试与评估等。

例如，大学学习是复制性学习、积累性学习还是创造性、思辨性学习？如何使学生积极、主动、创造性地学习？怎样使他们"困而学之"然后"学而知之"？所谓"困"，就是说教师要让学生感到"困"：困惑、疑问、不足，才能产生原动力，产生一种内在的要求，从而去解困，并从中得到追求、探究和成功的兴奋。"困"是实现创造性学习的有利条件。学生在寻求解决问题的过程中运用已有的知识探索新的知识，在获知后又开始新的"困"，实现学习的可持续发展、良性发展、自我发展，就有了知识更新和创新的意义。

评价学生的学习，过去注重上课出勤率、课堂纪律、听课听讲、笔记详尽、考试高分等因素，现在要看重学生学习的主动性、积极性、创新性、学习能力、动手能力；过去注重基础知识的掌握情况，现在注重分析问题和解决问题的能力。

面对现代高等教育的新理念和人才培养目标，我们需要反躬自问：从事人才的知识、能力、素质培养工作的教师应当具备哪些知识、能力和素质？例如，除了本学科的专业知识，需不需要教育学、心理学、管理学的知识？

事实上，有专业特长不等于有教学特长，有专业知识不等于有教育知识，优秀的专家不等于优秀的教师，富有学术成果的大学教师不一定富有教学成果。从自己懂、自己能、自己行到教会别人，其中的学问不少。

如前所述，高等教育不起"传承、传授"功能，而担负"培养、培育"的使命。教师不能"复制"与自己一样的人才，而应"挖掘和研制"比自己更高明的人才。

听说大数学家苏步青住院时，他的弟子古绍豪去看望他。苏步青表扬他说："你超过了我，是个好数学家。"然后跟着又批评他说："但你是个失败的教育家，没有培养出超过你的学生。我是成功的教育家，因为我培养出你这样的数学家。"（《新民晚报》2000年7月）

作为大学教师，教学和育人应当永远排在职责的首位。要做得出色离不开研究，但不仅仅要研究自己的专业学科，还要研究自己的教学对象和学习规律、学习过程、社会变革所产生的需求等。要懂得知识的输入与输出过程以及"学习"在什么情况和条件下才会真正产生；要追究知识从哪里来，更要研究知识要到哪里去。

从现代市场经济规律的角度来认识办大学，将学校比作市场，把学生视为消费者，教师是商家，课程是商品，教学方法和手段是营销，教材是产品说明书，测验是质量验收。在这个"链条"上，每一个环节都与"市场"规律极为相似。例如，对"产品研发"和"营销手段"以及"产品验收""质量监控"等问题，商品是否老化过时、是否具有竞争力、是否符合消费者的需求、有没有市场卖点，营销手段是否有新颖独到之处、是否有创意和吸引力、是否达到商家与消费者的互利。

老师们，我们既然立志在大学这块园地耕耘，就要明确现代大学的使命和教师的职责。21世纪的高等教育改革与我国政治、经济、科学、技术、文化一样处于大变革与大变化的时代。人们的生活方式在变，工作方式在变，娱乐方式在变，学习方式当然也在变，教学方法因此必须变。应对变化，许多事情难以用常规思维或习惯思维，需要在动态中超常或超前思考。对学习方法、教学方法、测试方法等都要开展新时期、新对象、新目标等方面的研究和试验。每一门课的改革都要置于国内外、行内外的大环境、大气候、大形势之下，还要迎合当代大学生的特点以及人才市场的需求。

2007年入学的大学新生是我国基础教育改革新课标实施以来的首批学生，这意味着他们在很多方面都发生了变化。最近，中央电视台组织了奥运会志愿者英语技能竞赛。参赛者面临的是各种各样的接待难题，需要的是英语应用能力和解决突发问题的能力。我偶然看到的是高中组的竞赛过程，发现高中学生的培养已经不再是高考能力的培养,而是多种社会能力的培养。由此想到的是,我们大学教师从中学接过来的这根"接力棒"变得有多长、有多重,一定要心中有数,不能"以不变应万变"或"一成不变"。

在高等教育改革的大转盘上,没有教师应有的作用,改革将成为空话。我国的"十一五规划"已经将教师发展列为国家战略发展的重要组成部分。那么,当代大学教师怎样做?下面我与大家分享交流自己教师人生的感悟。

做教师的价值在于,当自己教过的学生中有人成长了,成功了,有所成就了,我会对他们说一声:"谢谢你们圆了我的教师梦!"

要问教师"痛并快乐着"怎么解,我的体会是"波澜不惊,高贵不贵,清贫而富足,单调而丰富,不变与应变并存,自由与责任同在,安逸与艰苦有别"。总而言之,"平凡而伟大"。

所谓"波澜不惊",就是校园里有竞争、有淘汰、有挑战、有生存压力,但教师的生存方式有自由支配的时间和权利,生存空间有做学问的环境和条件,因此可以充分利用这些来下功夫,就能够在职称、考核、评价等关头坦然应对。

所谓"高贵不贵",指的是"教育是神圣和崇高的",计较的不应该是经济物质报酬,而是精神学术成果。我追求的是人生价值的无价体现。

所谓"清贫而富足",指货币储存量与学术作品的价值对比。

所谓"单调而丰富",指的是教师的日常生活不外乎从住宅到课室,往返路线单调,但学生一届又一届不断地更换,通过因材施教、开设新课、知识更新,职业生活的内容是丰富多彩的。

所谓"不变与应变并存",即我们的工作组成部分是不变的,包括备课、讲课、命题、批改作业和评阅试卷,但我们采用的形式、方式、手段、内容却跟随时代、学生、社会在变更着。

所谓"自由与责任同在",就是"自由不化",既有学者的学术自由或思想自由,又不忘教师为人之师的垂范责任。

所谓"安逸与艰苦有别",是"有为"与"无为"的分水岭。教学生涯可以风平浪静、按部就班、安逸单纯、自由自在。其实,敬业爱岗的教师工作起来是不分昼夜、没有节假日的,是"自己找事干"或"自己让自己忙"的一族,是以教学为第一天职的一群人。为了教学质量,为了对得起学生,身居课室这样的小天地,却在知识和信息的海洋游弋;虽有现成的教材,却博览群书,不断充实发挥;虽有教学经验却绝不驾轻就熟,而是不断更新和创新。只有这样做的人,才知教学的艰苦。

在高校当教师要想成功,除了个人的努力和奋斗,还有很重要的九种"关系"要处理适当:教师与单位的关系,要有归属感;教师与领导的关系,要换位思维;教师与教师的关系，要建立同事之间的合作团队；教师与学生的关系，要互动、互助、互哺、共同探究、一起成长，这是教育的黄金原则；教师与学界的关系，这是学术发展的资源，要知道自己在干什么，国内外的同行在干什么、已经干了什么、将要干什么；教师与社会的关系，不要成为"象牙塔"里的"书虫"；教师与专家权威的关系，不要"文人相轻"；教师与其他学科教师的关系，要学会触类旁通，学科渗透与互补；教师与自己的关系，不要怨天尤人，要自主、自立、自强。

教师特别要注重自主发展的软实力。自主发展在于：勤于学习，善于教学，精于研究，敢于创新。教师不学习，资源要枯竭。教师不善教学，无法教学相长，害人害己。教师不精于研究，教学质量提不高，也没有学科地位。教师不敢于创新，因循守旧，重复自己，就没有活力。教师的软实力发展比学历、学位、文凭、资历、成绩、履历、经验这些硬件更重要，因为这些只代表过去，已成为历史；教师软实力的发展比设备更新、设施改善、环境优美这些办学条件更重要，因为这些只是外部条件和物力保障。教师的软实力发展中的"力"包括生产力、发展力、学习力、成长力、领导力、组织力、创造力、办学力、授课力、教学力、培育力、感染力、生命力、学术活力、人格魅力等等。

2007年，笔者作为"南粤优秀教师"代表发言（左图）、在颁奖现场（右图）

教师要实现软实力发展，观念转变是先导，方法改变是关键，能力发展是核心，实践与行动是检验真理的标准。"观念"有教育观、教学观、学习观、教师观、学生观、课堂观、质量观、人才观、评价观。方法的"法"指教有教法、教无定法、贵在得法、因材施法。职业技能中的"能"包括教学技能、设计课程和创作课件技能、评价和点评技能、学术交流技能、课堂组织技能、研究写作技能、理论转换实践的技能、知识转为应用的技能、自我发展的技能等。

总而言之，教师发展是教育领域永恒的主题。胡锦涛主席在2004年教师节说过："中国的振兴靠教育，教育的振兴靠教师！"教师是人类特殊的群体，教师的发展不仅关乎自己，更关系一代甚至几代的人才成长。

教育领地，谁主沉浮？我是教师，非我莫属。只要有从事教育的主体意识、主人翁姿态、本体行动，当好教师是有希望的。祝在座的新教师未来成为成功的大学教师。

5. "为"与"为"：教大学的理想与实践（2008年，笔者应邀在中山大学新聘教师岗前培训上的讲座）

老师们，大家好！首先感谢学校的信任，让我代表老教师在全校新聘教师岗前培训班发言。从2000年起至今，我已经受聘讲过6场了，每次都把这种机会当作对自己教学生涯的回顾与总结，所以各有不同的选题。讲过的题目有"影响教学质量的因素分析""教学相长与教研相益""大学使命与教师职责""我对教师生涯的回味与反思""大学教师实力发展的途径与方法""成功教师的感悟"。本次讲题是"'为'与'为'：教大学的理想与实践"。

开讲之前，我想先讲一个现代寓言故事。

有一个大学毕业生问上帝："干什么职业好？"上帝说："商界好，赚钱多。"学生说："我没有商人的精明，干不了。"上帝说："政界好，有权势。"学生说："我没有官场的心计，干不来。"上帝说："企业好，靠技术吃饭。"学生说："太苦了，受不了。"上帝叹了一口气，说："你无胆、无识、无能又怕苦，只好当老师啦。"

不知大家听了这个寓言做何感想？当老师就这么容易吗？当老师是不得已的选择吗？无胆、无识、无能的人可以当教师吗？当老师不苦吗？在大学当教师究竟是怎么回事？

我们在大学任教，千万要做好准备用自己的一生去诠释大学之大、高教之高、教学之优和教师之精。这里有"为"与"为"的价值追求。为什么教大学？这是理想目标。怎样教大学？这

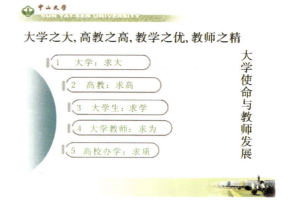

是行为实践。"为"与"为"之间还需要达成一致。

下面且听我大学从教 30 年的体会。

大学：求大

有人说，名牌老校有"五大"：大楼（有故事的老楼）、大树（有百年树龄的老树）、大师（国内外知名的行家里手、业界专家）、大气（特有的气度、气质、气氛、校园文化和大学精神）、大学问（发明、原创、思想源、厚积薄发的作品、办学经验）。毫无疑问，中山大学是具有这"五大"的国内一流大学。在这里从教要对得起这"五大"。

大学教学：求优

质量是办学的生命线，而办学的主力是教师，所以大学教师要追求"五优"：优化教，优化学，优化自己，优化人才，优化社会。其中，"优化教"与"优化学"在于"三教会"：教会学习、教会思考、教会做人；"优化人才"在于"四育"：育识、育智、育道、育术。

显然，教师要优化学生，首先要优化自己。求优的过程就是教师奋斗和比拼的过程。大学教师很重视学科专业研究，容易忽视教学研究，认为教学没什么好研究、算不上研究、不值得研究。其实，大学教学要求优，教师对教学对象、教学原则、教学方法、教学技能、教学评价、教学设计等教学问题都需要开展深入的研究；否则，何来每年各级的精品课程、示范课程、名师和优秀教师的竞争评选？

大学生：求学

学生经过 12 年基础教育，通过高考比拼后，胜出者才能进大学，他们交学费、拿学分、挣学位，关键在于"五学"，即学会学习、学会做事、学会做人、学会做学问、学会在集体中生存。教师是协同、协助、引导学生求学的人，自己当然也要会学和学会。教死书和读死书都不是真正的"学"。

师生关系：求同

师生关系分三等：低级、中级、高级。最高级的师生关系是"五同"：共同学习、共同探究、共同构建、共同发展、共同享受。事实证明，大学本科阶段是学生一辈子成长道路上最重要的一段历史。作为 4 年里教过他们的教师，能否成为他们的记忆而被珍藏，取决于我们与他们的关系。要真正与学生建立共同成长与发展的关系，这其中有态度、境界、方法等方面的问题。

教师发展：求精

在大学任职，精英云集，强手辈出。教师的职场竞争与合作同在，要关注生存方式和生存质量。教师的职业生涯要精益求精，追求卓越，必然经历从教师到明师、能师、慧师、经师、导师并最终成为出类拔萃的名师的历程。成为真正意义的卓越的大学教师，需要在"为"与"为"两个字上做文章：即弄明白"为"什么教，那是人生理想境界；搞清楚怎样作"为"，那是具体的行为。

以上构成了高等教育之"高"。

我相信，凡是立志从教、献身教育的人，一定要弄清奋斗的目标、期望的结果、努力的方法、可能的困难和必备的条件。凡是将自己的社会命运和职业生涯定位在课堂人生、校园人生、教学人生、教育人生的人，都应当关注如何与学生建立良好的关系、如何提高课堂教学效果、如何改善校园生活质量、如何活出自己的精彩！

当教师要当出名来，一般有这样的过程和路径：先当教师，教学之师；进而成为"明师"，明理之师，懂得教学原理、现代理念、教学方法论；再而成为"能师"，能教、会教、善教之师，掌握教学技能并应用自如，创新设计等；然后成为"导师"，导人、导心、导智之师，不仅教知识，更教做人、做事、做学问；最后争当"名师"，有名、有范、有声望之师，除了由评审竞争得来的名誉头衔，更是学生心目中的名师、同行口碑相传的名师。

教师是人类社会一个特殊的群体。要说教师的职业生涯有什么特别之处，那就是我们自始至终有一群让我们爱恋着、牵挂着、互相感动着的学生对象，而且我们的"恋爱对象"是一群群不断更换的新人，所以不会有厌倦感，不会有"审美疲劳感"。

我经常说学生是我智慧的源泉和青春的活力。我心甘情愿地把自己的心血和精力都投入到他们身上。我每教一届学生，我就更新了一次我自己。

在教育界，没有学生，就没有教师；没有学生的学习需求，就没有教师教学的目标和动力；没有学生的成长变化，就没有教师人生的幸福感。

当教师就要像当影星、歌星、球星那样被学生认同、接受、喜欢、爱戴、崇拜，与学生有缘、有情、有爱、有分享。教师首先需要的是"爱"：爱当老师，爱学生，就会享受教学的每一个环节，包括备课和教课；喜欢与学生相处，自己快乐，也让学生快乐。这样当教师很享受，享受教学、耕耘、收获、研究、成果、过程。当教师要能说会道，但不是靠嘴巴，是心、神、魂、情和知识、技能、修养等的综合表现。

大学教师从教的必备条件有哪些？归纳起来，兴趣是导向，爱心是关键。除此以外，还有许多重要的组成部分，如教师的教育意识、知识、能力、素质和专长等等。教育意识包括现代意识、国际意识、本土意识、改革意识、创新意识、质量意识、人才意识。教育知识除了本专业知识，还需要教育学、心理学、人类学、社会学、管理学、经济学、交际学、哲学等关乎人本、认知、组织、行为、心理、关系、效益、学识、素养的学科知识以及与本专业交叉渗透的专业知识。教育是与人打交道的行业，是对人的栽培和教育的过程。人是什么？人是如何认知的？人与人，包括教师与学生、学生与学生是如何相处的，相互有什么心理需求和期望值？在教学过程中，有哪些行为特征是有利于或有害于教学效果的？

教师的学识、素养从哪些方面来表现？有了意识和知识，还要有能力去实现、呈现、表现，而不是只懂不会，纸上谈兵，理论脱离实际。

教学能力往往指课堂教学的微技能，例如演讲、提问、解释、答疑、课堂活动组织、应对学生的各种课堂表现等技能，也包括与教学紧密相关的教学设计、教学评价、教学研究、教材应用等技能。

教师的素质如前所述，要有责任心和爱心，所以个人因素首先是态度，态度决定一切。

不爱就别做，否则折磨自己，更折磨他人。这里涉及价值取向问题，你选择教育这个职业追求什么？如果只为寒暑假和不坐班，如果只为照本宣科、轻车熟路，如果只为有大量的科研时间和机会，如果只为当"课堂皇帝"以满足师道尊严的虚荣心，或者还有其他只为个人私利的、贪图相对安逸的、出于实用功能的价值目的，我敢肯定地说，这样是当不好教师的。这其中有两个字需要注意："为"和"为"。为什么教是理想问题，怎样作为是行动、行为问题。不言而喻，理想影响行为。

其他做大学教师必备的个人条件还有个性、经历和行为特征。

个性太内向、不善言辞、缺乏激情和幽默，或者经历太单一、对人生缺乏观察与思考，或者为人太孤傲、喜欢故弄玄虚、与人为敌，或者为人悲观、心理太阴暗、对人对事太苛求、不善于看到积极面，等等，这些都是对教学不利的个性因素（注：对科研另当别论）。

对照以上必要条件，如果发现自己有缺失、错位或对号，怎么办？①可以以身试之，接受事实的检验；②可以重新选择，尽早改行；③可以自觉调整、改造和"补课"，做到"自适应"而不是"被适应"。

无数事实证明，大学教师不是有高学历、有专业知识、有科研能力就能当好的。专业特长不等于教学特长，专业知识不等于教育知识，专业研究不等于教学研究，拥有专业知识和能力、教学知识和能力、专业研究成果、教学研究成果，才能成就一名合格的大学教师。

美国哥伦比亚大学宣称自己的办学目标在于"让学生获得智慧"。有一位研究生向法院起诉该校违背契约。他说他上了课，考了试，拿到了文凭、学位，但没有获得智慧，要求退回学费。当然，他败诉了，因为智慧不是通过书本学习或听讲座而来的，需要自己的实践和体验以及摸索。浙江大学的老校长竺可桢在 1938 年日本侵华战争期间对毕业生说："大学不能只重知识的传授而不注重训练智慧。"美国比尔盖茨（Bill Gates）1973 年入读哈佛大学，大三辍学；2001 年，他在哈佛大学毕业典礼上演讲："我在哈佛的经历，在这里发展起来的思想永远地改变了我。"

以上案例引发我们思考，接受现代高等教育的人才需要什么？培养高等教育人才的人才需要什么？如何应需导学与因材施教？

孙中山先生的校训在国内很多高校都深入人心。需要追问的是：博学，学知识还是学方法？审问，谁来问？老师问，还是学生问？慎思，有多少种思维方法？明辨，为何辨？明在哪？笃行，怎样行？怎样才能行？大学教师对大学生是扶着走、抬着走、背着走、领着走，还是指路让他们自己走？

中山大学校训

美国高校对优质本科教育目标的共识：自主和终身学习能力与习惯的培养，研究性、合作性、互动性、探索性学习的过程体验，审辨思考与创新能力的引导，通识与专业知识的兼顾，身心的协调发展，教学方法能够激发学生的智慧和潜力，在大众化高等教育中发现并栽培以利于精英人才的个性化培养。

毫无疑问，优质本科教育目标自然要由优质大学教师来实现。

优质大学教师的教学功能、角色、作用和标准以及他们所采用的大学教学法是达标的相应问题。大学的教学方法归纳起来有讲座、研讨、案例、应用四种基本形式，其中都有方法、策略和技能的培养训练。

现代教育强调师生关系在教与学上启发、引导、互动、探究、合作、共建。这和以上提到的大学任务"三个教会""四个学会"目标是一致的。要让学生学会本事而不是接受现成知识的灌输，这是很不容易的一件事情。要充分调动学生的主观能动性，要保证学习的效益，特别是长效益，必须实现由传统教学向现代教学全方位的转型。

传统教学	现代教学
教师：对学生的学习负责	让学生对自己的学习负责
以课本为途径	以教材、媒体、实践、项目为途径
以传授灌输为方式	提供条件让学生寻找、发现和应用知识
归纳、分析、讲解知识点	刺激思考，引发讨论，由学生自己归纳
考核知识概念	考核知识应用及对知识的思考
以教师输入为主	以学生产出为主
复习重现已有知识	激活应用已有知识

依据卷面成绩评分	依据综合表现评分
学生：外部控制	自我控制
外驱动机	内驱动机
独自学习	合作互动学习
被动接受知识	主动构建知识
重温已有知识	应用已有知识
回答提问	提出问题，探究和解决问题
注重学习结果	在乎学习过程

师生角色和行为的转型是有教育新理念支撑的。例如，教师对学生的权力转移和权力再分配的实现：教师要敢于、善于对学生让权、放权与赋权，因为权力给人以动力、能量、责任和智慧。教师把学生该做的事都做了，学生的认知价值何在？例如，学习认知的群体有效性在于让教师的一个大脑与学生的多个大脑"发生关系"，师生在平等、参与、民主、合作、互动、互补、共建中让真正的学习发生。

大学的学习是培养学习能力而非接收学习内容，有以下依据：

（1）现代人才职场导向：职场对人才的才华需求中，专业知识占24％，实践能力占26％，个性占16％，其余是人际交往能力和团队精神以及开拓能力。世界500强企业招聘非本行专业人才的不少。(《羊城晚报》2008年)

（2）学生的变化：21世纪，中国基础教育新课标的改革初见成效，体现在课堂教学方法、模式、教材、高考、课外活动、技能竞赛等方面。21世纪，全球化新时代、新社会的学习环境与条件变化的效益显著，例如网络、媒体、辅导、集训、出国等。21世纪，学生国际交流项目增多，西学东渐，受西方影响，学生对教师、学校、教学方法等方面也有更高的要求与标准。

以上事实证明，高校的入口和出口都在随时代和社会变化。因此，大学教师和教法不能以不变应万变，不能以传统教学理念、方法、标准去应对，也不能以权威、专家、纪律压服管制。

试问：应对这样的学生，这样的未来职场的人才需求，大学教师该何去何从？现代大学教师应该教什么？应该怎样教？

我的经验是：以需求为目标，以方法为导向，求新、求变、求精、求发展。先发展自己，再发展学生，并与学生共同发展。我们要将"一桶水"变成"一条江"，变"课人"为"职人"，变"买鱼"为"打鱼"，否则，年深日久，老师会不自觉成为不识人间烟火的书生、年复一年重复教学的机器人、照本宣科的文人、现实生活的弱者、只会讲课的教书棍，造成职业慢性自杀。

一个大学教师的教学特色很大程度表现在教学法上。教学是技术和艺术的结合。每个优秀的大学老师都应该有自己的拿手好戏、独门特技、招牌名课。正如教育界所说的 Make your teaching way as your fingerprint（Rosie Tanner）。老师要成为学生拥戴的偶像、崇拜的对象、追随的"师星"、心中的教父、具有口碑的大众情人，要与学生有父母与子女间的情结。

要做到这些，我的体会是：态度决定一切，靠爱；理念决定行动，靠信；目标决定方法，靠质；方法决定效果，靠技；效果证明一切，靠绩。

我们再看看名人的教诲：教育是植根于爱的（鲁迅）。最有价值的知识是关于方法的知识（达尔文）。平庸的老师讲述，较好的老师讲解，优秀的老师示范，伟大的老师启发（陈玉琨）。真正的人才不是会回答问题的人而是会提出问题的人（杨福家）。你没有培养出比你强的学生，你是个失败的教育家（苏步青）。所谓教是为了不教（温家宝）。教给学生一种方法，就是一种教育结果（韦钰）。Education is an admirable thing, but it is well to remember from time to time that nothing that is worth knowing can be taught.（Oscar Wilde）The true test of intelligence is not how much we know how to do, but how we behave when we don't know what to do.（John Holt）Change is the end result of true learning.（Leo Buscaglia）Nothing is worse than teaching that has stagnated.（John Field）

结语

当好教师造福人类：教好一个学生，辐射一个家庭，影响一个社会，造福一个国家。

当一名教学出色的大学教师实属不易！优化的教学对学生是栽培，僵化的教学对学生是摧残。不追求卓越教学的教师是慢性自杀、自我毁灭。富有效益的教学是享受、历练、成长和发展。

最后，我想以一个比喻结束我的讲座。学校像市场，学生是顾客，教师是商家，课程是商品，教法是营销，教材是产品说明书，考试是质检验收，其他是教学环境与条件。这个链条上每一个环节的相互关系与商界极为相似。可见，作为商人，要在商海钻营。作为教师，要在学海钻研。学海无涯苦作舟，这就是大学教师的写照。

当大学教师是苦还是甜，你们自己去体会吧！我已经走过来了，体会是"痛并快乐着"，我的课堂是我的挚爱！爱，使我的教师人生变得精彩。

6. 大学的为师之道与术：高等教育者的学问（2009年和2012年，笔者应邀在中山大学新聘教师岗前培训上的讲座选摘）

但凡成大业者，必然有道、有术，在大学从教，需要什么道、什么术？

教育之道就是教育理念、信念和观念。教学之术就是实施教学、驾驭课堂、处理师生关系的操作能力。如果有道无术，道成空也；有术无道，雕虫小技也。所以，必须术随道走，道在术中。有道有术才能成事。

人的行为是跟着观念走的。观念滞后,行为必然落后。大学教师如果观念不更新,教学行为就跟不上时代。那些习惯了"用昨天的知识,教今天的学生,应对明天的未来"的大学老师,那些坚持"我当年老师怎样教我,我就怎样教我的学生"的老师,那些自己满肚学问却教不出有学问的学生的老师,都是不合格的老师。

我们最好理性反思一下当下大学的现状:为什么不少中学优秀毕业生到了大学深感失望?对教师失望,对大学失望,对教学失望,对自己的前途失望?是谁让他们失望的?近年来,高校招生情况不容乐观,人口大国竟有高校招不足计划数量,原因何在?进入21世纪第二个10年,我国中学毕业生的部分优秀人才出现选择高校的状况:内地不如香港学校,香港不如英美发达国家名校,高考人数下降。据传,有一所广东中学名校2012年毕业生中,小部分考入清华大学、北京大学,大部分考到哈佛大学、耶鲁大学,而且是获得奖学金的优先录取。浙江也有类似现象。基础教育的优秀人才外流,国内高校生源质量堪忧。

大学的"进口"如此,"出口"也不匹配。据毕业季新闻报道,广州四成大学生无法就业,就业者起薪不如农民工。广东缺高级技工,万元月薪招聘不到合适的人才。

与高等教育强国相比,美国高校录取率为60%,毕业率为50%~60%,宽进严出,严把质量关在于严格验收学生阅读的质和量、动脑动手的能力和业绩。相比之下,我国高校毛入学率从早期的7%上升到2012年的26%,但毕业率几乎为100%,严进宽出。结果,学生毕业率高,就业率低。由于质量越来越差,职场拒收劣质人才产品。所谓劣质人才产品,往往是"三无":无脑、无德、无能。

我国大学的办学大有反思和重构乃至创新的必要。

教师发展已经摆在国家战略意义的层面,连续几届的国家领导人的指示异曲同工,寄予厚望。"办学质量取决于教师质量。""没有好的老师,就没有好的学校。"

我们不得不承认的是,国内许多高校的人事制度导向不利于教师重视教学。教师为了职称,为了科研,为了名位,为了待遇,对教学不上心、不用心、不尽心,忘了到大学任教的初衷,更谈不上"道与术"的问题。

现在做教师培训,是时候聚集学习和研究这个问题。

上文提到,为师之道在于与时俱进和本质更新的教育理念、观念和信念。归纳起来,就是各种"观"。

例如,"教育观":"教育"不是往篮子里装东西,教育是火把点燃火种。"教学观":"有效教学"的核心理念是"少教多学""以学为主"。"学习观":学习不是读死书,死读书,记笔记,背概念,学知识,而是通过"自主学习""合作学习""干中学习"掌握方法。"教师观":教师的身份角色从讲授、讲解这种"以讲为主"的功能转型为指导、组织、协作、共建的"以导为主"的作用。"学生观"：大学是未来创新人才的孵化器，大学生是有创新潜力、高阶思维能力的"潜力股"。他们不是也不愿意是"书虫""书呆子""考试机器"。"课堂观"：课堂不是教师来讲课的地方！这是时代最颠覆的一个观念。课堂是师生共建知识、共同体验并探究未知世界过程的平台。美国名校对此有一个共识："大学课堂是今天的大师和未来的大师对话的地方。""评价观"：评价行动业绩而不是卷面成绩，即学生学了这些课能做什么，而不是会不会答题；是形成性评价而不是单靠终结性评价，即学生成绩由多个组成部分拼合而成，各自的权重都有利于学习的重要导向。"人才观"：以社会、职场、学术三大领域为输送方向，以能用、好用、想用、适用为目标。"质量观"：避免制造有知识而无技能，有知识而无经验，有知识而无智慧，有知识而无文化，有知识而无道德，会考试而不会做人、做事、做学问的"合格废品"，即废在有文凭、有学位、有证书、有成绩，但缺乏人才核心素养。

那么，接踵而来的问题就是如何实践的问题，如何将理念转化为行动的问题，也就是"术"的问题。

实施"点燃火种"的"有效教学"，教师需要善于启示、启发、启智的教学方法。例如，善于提问，也善于引导学生提问；善于质疑，也善于引导学生质疑；善于探究，也善于引导学生探究；善于设计和指派任务，也善于指导学生自主合作完成任务。

实施"以学为主"的"大学课堂"，教师要善于开展对话、研讨、争论、展示、交流，使课堂生动起来，使思想活跃起来，使知识流动起来。

实施符合人才标准的质量评价，教师要善于设计考卷、创新命题方式和评分标准，不再是一卷考评、卷面评分，而是考核应用能力、思辨能力、创新能力。

美国1995年做过一个教学效能实验，结果证明，最低效能是"听讲课"，最大效能是"应用"和"自己学会的同时还能教会别人"。我们一直以来都在认识和行为的误区里"瞎干"，以为把知识点讲通、讲透、讲全、讲细、讲过、讲完就是完成教学任务了。

在高校做老师，"道"也好，"术"也罢，关键还在于"师生关系"；否则，单方面行动很难收到预期效果。我建议师生建立十种关系，产生十种效应。

（1）施爱和受爱的关系，相互爱恋的关系：加拿大教育家说"教育是迷恋他人成长的事业"，因此师生应该建立"有情有义的学习伙伴式的恋爱关系""对教学对象爱如己出的职业爱"，学生爱上你这个人，才会爱上你教的课。我曾经在课堂上让学生表达自己对教师的期望和需求。除了普遍期待教师有责任心和知识外，还有学生期待一颗心——教师的爱。教师爱学生，才会倾情、倾力、倾智慧地求爱、示爱、施爱、会爱，由此达到爱情效应。

（2）共同发展的关系：师生是学习共同体，学生在我心头，我在学生心底，我和学生一起精彩！只有教学模式和方法对路，才会产生磁场效应。

（3）一棵榕树千条根须的关系：榕树的特征在于根须落地，一树成林；教师栽培学生，就应该有榕树效应。

（4）一个大脑和群体大脑的关系：教学有足够的启示、启发、启迪，就能产生链条效应与齿轮滚动效应。

（5）园丁和种子、苗木的关系：教育理念是阳光，课堂环境是土壤，教师是耕耘者，学生是种子和庄稼，教学方法是耕作技术，教学阶段是耕作季节，教学内容是养分，庄稼的生长状态、生长环境、生长条件等决定生态效应。

（6）供需关系：学生是交学费的顾客，教师是商家，课程是产品，教学方法是营销，教材是产品说明书，考试评价是质量检查，学生的口碑反馈、教学的效果声誉、学校的品牌名声都有市场效应。

（7）他我关系：师生之间的人际关系和教学的主客体关系，是否遵循人的成长规律，迎合人的心理需求，符合 CLA 效应［care（关心）、love（关爱）、attention（关注）］。

（8）一桶水和一条江的关系：一桶水有限，是死水；一条江无限，是活水。教学要有流水效应。

（9）互动关系：只有互相刺激，互相感动，互相补充，互相学习，互相释放，才可能有互利双赢效应。

（10）恩德关系：教师助人发展，学生的发展反过来反哺教师的发展，分不清谁该感谢谁，是共生共存的效应。

笔者培训现场照

7. **课堂教学微技能培训（笔者应邀在教育部人事司/高教司认证和"中国外语教材与教法研究中心"承办的2010年、2011年暑期全国高校骨干英语教师专业培训班上的发言摘录）**

首先，请允许我向在座的英雄好汉致敬：大家受得住炎热，耐得住寂寞，坐得住板凳，来这里进修学习，追求卓越，努力奋进，精神可嘉！

我能预言，各位今后一定会大有出息。原因是：大家都是当老师的，与其他行业相比，优势在于有寒暑假。但是，假期并不是给老师休养生息的，而是给大家充电加油的。我们当教师不再是蜡烛燃尽自己，而是发动机冲力十足。

教师发展是教师职业生涯中的头等大事，自己要格外重视。

教师发展在我国遇到了前所未有的机遇。2010年7月刚刚召开的全国教育工作会议，国家主要领导人出席，各省教育厅视频同步观看，新闻联播连续播报半个小时，《国家中长期教育改革和发展规划纲要2010—2020年》出台，国家主席胡锦涛和国务院总理温家宝的专题讲话中对"教师的作用"提到无数次，对教师赋予国家意义、民族使命、时代挑战、历史责任。道理很简单，国家层面关于人才培养的一切纲领、要求、目标归根结底都要落实到教师的行动和行为中。

教师想在教育界有出息，要过好两大关：教学和科研。这两者要并驾齐驱，齐头并进，做到这点很不容易。正是因为不容易，才能比出高下。

我认为，教师要把教学做精彩，靠的是课堂，课堂教学技能很重要；教师要把科研做精彩，仍然靠的是课堂，因为最适合教师做的科研是依托课堂。课堂是教师从业一辈子的主战场。

本次培训是一种创新，以工作坊为主，集中在"课堂教学的微技能"，即九个how to：how to teach the first class effectively, how to make warming-up authentically, how to teach text and vocabulary creatively, how to solve the classroom-based common problems strategically, how to know about yourself as a teacher and your students' evaluation of you as a teacher, how to make self-check and reflection upon your teaching, how to teach beyond the textbook, how to ask good questions, how to put theory into practice。此外，还有两场高水平的classroom teaching demonstrations and observation, comment and evaluation。

我们本期培训第一场就是"如何把第一堂课上精彩"，我的这一场培训本身也是第一堂课的示范和体验，我们先从自检和反思开始，我会对反馈结果及时进行梳理、分析。（当场发放"自检与反思问卷"，即场限时填写，回收，共10分钟）

8. **高校任教：杏坛耕耘梦想的人，看懂现在，明确未来（2015年，笔者应邀在中山大学入职新教师岗前培训上的讲座）**

老师们，祝贺大家在激烈竞争中求职成功。欢迎大家来到"北有北大，南有中大"中的华南第一学府中山大学。

在座参加入职培训的人都当过10多年甚至20年的学生，现在要转型当老师了，建议大家想一想，是不是对教过自己的老师有各种各样的记忆？怎样的老师给自己留下了终身有益的影响？什么样的老师给自己留下了坏印象？哪些老师压根就没有了印象？为什么？接下来再想一想，教师的职责是"传道授业解惑"，你认为应该传什么道、授什么业、解什么惑？你有传道授业解惑的准备吗？你有让学生接受你的传道授业解惑的准备吗？你对入行当个好老师有梦想吗？你有追求卓越的规划吗？

让我们听听中山大学毕业典礼上特邀的校友所说的话。

"世界上唯一不变的是变化，要积极应变和改变。"（许良杰，新浪公司联席总裁兼首席技术官2013年中山大学毕业典礼校友致辞）"人最大的难题是不知道自己想要什么。做自己喜欢的事。因为喜欢，所以不会去计较付出与收获，会全身心地投入，这样更开心，更充实。"（张杰铭，宝洁大中华区高级采购经理2013年中山大学毕业典礼校友致辞）

其次，我们听听那些令在大学从教者深思的话。

"人才只有在挑战中才有创新。所以，挑战你的老师，挑战你的教育。"（美国副总统拜登访华时到使馆签证处对中国留美签证学生现场说话，凤凰卫视2013年12月4日《新闻直通车》）、"不做有准备的人，就准备失败吧"（富兰克林）。

接下来，我们听听职场雇主对求职者的话。

"少一点问别人为什么，多一点问自己凭什么"（中国教育频道《职来职往》2014年真人秀节目主持人口号）、"找工作，不想自己能为单位带来什么，只想自己从单位得到什么，就不会发自内心地努力。单位为什么要你？就是要看你能为单位做什么"（天津卫视《非你莫属》2015年现场雇主对求职者的反应高频词）。马云2015年在高校演讲时曾经说过，年轻人有权抱怨，但无资格抱怨，因为你们还没有做出什么。不要抱怨这个世界不完善，因为这个世界是由所有不完善的人组成的。平凡的人不要把自己当精英，只有通过平凡的、枯燥的、重复的行动创造不平凡的事才是伟大的。

最后，听听教育行尊的话。

"新教育最大的成就是点燃了许多普普通通老师的理想与激情，让他们知道教育原来可以如此美丽，教师原来可以如此生活。"（新教育实验发起人、当代著名教育家朱永新教授，2015年）

本人近年来对"新时代、新教育、新常态下的新教师"这个命题一直比较关注。现在全国许多高校成立了教师发展中心，在自发组织的社交平台对大学教师的专业发展进行了全方位的热烈讨论，有关于健全考评体制的、有关乎教师幸福指数的、有创

人生处处是课堂——我的课堂人生缩影

新教学方法的等等。我在交流中学习思考，为教师培训和教师发展做应需准备。

本次应邀为新入职教师岗前培训所准备的讲座将围绕高校任教的要害、要道和要诀，常规、常识和常理，作为过来人与后来人进行经验分享和思想交流，特别注重当下和未来的变化以及实用有效的应变行动。我引用的理念、方法、模式、案例都是21世纪最新的材料，目的是助力青年教师尽早做好立身、立命、立足、立业所必需的职业规划、计划、筹划和策划，尽快在岗上立本、立德、立功。

（1）要害：做个体制内的成功者。大学教师不仅要有职，还要有位，因为有职并不等于有位。"职"从竞争中来！比拼的是前期成果与求职的竞争力。"位"从考核中来！考核当前的潜力、未来的实力和在职的竞争力。做个体制内的成功者，含义很深。首先是"体制行规"。有人说高校是"学术江湖"，有江湖规则。例如，进山门，要拜师，当学徒，学功夫；有同门，有门派，就会有排位、逐鹿与争雄。这些只当比喻而言。在大学的"职"由聘、岗、编、专职、兼职、固编、流编组成。在大学的"位"看的是学术地位和学生心中的地位，有高低之别及名实相符与否。在高校的体制中，一样有职场规则中的丛林法则，即优胜劣汰；更有教育原则中的教学育人与师生关系；还有生存法则中的适者生存、大浪淘沙。这些都是实实在在的规则。无规矩不成方圆。不按游戏规则出牌，游戏将玩不下去。因此，有职无为终将被淘汰。有为才有位，位在人才在。关键是，"位"从何来？

（2）要道："四划"与"四立"。有规划才有"位"来。"你自己没有规划，就会让别人给你规划自己不想做的事。"机会总是留给有准备的人。耶鲁大学的一项研究是跟踪一个班的毕业生20年，发现成功者在大学期间就有人生规划，这是具有终身意义的成功基础。管理学的目标学将发展目标分为愿景目标、行动目标和实现目标，我借鉴来谈。①规划目标：我想要什么？②计划目标：我要做什么？③筹划目标：我选择先做什么后做什么？④策划目标：我准备怎么做。最后，让体制验收我做成了什么。这些发展目标运用到高校任教的教师，我认为最好围绕"四立"进行"四划"：①教学立身。这是大学教师之本分，通过站稳讲坛，发挥名嘴名课，实现杏坛耕耘梦想，耕耘人生，耕耘未来，属于软实力。②科研立命。这是大学教师之本事，没有科研支撑的教学不是大学教学。科研是为发现问题、解决问题进行的创新开拓，不仅仅为职称，属于硬指标。③发展立足。这是大学教师之追求，这需要释放潜力，表现实力，展示成果，有足迹轨迹，有进程阶进，可持续发展。④三项具备才能立业。这是大学教师之卓越。能不能"四立"，态度决定稳度、效度和高度。态度首先是心态，心态决定姿态，姿态决定生态！有了好心情，才能做好事情。哪怕是失败的经历也有价值，与其怨天尤人，急功近利，不如集中时间和精力于学术，享受学术。"世上无难事，只怕有心人"，这个"心"包括心态。"世界上怕就怕'认真'

二字"（毛泽东）。这个"认真"可以理解为"认"准方向，"真"正投入。"没有做不好的事情，只有做不好事情的人"（俗话）；没有做不到，只有想不到，能不能做到，试过才知道。想做的事情一定有时间，不想做的事情一定有借口。积极正面的人从自己身上找原因，消极负面的人怨天尤人。当把教学、科研、读书、写作当成生活的组成部分并享受其中，把职业当成事业，才有"四立"的保障。

能否"四立"还与教师的潜力相关。这里，我设计了"四立"潜力评估自查，问题有四个方面。

教学：我有创新或个性化教学设计吗？我有把教学实践写成文案吗？我对教学有科研吗？我对学生有爱心吗？我有收集学生反馈吗？学生喜欢我的课吗？

学习：我对读写感兴趣吗？我有保持定时定量的学术读写行动吗？我有购书、借书吗？我关注行内文献吗？我喜欢思考吗？我有高级思维能力吗？我有参加学术会议的冲动和行动吗？我有定时选择参加学术活动吗？我有参加学术组织吗？我有参加专业培训吗？我有发现自己的弱项并主动补缺吗？我有无须扬鞭自奋蹄吗？我有博士学位后还有冲劲和行动吗？我有高级职称后还有冲劲和行动吗？

科研：我有特别想做的研究课题吗？我对专业研究有方向吗？我有申报过项目吗？我有能上手的学术研究方法吗？我有主动为同事当助手、促合作吗？

生活：我没课的时候主要还是做学术吗？我寒暑假和节假日做学术吗？我与同事交流学术吗？

青年教师的试用聘期一般定在6~9年，因为这就是潜力表现期限。所以，青年教师要将潜力外显化、成果化、标杆化，需要尽早在了解自己的潜力、潜质、专长、特长、擅长、兴趣的基础上进行"四划"：①规划。职业，专业，事业（愿景目标）。②计划。五年计划，每年至少完成六个"一"，即一门课，一篇论文，一个项目，一次获奖或一次参赛，一次参会，一本好书（行动目标与实现目标）。③筹划。婚姻家庭，学历进修，晋升职称，权衡利弊，轻重缓急，寻找最佳方案（谋略）。④策划。教学读写思研修，微型目标，操作方法，发展路径（方略）。以上"四划"需要理念和行动支撑。

（3）要诀。

1）审时度势，与时俱进。进入21世纪以来，教育领域发生了翻天覆地的变化。国际教育倡导21世纪的人才应该是注重思维能力（critical thinking）、创新能力（creativity，out of the box）、学习能力（learn，unlearn，relearn）的创新拔尖人才。相应产生的教育新常态给教师带来了全方位的挑战。首先是互联网的发达导致"学习型社会"的出现，为"实体课堂"的存在方式、"课程"的体系与设置、教学方法的推陈出新、教师的功能作用提出了一系列的全新课题。教学方法一改注入式、传授式、讲解式为自助式、自主式、合作式、探究式、产出式。慕课、微课、线上线下、翻转课堂的出现导致未来对学生学业的考量会超越本校、本专业甚至本国，这对校本教师和课堂教学自然形成竞争态势。国际教育界对"学校"的物理空间未来是否还有存在的必要进行了激烈的辩论。"以学为主"的教学理念导致以"难题""问题""任务""项目""思维""研究"等多种"干中学习"的形式为教学模式；国际教育界预言2030年，"教室"将消失，取而代之的是"会议室"，师生各自带着自己的思想来研讨探究。事实上，我们面临的教学对象"90后""00后"学生对学校、课堂、教学、教师以及师生相处的方式也提出前所未有的质疑、不屑和挑战。近年来，国内外对中国教育的质疑和行业内的反思都在敦促我们要做新时代、新教育、新常态的建设者，做因材施教、个性化教学的教育者，做教学创新的开拓者，要与时代同步、与社会同化、与学生同心；否则，学生"不跟你玩"，老师"玩不转"，社会"拒收""合格的废品"，教师职业身份与价值受到威胁。在这样的形势下入职的大学教师如何看懂现在，明确未来？

2）只争朝夕，苦干巧干。新入职的人往往有激情，有冲劲。但据了解，经过千辛万苦博士毕业的青年人不乏"歇口气""不想动"的状况。青年人如果一旦松懈，"明日歌"就会不自觉地随之而来。有位专家说过，学术是一座山，理工科人才30岁就能往山上冲；文科人才要在山脚下转悠找路，直到50岁才能厚积薄发，开始上山。（青岛海洋大学杨自俭教授）事实上，不论文理，都要只争朝夕。有心动才有行动，但心动不如行动：行动学习（action learning），行动研究（action research），干中学习（learning by doing），为行动而学（for action），在行动中学（in action），靠行动来学（by action），来自行动的学（from action），作为行动的学（as action）。有action才有reaction，经过more action才会有better action，最后the action that counts。行动有"苦"和"巧"的讲究。"埋头苦干"，要抬头看路，要选对路，要看看同行、同事、同伴在干什么、怎么干；要定期反思，及时觉悟，有所发现。"投机取巧"会得不偿失，适得其反。学术没有捷径，不会每一次努力都有收获，但每一次收获都必定努力过，建议大家在"潜"字上下功夫。有"潜在危机"意识，来自竞争、选拔、晋升、比拼、淘汰的危机感；有"潜在需求"观念，时刻关注学生和社会的需求，潜心做学问。每个人的"发展潜力"要及时表现，尽量按时保质保量完成硬指标，例如学历要求、学术成果、评教分数、参赛奖项等。高校教师是"培养人才的人才"，特别是在高端研究型大学的青年教师是培养拔尖创新人才的拔尖创新人才，其富有青春活力的"发展潜力"应该实现：别人在思考，自己已尝试；别人在困惑，自己已跨越；别人在争议，自己已证明；别人在模仿，自己已创新；别人在跟进，自己已跃进。实践是检验真理的唯一标准，也是证明潜力的唯一途径！知道不等于做到，做过不等于做好，做好还要做得更好。

3）身份构建，技不压身。大学教师的身份是 faculty，这是有学术含量的身份群体，属于高级知识分子（intellectual）、高等教育者（educator）、专业人士（professional）、专家（expert）、学者（scholar）。大学教师的专业身份构建目标有：①学习型教师。终身学习，学在前位；讲究学习方法，保证学习投入和学习效益。②研究型教师。研究学生的心理需求，认知特征，思维方式，学习方式，成长条件；研究学材不是研究一本教科书，而是研究所有身边能接触到的各种相关资源。有人说，"中国把教材当作整个世界，西方把整个世界当作教材"，我们新教师将用行动证明这是错的。其他还需要研究的是研究学法、测试法和评价法以及专业领域。③领导型教师。教师要有领导力，是指能影响学生的认知、思维、参与课程建设的领导力以及教师的自我领导力。④淘宝型教师。用心淘课堂里的宝，学生中的宝，教学活动中的宝，反思中的宝，同事身上的宝，信息资源文献资源的宝，学术会议的宝，学者交谈中的宝，社交平台上有价值的宝，有心则处处皆学问。其他大学教师身份构建目标还有：建设型教师、创新型教师、助力型教师、"星范"教师、"口碑"教师、魅力教师。总之，卓越的大学教师一定是明师（明理之师），经师（经验之师），慧师（慧人之师），导师（指导做人、做事、做学问之师），名师（学生心中的名师）。大学教师在教学过程中应有的角色身份有 motivator, activator, facilitator, organizer, manager, coordinator, enabler, learning partner, communicator, leader, participator, stimulator, model, thinking being, emotional being, creative being, productive being, social being, cultural being, global being。有了这些身份意识和目标，才能实现身份构建。除了自我构建，更重要的是他我构建。教师的身份价值是通过学生的成长、同事的需求、领导的调用、社会的评价来反映的。身份还需要共建。"要想走得快，就一个人走；要想走得远，就一起走。"专业团队（project team）、学习社群（learning community）、单位文化（institutional culture）、同伴互助（peer learning）都将成为教师专业发展的重要途径。

教师是专业人士，也是专业技师，技不压身。术有专攻，博学多才。技能技术不是知不知、懂不懂的问题，而是会不会、精不精的问题。讲、谈、论、解、辩、问、答、读、写、研、思、干、展、评、观、创、演、画等十八般才艺，不达精通，至少有模有样。大学教师的能力包括：①演讲能力。吸引力强的演讲注意开头和结尾，可以以叙事、案例、问题、疑点、热点、悬念为手法，也可以少讲、精讲甚至不讲。近年来研究型高校调查中，学生评教意见就有"喜欢不讲课但有才、有料、能答疑解惑的老师"，学生对照本宣科的老师极度反感。②组织能力。组织课堂讨论有多种方法。其中，分组法有：同质，异质，同题，不同题，自选题，自由组合，就近组合，男女搭配，等等。③应对能力。应对课堂状况，例如应对学生迟到、睡觉、不听课、不回答提问、不提问、不作为、不做作业、不预习、不用功、不参与活动、不买课本等常见问题的策略。又如应对学生提出的问题的方法有：直接回答，给"正确"答案；给多种答案，给不置可否的答案，留有余地；反问，保持神秘感，待共同查阅等。④关系能力。处理与学生、同事、领导、导师的关系，处理"宽与严""施爱与受爱""利用与被利用""奉献与吃亏""外行与内行""专长与短板"的关系。

4）创新拔尖，成功密码。大学要培养创新拔尖人才，教师队伍有"千百十"创新拔尖人才培养计划，国家级项目有35岁以下青年项目。要努力成为培养苗子、发展对象，成功的"密码"是：智慧领先。教育是开启智慧的行业、"脑矿开采业"，是"脑势力"比拼的行业。教学上要将"制造人力"变为"智造人才"，自己首先要成为 talent，善于开脑洞、烧脑力、补脑汁。教学与科研两手都要硬，双脚都要稳。教研相依相益，互动双赢。具体而言，拔尖创新在教学与科研上主要表现为四个方面：①课堂要有活力。建构"生态课堂"，开发"生态因子"的活力。②教学要有"温度"。温暖学生学习的心灵，点燃学生思想的火种，燃烧学生的脑力。③科研要有维度。理论，实践，数据，案例。④思考要有深度。高度，向度（横向、纵向、顺向、逆向、多向），信度，效度，延伸度。只有不断创新，教师专业发展才有可持续性，专业水平才有不可替代性。

(4) 常见疑难问题。

1）不变还是应变？在瞬息万变的时代，"以不变应万变"有好处，也有不好的地方。对知识的渴求探究、对基本方法的掌握、对问题的研究这三点不变，可以说得通。如果出于人的本性，例如惰性、惯性、随众性、叛逆性而产生以下情况则不合适。有的人不想变，出于惰性；有的人不敢变，源自畏难；有的人不按要求变，因为叛逆；有的人不会变，由于迟钝无能；有的人坚决不变，顽固不化，或者自有一套；有的人变而不通，没学到家，不善变通；有的人有变无化，有姿势无实质，缺乏变化的质化；有的人有变无新，换汤不换药，缺乏更新。其实，应变是必然和必需的，态度上适应变革、顺势而为，行动上还要讲究应变的时机、方法、效果，学会"变化管理"（management of changes），变化即挑战。

2）教与研，孰重孰轻？常听到"教学是软，科研是硬""教学是为他人，科研是为自己"。这里需要澄清对教育使命、大学意义、教学科研本质的理解。学校首先是教学之地，重研轻教，何以担当办学的教育使命？近年来，"教学即学术"（scholarship of teaching）的呼声很高。当然，真正意义的学术性教学才能算得上学术。大学教师自己首先要非常严肃认真地给教学以尊严与地位，思考教学如何反映学术，自己的教学是否为科研的教学；学术如何支撑教学，自己的科研是否为教学的科研。例如，在教学设计上做到：①研究性教学：在教学目的培养目标里就加入研究目的，教学内容里就加入研究课题，教学方法、考评方法就与研究方法相结合；②创新性教学：理念、观念、方法、技能要掌握。其操作模式有：难题教学、项目教学 PBL（Problem-based Learning，Project-based Learning）、任务型教学 TBL（Task-based Learning）、研究型教学 IBL（Inquiry-based Learning）、成果导向的学习 OBL（Outcome-based，Output-based Learning）、内容导向、创新导向的学习 CBL（Content-based，Creativity-based）、自主学习、行动学习 AL（Autonomous Learning，Action Learning）、合作学习、协作学习 CL（Cooperative Learning，Collaborative Learning）、有效学习、电子化学习 EL（Effective Learning，Electronic Learning）、计算机辅助学习 CAL（Computer-assissted Learning）、移动设备辅助学习 MAL（Mobile-assissted Learning）、网络课程 iCourse（Internet Course）、线上线下学习 O2O（Online to Offline）、慕课（大型公开线上课程）MOOC（Massive Open Online Course）、小型私播线上课程 SPOC（Small Private Online Course）、翻转课堂（Flipped-up Class）、混合课堂（Blended Class）等。这些模式都有理念、环节、链条、评价标准，"做戏要做全套"。

3）课堂是"讲堂"还是"会堂"？课程改革的出发点是学生，改革的落脚点在课堂，课堂质量取决于教师的水平和能力。课堂早已经不是"讲堂"，更不是"一言堂"。课堂是师生"学术共同体"共同成长和发展的主阵地。构建生态课堂、思维课堂、认知课堂、交流课堂、展示课堂，在已知、未知、新知三者之间搭桥，才有现代和未来课堂的教学质量可言。从大学学时、学分来看，人才培养很大程度依赖课堂教学质量。课堂教学质量取决于教学设计。课堂教学设计的要素由"三块基石"构成：问题，活动，评价。"问题"是指将知识点变成问题疑点。问题分类：热身问题，导入问题，启示问题，热点问题，思考题，卷入学生利益的问题，考核学生思辨能力的问题，训练学生分析推理的问题。"活动"方式：最好的参与是思想参与，最好的对话是思想对话；低层次的对话局限于信息、轮回、共知；高层次的对话是思想碰撞，探究未知，共同建构。有一种为了进行"再思考"的教学：对问题的再思考，对内容的再丰富，对知识的再加工，对方法过程的再论证，从而产生思维互动，智慧共生。当下的课堂教学改革创新主要体现在"让学生记住所学，不如让学生展示所学"（成果形式），展示是引发对话最富"刺激"的方式途径。"评价"：评价标准要权威，评价方法要适当，评价效益要明显，评价最好是即场评价、是激活思考的重要过程、是教师的重要功能和技能。评价人还包括学生参与评价，做到自我评价、相互评价、集体评价和老师评价相结合。评价也是反馈，是"学习的生命线"。

关于"课堂"的讨论是当下教育领域最关注的课题之一。综合讨论结果，大学课堂是思想共振与情感交织的心灵会话室、知识共建区、智慧宝藏与学习成果展示地、而非知识仓库。有效教学的大学课堂里有思想火花，有智慧释放，有语言互动，有综合应用，有交际体验，有教学"脚手架"，是生命因子高质量生长进而活出精彩的课堂，是发展思维张力和创造力的课堂。最新科学研究发现，科学家的"创意灵感"不是来自实验室或显微镜，而是来自"交谈讨论""头脑风暴"。国际教育界预言2030年"教室"将变成"会议室"，发达国家在教室的空间设计上已经在朝这种形态发展。除了传统意义的课堂，现代课堂种类大致可以分为六种。①第一课堂。实体课堂，人际空间，启发创新，思想碰撞。②第二课堂。课外空间，社团空间，实践应用。③第三课堂。校外空间，实习空间，网络资源。④第四课堂。线上空间，媒体空间，实习基地。⑤第五课堂。院系空间，助工空间，社会服务。⑥第六课堂。国际空间，课程空间，海外研修、国际交流。（清华大学2014年新方案）在教育理念指导下的新常态课堂有"以学生为中心"的课堂：学生是主角，而非听众或观众。老师要敢于、善于赋权，把探究知识的权力交还给学生。这样的课堂有三种类型。①以学为主的课堂，也称自下而上的课堂。教学计划中的知识由学生归纳、总结、分析、老师点评，从而做到以学定教、以学促教、以学评教，学生有学案和学习档案袋，学习作业作品化。②翻转课堂。学生课外学教材、听讲座、看视频，课内交流，是一种将讲授和其他传统课堂元素移至课外，以更多学生间互动、小组问题讨论为主的教学形式。这种课堂还体现了"干中学习"的理念，相信学生，放手学生，让学生在各种与专业相关的任务、项目、课题、探究中学习与历练并掌握方法。③动态课堂。师生互动，生生互动，规定动作与自选动作巧妙结合。

4）师生关系是"师道尊严"还是"教学相长"？进入21世纪以来，"师道尊严"越来越受到"学习型社会"成长起来的一代人的挑战。学生的知识来源与信息渠道因为智能手机和网络媒体而变宽。"老师难当"主要表现在不能轻易得到学生的尊敬和好评。在市场经济时代，我们不得不以利益关系思考：教师和学生究竟是谁成就了谁？不就是相互依赖的教学关系、相互利用的价值关系、相互成就的人才发展效应吗？此外，面对身处"叛逆年龄阶段"的大学生，教师要想赢得他们的认同，需要应用现代教育理念和心理战术。例如，心理需求：付出就要回报，如何让学生知道自己做的事情所得到的回报？可以采用"明白账"评价计分法。审辩式思维教学中让学生参评：观点与他人不同者得1分，理由准确充分者得2分，发现他人漏洞并能辩论清楚者得2分。这种"分数刺激"比卷面得分要更显回报价值和效应。这可以列入形成性评价，实现业绩化考核，但需要专业化导学、导做、导评的设计。又如，心理特征：青年人的叛逆心态本能是"你让我做的我偏偏不做，我想要做的我才做"。因此，教师和学生需要找到"契合点""接近点"，给学生机会选择，让其自主决定做什么、怎么做，把握教育规律和人本规律，做活教学设计，把控课堂。现代教师的高明之处在于精于"偷懒",善于"利用",即不代劳,不做知识保姆,不用"我讲你听"的方式,目的是让学生学到真东西,让学生彻底做学习的主人、课堂的主人与课程的主人。

现代师生关系早已经改"一桶水"与"一杯水"的关系为"火把"与"火种"的关系!"教育不像工业而像农业"(北京大学校长林建华,2015年),教师不要把学生当作学习流水线上一个一个的模子,而要把学生当成一个一个活生生的人。教师不是将一桶水往一个个空杯子里注,而是给一个个脑袋提供脑蛋白和思想火种。

我始终在认真领悟这样一个真理命题:教师和学生究竟是谁与谁的关系。谁谢谁的效应取决于理念、态度、立场、方法、需求、价值观等。"新教育"的定义是"提高教育过程的人的生命质量和幸福指数"。因此,现代师生关系不是一根藤上的两个苦瓜,而是一起享受教学过程的快乐人。学生读死书往往是教师教死书的结果,学生怠学往往是教师厌教的结果。对学生要多采用鼓励法,不要轻易使用惩罚法。严要严而有道,爱要爱得得法。教师教学要目中有人,不能照本宣科。大学教师不能只管自己的科研而不管学生的前途,对不起自己的职业"上帝"、生存的"饭碗"。我们想听到学生说:"老师,你的课很特别,你的教学风格很特别,你对我一生影响最大的一句话是……你给我印象最深的一件事是……"教师应时常问问自己:"我给学生什么了?学生从我这里得到什么了?我从学生那里获得什么了?"

新入职的大学教师一开始就要把自己放入有竞争的岗位和环境,而不是一开始就期待安宁稳定。有挑战才有精彩。大学教师的职业发展期大致分为入职期/转型期,困惑期/挣扎期,掏空期/瓶颈期,应变期/奋斗期,发展期/上道期,成就期/成果期。大学青年教师要通过适当必要的规划、计划和策划,力争教学和科研两手硬,当好新时代、新教育、新常态下的培养人才的人才,向"学术达人"和"精神富人"进阶。成才需要悟性,经历开悟、感悟、觉悟、醒悟、领悟、顿悟、深悟、妙悟、快悟、早悟、大彻大悟。成果来自行动,要现场行动,即场行动,快速行动,反复行动,多种行动,每天每周行动;行动要有目标导向,目标细化,目标落实,要有效利用时间。大学是孕育学术理想的地方,做学术是注定专注寂寞的,真正的学术研究的艰辛一定不是普通大众所能理解的。

现在,让我们回到开场时提出的思考题:"传什么道,授什么业,解什么惑,育什么人。"新教育的传道是传学业之道、处世之道、为人之道;授业授的是学业、专业、职业、事业;解惑要解知识之惑、科学之惑、人生之惑、社会之惑;育人要因材施教,个性化栽培,育才更要育人,不育"合格的废品"。

大学是链接过去与未来的纽带。大学要让学生喜欢学,善于学,有效地学,坚持学,师生同学。大学的路是学习之路、自己设计的路、自己选择的路、自己走的路,从做过到做好、做精，从敢做到精做善做，从做实到做好。让教育理论从书架上走进心里，让培训从讲座走进课堂实践，"爱"是最好的教育，"学"是最好的发展，"做"是最好的进步，践行理念，实现梦想。让我们组成学校给力、学院助力、老师努力的三方合力，使 vision, passion, action 相结合，将 ambition, ability, achievements 相贯通。"不是因为有希望才坚持，而是因为有坚持才有希望！"（《超级演说家》2015 年 5 月 2 日，中国传媒大学"90 后"大学生追随拯救传统艺术评书之梦发自内心地呐喊，赢得评委的全票支持）想成功的青年人，请以"中国梦"为目标，以"中国核心价值观"为导向，以"中山大学校训"为路径，在这所有历史、有地位、有威望、有影响的名校筑梦！追梦！圆梦！

最后，祝愿大家：Hold 住你的大学！大学之路始于足下！忠于学术，立己达人！我等着大家的好消息！

9. 构建"师生学习共同体"的要素与招数（2016 年，笔者应邀在中山大学新入职教师在岗培训上的讲座）

当下和未来的大学教师凭什么让学生尊重？互联网时代的知识和信息"随手可得"，"百（度）老师"无处不在，学生为什么还要在规定的时间、规定的地点跟规定的教师、读规定的教材？近年来，大学生为什么逃课、睡课、厌课、投诉课？高校师生关系出现了危机，怎么办？问题是变革和创新的引擎！

让我们以问题为导向，思考应对和解决问题的办法。首先看看问题的症状。"三低"的课堂：出席率低，抬头率低，关注率低。"四无"的课堂：无参与，无作为，无互动，无思考。再看看应对问题的教师的常态：学生不到场怎么办？点名扣分。学生不参与活动怎么办？自说自话。学生不回答问题怎么办？自问自答。学生不提问怎么办？怪学生不动脑。其实，学生不提问究竟是没有问题，还是老师没有激发学生思考的热情？学生不回答问题，是不是教师没有对策而放任的结果？学生不参与活动无所作为，是不是教师的教学设计不到位？

针对以上问题，透过现象看本质，问题出在教师身上。

当下大学教师的身份价值、存在价值、功能价值直接传递给学生的是学习价值，即课值、学值、言值以及核心素养的培植。大学生经过之前 12 年的基础教育，"读师"无数，如果大学教师没有人格的魅力、课程的功力、教法的张力、对学生未来发展的助力、不可缺少的关系软实力，即解决人的问题的智慧和办法，就没有当下和未来的胜任力。学生只会在心理上"失望"从而在行动上实施"软抵制"，同时任由人本的惰性和依赖性泛滥。因此，当下大学教师要能够"魔高一尺，道高一丈"，与学生同发展、共命运，构建师生共同体。这种共同体实质上是生存共同体、生命共同体，在高等教育领域就是学习共同体和学术共同体。

（1）构建师生学习共同体的前提：领会贯彻"以人为本"的理念与规律。

"以人为本"的教育理念有其丰富的内涵。首先，人有不同时期、不同阶段的需求、期望、动机、目的、动力本源，所以高校教师需要反思是否提供了新时期、新形势、新对象的应需教学。其次，人是有思想、创意、精神性、社会性、生产性的生命体，所以高校教师需要反思高等教育阶段的教学有无让师生共同体验高阶的探索、研究、思考、创新的活动，大学的教学模式是否有效激发学生学习的自主性、合作性、竞争性、研究性、生产性、创新性从而遏制不良秉性的散发。

值得一提的是，人的价值体现在相互的依存性上。教师的价值是通过学生的成长进步反映出来的，就像医生的价值是通过病人的治疗效果反映出来的一样。与此同时，从相互依存性的角度看，教师的专业成长和发展离不开指导学生的过程，就像医生的医术提升来源于病人病症的多样性。总之，发展任何一个人的价值都是在群体和客体中得以反映的，促进群体内部的共治和互利是很有必要的。

再看看企业内部的雇主与雇员的关系。雇员心理通常分为三个层次：我跟着你这个老板能得到什么？雇员关心的是收入，这是物质利益层面。我跟着你能学到什么？他们关注的是成长收益，这是精神利益层面。我跟着你能发展什么？他们关心的是职业甚至是事业的收获，关乎未来的发展前景。又如顾客与商家的关系，顾客的心理通常是"我付的钱值吗？我买到需要的、心仪的、合适的商品了吗"。

如此类推，教师与学生、人与人的关系就是相互依赖的教学关系、相互利用的价值关系，是相互成就的人才发展效应。学生以"雇员""顾客"的心理包括"我付出就要有回报而且是看得见的回报""我上这门课，听这位老师讲课，得到了什么"。教师作为"雇主""商家"的立场需要想方设法让学生知道自己所做的事情所得到的回报，而且具有可持续发展的价值，例如课业作品化、打分"明白账"，让学生有用实践行动"挣分"的机会。

（2）构建师生学习共同体的关键：强化人际关系意识与提升师生关系的层级。

在"以人为本"的基础上理解教育，就能明白教学是人与人的互动过程与结果。"人际关系"中有不可忽视的情和理的关系。人性特点往往是感性在前，理性在后，因此情感上共情是首要的。情感上接收和认可后，再多些理性的通达，才有认知的发展。古人说，"亲其师，才能信其道"。也就是说，学生爱上你这个人，才会爱上你的课。处理关系的能力其实也是做人做事的能力。教师自己要学会做人做事，也要教会学生做人做事。青岛海滨学院的主楼上悬挂着一副对联，就是该校的办学宗旨"做人要做得让人喜欢你，做事要做得让人需要你"。教师更是如此，要学生听你讲，听你的课，听你的指导，说话就要说得让人接受你。

有了关系意识，更重要的是发展关系的软实力。但凡师生关系良好的老师，一定满腔热情、满腹爱心地投入了自己的情感。正如人们常说，你对别人的爱，别人会感受到。爱学生、爱教学、爱课堂的老师的"爱"有母爱、师爱、慈爱、关爱；"恋情"有对教育之恋，成为"大众情人"之魅力。这样的老师所投入的是全情、全力，包括心力和脑力，与学生"共情"，教材的选择、教法的创新、讲课的磁性都是因需、应需、供需。他们收获的是，创造价值，创新教育，幸福感受，专业发展。

（3）构建师生学习共同体的平台：合作模式与共建条件。

师生学习共同体的构建需要平台来实现合作与共建。合作的前提是"我中有你，你中有我"。其中，涉及许多影响因素。

教师要保持"自向教育"，创新"他向教育"。简而言之，即知彼知己，知人知心，这是合作的基础。例如，教师的"自向教育"包括对互联网时代的自我身份、角色、信念、观念、理念、实力、功力要有转型认知，教师的"他向教育"包括对伴随互联网时代成长的大学生的心理特征、成长规律、方法能力、心智潜力要有更新的认识。

教师的"知人知心"教育素养要有"人本"意识，包括对"人际关系"的心理需求、行为表现、常识规律、利益互动的认知；要清醒地认识到，课堂是人群组成的网络，也是变数组成的场域。因此，师生关系是一种高级的人际关系，是"轮换主体"关系。教和学的关系已经不是"你教我学""我听你讲""我看你做"的关系，而是"共同探索""教学相长""互利双赢""合作共建"的关系。那些我行我素、按照既定的教学计划把教材讲完的做法充其量只能算完成教学任务，距离新教育倡导的"慧心课堂""合作共建"还差十万八千里。

要真正产生"合作共建"的效益，需要"合作共建"的模式设计和应用招数。

近20年来，国际高等教育倡导的"以人为本""以学为主""干中学习"的教学模式有"问题导向法""任务型教学法""项目驱动法""研究型教学法""翻转课堂混合学习法""输出成果法"等。这些模式的共同点都是师生合作共建，重视体验和过程，实现共同成长。

合作共建的教学模式实施很不容易，对老师的要求很高，所以，师生关系为首要因素。除了"情和理"的关系，还有"利益关系，契约关系，合同关系"。师生双方都要真正明确为什么合作？怎样合作？什么是合作的阻力和障碍？怎样评价合作？最关键的问题是学生所期待的和教师所提供的是否对接？是否有"合力"效应？是否"互利双赢"？从"合作学习的效能"这个意义思考，师生学习共同体又是生存共同体和生命共同体，要追求双方的生命质量和幸福指数靠的是构建学术共同体，共同探究求学、治学、问学的学问方法。

为了达到以上目的，教师角色要发生根本的转变。教师从原来的"教学主体"

转变为"教学主导",让学生从原来的"学习客体"转变成为"学习主体",而且师生之间要随时灵活地轮换进行"双主体"或主客体的"二重奏"。教师从原来的"知识传授课本讲解者"转变为"学生自主学习指导者""合作学习协助者""研究型学习促成者"。在"学习型社会",教师要成为"学习环境的设计者""终身学习的引领者",在学生获得知识成为举手之劳但知识碎片化的情况下教师要成为"知识筛选梳理和创新生产者"。

合作的达成需要赋权给学生,具体措施在于"六给":①给学生责任与权利。人性的原理是"权利"给人动力与责任。所以,给学生探究知识、应用知识的任务,包括选题、组队、分工、检索、设计、制作、修改、展示、评价全过程,让他们像在职场一样凭业绩挣分。②给学生刺激。教育的基本原理是"刺激—反应",通过任务和作品以及分数刺激学生的表现欲望、创作动机、挣分动力、学习成果化显性化的感觉。③给学生协助。这是新型教师的本分,在学生实施任务的过程中为他们搭建脚手架,提供攀登的梯子。④给学生鼓励。对学生的课业作品进行即场点评,尽量找出亮点、聚焦潜力分析、运用形成性评价、加大过程分数的权重。⑤给学生机会。凡是学生有优势、有能力、有才智进行探究的知识或信息或数据,老师不包办、不代劳;凡是学生做的就给机会充分表现、竞争、比较,满足"虚荣心"的积极效应。⑥给学生空间。不要灌满,不要讲透,留有余地。

共建的条件是利益驱动。让学生感觉到你爱他们,你在帮他们的未来做准备,你的教法对他们成长有利。让学生感觉到他们学的是方法,长的是智慧,练的是本事。运用的方法有信息检索法、知识梳理法、听讲读写笔记法、标准评价法、思想交流法、技能应用法、作品创造法等。共建所得的利益最精彩之处是互利双赢。成果创造提供了学习的快乐源和收获感。在完成任务、交付作品的过程中,必然产生困而学之、学而知之、知而行之、行而悟之、悟而慧之、慧而成之、成而乐之、乐而再学之的链条循环效果。教师在导学、导干、导思、导研、导人的过程中变得更强悍、更高明、更出色。导人先导己,强人先强己,立己达人。"双赢"还表现在两个"相互"。一个是"教学相长",因为怎样的教会导致怎样的学,怎样的学又会反哺教。另一个是"教研相益",因为教学的创新和出新必定引发研究课题,可以研究学生、课堂、教材、教法、关系、效益。近年来,美国率先提出"教学即学术"的概念,就是充分肯定教学的研究性和学术性。

(4)构建师生学习共同体的要素:教师胜任力和关系软实力。

21世纪教师的教学胜任力在于解决新旧问题的能力、处理师生关系的能力和教学创新能力。

21世纪是强调"生态"的时代。除了农业生态、环境生态,还有政治生态、经济生态、教育生态。生态意识是师生学习共同体的环境意识,是其生命力的基本保障。如果把课堂比作生态园,园里的"生态因子"有哪些?是什么?是否有活力?

教师在课堂教学中有没有生态语言问题?例如,什么时候用"你"或"你们",什么时候用"我"或"我们"?例如,"你听明白了吗""我说清楚了吗"这两种问法相比,哪一个更有技巧?为什么?又如,"你这样做是违规违纪的""我们一起重温纪律条规吧"这两种批评法,哪一个更让人接受?为什么?

教学有没有遵循学习的生态链条?例如,一种是"自上而下"的循环,即输入—内化—输出—发现—再输入;另一种是"自下而上"的循环,即输出—发现—输入—再输出。不论是哪一种模式,都要让这个链条滚动"已知—新知—未知—识知—共知"的齿轮。

近年来,国际上教学强调思维的培育和训练,生态思维具有多样性。例如,多向度、多维度、多层次、个性化、辩证、求证、质疑、反思、创新,如何在高校课堂教学中逐一具体体现呢?

以上强调教师的胜任力在于解决问题的能力和知识体系、思维体系、生态环境的构建,这些都需要"关系软实力"。

关系软实力中排第一的是"领导力"。教师是"课堂经理",要自主做出各种计划决策,管事理人,保证效益。教师是"学术共同体"团体成员及其领队,要有保证团队高绩效的领导力。作为专业人,领导力也是"专业影响力",以自己的专业精神和专业水平影响学生。教师的领导力还表现在能够分析诊断问题、应对突发事件的"危机领导力",教学改革创新的"变革引领力",敢于、善于自我赋权并敢于、善于推陈出新的能力,在知识、能力、素养、理念、行为方面的"表率力"。

关系软实力中排第二的是"组织力"。以学生为学习主体的课堂是动态的。首先要学会"分组运行法"。例如,同质同组法,异质分组法,依据立场观点派别分组法,组内分工法,组间交流法。对分组后进行的讨论需要"组织讨论法":主持人,讨论人,记录人,代表发言人,讨论专题选择。随后要掌握"组织交流法":个人陈述,团队合作,接龙,追问,反问,辩论。如果学生的讨论最终以作品的形式呈现,还需要"组织展示法":应用软件,自拍录像,访谈,调查,视频节选,新闻,案例,文献综述,观点碰撞,互动活动。对学生的展示要运用适当的"评价组织法":自评,互评,点评,评价标准,评价记录,评分过程与结果。组织得法得力的课堂状态应该是形散神不散,具有"孙悟空跳不出如来佛祖的手掌心"的水平,而不是表面的热闹。

要真正把学生的积极性调动起来,关系软实力还包括"驱动力"。管理学的"动力学"包括:"外动力",通过目标设定,形成压力,布置任务,以分数驱动学习;

"内动力",利用人本的表现欲,挣分动机;"自动力",调动人的自觉性、自主性、自律性;"原动力",刺激人本的竞争欲,利益追求;"合动力",达成师生、生生、团队内外、团队与团队的成功合作。

领导力、组织力和驱动力都需要"管理力"的体现。例如,应对课堂"实然"状态的策略。遇到不参与、不回答、不提问、不作为、不表态的学生,不能视若无睹,不能无奈放弃,不能无能为力。对不回答问题者,如果学生不会回答,让他请人帮忙,再由他照着复述;对不参与活动者,让他知道不参与的后果,例如形成性评价某一组成部分的失分。对不对课程做贡献者,让他有所为,有为才有位(分)。管理原则是:惩罚只会让人不做什么,奖励能够激励人主动积极做应该做的事情。让学生明白自我损失的代价:迟到早退,不参与讨论,不对课程做贡献,不愿意花时间精力设计和制作作品,拒绝采用类似现当代的学习方法和模式,都是自己的损失;是最大的自我惩罚,是对学费的浪费,是对自己不负责任。这在课程导学和总结时要反复强调形成性评价考核的分数权重,出现不及格者来质疑、责问、求情的就要重述规矩并严格执行。

"演讲力"是具有"驱动力"的关系软实力。课程开场的艺术包括课堂头 5 分钟的精彩,目的在于热身、导引、激发兴趣、启发思考。具体方法可以分为"叙事型":自我关联,案例故事;"悬念型":故弄玄虚,欲擒故纵;"质疑型":对旧知识、旧结论、旧发现引发不同的见解;"语录型":引用名人名言,专家权威论述,成功人士经验,老话,俗语;"触类旁通型":交叉学科,其他学科,相关现象,举一反三;"刺激型":选择视频动画,新闻报道让大家看了有话可说、想说、会说、能说。

"亲和力"也是关系软实力中不可或缺的。教师最好能够提前到课室,争取在上课前与学生进行个别交谈。在课堂里,教师要保持笑容可掬,穿梭游走于学生中,与学生进行眼神交流,近距离问答;征询看法,不包场,不垄断,不自说自话。下课前,教师要利用最后 3 分钟征询意见,虚心讨教,这种评价的小技巧包括运用一张纸片、一句话、一个疑问;还要布置任务:延伸话题,追问深思,联系实际反思,寻找更多差异案例、证据。课后,与学生建立 qq 群、博客等交流平台。

应该说,教师的"执行力"已经随着时代的变迁而改变,要善于突破"执行教学计划和进度"的旧框框,做到"四不":①不刻板:不照本宣科,不做教材的奴隶;②不固化:不年复一年重复一种模式或方法;③不守旧:不要用昨天的知识教今天的学生去应对明天;④不一统:不苛求统一步伐、统一进度、统一模式、统一考评。做到"四要":①要创新:课程创新,教法创新,考法创新,评法创新,研法创新;②要应需:符合特定的学生,专业,社会,职场的需求;③要变通:计划不如变化快，wisdom + smartness；④要个性化：有特色，有口碑，有不可替代性。

（5）构建师生学习共同体的招数：有利于学生可持续发展的创新教学。

进入21世纪，联合国教科文组织"重新认识教育"和美国科学家都强调"学习力"，即学会learn，unlearn，relearn的能力。unlearn就是指吐故纳新，推陈出新，破旧立新。relearn就是重新学习，不断学习，学无止境。还有learn to learn，learn to think，learn to do，learn to live together，即"四个学会：学会学习，学会思考，学会应用，学会共存"。为此，我们的教学要不断创新。教师自己的教学不创新，如何培养创新人才？

教法创新的原则是教有教法，教无定法，贵在得法，各施其法，自有教法，而且有法必有据、有招、有利、有效、有口碑、有不可替代性。教学法从大到小分为methodology，approach，method，technique，skill，即有法理、法道、法术、法技、法力，层层递进。教师对教学活动的创新设计是否有与时俱进的教育理论学习、借鉴、研究？教学技术上是否有托题激思、顺势开源、蓄势开凿、采集脑矿、释放脑力的功效？

教法创新必须对学生有利，有利于学生可持续发展，有利于学生终身学习。例如，笔记法应是学术性的职场化的基本功，而不再是一如既往地记概念、要点、考点。新型的笔记法有一种思维导图法，可以在阅读、写作、听讲座、讨论发言、作品设计中将思维显性化、梳理化、逻辑化、清晰化。例如饼形图、层级图、因果图、枝

2015年，笔者培训教师时应用思维导图集体反思（广州荔湾区）

干图、树形图、三角图、气泡图、圆环图、金字塔形图、阳光图、冰山图、房屋图、桥梁图、鱼骨图、眼镜图、树冠图、齿轮图、链条图、维度图、互动图、栏目图等等。对学生有利的教学创新还有"课业作品化"和"展示交流法"。学生不再是记住所学，而是展示所学，学以致用，干中学习。这样的教学有足够的刺激、比拼、表现、样板、说服力；学生内化的知识得以及时地显性化，学生的能力有可持续性，学生的业绩有可比性。

总之，教学创新要给课堂带来活力，要显示教师的魅力，要彰显课程的功力与张力、思绪的延伸力，以学生"离开课堂离开学校还能独立或合作解决问题"为目标。

构建师生学术共同体的招数还少不了教师的个性化教学。能否做到：①善于创设悬念：你想知道吗？为什么如此？为什么不？②善于提出思考题：主题思考，关联思考，反思，质疑；③善于追问：为什么？证明？案例？事实？观点？漏洞？④善于比喻：相似性，相通性，原理性；⑤善于关联：自我关联，关联学生，关联社会，关联未来。例如，我开设的人文通识课"性别差异与语言策略"引导学生对社会性别的形成、期待、偏见、关系，婚姻成功与失败的规律进行自我关联的思考；我的"职场精英备战"课程引导学生分析人才角逐和选拔过程中展现的语言能力、智慧交锋能力、判断能力、解决实际问题的能力，为自己的未来做准备；我的"跨文化交流"课程引导学生知己知彼，理解信息传导、意义解构、交际策略等，进行与国际社会相关的思考。

最后，构建师生学术共同体的招数必须立规矩，守规约。准时上下课，等迟到者是对准时到者的惩罚，提前下课是对学生学时的贪污，超时下课是对学生时间的占

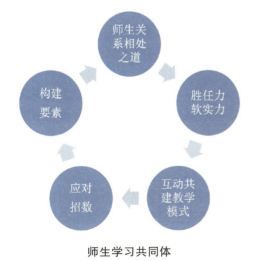

师生学习共同体

2016年，笔者在中山大学录播室录制，全国高校同步收看"师生学习共同体"讲座直播

用。导学课和课程总结必含考评方法、评分标准，课中反复强调考核评分的权重分布。要求学生各自对自己的行为负责，学分态度决定学习态度和行为，学习行为决定学分成绩。例如，明确告知选修课、通识课的"及格"标准和"高分"标准之区别，分值1.2、1.0、0.8区分的原因，还有听课、参与、作品各自的权重及其价值原因。

构建师生学习共同体，教师要当学习和学术的"先生"：先知先觉先行者。教师也要当学习和学术的"后生"：与时俱进，与后辈同步学习者。教师要注重自己和学生的知识共建过程与结果。要解决"课堂危机""教师身份危机""师生关系危机"，出路在于"共同体"的生命质量和幸福指数的提升。

（四）教育感想随笔：感触感动感怀感悟

1. 劝君今后莫猜题——高考阅卷有感（1979年，笔者参加高考阅卷有感，发表于《南方日报》）

有幸参加1979年高考阅卷工作，偶见一考生的考卷上有一段附言。其大意是：这些考题我无可奈何，因为老师帮我复习准备的知识几乎都没用上，这样出题岂不是考不出我的真实水平吗？这段话乍一看使人不禁发笑，但仔细想想，能从中发现一个不可忽视的、应引以为戒的问题。

高考前积极组织考生进行辅导，这无疑是好事情。但在辅导过程中，有些地方的教师不是把主要精力和时间用在全面复习和巩固基础知识上，而是用在猜题上，有时甚至用在硬攻深、偏、难题方面。这就不仅收不到复习的应有效果，而且造成考生对考题的深感莫测。考试时一遇未经"复习"的内容，便茫然不知所措，只能抱怨出题出得不好，考不出自己的水平。

前面引用的附言是考生写在英语试卷上的。今年的英语高考试题，以高考复习大纲为依据，分量适中，难易相当，全面、综合地考查考生的英语基础知识和运用英语的能力，词汇量基本上没有越出教育部编印的"一九七九年英语高考词汇总表"的范围。那么，为什么这个考生会认为考不出水平呢？原来，据说有的地方的教师根据去年英语高考试题的特点，猜想今年的高考试题可能偏重科技方面，便把精力和时间花在帮学生掌握科技词汇去了，致使本来英语基础知识就不牢固、不全面的考生连许多最基本的英语知识和词汇都没有掌握好，考场上当然就"无可奈何"了。有的考生懂得rocket（火箭）却不懂得rock（岩石），结果把He rested under a big rock（他在一块大岩石下休息）译成"他在一个大火箭下休息"。但令人啼笑皆非的是这些考生还以为自己水平不低，只是出题出得不好，没考出水平呢！

从这个附言里，我们可以得到这样一个教训：要脚踏实地地打好各门功课的基础。因为只有牢固掌握基础性的知识，考场上才能遇难而不慌，从容自如地发挥运用，这才是真水平；否则，想走捷径，猜考题，攻偏题，便是舍本逐末。况且，靠侥幸去对待学问还是个学风与教风的问题呢！

2. **这些"大龄学生"实在令人敬佩**（1980年，笔者兼职任教夜大有感）

随着我国成人教育事业的蓬勃发展，几年来，我校以各种形式招收了不少的在职学生。他们来自社会各个行业、各条战线。凡做过他们的任课教师的，都深知这些"大龄学生""父母生"的苦和乐，都为他们的求学奋进精神所感动。从某一角度来评价，他们也是我们这个时代最可爱的、最令人敬佩的人。

在历史、外语、哲学、中文等系的夜校里，常常听到这样的故事：有的大龄夫妇双双上夜大，为了保证学习，婚后五年不敢生育。有已婚的大龄女同学，为了既保证学业不中断，又照顾亲人的情绪，计划把假期当作产期。于是，怀孕期间坚持上学，临产前一天仍参加期末考试，趁假期把孩子生下来后又继续她的学习。这需要多么坚强的意志和毅力！

再看看那些已经当上父母的同学：孩子小的，辛苦自不必言状。有一位男同学，妻子长年出差在外，女儿只有两岁。他又当爹又当妈，还要当学生，累得大病几场。孩子读中小学的，他们的考期也是孩子的考期，真是父母子女皆学生，结果有时弄得双方俱损。还有的大龄恋人把婚期一推再推，以学习为重。

寒来暑往，风里雨里，多少人下班后从远郊长途跋涉，或简餐便食，或借宿别人家。班前工后，周末假日，他们牺牲了多少人生的娱乐消遣，夜大本科一读就是5年，1825天的夜晚、240个星期日，他们不是在大学教室里就是在自己的书桌旁度过了他们宝贵的闲暇时光。在夜大，他们尊师守纪，刻苦努力，有的数年如一日，从不缺课迟到。许多人在自己的工作岗位上已挑大梁，成绩显著，在夜大也是优秀的三好学生。作为他们的教师，我对此感到由衷的敬佩和自豪。

成人教育班的同学在许多方面为全日制"嫩龄"大学生树立了良好的榜样。

3. **我的老师**（1984年，全国首届教师节中山大学校报征文，笔者获一等奖）

我是个从教十余载的青年教师。说起来，还是个从小学教起、受过高等师范教育、现在正在大学任教的地地道道的老师。可是，我始终忘不了我的老师，特别是我的启蒙老师和我的专业导师。我从他们身上学到了许多为师之道和为师之理。

我的学生常说我讲课有情、有理、有感染力。如果能如此，这得归功于我的小学一年级语文老师李崇敬。李崇敬老师在我8岁的记忆里留下的音容笑貌和讲课风格至今历历在目。

她很善于以情动人。一篇课文、一篇故事出自她的口，文字变成了生动的语言：她像在绘声绘色地朗诵，又像在抒情抒志地演讲，更像在和盘托出地倾诉她的心声。她通过声音、表情、动作和学生架起了感情交流的桥梁。于是，悲惨的故事常使全班同学跟着她涕泪俱下、咽泣声声，快乐的篇章又常引得我们随她一起手舞足蹈、开怀大笑。

她的每一堂课时时刻刻牵动着全班同学的心。她的话语，字字句句像春雨，像花瓣，飘洒着，落进我们幼小的心灵。从她的课里，我不仅学到了语文知识，更重要的是培养了爱憎分明的感情。

常言道："教师是人类灵魂的工程师。"不错，李崇敬老师正是在用自己那颗经过生活洗礼和磨炼后具有一定修养的灵魂在向一颗颗纯洁无瑕的童心灌输对人类真善美的爱和对假恶丑的恨。这种灵魂培育工作是通过她的情感来进行影响和熏陶的，而不是通过刻板的说教来进行的。

人们还说："教学也是一种艺术，也有风格。那就是一个教师在教学中表现出来的特色，是教学方法、教学语言、教学风度等等各种因素的综合。"我认为，一个教师的教学风格来自其对教学工作和教学对象的热切的爱。李崇敬老师在课堂上那感人肺腑、牵思引魂的诵读和启迪是她将满腔的热血情不自禁地倾泻在学生身上的结果。她是在用她那颗活生生的心、热腾腾的血在从事她所献身的人类灵魂的塑造事业。

我觉得李崇敬老师不愧是教师中教书育人的典范，她给我留下的印象是终生难忘的。在她的影响下，我从小就立志做老师，要做像她那样能在师生间架起感情桥梁的、慈父善母般的老师。

如今，我的学生对我的评价使我高兴。如果李老师知道她的学生今天正在继承着她的事业，从事着灵魂塑造的工作，并且取得了一些成绩，她也一定会感到高兴和快慰吧！

我的学生还说我的课里既有现成的知识，又有学习知识的方法。我认为，我是始终朝着这个方向努力的。但比起我的专业导师王宗炎教授，却相距甚远。如果说，小学启蒙老师给我的主要是师情，那么，我的这位大学导师给我的主要是师理。从寓教于情到以理导之并把两者结合起来，既是教学工作必然要求的一个升级，也应该是每个教师追求的目标。

王宗炎教授是我国语言学界的知名学者。他不但是位学识渊博的"国产"的科研工作者，而且是经验丰富、教学有方的良师。他无论在授课时，还是在与学生交谈时，都特别注重启迪学生的思维、指导学生的科研，把传授书本知识与培养人的智能紧密结合起来。

可以说，王宗炎教授的教学良方就良在一个"导"字上。而有效的导首先要来自有心的观察。教育学家认为，观察力是教师必具的一种素质。王宗炎教授正好具备了这么一种敏锐的观察力。他善于挖掘学生的才能与智慧，这就使他的教导有针对性、启发性和指导性，能诱发和促进学生的思维和灵感，因而把学生的学习积极性充分调动起来；不同的人还能得到不同的收益，明确各自的努力方向。这样的导师给学生的不但有金子，更有"点金术"。

王宗炎教授就是这样通过言传身教把学生引上通往知识宝库的坦途，交给学生获取知识和开展科研的钥匙，指导学生学会在学术道路上驾驭自己、征服困难，夺取学术上一个又一个皇冠。这种对人的能力的培养不正是教育事业成功之所在吗！

在我人生中教过我的有许许多多的老师。从启蒙老师身上，我学会了如何教书育人，做精雕细琢人的灵魂的工程师。从专业导师那里，我又懂得了教书育才的道理，决心做一个人的智能的开发者。除此以外，应当说，从每一个教过我的老师那里，我都或多或少地受过他们各自的师德、师道、师风、师法等的影响。从我自己当上了老师的那一天起，我就在有意无意地学习着我的老师的所有好的东西。

我热爱教育事业，我有志在这一事业中有所作为。只有这样，我才能感到无愧于培养了我的老师们。

4. 教育在颠覆中创新有感（2001 年）

现代教育在不断更新理念，而更新了的理念反过来又在不断更新教育行为。

与此同理，许多传统的教育口号或理解一度对教育行为有过很深刻的影响，现在需要更新认识，从而给现代教育行为带来新意。且看这样改造以下说法是否合适。

（1）过去认为："教师要给学生一杯水，自己要有一桶水。"现在改为："教师要给学生一桶水，自己要成为一条江。"江河是流动的，流水不腐，户枢不蠹，荡涤陈腐，勇往直前。

（2）过去认为："知识就是力量。"现在改为："应用了的知识才是力量。""会创新才有力量。"知识本身没有力量，学知识是为了应用和创新。

（3）过去说："教书育人。"现在改为："教学育才。"教书只是教书本，教知识；教学则指教学生学会学习，学会思考，学会方法，学会生存。现代教学的标准已经不是把书教好或把课讲好，而是把人教好、育成才。

（4）过去认为："学生是教出来的。"现在改为："学生是学出来的和干出来的。"现代教学讲求以学为主，干中学习，而不仅仅从课本、书本、黑板和老师的口中学。"真正值得学的东西不是靠教会的"，而是自己在实践中体验、感悟、反思、总结得来的。

（5）过去认为："上大学是'读大学'。"现在改为："上大学是'求学'。"求学必然懂得如何读书，读书不一定懂得如何求学。求学是求学问、学术、学理、学法，读书容易读死或死读书，所以"求学"比"读书"含义深刻。

（6）过去认为："学校不是市场，教育不是经济行为。"现在改为：学校可以比作市场。再好的教学内容或材料、教学方法不利于学生就不会产生 AIDA［广告术语

attention，interest，desire，action（关注、兴趣、需求、行动）〕。课程要迎合当代人才市场的关注点、热点和需求。否则，教师再自鸣得意，学生不买你的货，社会不要你的货，一切都白搭。因此，学校要创牌子，要有名牌教师、招牌教师、金牌教师，还要有品牌课程、精品课程。培养的学生不要成为"合格的废品"（指通过了所修的课程，拿到了合格的成绩，完成了合格的论文，但社会上没人要或不合用）。再从教育经济学和效率学的视角来看，符合市场需求的课程与教学才能产生"课值""学值"，要想方设法"增值"。

（7）过去认为："学生学生，上学人生。"现在改为："学生学生，学会学'生'。"即学会"生产"新知识或新技术；还要学会"生存"，即生存之道、路、技、法。

（8）过去认为："大学生，大学的学生。"现在改为："大学生，大视野、大胸怀，大境界。""大"在思想空间、知识范畴、创新领域、人生舞台。

（9）过去认为："先生先生，先学的书生。"现在改为："先生先生，先知，先觉，先思，先行，先人一步，体会人生。"

（10）过去认为："学生要知道老师眼中的学生。"现在改为："教师要知道学生眼中的老师。"

（11）过去认为："教师教，学生学。"现在改为："教师，教学生学。"标点符号的转移是教师在指导思想和教学行为上的根本转变。教师的主要职责在于启发学生心智、激发学生思考、诱导学生创新、引导学生掌握方法、指导学生朝着自我发展的目标努力。与此同时，教师要以身作则，与学生共同学习。

优质的教育可以兴国，劣质的教育可以败国；内容和方法优化的教学对学生是栽培，内容和方法陈旧落后的教学对学生是摧残和折磨。不负责任，不追求更新、更好的教学是教师的一种慢性自杀与自我毁灭。

5．看校园讲座海报有感（2002年）

近年来，特别是最近，中山大学校园中区宣传橱窗一带显得特别热闹：红红绿绿、大大小小、各式各样的海报时新日异，题目五花八门，大有海潮涌岸之势。这些海报大部分是各种业余讲座或名人讲学的通知，也有球讯、影讯或货讯之类。海报的日益兴盛是我校改革开放的一个标志，也是学生社团活动不断兴盛的一个标志。对于学术性一类海报，我颇有一些话想说。

在今天我国改革和建设的高潮中，青年立志成才，奋发学习，已蔚然成风。教育必须信息化、智能化和多样化，也已势在必行。培养知识广博、文理综合型人才已成为改革高校培养目标的方向。在这样的形势下，通过学生社团，利用第二课堂的时间和场所，组织多种知识性讲座，无疑是实现上述变革与发展需要的一种新生事物，是值得大加夸赞的。

这些讲座多是新兴的人文科学、社会科学或自然科学方面的动态与信息，或是边缘科学、交叉学科的科研新成果的报告，或是应用学科介绍，等等，恰恰都是现有教科书上最缺乏的东西。因此，对学生扩大知识面、开阔视野、活跃学术气氛、培养科研兴趣、满足强烈的求知欲有着一种不可低估的作用，特别是对于那些学有余力、想越过本专业的界限、探索更多的领域的学生来说更是受益匪浅。

对开讲座的人而言，不管是专家名流，还是无名后辈，只要言之有物、有理、有新信息、有科研价值，都可以发海报、开讲座。至于所讲的内容与水平如何，听众自有公论，不必害怕鱼目混珠。这对充分调动教师（特别是青年教师）和研究生本科生的积极性，发挥和显示他们的才华和特长有着积极的作用。因此，但愿有越来越多的人能开出更多的有质量、有水平的讲座，为当代大学生开阔眼界、更新观念、输送信息、传播知识、启迪心智做出贡献。

6. 当教学督导有感（2002 年）

本学期，我受聘在珠海校区当教学督导员。我对所听过的文科类课程感触有三。

其一，政治理论课上得"有滋有味"，有情有理。例如，盛志德老师主持的"思想道德修养课"用古希腊哲学家苏格拉底的千年难题引发学生思考人生道路的一些基本问题，内容有深度，方法有趣味。这是一种有效的疏导，不是刻板的说教。

其二，上大一必修课的教授、博导一点不失大师风范和专家水准。他们一丝不苟，认真严谨。例如，蔡禾教授上的"社会学概论"结合国际国内的科研成果、结论和发现，结合国情，结合学生实际，能放能收，见树又见林，学生得益匪浅。

其三，师生互动和学生参与的课越来越普及。这样的课使学生思想活跃，全情投入，课堂有动感、有气氛、有交流，受到学生的欢迎。相反，老师照本宣科，单向灌输，单调讲解，内容从概念到理论的课，除非老师旁征博引、生动讲解；否则，即使是热门专业课，也有学生打瞌睡、开小差、写家信、看杂志或者缺席早退等。

我由此想到，要保证本科教学质量，大一是关键。学生从中学升入大学，其思想、观念、行为、习惯、方法等都要向正确的方向转变。什么是大学期间正确的方向、良好的习惯和适当的方法？教师的教学本身就是范例和导向。当代高等教育讲究教学的启发性、引导性、激励性、互动性和创新性，教师的教学要力求达到这"五性"，一要自身"家底厚"，功夫硬，能够在本专业领域挥洒自如，推陈出新；二要有科研支撑，能够结合科研引出新课题，引发新创意；三要以人为本，把学生当"人"，即不把学生当作"知识的容器"或"课堂笔记本"，能够与学生交流，让学生参与思考、争论和创新。我相信，有这样的教师教大一，学生才能在随后的 4 年里"上轨道"，达到新时代所需要的高级人才的标准。

7. 记"求职制胜心得"交流会：从毕业生求职面试经历中得到的办学启示（2002年）

大学毕业生求职面试是一道难关、一件人生大事，看似学生的个人行为，其实从中透射出许多值得学校、教师和学生深思的问题。可以说，求职面试是大学毕业生给学校和社会交付的一份综合答卷，是对4年大学教育效果的检验或评价，是给大学生个人和群体自我认识、自我反省的一种经历教育。

10月25日晚，岭南学院1998级刚走出校门的一批毕业生在原学生会骨干何晓波的倡议组织下，主动回到母校，与即将开始下一年"人生拼搏"的师弟师妹分享"求职制胜心得"。他们分别来自政府机关、国企和外企单位，各具代表性，各有成功和失败的求职面试经历。从他们情感真实、信息丰富的言谈中，我既有收获，也有触动，更有一种油然而生的责任感。

归纳起来，我得到的启示有三：①学生需要什么；②用人单位需要什么；③大学应当教什么。

大学生作为高等教育人才资源，除了要掌握好本专业、本领域甚至交叉专业或跨学科的知识与技能以外，很重要的一条是有意识培养成熟的处世方式，善于了解自我、认识自我、挑战自我、发展自我。在大学期间，在求学的同时，要认真思考自己属于哪一类型的人，适合从事哪一种工作和职业，能够做哪些工作，对自己希望从事的工作或领域知之多少、准备如何，有哪些专长或性格强项。在语言上，是否能在中文和英文两方面都比较有信心地并流畅地做自我介绍，具有起码的问答能力，具有较好的读写应用能力。在处理事务和解决问题的能力方面，是否具有分析、组织、归纳等基本常识。在人生态度上，是否对己对事认真负责；能否既有对失败的心理承受力，又有从失败中总结教训的智慧，更有接受多次挑战而不气馁的勇气。

据这次毕业同学的介绍，求职的过程是自我认识和自我成长的过程，甚至有脱胎换骨的感觉。特别是面对失败，有痛苦、有悔恨、有教训、有发现、有进步。他们中有的先后经历过名牌大公司"过五关斩六将"的筛选，一次次的落选，一次次的沉重打击，一次次的丢面子，但最终仍然脱颖而出，成为名牌大公司精挑细选后的赢家。最典型的一个例子是，有一个世界名牌大公司让应聘大学生考六轮笔试、三轮口试。胜出者是在前面失败过多次的基础上拼搏出来的。这其中的经历可以成为他一生的财富。同时，这些经历一旦与人分享，又成为最有意义的教育资源。

值得注意的是，大公司面试不局限在现成的求职材料和准备好的陈述，而是考即场反应能力、思维能力、语言能力以及工作领域真实的本事。例如，当场完成指定的案例分析、文件处理、安排会议、公司选址、竞争对手分析、董事长致辞或公司年终报告翻译等。有的问题听起来简单，其中可以看出应聘者的人生态度、工作态度、吃苦精神、性格特征等。有的问题听起来令人两难，意在探测应聘者的职业道德和人品道德以及兼顾水平。有的考题测智商，有的考题测情商，有的考题测知识，有的考题测能力。总之，这样的考试反映人才的综合实力，也反映用人单位对人才的需求和期望。

在人才市场上搜寻人力资源的单位对求职大学生使用的"挑选术""选拔法""面试方""考场"和考题说明，他们需要的人才是有知识、有技能、有思想、有素养、有良好的人生态度和工作态度，有应对困难、解决问题以及交际沟通与协调关系的能力的。

事实上，据这次回来座谈的学生说，名牌大公司不一定要挑选到最好的人才，而是在乎选拔到最合适的人才，即那些能够适合他们的公司文化、环境、业务以及公司所欠缺的或向往的人才。一般来说，招聘和应聘双方都在寻找"合适"或"适合"。

所以，作为在学的学生，首先要了解和明确自己适合干什么工作和什么工作适合自己干很重要，特别是对人文社科类和经管商科类的学生而言，他们不像理工医科学生那样有专门的技术。相对来说，用人单位对后者更注重科学精神、创新意识和动手能力。

我想，假如我们把人才市场对高等教育人才的人格、品行和能力方面的要求融合到我们的学科教学当中，在教学方法上更接近社会实践中的处世方法，对学生进行一些有针对性的"成长导向"教育，他们在学期间和求职期间就会少走些弯路，也更突显我校人才产品的人品特色优势。

据我1997年的考察，英国考文垂大学（Coventry University）由副校长主持一项毕业生创业/就业能力培养计划，要求所有在校本科生修一门"企业能力"或"职业能力"课作为"人本发展"教育课程。其内容包括自我负责、自我管理、自我检测/评价、自我发展、口笔语交际、团队共事、信息技术、数字应用（数字信息、数字技术）、应对困难、应对挑战、创新革新、企业文化、组织机构、选择职业等。每一个方面又划分出一系列十分具体的技能和标准要求，通过课程方式和教学方法实践应用。这个计划的目的是为每一个大学生提供机会培养良好的心态、素质和行为方式，充分有效地利用高等教育，做好适应日新月异的工作领域的准备，可持续地发展自我。

据了解，香港地区高校也很重视学生作为人才资源在步入市场之前的准备工作，体现在课程上和学生团体活动中。

在这次"求职制胜心得"交流会上，一位"身经百战，浑身是伤"的名牌公司白领校友说："我们的求职面试经历真可以写一部长篇小说，有血有泪，大悲大喜，有功夫有学问，有心得有体会，有教训有成长。回头想来，在大学，真需要一门

'面试教育课'！"

8. 结缘与造福：我当国内访问学者导师的体会（2007年，笔者时任中山大学外语教学中心主任、教育部选拔认证国内高校访问学者导师，本文是应邀在中山大学和后来教育部召开的全国会议上的发言摘要）

（1）我所理解的国内访学计划的目的与意义。

教育部公布的2007年八项工作重点中，把教师队伍建设放在更加突出的战略地位，进一步说明教师发展是国家战略发展的重要组成部分。21世纪以来，教育部加大了支持高校访问学者项目的力度，除了原有的普访和高访项目外，又增加了青年骨干教师访学计划，并在资金上给予一定的倾斜保证。这无疑是一个有理有利、行之有效的实质性推动教师发展的积极措施。事实证明，这项计划的确是符合国情的、充分利用国内高校资源和专家资源的明智之举。

我国改革开放至今近30年，国内高校各学科领域的领军人和富有建树的专家学者已经崛起，形成了行内公认的和强有力的导师群体。他们既了解国际前沿的学科发展，又有各自的研究专长。这种导师资源，除了被他们所在的学校本科生和研究生利用之外，还应该对更多的学校形成辐射，成为同行教师培养的宝贵资源而得到更充分、更广泛的利用。与此同时，这些导师所在的学校都是"211工程"或"985工程"重点发展的名校，办学资源和学术氛围都有优势。特别有利于青年教师分享利用的资源包括已有的博士点和硕士点的专业课程、丰富的图书资料、先进的教学设备、高水平的科研项目、国际国内交流来访的学术权威所做的讲座以及国家或国际级的学术会议、论坛、沙龙等。到国内外高校做访问学者，在优良的学术环境下，在具有研究指导能力的导师门下，可以通过观摩、参与、交流、思考、研读、研讨、写作、反思，有目的、有针对、有条件地进行个性化补缺和发展。缺少专业理论的加强理论学习，缺乏研究能力的在参与导师项目的实践中习得方法，缺失发展方向的在相对集中的文献学习过程中寻找定位。

就国内访问学者而言，他们的求学不同于那些没有教学工作经历的在读研究生的学习，也不同于在岗在职的自我进修生的学习。没有教学工作经历的在读研究生一般没有明确的补缺意识，仅靠零星的代课经历，也没有真正进入职业或生涯状态。而教育研究的前提恰恰需要教学实践经验和教学职业发展意识。在职在岗的教师虽有明确的提高动机和发展方向，但没有足够的时间精力和条件保证。访学模式的效益，一方面，在于他们能够就近在国内脱产一年，全力以赴，朝着个人明确的主攻方向努力；另一方面，他们随时有导师跟进，有的放矢，这比自己忙中摸索和瞎碰乱撞进步快、效果好。另外，即使有些访问学者已经有过读研的经历，但到了不同的学校跟随不同的导师，仍然有很大的补缺和发展空间。

(2) 我做国内访问学者导师的目的与意义。

我自 2002 年以来，已经先后接受 14 位来自新疆、辽宁、青海、贵州、广西、重庆等地以及广东肇庆、珠海、佛山、广州的高校的教授、副教授、讲师作为我指导的访问学者。凡是通过各种渠道主动要求做我的访问学者的教师，我都十分乐意接受。其中的主要原因有两个。一方面，我所在的中山大学是国家"211 工程"和"985 工程"重点发展的学校，是具有中国近代革命先驱孙中山先生办学思想和岭南文化底蕴的历史名校，校园文化氛围有利于来自其他学校的教师利用与分享；另一方面，我本人近 10 年来一直从事教师发展研究，在大学英语教学改革和外语教育科学研究方面有一些经验和成果可供同行分享与利用。此外，驱动我做此事的理念是"共建"和"交流"。我认为，来自不同地区和不同层次的学校、不同职称和不同年龄阶段的同行相聚一起，能够产生的学习和研究效应是不可估量的。

(3) 我与国内访问学者相处的乐趣与收益。

我指导访问学者努力做到"十有"和"五被利用"。"十有"：①有针对性、个性化培养计划；②有读书、选题、写作等研究要求；③有研究方法指导；④有论文写作评价标准和反复批改的过程；⑤有教学改革和创新实践示范；⑥有定期提供一些适合普通教师做的研究命题；⑦有团队合作及具体可操作的任务；⑧有多方面、多形式的思想、学术、经验交流；⑨有跟踪检查；⑩有标志性成果。"五被利用"：让他们访学期间尽量充分地利用我拥有的资源、条件、机会、经验和专长。例如，我收集的图书资料，我获得的会议或讲座信息，我应邀讲学或会议发言的机会，我主持的省部级项目，我承担的各种类型的课程，我自己读到的好书或好论文的感想与反应，我治学的经验，还有我对人生的感悟，等等，都毫无保留地提供。我把这种"被利用"比作"货币流通"和"资源开发"，其利在于"升值"。"升值"的过程是分享与共建的过程，"升值"的结果是双赢。

与访问学者在一起，最大的乐趣和收益在于双赢。双方都赢在过程，而这些过程却是双方"痛并快乐"的经历。由于访问学者最大的心愿是发表论文以便解决职称问题，因此我为他们指导论文付出的时间和精力无以计数。绝大多数情况下，批改他们的论文都是费尽九牛二虎之力，讲评和指导过程也是呕心沥血。且不说一篇稿子从第一稿到最后的定稿需要彼此来回修改十遍以上，就是动笔之前也花费不少时间共同策划。然而有趣的是，面对那些读书缺乏质和量、研究能力不足、写作水平较低、学问功夫不到家、逻辑思维混乱的作者，我不得不完全进入他们的选题中去重新构思，在乱中整理头绪，结果往往使我从中得到一种挑战思维的兴奋。要治乱，先要跳出乱，其中必定有审问、对答、求证等过程。慢慢地，我总结出指导这类"乱文"的经验，即"我中有你，你中有我，我和你共建"。通过四个步骤来完成：第一步，我中有你，即我讲你记，首先听我来讲对某一具体命题的研究和论文的构思，他们记录。第二步，你中有我，即你讲我记，要求他们复述我讲过的构思，看看是否听懂了、记下了、有头绪了、上轨道了。等他们讲得头头是道时，我便同时记录，等于勾勒出论文框架和研究要点；假如他们仍然讲不清楚，说明还需要进一步指点迷津。第三步，你中有我，即你写我改。前两步可谓手把手教，后两步则实打实干。不论如何，他们必须写出文章来看看，"丑媳妇总得见公婆"。第四步，我中有你，即我改你重写。我运用自己对该题的思考和研究对他们的论文进行文字修改或者内容充实，交给他们回去领会、比较、修改、完善。可见，最后的定稿往往是我们互动的心血结晶，他们从中收获的是治学的经验。这就是我所指的双赢。这种双赢实属来之不易。

可以说，指导国内访问学者是"授人以渔"的过程。我的课让他们观摩，我主持的教师培训或学术沙龙让他们参加；我指导他们写论文，我主持的项目让他们分工合作其中的一部分。这些都是以具体有形的实际治学行动让他们耳濡目染，学会理论指导实践、理论结合实际，教学相长、教研相益。最重要的是，让他们通过及时跟踪外语教学改革和研究的学术动态，提高教学研究的能力和水平，培养发展创新意识和能力，为自我发展和可持续发展奠定基础。他们在这些方面得到提高，也有利于回校后发挥学术骨干的辐射作用。

对我来说，指导国内访问学者既是教学相长，也是"造福"和"结缘"。客观上，我和他们的关系是师生关系，是教和学的关系。主观上和实际上，正如以上所说，我们在互动共建的过程中往往相得益彰。所谓"造福"，是我作为长者，指导研究的过程就是扶持提携后辈的义举。说到"结缘"，我以朋友、同行身份和他们交友，社会、人生无所不谈。我常常成了他们生活问题的倾听者和咨询者。就这样，我和我的不少访问学者成了忘年交。

2007年，笔者与指导的访问学者在现场课程录播室合影（左图）；2009年，笔者与指导的访问学者在单位会议室合影（中图）；2012年，笔者与最后一届访问学者合影（右图）

9. 教师发展靠领导还是靠自己？两种经历引发的思考与评论（2007年，笔者应邀作为全国基础英语教育年会任分会场主席有感）

2007年，在广州举行的全国基础英语教育年会上，"教师发展"专题分会场人数寥寥无几，会场冷冷清清。与此同时，"教学法"专题分会场却挤得水泄不通，过道上、地板上、门外边都站满了人，出现一个座位坐两人的情况。这与"教师发展"专题分会场形成了鲜明的对照。

由于我相信教师发展是当前外语教育改革阶段性热点，这种局面让我有点不可思议。经过询问，了解到与会代表认为教师发展是领导的事，教学法才是教师自己的事。

这让我联想起大学英语教师的心理状况。

1998年以来，全国大学英语教师暑期培训班热火朝天，参加培训的教师数千上万，应邀讲学的专家上百，培训专题全面覆盖外语教学的理念、原则、方法、技术等，不一而足。照理说，这些"教师发展美食大餐"贴近时代、贴近课堂、贴近教师，能够刺激受训教师的教学激情和教学研究的欲望。但是，不少受训教师的反馈却让人哭笑不得。他们说"现场听了很激动，回去自己没法动"。究其原因，有人说是"领导不让我动"。

以上两种经历引发了我的思考与评论，教师发展靠领导吗？教师教学法的改革创新会受制于本单位的组织环境吗？

事实似乎与一般思维不大相符。

从我近年来参与的教学类评审活动来看，一些示范课程材料、一些讲课风采竞赛获奖材料、一些教学年会上青年教师在小组会上的教学课件展示或说课里，表现精彩出众的往往不是来自名校、老校、大校。

我认为，教师发展分为团队发展和自主发展两大类。

前者有赖于当政领导的观念、水平、职责、道德等干部的个人因素以及执政环境的因素，例如教师发展的规划、渠道、措施、制度、氛围等。这样的领导和单位其实可遇不可求。因此，教师发展主要在于自主发展，内因要起关键作用，主观能动性要充分发挥。也就是说，不怨天尤人，靠自己。这不是做不到的事，"我的课堂我做主"。

教师在自己的课堂发挥才智、创新改革、实现价值，只要方向明确、理念明晰、方法明适、效果明显，就无可厚非，谁也阻拦不了。

无数事实证明，同样的环境和条件下，有的人胜出，有的人平庸，有的人落伍。原因何在？"同样的温度，对石头，永远是石头；对鸡蛋，会孵出小鸡。"这是毛泽东的辩证法，是有无内因的佐证。

更有甚者，在相对不利的环境和条件下的人往往比环境顺利、条件优越的人更有成就。这样的例子为数不少，因为他们有抗争力。人性如水性，越阻拦越激发浪花，越不准动越叛逆，"非做出个样子不可"。

应该说，随着我国外语教育改革的推进，教师发展问题已经成为当务之急，这也是关乎改革是否可持续发展的关键。毋庸赘言，教育改革的方针、政策、原则、理念、方法、模式、手段等的贯彻执行最终需要落实到教师的行动上。

在国际教育界，教师的自主性发展问题也一直是教育研究的热点。自主，顾名思义就是自己做主。具体而言，就是自我主导、自我依赖、自我负责以及自我选择发展方向、目标、方法、途径。

换句话说，尽其在我，笑面人生。

在2008年教师节即将来临之际，我想说，"教育领地，谁主沉浮？我是教师，非我莫属"。教师发展靠自己，再也别靠领导！让我们在自己献身耕耘的热土上做出自己的精彩来。

全国小学教师课堂教学观摩现场（武汉大型会场）

10. 新课标形势下审辩外语教育和教师教育（2008年）

（1）大学回头看中小学："接力棒"的变化。

据了解，2007年入学的大学新生是完成我国基础教育新课标改革实践的第一批高中毕业生。这根"大中小学人才接力棒"必然有变。它变得有多长、有多重，由什么材料制作而成，是大学教师应该关注的问题并且要成为教学中因材施教的依据。

以我所在的中山大学为例，我对这一届新生当中三级起点班（高起点班）采用了一学年的"任务型团队合作"教学法，即在教师的指导下，让他们在实践中学习、应用中学习、过程中学习。这种方法难度大、要求高，全方位挑战学生的英语综合应用能力、自主性学习能力、合作性学习能力、研究性学习能力、发展性学习能力、交际实战能力、教育技术应用能力。

实验结果证明，我国基础教育阶段英语新课标实践成效明显，学生潜力大、可塑性强，只要教师指导有方，他们完全可以接受"以学生为中心""以能力为目标""以过程为重点""以方法为导向""以交际为形式""以英语为工具"这些新型外语教学法。

应该说，基础教育改革形势在变、学生在变，大学英语的教学理念、原则、方法、模式等改革的时机更成熟、条件更完备。大学、中学、小学英语教育若不接轨、不递进、不变化、不增值，必然会造成人才培养的浪费，而且最后败在出口处。大学、中学、小学英语教学是一条龙的接轨，不是大同小异的重复；也不只是量的递进，而是质的变化与发展。

我曾在中央电视台"希望之星"英语风采大赛广东省级决赛场担任主评委，发现参赛选手的表现很有趣。小学组的最自然，初中组的蛮自然，高中组的还算自然，大学组的不够自然。

小学和初中组选手的自然是否为"小留洋"的结果？经过询问，非也。他们有的甚至来自广东欠发达地区。英语口语怎么会这么流利？原来他们参赛前临时请人恶补口语。可见，15岁之前的学生在外语的学习上有潜力、有优势，培养训练都应该重口头胜于重笔头。

相对大学、中学阶段而言，少年学外语应该着重培养和训练"三语"：语音、语感、语胆。即感性比理性重要，感觉比规则重要，要使学生有成就感、有胆量、有欲望，这不是语音规则或语法条例的讲授可以达到的效果，而必须通过生活化、口语化、行动化、趣味化的活动方式，让学生真正在玩中学、动中学、干中学，学出兴趣、学好习惯、学出信心。

（2）教师培训中的"道"与"术"，孰重孰轻？

国内各种各类的英语教师培训班年复一年，方兴未艾。

据了解，培训形式多是专家讲座。主题多是语言学学科领域的研究理论、方法、成果或国际外语教育领域的理念、方法、成果。听众全部是一线教师。

对这样的培训，我似乎从来没有见过培训后跟踪的调查统计，很想知道这些受训教师中能够听得懂或真的听懂了的人数有多少，专家精英所讲的和能做的是不是这些一线教师所需要的或能做的，他们想听什么、想在培训中获得什么。

我发现，只要讲座选题和内容贴近教师、贴近课堂、贴近大众化实践，反响和效果还是不错的。但是，这还远远不够，教师培训的形式绝不应该只有专家讲座，因为教学和教学研究是为实践、在实践和针对实践的行动。教师培训可以说是行动性的培训，应有操作行为的培训。

我认为，即使是关于外语教育理论的讲座，对一线教师的课堂实践是否有直接指导意义也很重要，这和我们学外语是 learn about it 还是 learn it 是同样的道理。

教师培训只靠专家讲课，不能达到目的。

事实上，我国外语教师经过这 20 多年的教育改革、教师培训、学习进修、教学实践，都知道"以学生为中心"和"外语教学要交际"等道理。但是，"知道"不等于"做到"，"做过"不等于"做好"，"懂"不等于"会"。

一线教师更需要的是"术"而不仅仅是"道"。有"道"无"术"，道也是空的。"道"在先，必须辅之以"术"，从"道"转"术"不会自然而成，从"术"升"道"更需指导。

教师是职业人士，凡"师"必有技，无技不成师。《牛津高级辞典》对"教师"和"教学"的定义用的词是 qualified, performer, highly skilled and experienced。因此，教学理念的贯彻实施还需要具体可行的教学方法、技术、策略、手段、模式、课堂微技能等。教师发展就在于对这些"术"的学习、掌握、实践、创新、发展、应用、收益的过程，也就是"教学相长"的过程。

教师培训更多的有效形式包括工作坊、教法演示、说课、示范课、观摩课、点评课、反思活动、同行互助、教学案例、教育叙事、即场献技、创意比拼、大脑风暴、体验式、参与式、情景式、竞赛式、辩论、争议、比较、对比、倾诉、心理辅导、难点指导等，使教师培训班成为教师同行分享、交流、互助、共建的平台。

（3）外语课靠"讲"得精彩吗？

近几年，求职应聘的外语研究生纷至沓来。我们在众多的求职材料中精心挑选，在教育背景合格甚至优异的基础上选择教学试讲更优秀者。

尽管应聘者都有备而来而且显然因为到处投档、多次试讲而成了久经考验的"讲手"，尽管有的英语口语很娴熟流畅，但他们的讲课大多还是千篇一律的"老三步模式"。第一步介绍课文主题、作者、背景；第二步分析课文的段落结构；第三步解释和演示课文内出现的词汇短语以及句子结构。在堂上要求学生做的事不外乎阅读课文或听课文录音。生动活泼的老师充其量增加了一些问答，穿插了一些影像或图片。

应该说，这样的教学模式仍然是以教师的讲授为主，以语言知识为主，就课文讲课文，基本上以分析、演示、讲解为主要课堂活动形式。这样的外语教学导致的结果是"老师讲，学生听"和"懂语言规则而不会用于真实交际"。

显然，新入职外语教师的教学主要依据两方面的参照"模版"：一是教过他们的教师的教学模式，二是现有教材配套的教师用书所提供的教案。

应该说，他们在上岗前能够熟练掌握这样的教学模式已经相当不错了。但是，现代外语教学所提倡的"以学生为中心""以交际为过程""以能力发展为目标""以真实任务为驱动""在应用中学语言和学交际"等理念原则和教学技能却没有体现。

究其原因，一是现有在岗的教师多数几十年如一日地延续"以讲为主"的模式，二是外国语言学及应用语言学硕士点在外语教育理论与实践的结合方面还有值得完善改进之处，三是我国外语教学方法的改革创新还需要加大推行的力度。

我还看过一些青年教师外语课堂教学竞赛获奖选手的录像，感觉他们的"演讲"非常精彩，英语字正腔圆，语流自然顺畅，内容丰富多彩，仪态风流倜傥，电子版教案五颜六色。观摩一堂这样的课，全然像看完了一场独角戏表演，欣赏的是老师的英语口语。

应当承认，非英语国家的中国青年教师没出过国门却能把英语讲得这么流利顺畅很不容易。可是，作为外语教师，其职责是教会学生用外语。要把别人教会说话，那就不是自己会说、能说、单说、全说就行的，那样充其量学生只是在听课，没上课。没有人只听人口授却不练车就学会了开车，也没有人仅凭口授却不下水就学会了游泳。尽管这是不言而喻的道理，但实际上，外语课堂"群众运动"的缺失始终是造成我国外语教学效果不佳的主要原因之一。

11. 当英语赛事评委感想（2011年9月，笔者应邀参加"21世纪杯英语演讲大赛评委广州会议"的发言摘要）

英语演讲比赛、风采大赛、辩论赛对人才培养的好处在于历练过程和获得参与、展示、比试、了解自我和他人的机会。参与比没参与受益。获奖不是最重要的结果，重在备赛过程，重在参与社交场合，重在曾经上台，重在人生收获。

当然，我相信参赛者想赢是必然的，既然是必然的追求，最好就要了解一些必然的规律。

本人近10年作为英语赛事评委，经历过的有文本评审、网上评审、即场点评、即场评分，做多了，有些感想体会，与参赛选手共勉。

（1）评价标准问题。虽然赛事都有统一的评价标准，但必然还有评委个人的主观标准，依据其个人的经验、水平、取向、观察重点等形成自己的专家标准，所以评委席需要7～11位评委以示公平公正。

（2）选手与评委的关系问题。选手在上、评委在下，选手在说、评委在听，选手在展示表现、评委在观看评价，所以，选手是说和做给评委听与看的，需要知己知彼，了解评委的共同心理状态：我们不是在欣赏、不是在观摩，而是在审视、筛选、评价、挑剔、比较、衡量权重等。如何能够给评委良好的印象至关重要。

（3）选手的得分"动感地带"问题。①"出场气"。一出场就给人留下第一印象,这是仪态问题。②"入耳率"。讲的人要顾及听的人,让人听不进去、听不入耳还是一听就被强烈吸引住,这是叙述方式问题。③知识与思想维度。宽度、深度、高度、效度,这是实力与底气问题。④语流语感。"鸡啄米式流利""行云流水式流利""逻辑严密式流畅""丝丝入扣式流畅",这是语言逻辑、语音语调、语速语流问题。⑤外国评委的评价与本土评委的异同。总体感觉,外国评委的打分特点在于"自我关联与情景代入"比"夸夸其谈"得分高,"引经据典"比"泛泛而谈"得分高,"娓娓道来"比"慷慨激昂"得分高。

笔者在21世纪杯英语演讲大赛现场与毛泽东翻译唐闻生合影
(左图)、在21世纪杯英语演讲大赛现场留影(右图)

最后,最重要的一点是,作为评委,我从选手的演讲中获益良多,对我的知识、我的经历、我的教学、我的研究、我的人生的影响都是难以言表的。感谢赛事组委对我的信任,给予我机会参与!感谢选手对评委的"反哺"效应!我为大赛喝彩鼓劲!

笔者担任首届"外教社杯"大学英语教学大赛总决赛评委(上海现场)留影

12. 我与恩师董亚芬先生以教材结缘（2011年笔者追悼复旦大学董亚芬教授）

说起"董亚芬"这个名字，我早在20世纪六七十年代就已知晓，因为我母亲是大学公共英语教师，用的就是董亚芬教授主编的《文科英语》教材。到了1986年，中山大学所采用的继许国璋主编的英语教材后第一套新教材就是董亚芬教授主编的《大学英语（试用版）》（上海外语教育出版社1986年版）。

由于当时我还比较年轻，30来岁，又刚从美国培训回来，所以满怀一腔热血，跃跃欲试。恰逢其时，我遇到了这么好的教材，教起来很有感觉。这是我与编者没见面但已经结下的"缘"。

出于对教学的热爱，我对教学狠下功夫，对教材反复研读，对教案凝练发挥。可以说，对课堂教学效果很在乎的人一定对教材备了又备，备中咀嚼品味，教时陶醉其中。两年下来，我用这套教材就很有心得体会。

此外，我由于高等教育背景深受"文化大革命"毒害，很有自知之明，自觉进行岗上补课。因此，我实际上既把这套教材当作教学的资源素材，也把它当作自己学习进修的教材，遇到难点就翻查全英文的权威大辞典或请教老专家，获得双重功效，受益良多。

1988年，就在我刚刚用这套教材教过一遍之际，我得知我将以教研室主任的身份被派送去参加上海外语教育出版社在四川成都举办的第一次"全国教材教法研讨会"。我赴会前做了非常认真的准备。我想，既然是关于教材和教法的研讨会，一定有发言机会。我做了发言准备，一方面，我个人的确想与全国同行分享交流；另一方面，我想如果有幸见到教材主编的话，能够当面拜师求教和反馈致谢。

我当时就以自己有限的外语教育理念、方法论知识和高校公共英语教学经验对这套教材的指导思想、编写原则、时代特征等做了全面的评价，特别是对各个分册逐一进行了用户反馈。例如，列举了具体的例子说明该教材的"6精"：精读课文之精彩，听力材料之精到，泛读文章之精选，快速阅读之精要，练习形式之精致，课文译文之精辟。

这次会议并没有像现在那样先把主编请到主席台上隆重推介。在会议期间，我被安排在小组发言。我万万没想到，在场的听众中就有董亚芬教授。我当时并不认得她，更不是有意当面吹捧，只是发言特别认真、全面、深入、真切而已。

董亚芬教授听完我的发言也没有动声色，而是去与其他几个分册的主编商量，让我在大会上做个代表发言。当我接到通知要在与会代表中率先进行大会发言时，我内心特别激动，这是我生平第一次在全国学术会上发言。

从我的角度来说，我感觉自己被"星探""贵人"提携了，我有学习、应用的机会了，我有展示才华的舞台了，应该我感谢他们才对。但他们对我的感谢，我也理解为我们心灵相通、相互认同。

此外，我还感到这样的编者真负责任，教材问世付诸试用第一轮就直接聆听用户的声音。在中国文化环境里，像董亚芬教授这样的学者，是资深教授，是业内精英，是行内国宝。这样的"行尊"与我这个无名小辈的"同行"相处却是那样的平易近人、相互尊重，使我们能够以情交情、心心相印。

这就是董亚芬教授以及她的团队！第一次近距离接触，从名字到真人，从教材到编者，从编者到用户，我们从此真正结缘：学术之缘，学者之缘，师生之缘，君子之缘！

后来，上海外语教育出版社为《大学英语（修订版）》举办"全国教材教法研讨会"，地址选在山东新开发的旅游区田横岛。因为在岛上，与会的交通工具就是船。当时条件尚未完善，航行过程要接驳。

在夜色昏暗和小船颠簸的过程中接驳换船时，董亚芬教授个子瘦小，几乎是被众人抱着跨越两船和上岸的。可是，我从来没有听到她抱怨过。我想，这是因为她太想听到用户的反馈，对自己的作品太负责任，所以，千难万险也不在话下。

在随后的年月里，我每次去上海出差，心里总挂念着这位慈祥、敬业、谦虚、不骄不躁、不张不扬、低调做人、认真做事的老学者。早几年间，不是给她打个电话问候，就是到她家里拜访，但总觉得怎么做都不足以表达我对她的敬佩与景仰。

教育界流传着这样一句话：学生爱上这位老师，就会爱上这门课。我想，我就是在从业初期爱上董亚芬教授和她的教材，才对教学更加热爱、钟爱，才对教学和教材有了研究的动力和实践成果。

我不知道董亚芬教授一生有没有获得过"国家名师""国家劳动模范"或"优秀教师"等称号，但她在我的心目中永远是我的恩师、名师和楷模。在我心底里，我所获得的各种教学奖项和成果总有董亚芬教授的影子。

董老师，我想对您说，您虽然走了，但您的教育思想、工作态度、专业精神、语言功底、文化水平、人格魅力永垂不朽，流芳百世！您主编的高质量教材具有时代里程碑和专业领域标杆性的历史意义，一定会被我国的出版业历史博物馆珍藏，让后人了解这段外语教育改革发展历程中的一朵前辈教育家心血凝成的奇葩！

13. 教师发展应变对策（2012年教师培训触发的灵感）

（1）教学变术。

"任务型教学模式"：能够把教案变成学案，把教学思路变成学习之路，使教和学相辅相成。教师引导学生对课文进行独立思考、小组思考、全班思考，将学生思考与教师思考相结合，不再是老师嘴嚼过后一点一点喂学生，而是引导学生细读、分析、欣赏、理解课文的功能、意义与美妙，并以作品展示所学。

运用思维导图加强审辩阅读：单元主题和课文主题引入，用问题引导，解构意义，建构意义，关联社会，形成读者与作者的思想交流、读者与读者之间的讨论。这样才能将原来的语言教学变成语文教学、人文教学和思维教学。

（2）课堂变术。

学生不听课，让他来讲课，以尊制尊。课堂创新不是由教师一人的力量来控制和推动的，而是由学生的集体力量来创造和展示的。教师要把学生看作有认知能力、有创造能力、有智慧源泉、有思维能力以及有与教师不同的情感体验、人生经验的群体，学生应该受到尊重和释放，教师应放手还给他们属于他们自己的学习和成长，而不是由教师的成熟去代劳、去逼迫、去制约。

学生学习最大的敌人是依赖，教师教学最大的悲哀是包办。要善于捕捉学生的"已知"与"未知"，寻找"活化剂"，在生命成长和知识探寻之路上当引导者、协助者、评论员，让课堂多些体验与发现。

紧紧抓住几个"第一次"：第一堂课；第一队上场；第一次点评。

布置任务要让学生明白"三不行"：不做不行，没有分数；不做好不行，当众丢脸，分数少挣；不来课室不行，缺失"表现分"。学生必须挖掘潜能，积极参与，共同创造力争向上的学习气场、气氛、气势。老师"造势"，学生"找米下锅"而非老师"给米下锅"。

生本活力课堂的构建：构建学习力释放的课堂，高效的课堂，超越课堂时空的课堂，最大化还给学生的课堂，最优化利用智力资源的课堂，让每一个课堂生命因子高质量生长、活出精彩的课堂，把"我讲"变"你讲"，把"我灌输"变"你探究"，发展思维张力和创造力；三过程：学习—展示—评价；四循环：合作学习、交流分享、联合展示、互动反应；五标准：准备要充分，设计要创新，展示要精彩，互动要保障，评价要到位；六因素：自我关联，有事要做，显性成果，鼓励激励，改进完善，全面发展。

任务TBL八步骤：第一步设定任务目标（targets）；第二步分配任务（assignment）；第三步开展行动（action）；第四步交流任务作品（interaction）；第五步陈述介绍任务成果（presentation）；第六步展示任务作品（demonstration）；第七步评价任务作品（evaluation），分别有自评、互评、师评；第八步进行任务反思（reflection），这种模式就是通过任务把内隐认知过程变为外显成果展示、分享、交流并且获得外来评价，在所寻、所见、所思、所悟、所说、所干、所发现的全过程中有所发展。

有效课堂需要有效反思：找到适合自己的课堂教学模式，让师生的生命状态发生质的飞跃。教改就是在反思中成长。有效课堂不是教师的一言堂，而是教师精心策划、巧妙引导、刺激鼓励下师生和学生之间思维火花碰撞出绚丽光彩的课堂，教师要能够敏感地捕捉火花。当学生习惯了自主探索，其自主的智慧潜能就会像火山一样爆发，教师要给其腾出空间。课堂教学千变万化，需要教师临场应变的能力，教师要善于抓住并利用好学生生成的资源。有效教学是师生和学生之间互相交流、互相启发、互相补充的学习共同体，是复杂和建构的动态过程，具有许多不确定性，要有预设性、生成性、弹性与变通性。

自主课堂引发了学生自主学习，自主学习才能够促进自主课堂，两个自主相互依存，共同建构完整的自主发展模式。真正的教育是自我教育，自我教育需要的是一个强大的促进因素。老师就是要在这方面下功夫、出成果、见效益。要促使学生亲自发现问题，让他们主动发现事物的奥秘或规律，运用从课堂上学到和自己自主学到的知识去寻找答案，从而激发起"自己是知识的主人"的自豪感。

课程改革应该以新课堂的建构为突破口，以人为本的教育理念的关键是要落实进课堂。教无定法的前提是教必有法。自主、合作、交流成为教法、学法融为一体的操作流程。课堂教学形态的变化改变了师与生的关系、教与学的关系、学生一时一地一课的学习与终身学习的关系、课程目标和人才终极目标的关系。

（3）教师发展变术。

教师的职业幸福影响着教育的质量和创新，就像医生的情绪影响医疗效果。

学生在催逼老师改革创新。教师的教学改革要愿为、敢为，才能有为。

教学改革要敢于改变学生位置，让学生站在课堂前，变以往在座位上记住所学为在讲台上展示所学。

以前当老师要先学一步，居高临下。当和学生同在互联网的起跑线上，学生反应可能比老师快。老师要敢于放手，相信学生。

教师发展如健身，要寻找"痛处""痛点"，通则不痛，痛则不通。要"点穴"，寻找"落眼点""落脚点"。总之，就是发现问题，聚焦难点，破解"密码"；寻找"短板""短缺""短处"，瞄准补缺，设法加长。

教师的有效反思是对实践的批判性分析，将内隐的经验与凝练的理论对比。时代的变化要求教育者不但要有爱心，更要有智慧。

教师要改"要我教"为"我要教"，改"我不敢不教"为"我敢这样教"。有行才有知，知中有行、行中有知才能行。

中年教师的困境常表现为看别人做乘法越做越多，自己努力做加法就是加不上去，只好做减法。拼命突围不成，放弃则心有不甘，不放弃又无助、无奈，结果伤感万分，价值、身份、面子全部崩溃。在这种情况下，等给力不如借力借势。

只有在课改实践行动中才能感受成长,课改无形中增加了工作量,但能体会到教改带来的成就感。一步一个脚印,一步一个台阶地前行。这个过程中最不能丢失的是激情。

14. 致大理学院暨大理学院外语学院的一封公开感谢信(2013 年 7 月 1 日笔者受聘一年有感)

尊敬的各位领导和教学同仁以及亲爱的同学们:

我作为大理学院的外聘教授,自 2012 年秋至 2013 年夏两个学期期间,在大理学院度过了我人生最值得怀念的时光。

这里有得天独厚的自然景观,有独具一格的人文历史,有厚实淳朴的民风,有上善若水的师生,有厚德载物的教育环境,有"一山一水一民族"的科研成果,有风花雪月的诗情画意。这里的景美不胜收,这里的人赞不胜赞。

我从广州来,从岭南来,从千里之外来,与其说是来共建,不如说是来学习、来任教,更是来发现、来探索、来欣赏。我亲眼看见和体验了这里的高等教育从精神到理念进而到实践的精彩,令我震撼的惊喜接连不断。张学清处长富有爱才惜才的人事风格,段副校长富有与时俱进的教育理念,钱副校长富有爱校如家的情怀,两任教务处处长对外语学院英语教学改革创新给予了鼎力支持,国资处对外聘教授生活条件也细微关照。最让我感动的是外语学院院长马凤鸣教授及其领导班子自始至终对我的工作和生活给予的全方位合力、协助、关怀、照顾。最让我欣慰的是参加英语教学改革创新模式的教师和学生的努力,没有他们的努力,就没有一系列的隐性和显性的成果。古城校区 3 月的文理工科学生成果展示和荷花校区 6 月的医科学生成果展示都显示出了大理学院师生的风采。

我衷心感谢大理学院给我这样的机会和平台,衷心祝福大理学院越做越有地域文化特色,愿我们心心相印,携手为大理学院鼓劲加油,培育出一届又一届苍山学子、洱海学者,成为国人的骄傲。

笔者在大理学院校园地标留影(左图)、在教室里讲课(中图)、在机房里指导学生(右图)

15. "情动华农"系列散文（笔者受聘华中农业大学"楚天学者"外语学院主讲教授，2014—2016年"蹲点"有感）

（1）情动华农：春天的印象。

2015年的春天，华中农业大学被国际教育考评机构列入世界400强，一瞬间，扑面而来的春风伴随着校园色彩斑斓的自然景观和璀璨闪烁的人文景观温暖人心。在这里，我不禁要抒写"人观景"和"景观人"这"两景"之春天印象。

春季，万物复苏，生机勃勃。华中农业大学的校园里，百花争艳，怎一个"艳"字了得！二月梅花报春，三月菜花引蝶，接踵而来、轮番绽放的有妩媚的桃花、高洁的玉兰，四月樱花盛开，杜鹃奔放，还有那叫不出名的各种草花也欢腾雀跃，满树的新枝嫩叶竞相出芽冒尖，美得让人百看不厌。眼睛过足了瘾，鼻子也享受着香樟树和橘子树开花弥散的清香。这是"人观景"，陶醉其中。

春季，万象更新，新潮涌动。华中农业大学的校园里，百人竞技，怎一个"竞"字了得！"教育思想大讨论"引来了中国教育界顶级的专家大腕钟秉林，校园里拉开了"青年教师教学竞赛"的徐徐大幕，出现了"教学方法改革创新"理论与实践的学习高潮！各个院系的青年教师在自己的课堂上争强斗胜，精彩纷呈！一批高大上的"潜力股"初露头角。邓秀新校长带领职能部门领导深入院系调研、指导。这两个月里，听讲座、观摩课，大家过足了瘾，也经历了一场又一场头脑风暴。这是"景观人"，陶冶其中。

春季，华中农业大学的自然景观映现的是花卉植物的魅力，华中农业大学的人文景观展现的是学者的活力。人看景美，景看人丽。自然景观美在一个"秀"字，秀在校园里的生灵发新芽；人文景观丽在一个"新"字，新在课堂里的新人辈出。清晨，我饱吸花香、饱览美景，走进课堂，品味青年教师的英语教学风采。一堂又一堂，一拨又一拨，不同的课型、不同的起点、不同的专业学生对象、不同的教学风格，唯有一个共同点，那就是"精彩"！因为有新时代、新教育、新常态、新课堂的元素而精彩，因为有十年教学改革创新的实践积淀而精彩，因为有与时俱进、力争上游的精神而精彩，因为有华中农业大学各级领导重视教学、提供条件而精彩。通过听课、观课、议课、评课、赛课，青年教师在"传、帮、带"中进步，在教学实践中成长，也让同事有了切磋、研讨、交流、分享的平台和机会。真可谓一举多得！

华中农业大学的春季人文景观除了"重教"，还有"思教"和"研教"。一场又一场的教育思想专题研讨、专家讲学、课题研发、论文征集、教师访谈、新秀推介，把华中农业大学的教学质量摆在了无可替代的位置，这与当下许多高校重研轻教的教育现状形成了鲜明的对比。难怪华中农业大学的学风成为一道亮丽的风景线。颇具说服力的事实之一是4月30日的晚上（五一节假日的前夜），我开设的全校人文通识课课堂出席率之高完全出乎我的预料！图书馆和实验室的灯光也在赞颂华中农业大学学生和教师的勤奋与扎实！

一股春风，两种景观，凸显华中农业大学的美丽动人！祝福这所高大上的农科院校越做越强！

2015年5月写于华中农业大学招待所

（2）情动华农：金秋的旋律。

如果说2015年上半年我撰写的《情动华农：春天的印象》以"花美景美人更美"为醉人之处的话，下半年这篇《情动华农：金秋的旋律》则以"花香果香人更香"为情深之处。

笔者在华中农业大学的桃花园留影

9—11月的华中农业大学校园处处是丰收的景象。稻花飘香、棉花绽放、玉米含苞、黄豆饱胀、橘子献金、柿子圆胖。那一排排、一行行的桂花树上，红的、黄的、白的串串米花丰盈欢快，挂满枝头。夜幕降临或雨过天晴，香气醉人，沁入心扉。还有那独特的栾树上，像叶像果又像花的一簇簇"精灵"迎风摇曳，洒落满地。那春天里灿烂耀眼的樱花树在秋天里，叶子也是那么红彤彤的，楚楚动人。枫树的璀璨金色为校园广场平添壮观。走在阳光下、月光里、农田间、大楼旁，放眼望、抬头视、低头瞧、左右观，到处感受着华中农业大学的符号、旋律、色彩，与华中农业大学的人一同呼吸着秋季欢快丰硕的香气，真想唱首情歌给她。

说不完华中农业大学自然景观之香，更道不尽华中农业大学的人的精神气之动人。校园中央广场的迎新晚会真实展现了多才多艺的当代农科人才的精神风貌。阳光下，一个个英姿飒爽的男孩正在进行自行车竞技赛，技艺高超。初秋的学生插花艺术展上，那些本就婀娜多姿的花卉被文化园艺人摆弄得千姿百态，"窃窃私语"，其中映射出来的是作者的文化内涵。国际交流中心几乎每周、每月高朋满座。有专业领域的国际会议，有国内高层学术组织的年会，有各届校友回校团聚的活动，从一个侧面看到"华农人"的学术精神和校友浓情。"教育思想大讨论"优秀论文的颁奖，全校教师教学一等奖的颁奖和"名师墙"的展露，湖北省高校英语专业青年教师教学技能大赛冠军的获得，华中农大党委书记关于"卓尔不群"的论述……数不尽的事实彰显着一种精神，用副校长高翅教授的话来说，就是"坚守精神"，坚守教学质量，坚守人才优育，坚守科研为农，坚守必然不浮躁、不张扬、不盲从。

临走前,我参观了华中农业大学的橘园。这是这所教育部211工程农业科学院校的一块精致"地标"。这里不仅是橘种培育的实验室,更是教育科研创新育人的"孵化"基地。在这里,师生研习如何利用资源、发现优良基因、培植开发品种,透过观察到的果实皮色、肉色、叶子、种子特征,分析对比,寻找优质品种产生的因素,再经过剪枝嫁接,培育新的优良品种。这些实验过程与育人何其相似!

邓秀新校长作为科学家和教育家,指导研究生时充满关爱、尊重、开放和信任,在栽培人才方面独具一格。他让学生有自我实现的机会和条件,培养学生对研究产品的感情,主张论文要对后人有启示、有贡献。他对学生说:"果树的成长规律是顺境出产量,逆境出质量(例如冻害中幸存下来的果实特别甜),所以不要畏惧困境。"邓秀新校长教学生做人做学术,善于融会贯通,带出来的学生自然学有所成。一年级博士生朱晨桥做机理研究,为了追求技术环节的突破,敢于攻坚,热爱研究,享受在阅读文献中领会别人证明的过程,善于在与师兄交流中触类旁通、明白原理。他为了收集材料样品,不惜自己独自远行,实地了解种子资源、遗传性和种群性,发现地域生态表现差异,寻找生态优势。我在参观橘园的短短时间里,学到了"研究型教学""科学育种""科研精神",从植物的"芽变"和"突变"现象联想到人才教育生态园的同理借鉴之处,感触良多。

我的"跨文化交流学概论"课程结束了,选修这门通识课的华中农业大学的各学科专业学生递交了自己结合专业、结合国际、结合华中农业大学的作品,特别是那些对自然科学问题的人文性思考,彰显出当代大学生动脑、动手、动语言的应用能力和创新能力。

华中农业大学的金秋:笔者在校长邓秀新的柑橘实验园里留影

走在华中农业大学校园里,橘子告诉我,我们是华农的骄傲;稻米告诉我,我们是华农的果实;桂花告诉我,我们是华农的芳香;星空告诉我,我们是华农的晶亮;落叶告诉我,我们在为华农积肥;"青椒"告诉我,我们赢了教学大赛冠军;学生告诉我,我们学会了跨文化思考。路上一声响亮的问候让我感到好欣慰、好感动、好自豪,我也是"华农人"!

华中农业大学这个进入世界400强的农业科学综合大学已成为中国一颗璀璨的明珠。

2015年11月30日写于广州家中

(3) 人文关怀的校园文化。

华中农业大学很大，有山，有湖，有土地，有田野，有森林，有草坪，有大楼，有大道，有大树，有大鸟，校园里处处给人大气、大美、大爱的感觉。

殊不知，就在这些"大"中也能随处看到"小"的可爱。草地上的文明敬语牌让人不忍践踏绿地。树干上的植物名称与属性牌让人感受到农业院校的专业精神。餐桌上的节约粮食警示牌让人不忘中华民族的美德传统。食堂餐具回收旁的擦手毛巾让人感受到一种周到的服务。校友回访母校的标语条幅让人感受到母校的凝聚力。校友赠予母校的石头牌坊让人感受到桃李回报的温馨。假日教学楼里的灯光和人头让人感受到学生的向学风貌。校道上的木椅子、石凳子让人歇歇脚、晒晒太阳，也方便了晨读的学生。四教的"名师墙"展示出华中农业大学尊师重教的校风。外语学院的"万国旗""获奖教师亮相"和"国名彩墙"凸显外语学科的特色。

华中农业大学，大中见小，小中见大，不愧是中国排名前列的好学校。

2016 春季写于华中农业大学招待所

笔者在华中农业大学的校园与课堂里留影

二、课堂课值

天道酬勤，勤在自己的课堂里精耕细作；酬在耕耘必定有收获，收获主要在于多方兼顾、有舍有得的过程。

（一）课堂收获的来源：天道酬勤，多方兼顾

论"耕耘"，谈"收获"，教师园丁用心耕耘，收获的是生命硕果、心灵硕果、人才硕果。用心教学才有享受，享受学生就是享受自己的作品。教师和学生谁该感谢谁已经说不清楚，谁的收获更大也很难说清楚。学生给老师的不仅是岗位和工资，更

是机会、信任、挑战、反哺和青春活力。

我对教学的那份情、那份爱、那份投入换来的是学生的好评、赞赏、感恩。每年教师节和我的生日（12月25日，恰逢圣诞节），我都收到许多学生的贺卡，上面写满了他们发自肺腑的反馈、美好祝愿或赞扬诗句，看得我热泪盈眶。我将这些视为对我这个职业人最好的精神回报。节日里，我把它们用绳子串起来挂满客厅，作为最美丽的装饰。我还收到不少同行的来信，有的咨询，有的求教，有的讨论教学方法。对素不相识的同行，我再忙也都尽量逐一回信，因为我把与他们的联系视为一种分享和交流。

我的教师生涯收获来源说特别也不特别，关键词是"时间"：当好时间的主人、时间的管理者、时间的"吝啬鬼"。

我相信谁的时间都是一样的，就看你善不善于"挤海绵"。更重要的是，海绵挤出来的水用来干什么。说来也许很难相信，我几乎把时间都用在与教学相关的事情上，心无旁骛。

众所周知，当教师不会太富有，但赚到的是其他行业没有的个人支配的时间。世界上最富有的人也是有时间和由自己支配时间的人。本书前几章也提到过，我们作为老师，一年至少有3个月的寒暑假，还有平时不上课的时间，但关键的是这些时间用来干什么了。我总是给自己定指标、派任务、找事干，几乎没有假日、没有周末、没有非上课时间不在"做学术"，不是读就是写，不是备课就是学习。

以"园丁"的身份回顾职业生涯，我收获了"课堂生态园"里的阳光、雨露、养分、果实，同时，也"吸了氧""晒了太阳""动了筋骨""闻了香"，充实、健全、完善了自己。

为了"抢时间""挤时间""与时间赛跑"，我常常忙得不亦乐乎。在我人生的黄金年龄段，我的角色就像"多功能杂耍人"：左边肩膀扛着教学担子，右边肩膀挑着科研任务，背上背着领导事务；左手提着家务，右手拎着对独生子的教养责任，头上悬着社交活动，肚皮上还托着赚外快的活，双脚踏着进修的航船。总之，我浑身上下没一处闲着。想想自己真是典型的、敬业的、不甘人后的现代职业女性。

必须承认，想做个有成就的职业女性，要不就是不折不扣的"女汉子"，完全不顾家；要不就"追求完美"，家庭、事业都兼顾。我选择了后者。但是，如上所述，时间就这么多，合理分配使用、高效率使用是成功兼顾的要领。要有舍有得，分清轻重缓急，有的事情不需要那么高标准，例如生活，能马虎就马虎，干家务要快手快脚。我买菜做饭可以在半小时内完成。商场购物，我快速选择。女人喜欢逛街。我也喜欢打扮，讲究穿着风度，但我舍不得花时间逛街。在广州，一年没上过商场一次对我来说是毫不奇怪的事。我只利用出差期间的晚上快速购买衣服。所以，我的衣服来自全国各地。

笔者服装打扮：32 岁（左一图），52 岁（左二图），60 岁（左三图），66 岁（左四图）

对儿子的抚养和教育是必须投入时间与精力的重要的家庭生活组成部分，我也是通过"兼顾"来完成的。这在上文已经有所叙述。

1988 年，笔者儿子过生日（左图）；2002 年，笔者儿子上大学（中图）；2016 年，笔者儿子当第二胎爸爸（右图）

除了生活的必需和阶段性家庭责任的付出，只要对教师的核心素养和教学质量有利的社会活动，我都舍得投入时间。每逢遇到异国演艺团来访，我一定买票观赏，品尝"精神大餐"。我看过的演出有经典芭蕾舞、经典交响乐、爱尔兰的踢踏舞、俄罗斯的水兵舞、巴西的探戈舞、西班牙的牛仔舞、东方歌舞团的民族舞、法国的室内音乐、美国的百老汇剧种等。我相信，欣赏高雅艺术是教师提升文化素养的一种学习途径，值得投入时间。对于国粹经典，我也尽量不错过机会欣赏。我到南京讲学时去看"国宝"昆剧，在广州看粤剧以及其他如黄梅戏等地方剧种。

我想，热爱生活的人才能当好老师，因为老师要有活力。专业研究之余，我还特别喜欢写散文；写散文需要激情，保持激情才能当好老师，有激情才有写作的冲动。

我到目前为止，凡是因文化之旅、教育之行、学术之机会去过的发达国家或者因开会去过的国内名牌大学，每到一处，我都会将所见、所闻、所思、所想、所感、所触写下来。夹叙夹议，有感而发。

我写作的习惯有点特别，归纳起来有"四怪"：一是到处放"灵感本"，连厕所、床头、餐桌、手袋、公文包等也不例外，为的是随时把脑海中即时、即场、即景的灵感记下来。二是"脑体并用"，一心两用，常常不自觉地一边做事，一边思考。我儿子很小的时候，我带他出去溜达。在草坪上，我眼睛看着他玩，以保证其安全，同时在整理思绪，打腹稿，回到家就拿起笔一气呵成。晚上哄儿子睡觉时，手在拍打他的背，脑子里在起草文章，等他一入睡，我就爬起来奋笔疾书。三是"读写并进"，我在阅读时常常会在书的空白处写下自己的思想、理解以及对一些观点的争论或发展，与写作同时进行，而不是单纯接受书中的内容。四是"收集思想"，我喜欢与不同学科的学者、有哲学头脑的人和语汇丰富、善于表达的人交谈，从中汲取营养，撞击思想灵感，引发创作冲动。有个英国专家说别人收集邮票等物品，而我"收集人""收集想法"（collect people，collect ideas）。

别以为我不是读就是写，不是教就是研，不是想就是谈，其实，我还唱歌、跳舞、弹琴、打球、打太极、下棋、旅游、摄影等。我认为当教师一定要保持思想、心理、兴趣的年轻状态，与学生在一起没有代沟感，没有落伍感，没有令人嫌弃感，没有训导感，没有古板感。这要求自己保持与时代同步，包括学唱新歌、学讲现代词语、学用现代技术等。要做到这样，必须不断学习，不停挑战，不满足现状。

有人说，现代职业女性"活得很累"。我则认为，充实忙碌的生活、多种经营的日子、一心多用的锻炼能使人不容易老年痴呆。操心、劳神、费脑筋不一定是坏事。脑筋不保持转动，就会像机器慢慢生锈。我父母90多岁还天天读书、看报，还著书立说。他们觉得自己的生活很充实，不无聊，甚至时间不够用。当老师经济不宽裕，但求精神的富足。精神的收益也是要靠付出的，是无可比拟的，精神成果是无价的。20世纪80年代，我的一些中学同学由于职业的缘故，吃过山珍海味、住过五星级酒店、穿着高档时装、赚了不少钱，但他们满怀诚意地对我这个"穷"教师说："你写的书、教的人给世界留下了财富，你比我们幸福。"

（二）课堂收获的财富：师生共建，经验共享

因为我教的是全校公共课，每年担任的教学班多，所以累计教过的学生数以万计，包括各种层次、形式、地域、身份、年龄的学生。因为学生数量太多了，我常常记不住学生的名字。欣慰的是，学生记得我，甚至有人几十年不忘怀。这对我这样的公共课教师来说实属不易。我收获着学生的美好记忆。

我自从获得教育部指导国内学校访问学者专家资格，10 年里接收、指导过由教育部委派的来自十几个省区几十所院校的教师，他们都是从各种渠道获得关于我的学术能力和人品特征的信息而慕名上门拜师的。他们在我的指导下出科研成果，开展教学创新并因此获奖，晋升职称、提升职务，加深学术造诣，他们把成长的感受归结为一句话："中山大学是我们的福地，夏纪梅是我们的贵人。"对此，我收获了幸福感。

　　我自从获得教育部教师培训师的资格，从 1993 年以来，在全国应邀做教师培训 20 多年，几乎每一场都赢得众多新粉丝。培训后，他们发给我的感谢信和咨询信让我收获着成就感。

　　我自从 2002 年获得研究生导师资格，指导研究生数十人，他们走上教学工作岗位后仍然与我保持联系，我收获着可持续发展的效益。

　　还有慕名将自己的研究甚至正在撰写的博士论文交给我指导的其他院校的青年教师，虽然给我增加了"额外工作量"，但我收获了"资深教师""专家型教师""受人尊崇的导师"的"质感"。

　　最值得珍藏的是三所高校（985 高端研究性大学中山大学、211 重点专业院校华中农业大学、地方院校大理学院）总计十几届本科生，他们采用我推行的"任务型团队式课业作品化"教学模式并选修我设计主持的四门富有特色的人文通识课后，撰写递交多达数十万字的课程反馈，字字句句说到我的心坎里，我收获着他们的收获，陶醉在他们"懂我"的给力以及他们所表现的"接力"里。

1. 中山大学 2006 级大学英语课程学生反馈摘录

　　笔者注：这几个班学生的反馈不少是用英语撰写的，此处选摘的是中文撰写的一部分。本书选摘的标准是对课程模式有认识、有心路、有叙事、有过程、有心得体会、有提到任课教师的指导功能。出现率高的词有"挑战""机会""成长""自信""成就感""幸运""感谢"等。

　　（1）刘静文（06365019，此为学号。下同，不再标注）。

　　在夏老师的带领下，我们用任务型学习法学习大学英语已经快一年了，用几个词来总结一下：收获、成长、自信。

　　收获就是我学会了合作。从前在小学、初中、高中所接受的填鸭式教育仿佛已经离我的生活很远了。以前，每天老师站在讲台前宣布今天有作业的时候，学生就麻木地接受，然后像一台机器一般去完成，博得好成绩、考上好大学就是动力。大学的英语学习给我一种全新的感受，从第一天起，从老师介绍这个任务型学习法后，我觉得我的学习步伐是时候该来一个彻头彻尾的大变化了。这两个学期，我们每个学期都会有一个任务，就是以组队形式选择一篇课文的主题，然后进行 20 分钟以上的 presentation。team work 是在以前的学习生涯中没有接触过的形式，这对我们来说是一个挑战。大家在讨论如何完成任务的时候，那种自力更生的感觉非常强烈，没有老师在身后督促，但我们却以更加坚强的态度去面对困难。我们学会互相补充对方考虑不足的地方，共同探讨问题的效率绝对比自己一个人想要高得多。

成长这个词充分表达出任务型教学法对我的影响。以成熟的态度看待问题，跟人建立起合作关系，互相沟通交流，我们一直在成长。大学其实存在着社会的影子，要懂得忍让和顾全大局，大家才能达成合作。小女生的任性在这种学习方法中慢慢褪去，我听你的，你听我的，我们慢慢变得虚心和懂得倾听。

"任务型教学模式"（TBL）就是学生上台展示所学：请你们勇敢地上台吧！（笔者在中山大学课堂实拍）

自信是在大家面前勇敢地秀出口语而练出来的。上个学期，我们3个人一组，大家还有一点怯场，觉得第一次在那么多人面前用英语做 presentation 很有压力。这个学期，我们能在全班面前自信地演绎出我们所想表达的，出色地完成我们想要做的，那种收获的感觉真的让人振奋。

在这个过程中，我们有过困惑，有过争执，曾经觉得无从下手，有无力感，觉得跟人合作很麻烦，有整天讨论也讨论不出个结果的情况。可是我们却觉得，合作是一个微妙的关系，每个人有自己的长处，例如我的 PPT 制作比较精细，就弥补了我在内容构架方面的缺点，当我们的优点结合在一起，就会让我们成为一支自信的团队。

让我有那么大的改变，我还是想谢谢夏老师，是您的自信的风采，让我们感染到这种活力；是您的独特的教学方式，让我认识到身为一个自主的大学生该具有的素质。非常感谢，我觉得一生中遇到您这样的英语老师，对我人生有巨大的影响，这会推动我前进。感谢您。

（2）何韦颖（06367025）。

不知不觉中，美好的大一生活就快要结束了，我们与夏纪梅老师的美好约会很快就要告一段落。我们是幸运的，能遇上这么一位学富五车、极富学者风范的英语老师。

我们是幸福的，当别人继续"高四"英语并不堪其枯燥的时候，在这个班，我们正享受着英语给我们带来的乐趣和成就感、满足感。我上大学以前对英语不太感兴趣，那时候上课真的是勉强应付，面对眼花缭乱的语法、堆积如山的练习以及高考的压力，学英语是为了考试，我都变成学英语的机器了。只要是高考不考的，我都不会，我所学的就是所谓的哑巴英语。那时经常想要是到了大学，一定不学英语了，因为那时的我对英语完全没有兴趣可言。

到了大学，分级考试我居然考进了三级班，突然发觉自己的英语原来不是很烂，使我多少受到了鼓舞。更有意思的是，分班结果出来以后，我惊喜地发觉任课的老师居然是夏纪梅教授。那时候模糊地想起她似乎是开学典礼的时候作为教师代表发言的那位和蔼的教授。开学典礼那天，她振聋发聩的发言至今使我记忆犹新。这使我对英语又有了几分期待和信心。

第一次上英语课就让我们耳目一新。我们惊喜地发现这位老师是如此的多才，如此的可爱、可亲、可敬。夏纪梅老师年将六十，却保持着一颗青春的心，依然敢于去迎接挑战、创新教法。我们非常幸运可以在新教法的指导下去学习我们的大学英语。

新教法的主要特点就是学生自主学习的机会大大增加，让我们自主地去安排自己的学习，这有利于学生兴趣和创造力的培养。在课堂上，我们实际上扮演了老师的角色，面对全班同学，通过 PPT 展示，既练口语，又练自己的胆量。台上一分钟，台下十年功，要做好一次 presentation，需要我们做很多的准备。首先是要很熟悉课文，从课文中找到切入点，当你带着这种目的去学习课文，真的事半功倍，很有效率。其次就是提高电脑技能，以前的我几乎不会做 PPT，经过准备展示，这方面的技能大大增强，现在可以说已经能随心所欲地制作 PPT 了，这也是我的一大收获。通过自己做作品，在和同学做的作品不断的比较学习中，我们也能显著地提高自己的水平。此外，夏纪梅老师拥有丰富的人生阅历、个性鲜明的性格、优雅的学者风范，从她的一言一行中，我们也逐渐学着做人的道理，这些会让我们终身受益。

幸福的时光总是过得特别快，当我们深深地爱上这门课的时候，却到了大一的尾声，到了告别这门课、告别夏教授的时候，剩下的每一节课都让我们格外留恋、格外珍惜。但离别终究会发生，无奈而不可避免。我们只有挥一挥衣袖，珍藏着这些难以复制的美好回忆，直到永远。

（3）何宇虹（06369013）。

我和我的室友会经常交流我们各自的英语课信息。我获得很多羡慕的眼光——怎么你们的英语课这么特别！的确，以后当我们回想起大一的英语课，我的室友们可能只记得老师的 PPT，而我更多的收获在课外。

我们班采用的是任务型学习法。正如我上面所说的，更多的收获在课外。这可以从两个方面来理解：我们的学习过程主要集中在课外时间，也就是在准备 PPT 的这段时间内。从接受任务、分析、构思、决策、分配任务、修改作品到展示成果，我们不仅仅是学习英语，更重要的是学习人际交往的方法：如何沟通与合作。正如老师所说，我们是社会人，生活在群体中，学习这些人际交往技巧将使我们受益终身。

（4）庞宝仪（06364041）。

经过了两个学期的英语学习，我对任务型学习有了更深的了解。刚开始以为是给每个人委派一项任务，在一定时间内完成它。后来，才体会到任务型学习着重的不只是"完成"，更多的是在"过程"。首先是选题。选好一个适合自己的题目，就可以利用常识和自己的思考去挖掘深一层的意义，这可以锻炼我们的思考能力。做PPT除了要确定明确的中心，层层递进的内容框架也非常重要，体现了我们严谨的逻辑思维。接着是合作，也是最重要的环节。从讨论演示的流程和内容，分配任务，寻找资料，共享所得到筛选、排版、设计，都是组员间要交流的过程。我觉得这个过程让我学会了如何创新，如何与别人合作，如何向别人阐述自己的想法，如何虚心聆听别人的意见，以达到双方满意的结果，让我的沟通交流水平有了提高，为将来的工作做好了铺垫。我还学习到了如何制作PPT，对电脑有了进一步的了解，发展了自主学习的能力，提高了协作能力。最后是向老师和同学展示制作好的PPT，以对话或小品等形式来吸引观众，其中对课文的理解和英语口语水平是缺一不可的。组织同学讨论、收集意见、向同学发问及设计游戏都需要很强的组织能力。演示时要传递给观众自己想说的信息，要与台下有交流，调动同学们的积极性，带动学习的气氛，这也需要交流能力、与观众的合作。这些都提高了用英语进行交际的能力。希望下学期也可以把这种学习方法延续下去，尝试不同的任务，让我们可以进一步提升自己。

（5）文海龄（06366035）。

感慨良多啊！我清楚记得老师开学的时候说的四个"learn to"，还有一系列的being。例如，social-being, intellectual-being, global-being……作为一位freshman，我对这些词感到既新鲜又有点害怕。但是经过一年的磨炼，这些词在身上都开始有了踪迹，我学会了与人沟通合作，掌握实际的操作技能。有句话说，"A foreign language is a weapon in the struggling life"，经过学习，我现在终于有一种被英语武装起来的感觉。在与他人的合作和观赏他人的作品时，我找到了自己的不足，有失落但更多的是信心，因为对自己更进一步的了解将有助于自己的提高。我希望不久的将来不再只有我们班能享受这样的教学模式，希望这种方法能得到推广。最后非常感谢夏教授，让我再次爱上英语。

（6）谭潇潇（06366033）。

和TBL的邂逅发生在一年前那个美丽的秋天，课堂上，那个被人民网记者描述成"多功能杂耍人"的传奇女性在大学英语的第一堂课就为懵懂的我展开了一个全新的世界——TBL在夏教授的一系列导学介绍中逐渐褪下了神秘的面纱。TBL就是通过完成某项任务来学会新的知识并掌握与他人沟通合作的方法。的确，学语言不是懂不懂的问题，而是会不会用的问题。只是我的心中还是掠过一丝焦虑：难道是演变成重任务、轻知识了吗？TBL，我该如何来爱你？

不得不承认，一直沉浸在应试教育的模式中，让我忘却了学习最本质的目的——学以致用，而血液里潜藏的叛逆意识让我走向了另一个极端——为了美的享受而学——英语为我打开了一扇通向新世界的窗户，让我可以随心所欲地观看英文电影、阅读英语散文、唱英文歌，可以为《魂断蓝桥》里的那对璧人而泣涕零如雨，可以为《疯狂英语》阅读版里讲述的那个有关玫瑰的故事而黯然神伤，英语为我的心灵开辟了一片秘密花园。但是，我从来没有想过有一天会让我站在众人面前，将自己积累的知识变成outcome展现出来……

就这样，我怀着好奇而又忐忑的心情和你开始了第一次亲密接触，那次尝试至今仍让我记忆犹新，一次不太成功甚至可以说得上是失败的PPT展示。或许是因为时间太过仓促，或许是因为没有处理好小组成员内部的各种冲突，导致了不理想的outcome。这时的你成了在水一方的伊人，让我寤寐求之，求之不得。

求之不得，辗转反侧。我开始反思，到底是在哪里出了错，让我的PPT演示成了失败的例子。打开留下的PPT，我终于认识到，整个活动的组织和展示都缺少逻辑清晰的思路才是我们小组的最大硬伤，整个展示像是一堆断了线的珠子，毫无美感可言，尽管在细节上有一些出彩的地方。

这时的我又陷入了另一个困惑之中，TBL确实是一扫应试教育的迂腐，但却无法给予我美感的享受。或许，这些还是要靠自己去寻觅吧。

在第二次和TBL的亲密接触中，因为吸取了上次的经验和教训，我们意识到小组成员之间的沟通和协助是非常重要的，否则就无法达到和谐统一的效果。期间，我们还是因为在某些问题上的分歧而争吵，有时是因为对问题的看法不同，有时是因为受不了对方慢条斯理的作风而吵架。事实证明，为了后者而争吵是愚蠢的，每个人的行事风格不同是很正常的，要想让一个团队拥有高绩效就必须学会包容。

一个完美的PPT必须有丰富的内容，这就需要我们学会获取和筛选信息。以往我们一看到什么新颖的东西就会心花怒放，迫不及待地想要添加到自己做的课件里；现在，经历过一次失败之后，我们在决定是否采纳时就多了一份冷静和理性，会考虑到它对整个主题的影响，采用了它是否能说明问题……

真是书到用时方恨少！与TBL结缘的那一刻便注定了它将成为一响意识形态的晨钟暮鼓，时刻提醒我，只有不断充实自己，拓展自己的知识面，才能从容应对各种挑战。这种自主性的学习方法还有一个传统方法无可比拟的好处：学到的东西都是自己想学到的或是对自己有用的，真正达到以学生为学习主体的目标。

夏纪梅教授说"每个人都需要CAL",TBL使我对这句话有了深刻的理解。在课堂上如果没有人response,只有自己在唱独角戏,那是相当难受的事。推己及人,让我真正学会欣赏他人的努力和智慧。

"流光容易把人抛,红了樱桃,绿了芭蕉",转眼间,大一时光已倏忽飞过,我也不得不与TBL说声再见,只留下"约时何再"的喟叹;但并不是我轻轻地走了而不带走一片云彩,TBL给予我的经验和技能对我来说都是弥足珍贵的。

夏教授这个学期让观看的同学对展示的团队作品进行点评的方法很好,应该继续实行,但是建议在评价的时候加进一个内容:如果是我来做这一单元的主题,我会怎么做?这样可以让大家对其他人的PPT展示给予更真切的关注。

(7) 李颖(06369018)。

光阴荏苒,不知不觉进入大学已快一年了。在大一期间,对于学习,感受最深的就是在夏纪梅老师的英语课上接触了"任务型教学法"。这一年,我学习英语的喜怒哀乐,或欣慰,或烦恼,都跟它密切相关。

TBL区别于传统的"老师教,学生学"的教学方法,最大的特点在于注重学生知识的输出,由input转为output,充分发掘学生的潜能,使学生由只会接受知识的机器成长为展现个人特色的有个性和创造性的独立个体。

记得大一第一节英语课初次接触TBL时,我心里是恐惧多于期待的。从小学到高中,一直以来,我接受的都是传统的"老师讲,学生听"的教学方法,并且我已经习惯了这种方式。现在突然要面对全新的自主性要求更高、创造性要求更强的任务教学法,我到底能不能适应呢?我心里一直在打鼓。特别是老师一上来就要我们组队做presentation,对于以前基本上没怎么接触电脑、连PPT是什么都不知道的我来说,更觉得任务繁重,难以完成。

尽管心里十分怀疑,但我还是硬着头皮上。在找到team members之后,我就抓紧了学习制作PPT的进程。我到图书馆一口气借了三本相关的电脑书,仔细研读,不时请教同学。因为自己没买电脑,只能一下课就挤在图书馆的电脑前,不断练习。经过一段时间的学习,我终于基本掌握了PPT的制作技能,心里才有点着落。差不多轮到我们组上场做演示了,又进入了紧张的准备阶段。我们分工合作,上网找图片,到图书馆找资料,请教老师,询问同学,每天晚上都聚在一起演练。皇天不负有心人,我们的辛劳终于换来了最后的不俗成绩。有了这一战的胜利,此后在课堂上看到其他同学积极发言、说一口流利的英语时,我不再感到自卑了,因为我相信我也可以做到。于是,我也踊跃参与到课堂上的活动中来,这不仅极大提高了我的口语水平,更重要的是增强了我的自信和勇于面对挑战的决心。

我想这正是TBL的精髓和魅力所在,通过完成指定的任务,发现自己的不足和短缺，进而弥补、学习、提高和完善，同时在挑战中树立自信心，增强克服困难的勇气和毅力。这种精神和能力正是我们所需要的，不仅仅英语课用得上，在我们的人生中也处处用得上。

TBL 让我受益匪浅，让我不断成长，我衷心地喜欢上了这种教学方式。希望以后还能继续接受这种教育，也希望这种方法能得到大力推广，让更多的学生从中得到收获和提高。

（8）胡晨沛（06367028）。

我真的非常感谢帮我们拍摄 DV 的 4 个男生。那个时候，我们有两门考试，并且会计的课程一直是比较紧的。但是，我看到他们很认真地准备，在拍摄过程中，他们像是在拍戏一样。虽然因为时间紧凑，拍摄中难免会出现一些 NG 镜头，但那真的是一段值得纪念的回忆。

生平第一次拍摄 DV，我想如果不是这次英语课，我可能永远都不会去接触这种事物，这次的经历让我发现拍摄 DV 来记录生活中的一些事情也是一种很不错甚至潇洒的生活方式。

这次制作 PPT 的过程中，我们用到了很多软件，例如 Photoshop, Movie Maker, 我们都是新手上路。这些也都给制作增添了麻烦。

在课堂做 presentation 的时候，也遇到了一点小麻烦，我们制作的 DV 格式与课室的电脑所支持的格式不相符，放不出声音。但是幸好，我们提前配好了字幕，才没有产生特别大的影响。这也反映了，我们在做演示之前必须做好充分的准备，将意外的破坏力降到最低。

我们最后得到了最高的分数——五星级，大家都很开心，同时也认为这是应得的，因为我们真的付出了很多。虽然演示只有 30 分钟，但所花的时间真的是无法计量的。这是一次全身心的投入，我觉得自己很少会那么认真地去做一件事情，去大胆地尝试一些新的东西。

在这次的制作过程中，我体会到了合作的重要，我看到了同学间互相帮助的精神。在做演示时，最怕的是得不到积极的反应，因为这是自己很用心地去做的东西，总是希望得到别人的认可。我懂得了，要学会欣赏别人的东西，要看到结果中影射的过程，要看到他们的用心。

很多英语班的同学一学期要做很多次 PPT，但我相信，他们是不会比我们只做一次的收获来得多的。就是因为只有一次，我们才会那么认真地去做。夏纪梅教授的课的确很特别，我很喜欢这样的教学方式，将考试放到不那么重要的位置，不再注重形式。

(9) 蔡永平（06367003）。

PPT终于做完了，感觉上松了一口气。结果比较满意，拿了五星级，感觉很欣慰，因为我们下足了功夫，尽最大的可能做到最好。在这期间，我也学到了很多，受益匪浅；同时，我也认识到了自己的许多不足之处。

一拿到这个题目，其实我有些犯难，感觉无从下手，我们的社会阅历还很浅，对于这些社会问题，我们的接触都比较少。于是，我跟我的搭档面对面地交流、讨论，从我们身边的事情、从我们的书籍、从我们在电视上看到的——展开讨论，寻求与我们话题有关的资料。这个过程让我知道了什么是集思广益。

接下来，我学会了合作、协商、选择。对于同一个主题，要表现它却有几百种甚至几千种形式，我们要从这么多的选择中做出抉择；因为我们无法预期结果，所以就要进行各方面的讨论。最后做决定也很困难。对于一个细节问题，有时也要进行十分长久的讨论，几次因为意见不一和搭档争得面红耳赤。

从这次作业中，我也学会了寻找资料的好方法。我们不仅可以去图书馆翻看那些厚厚的资料，还可以上网去找一些更为明确、更加接近现实的东西。上网找资料也有技巧。首先，你上的那个网站资源要够多；其次，输入的题目要比较正确。另外，这里边还要有一定的耐心。

我以为自己已经算一个追求完美的人了，可是在这次作业中，我看到了比我更加完美主义的人。有时对于一个细节的问题，我会气馁地说："算了，随便做一下，这个细节老师不会注意的。"可是我的搭档却告诉我："不行，要做肯定要做最好的！"我开始意识到，无论做什么工作都必须有这种认真的态度！

对于我的演示，我不是很满意，因为讲的时候很紧张，所以讲得不好，希望在以后有所改进。

其实，老师很会发现我们的优点，有些我们自己都没有注意到的细节，老师能帮我们发掘出来。很感谢老师给了我们这样的机会，让我们锻炼自己。

(10) 周耀文（06367118）。

又一个实行任务型学习法的学期快要结束了，突然觉得有点难舍难离。大学之所以不同于高中，就是因为它摆脱了填鸭式的教学方法，让每个学生在准备上台的过程中去收获知识和能力。

其实自己曾经极度怀疑过，大学英语课是在浪费生命。不过在真正准备的时候才知道，自己去主动吸收的东西才记得最牢固，才能随意运用。细想一下，如果还要大学英语老师站在讲台上分析所谓语法规则与词汇意思，那我交这么多学费有什么意义啊？

任务型学习是源于课本、高于课本的学习方法，首先必须吃透教材，让自己胸中有墨；然后发挥主观能动性，把作者观点发散开来，形成自己创新的见解。这促使了我们用英语思维去想问题，增强了英语的语感，摆脱了中文思维的束缚。

任务型学习中的老师评点环节是个人认为最精彩的部分，因为老师真的善于旁征博引，让我这个来自小城市的学生学会好多课本外的知识；并且从老师口中结合语境学到很多英语新词汇。

任务型学习其实最重要的还是剥离了我们传统的应试教育思维，使我们不拘泥于课本，但是又没有完全离开书本。真可谓痛并快乐着！

笔者举办中山大学2006级课程庆功会与学生合影（左图）、笔者与2006级学生展示作品团队合影（右图）

2. 中山大学2007级大学英语课程学生反馈摘录

笔者注：这是我第三届实施教学新模式，方法有所改进。具体表现在：要求每一届学生都给下一届新生师弟师妹"留言"，把上一届学生的优秀作品提供给下一届新生观赏学习，加上教师的课前导学和课程反馈环节增加了聚焦"收获"与"建议"的具体要求。本届学生实施后的体会可与上两届对比。另外，这届学生进入课程反馈时正值圣诞节，也是我的生日，所以许多学生采用节日贺信的形式递交。从这届学生的反馈形式与内容来看，大学新生已经越来越明白新教育的本质，也越来越通情达理，以另一种尊师的方式表达对教师的感激。出现频率高的词：自主，合作，研究，创新，方法，质量，等等。

（1）黄嘉茵（07301669）。

亲爱的夏纪梅教授：

I wish you a merry christmas and happy birthday!

很高兴我进了三级班，遇到了您，很感谢您对我们这一学期的栽培，也很感激您将课堂交给我们，实行任务型学习。说实话，一开始我担心自己能否成功转型，但现在一个学期下来，我已经喜欢上了 TBL。我尤其喜欢您的 3R，无论现在还是将来，做任何事，这都是必需的。这学期，通过参与其他小组的 presentation，我开阔了眼界与思路，而他们层出不穷的创新更让我体会到原来上课也可以这么好玩。您每一次的点评更是让我懂得如何去发掘和学习别人的闪光点。当然，印象最深的还是自己制作的 presentation，从深挖课文到找资料再到后期制作，一路不断完善，不断讨论，让我体会到何谓合作性、自主性、过程性，当努力成果得到认同时，我更体会到成就感。TBL 让我增强了实践能力、合作能力、自主能力与责任感，将英文活学活用；同时，也让我注意到自己的不足，下学期要加强创新应用，要脱稿演讲，加强和同学们之间的交流，让课堂气氛更活跃！

至于改善建议，我觉得我们班每个小组的 TBL 都做得不错，但下学期可以多增加与同学之间的 interaction，在 content 那部分，我们大多都集中讲了 word study，下次希望可以多讲讲 culture study。

最后感谢您的礼物与您一直以来展现给我们的爽朗的笑容，谢谢您的指导！期待下学期的英文课，期待下学期的 TBL！

敬爱您的学生：黄嘉茵
2007 年圣诞

（2）郭敏婷（07301639）。

Prof. Xia，

您好！首先，很感谢您在我踏进大学的第一个学期给予了我专业的教导！能一进入大学就遇到你这么一位优秀而又特别的老师，我感到非常的高兴。

对于 TBL 这种全新的英语教学方法，我还是有点感受想说的。其实，我在刚接触到这种教学方法时，真的有点接受不了。太一反常态了！老师不讲语法，不帮学生解读课文，不布置作业；学生自己学习课本，自己准备 presentation。一切都让我觉得很茫然。这能学到东西吗？这是我大半个学期以来一直都疑惑的一个问题。

直到轮到我们 team 做 presentation 的时候，我才真正感受到这种新型学习方法的特别。我们聚在一起，从剖析到延伸课文主题，再到研究 presentation 的线索，进而到任务的设置与分配，这些都让我感觉到原来英语竟然可以这样学习！或者说，原来可以从英语的学习中得到那么多的东西！虽然我们中途遇到了点困难，也由于准备的时间过长而有点泄气。但是，我们还是坚持了下来，直到任务的完成。

最想说的一点是，TBL 让我有了一次难忘的演说经历。从来没有做过演说的我竟然可以鼓起勇气站到讲台上，还面对这么多比我优秀、比我强的同学做演讲，真让我有点吃惊。虽然比起其他 team 的 speech，我们还有点逊色，但在我心目中已经是一次很大的进步了。往后的我一定会朝着这个方向更加努力的！

祝工作顺利，身体健康，生活愉快！

你亲爱的学生：2007 级管理学院会计系 郭敏婷

（3）林娟娟（07301653）。

Dear Professor Xia,

Thank you for your Christmas present! It moved me a lot! It's very lucky for me to have such a nice teacher and I believe we will have a perfect semester with you next year! Happy birthday! Merry Christmas and happy new year!

课程反馈：

1）具体描述你对任务型教学法的感觉、思考、经验、教训等。和其他很多同学不一样，我在高中的时候就体验过了类似的自主性学习，应该说在这方面是有一定经验的，因此对于任务型教学法，我是跃跃欲试的。但是，在真正开始准备 presentation 时，我还是遇到了不少困难。比如，在刚开始确定 Unit 5 的中心思想时，我们就为它的主题到底是 how to celebrate holidays 还是 Thanksgiving Day 而深深疑惑，但所幸的是老师及时地解开了我们的疑惑，使我们避免了前一组偏离主题的错误。在做 PPT 的过程中，我们也遇到了不少困难。首先，因为电脑是新的，没有足够的备用素材，所有的图片都要临时上网找，花了不少时间；然后，担心课室的电脑没法正常显示字体，所以所有幻灯片做完后又重新截图将字体转为图片格式才解决了这个问题；最后，我们组的其他两位成员之前几乎没有使用过 powerpoint，一切都是从头学起。原本我打算将做 PPT 的任务全部揽下来，但一个人做效率真的很低，而且秋妍和丹晓学得很快，马上就上手了，因此我们三个人共同完成了 PPT。从这件事我也深深地体会到了团队精神的重要性，也很庆幸遇到了两位好学肯干的 partner，才使我们的任务最终圆满完成。

2）提出你对任务型教学法的具体改进和完善建议。一学期下来，纵观我们班同学的 presentation，真的觉得大家都很棒，都能够准确地把握住任务型教学法的宗旨，巧妙地将各种形式的教学方法融合，俨然就是一位位深谙教学指导的老师。但老实说，一开始其实我们都挺迷茫的，不知道自己应该做些什么，我们发挥创造的空间到底有多大，所以可以清楚地看到，每一个小组都是在前一个小组的基础上，继承之前做得好的地方，将所有的 good point 都集中到自己的作品上，再发挥自己的创意，使自己的 presentation 在万无一失的同时富有亮点。所以，我希望老师在刚开学的时候就可以先给学生参考一下之前学生的作品，让他们看到尽可能多的形式，同时也鼓励他们自主创新，勇于尝试一些之前没有人想到过的 good idea；而且表现形式也不必拘泥于 powerpoint，完全可以让他们利用课室的现有条件，有效并有创意地表现和分享他们的学习成果。

这就是我的一点体会和建议，希望任务型教学法能创造更大的成功，使更多的学生能从中获益！

（4）熊陈琛（07301652）。

这个学期的第一节课上，夏纪梅教授就向我们介绍了这个将贯穿整个英语学习过程的学习方法：Task-based Learning（任务型学习法）。通过老师和师兄师姐的介绍，我既兴奋，又有一丝疑惑：TBL 真的有那么好的效果吗？它真的和传统教学法有质的差别吗？我是一个有点害羞、不太敢在课堂上发言的女生，我能完成任务，和师兄师姐一样提升自己的水平和能力吗？而现在，经过一个学期的参与学习，我也给出了答案。

我认为，TBL 最宝贵、最精华的部分是课前准备。得到了一个主题之后，要收集观点，理清思路，确定线索，接着找资料，请教同学和老师……这当中需要同学之间的沟通、交换观点，意见不统一时需要权衡、协调一致；还需要真正自主地寻找资源，就像小鸟主动找食而不是被动地等待喂食一样。我在这个过程中学会了合作……我想，夏纪梅教授设计 TBL 的初衷就是让我们更多地在这个过程中学习和成长吧。

接着是课堂展示部分。学生和老师换了位。事实上，这是我第一次用英语"说话"。当真正地用英语交流、表述自己的观点时，我才发现那么多年学到的英语有多么"死"，词汇和语句是多么不能灵活运用。其实这不是词汇量的问题，关键是能不能"use"。因为在台上怕自己反应不够快，所以很遗憾，我几乎是背稿子，很少有临时发挥的部分。我觉得中学的英语太过注重写作文而不是交流和实际生活中的应用。通过这个展示，我发现了自己口语表达和交流上的薄弱之处，今后需加强。像看夏教授推荐的 The Apprentice 就是很好的"学习途径"，在下次的展示中，我会努力克服这个问题。同时，做 observation sheet 也给了我们评价一个作品的机会，这种机会是以前很少有的。

课后反馈部分十分重要的环节就是夏教授的点评。我很赞同夏教授以鼓励为主、以批评为辅，尽量发掘闪光点，同时指出不足并给出改善意见的点评方式，使我们既增强了信心，又对不足之处有了清醒的认识。

真的，TBL 使我受益匪浅，我就不在此赘述了。能够在大一的第一个学期成为夏教授的学生，能够接触任务型学习法，我深感荣幸！希望这种方法能推广开来，不断发展完善。

（5）陆绿（07301375）。

不知不觉中，一个学期就这样走过了，我终于体会到了什么叫白驹过隙。但是，这一学期以来，特别是在 TBL 的过程中，我感觉自己真真正正地成长了，无论是知识的水平、应用的能力，还是思想的深度，我正在进行一次全面的蜕变。回想过去的一个学期，我由衷地感到充实。

从小学到高中12年的学习过程中，我们一直是被灌输知识的对象，我们的脑子里装进了许许多多的应用规则，但是运用的机会却少得可怜，以至于在刚接手任务时，我头脑完全一片空白。我的电脑技术一点都不好，而整体的课程设计从来没有尝试过，我根本不知道从何入手。幸亏我的组员的电脑操作技术非常过关，在她的指引下，我学会了很多新的操作技术。我想，这对我今后的发展有着不可估量的作用！

我们小组负责的是 cloning，从前面小组的演示过程中，我们吸取了他们优秀的方面，比如一些新颖的创意，同时学习着他们思维的深度。受到他们的鼓舞和启发，我们的准备在一个月前就已经开始了。我们小组成员分别负责不同的主题，上网搜索有关主题的资料，同时也尽可能地帮助彼此寻找资料。我负责的是 what's cloning 和 films/flash about cloning，而其他两位的主题分别是 the uses and dangers of cloning, pictures and game designing。面对大量的英文信息，我不得不频繁地与字典打交道，阅读速度和词汇量在不知不觉中得到了提升。两个星期的准备下来，材料找了很多，可是用处不大。以至于大量的材料浪费了。这也是我们以后需要改进的地方：必须先策划出主题和流程，再根据不同要求找材料。幸好我们及时理清了思路，确定了主题。

上台前一个星期的准备真可以用白热化来形容。我们把流程改了又改，每个人都坚持不同的意见，幸亏大家比较容易吸收别人的长处，最后经过统筹，把各个方案的优点结合，确定了我们的终稿。经过一番又一番的争论，我们不但没有彼此反感；相反，各人的想法给了彼此很大的启发，同时对彼此的思维深度印象都很深，景仰之情油然而生，友谊也在不知不觉中加固了。

其实上台的前一刻，我对我们的准备工作信心并不太足，但演示过程中收到的效果比预想的要好得多，同学们的积极参与让我感觉到很欣慰。我终于体会到当老师站在讲台上，同学们的支持对他来说有多重要。所以，我决定以后有机会都要积极参与到其他组的 presentation 之中。

当我们完成自己的任务展示后，老师的点评让我们看到了很多我们自己都没发觉的优点。比如，老师评价我们"更像理科的学生""以理性的方式去探索研究"。也许，这便是我们的潜质，而老师就是发掘潜质的人，我们以后将更多地运用好这方面的潜质。最让我们高兴的是，自己精心设计的细节、亮点让老师发现并表扬了。此时此刻，我心中的成就感油然而生——付出的努力没有白费。当然，老师指出的不足之处我们争取在下次任务中改进。

我想，当我下一次接受任务时，我的目标肯定比这次要清晰多了，对课程的设计也更有经验。首先必须根据课文明确一个有深度的主题，确定主要课堂流程；接着努力寻找支持主题的资料。当然，不能缺少创造性思维，这也是 TBL 最有意义的地方之一。另外，互动环节可以设计得更有吸引力，组员的合作还可以更密切些，上台时应当再从容些，甚至可以不用手稿。

TBL 这种全新的学习方式让我真正有机会作为主人去安排自己的学习，在整个过程中，我感觉到了真正的提升。

（6）陈蔓菁（07301575）。

通过任务型学习，我确实收获颇丰。不仅锻炼了实际的英语运用能力，最重要的是在相互学习的过程中欣赏到他人的闪光点，同时领悟到自己的不足，从而更清晰地把握前进的方向。

由于高中曾有类似的上课经历，因此我自告奋勇做了"破冰者"——第一组上台陈述。由于时间紧迫，这项任务自然是对我们心力的一个考验。每天起床后，三个人就抱着还没吃完的早餐开始讨论，从工作分配、素材搜集到 PPT 的制作到最后彩排，我们很好地发扬了团队精神，和谐顺利地完成了任务，也得到了您和同学们的肯定。这样尝试做第一个上场者本以为挺有挑战性的，可看到后来上场的同学的展示一个比一个精彩时，才发现自己失去了一个借鉴和吸收运用的机会。因为随后的每一组都很有自己的风格，并且极具创造力，让我由衷地欣赏与佩服。他们仿佛是一面光洁的镜子，照出了很多我未曾意识到的不足之处。

先谈谈我对这样的上课方式的印象。以往的英语课总是以老师为主导的，学生们总是想穷尽老师身上所有可学的东西。但是，其实正如孔子所言，"三人行，必有我师"，我们常常忽略了我们身边的同学就有很多可借鉴和学习的地方。TBL 上课形式便为我们提供了一个最佳平台去观察彼此，互相学习。我很喜欢他们的创造力和新颖的表达方式以及组员之间的配合方式，虽然偶有意见不合，但在夏教授的精彩点评中，又让我得以用一种新的视角去看问题，更加客观，因而也常有意外收获。对我而言，这个学期英语课的最大收获不是英语运用能力的提高，而是思考能力和动手能力的提高。这也正是大学生所需要的最重要的基本素质。

做过了，看过了，比较过了，心里也更明晰得像放了一把尺，知道自己的长短。不再因为自满而盲目，也不再因为缺陷而灰心。我开始有了一种方向感，知道该如何努力去做让自己欣赏的那类人。但毕竟这需要一个艰难的过程，也需要更多的机会去展现自己的阶段性成果。

（7）贾多（07301517）。

时光飞逝，一转眼一个学期就要结束了，还清楚地记得上第一节英语课时的情景。老师在第一堂课就给我们讲解了什么是 TBL（Task-based Learning），通过 TBL 我们能够培养自己的什么能力⋯⋯老师还说我们已经积累了十几年的英语知识，现在是时候让我们来 show 了。"授之以渔"而非"授之以鱼"的教学理念让我们欣慰不已。TBL 就是通过自主学习和同学之间的合作方式来培养同学们的各方面能力,自主学习即是同学们在课后对于课本内容以及课外知识的学习,它提供了一个让同学们养成独立、自主、自立能力的平台。同学之间的合作,即每个小组以所选择的主题制作 PPT,在课堂上进行演说,它培养了同学们的英语运用能力、团队合作能力、解决困难的技巧……这对于商科的学生来说无疑是很有益的。

团队合作形式的学习给我提供了很多机会。机会 1:在制作过程中,发现自己的英语运用水平很低,这就给了我机会了解自己的英语水平。机会 2:在讨论整体思路时,组员之间出现了不同的意见,我们都努力为自己辩解,希望自己的意见能够被采纳,这就给了我一个机会了解自我表达能力,同时也学会听取他人意见。机会 3:在查找资料过程中,我们找了很多相关内容,需要筛选与取舍,这给了我一个机会学会选择。机会 4:在排版的过程中,我们需要将图片和视频插在适合的位置,这就给了我们一个锻炼逻辑思维的机会。机会 5:在整个过程的每一步都需要我们队友之间的合作,这个机会实在是让我们受益匪浅。

其实,机会不只这么一点点,我们能够从 TBL 中学到很多很多,能够接受 TBL 是我们的骄傲,我们应该以之为荣幸。

(8)梁楚仪(07301360)。

夏教授:

感谢您这一个学期来的教导,让我度过了一堂堂愉快的英语课。您总能发现我们的优点,给我们以亲切的鼓励,让我们充满了学习英语的自信。尤其是圣诞节的礼物,是我从小学以来第一次收到老师送给学生的礼物,不胜感激!希望明年您仍继续教导我们!祝令尊、令堂身体健康,长命百岁!祝您和您的先生幸福美满,心想事成!祝您的儿子早日找到理想的伴侣!祝您和您的家人新年快乐!

(9)温菲(07301583)。

任务型教学是我在大一接触的一种很新的教学方法,本人是充满期待去尝试这一教学法的。面对全新的英语学习法,我们一组 3 人都有些不知所措,又喜又急。惊喜的是可以踏入以前英语学习未曾进入的领域,学到更多全面的技能;急的是高中所学的死板的英语不知道适不适合大学新的学习方式。事实证明,我们三个人都是应试教育的结果,其他方面如 PPT 制作、演讲、资料收集和整合还可以勉强过关,但在英文语言组织方面真的难住我们了。很简单的一句中文意思,我们将它翻译成英文花了很多的时间和精力。也就是说,汉译英成为我们任务中最大的障碍。对于这一点,一直使我对本组的演示很不满意,因为一个英文作品的演示如果没有地道的英文表达,就不能称为一个成功的项目。而另一方面,在看过本班所有同学的演示后,我也发现了本组另外一个很大的缺陷——创意匮乏、形式呆板。

因为本组的一些不足，最后得到老师的评价也不是十分高，组员们也比较失望。不过经过总结，得出自己的不足之处，也找到了解决的方法。我们也成为一个学习小组，每天坚持一起练习口语和学习课本知识，并定期互相检测。到现在为止，我们的英语表达能力也有了很大的提高。任务型学习不仅让我们看到自己的弱势，还促使我们努力提高自己的能力，改正缺点。

（10）何宇（07301421）。

上大学后体验的第一堂新课是英语课，上大学后接触到的第一个新词是TBL（任务型教学法）。对于像我这样的湖南考生，这个方法是比较陌生的，至少之前没有真正地亲自参与过。

听了夏纪梅教授的介绍后，大概知道TBL有别于传统的填鸭式英语教学，是一种旨在培养学生的语言综合应用能力的教学方法。这让我对她充满期待。因为将近十年的英语学习学来学去的就是怎么做好题、怎么拿高分，而学习英语的初衷——用于交流和应用却被逐步淡化甚至忽略。TBL给我的第一感觉就是它将带领我们这些为高考疲于奔命而迷失了方向的莘莘学子重新走上通向英语学习的成功之路。

然而，虽然先前TBL的理念给了我心驰神往的兴奋，但接下来TBL的任务倒是让我生出了些"水土不服"的惶惑。这应了中国的一句古话："万事开头难。"夏教授给我们看了2006级师兄师姐的作品，真是别出心裁，各有千秋。接着就轮到我们出招了，当时的心情是蠢蠢欲动但又战战兢兢，跃跃欲试却又不知所措。我们的TBL尝试与探索之旅就这样开始了。

首先遇到的难题是在欣赏别人的presentation的同时，我们得同时做记录，并给出评价，指出他人的优缺点。这就要求我们眼、耳、手、脑同步运转，高效率地完成知识的输入和导出。开头的几次也许会让你手忙脚乱、焦头烂额，但在一次次的练兵后，你会发现在这过程中，我们的听力、口语、翻译、写作等能力都着实得到了很好的锻炼，真正实现了语言的综合运用。之后，你一定会开始享受这种教学方法并从中受益。

TBL最刺激的部分莫过于轮到我们小组披挂上阵的时候。

我们组负责Unit7，主题是Making a Living。首先我们得提前好几个星期把这个单元的内容预习好，然后把相关习题全部完成，以便更好、更准地把握主题。接下来，我们小组开会。会上，我们制订了presentation的进展路线，并通过讨论确定了分析角度以及切入点，同时分配任务，责任到人。接下来的工作在我看来是TBL中最具挑战性的部分了。看别人的PPT的时候，只觉得就是那么30多页，很容易就能搞定，但真正自己上阵的时候，困难就接踵而至了。首先是图片。对于一份成功的PPT

来说，图片是很重要的。虽然只需要那么二三十张，但是你得从"图山图海"中挑选，要做到慧眼识珠。每张图片都得切合主题，图片与图片之间又得风格相近，色彩和谐，哪张图片放到哪个位置用来修饰 PPT 的哪个部分又是一系列很费脑筋的事情。接着是课内部分。这部分虽然不用太多想法，但是很考验一个人的英语基本功，比如归纳中心思想、段落大意、遣词造句等等。然后是课外部分。这是一个供我们异想天开、发散思维的平台。Flash、DVD、DV、video、song、news、website、cartoon 等等丰富多彩的资源可供选择，利用多媒体来充实 TBL，可谓锦上添花。同时，这又考验了我们对新事物的感知和认知能力。特别是对于商学院的学生，观念应该新潮，思维应该开阔，TBL 考验着我们对资源的选择、修改和整合等一系列的能力。

经过几个星期的努力，最后我们组成功拿到了 7-star exellent 的好成绩，夏教授给我们评价的关键词是"creative"。在这里，我代表我们组再次感谢夏教授对我们的悉心指导。

大学的第一个学期结束了，我从 TBL 中受益良多。我会坚持沿着这条路子走下去，相信我们会做得更好。

（11）张嘉阳（07301744）。

在我的印象中，英语课从来就是老师在课堂上教授单词用法、词组造句、语法知识等，而我们只作为填鸭式教学的产品，静坐着接受填充我们的"饲料"。

来到大学，夏纪梅教授给我们讲了 TBL 以后，我顿时傻眼了。我当时想，我们也可以像老师一样，站在讲台上向台下的各位同学展示我们的英语知识吗？我怀着一半对可以展示自己能力的兴奋、一半对自己能力的怀疑开始着手组合队员和选择单元。

我们选择的是第五单元。在准备的时候，分工应该是比较合理的，一个同学准备课文内容，另一个同学准备外国的节日资料，我则准备国内的节日资料。而形式的确定也没有花太多的时间，因为我们上一组的表演形式很新颖，所以我们就想到也要用表演的形式。非常巧合的是，我在睡午觉的时候突然想到新闻联播，而跟组员说过后，一个同学说她有小电视的图片和电视结束时"再见"的 logo。于是，形式就这样确定下来了。

在做 PPT 的过程中，我们是有摩擦的，比如 3 个人的时间没有办法磨合。对于这一点，我要向我的组员说抱歉，因为我参加的社团比较多，然后又有班里和学生会的工作，所以基本上一个星期能做 PPT 的时间很少。但是，我的组员却很理解和包容我，她们在找自己那部分的资料的时候还会帮忙看一下我那部分的可能有用的东西，帮我下载下来。我真的非常感谢她们的理解、包容和支持。

另外，为了我们的 PPT 播放不出错，一个组员还特意于星期日跑到教室去查看电脑是否能放我们视频的格式。对此，我们都感到她对我们任务的负责和热心。其实，我们组每个同学都非常认真地准备这个 PPT，都希望可以有好成绩。我们所花的时间超过了两个星期。当然，我们也取得了 7-star excellent 的成绩。不是自夸，我觉得我们的努力真的值这个价！

我觉得，TBL 不仅是自主学习，也不仅是研究怎样学习与提高学习的能力，更重要的是它教会了我们人际关系的处理与信息处理，以及训练了我们思维逻辑能力。而且，在对别组工作的评价中，我们还可以学会客观公正地看待事物，吸收别人的长处，避免犯别人的错误。

（12）易洁云（07301506）。

不知不觉，我即将走过大学生活的第一个学期。还记得，开学时，夏教授就用了两次课给我们介绍 TBL（Task-based Learning）与以前的填鸭式的英语学习方式的区别。它强调自主、合作、创新、灵活，在实践中检验、提升、反思自我的英语水平和学习能力。总之，这将是一种能使你真正掌握英语的行之有效的学习方法。

老实说，当时的我对此是半信半疑的。为什么？其实类似的 presentation 我们高中时就做了不少，几乎涉及所有学科，我可以说对此是驾轻就熟的，因此当时并没有像周围的同学那样既兴奋又紧张害怕。但由于高中时的英语 presentation 只是作为课余的"研究性学习"，不纳入成绩，而且老师也没有提出什么特别的要求，因而大家只是如平常一般习惯性地在网上复制、粘贴，然后做成 PPT，最后小组派一个代表（通常是口语相对比较溜的）站在讲台上"自言自语""自娱自乐"就了事了。其形式单一、内容枯燥、缺乏思想与思考，根本配不上"研究"二字；"小组"徒有虚名，通常只是某个人的英语 show time，不能使所有同学的水平都获得提高；展示时也纯粹看着屏幕照读，而底下的同学就做自己的事，并没有融入其中。可以说，这是英语学习中的"走过场"！华南师范大学附属中学这样的名校尚且如此，那么，传闻中非常非常放松的大学能给我什么惊喜呢？能让我有什么期待呢？

怀揣着这样的心情，我开始了我的大学英语 TBL 的学习。令我惊叹不已的是，同学们不愧是"三级班"的学生！英语 PPT 色彩明亮，图片扣题，排版美观；材料丰富，内容富有逻辑性与深刻性，确实为"研究性学习"；流利清晰的口语，良好的小组合作和活跃的环境气氛使"听众"不由自主地融入其中；创新的展示形式更使我深受启发，乐在其中！记忆犹新的是刘慧等人的小组对"ET"主题的创新型角色扮演，PPT 的图片与模拟的地球人和外星人的对话内容契合得不得了！还有讲"Human Touch"主题的郑艳媚等人的小组，其探寻书中其他单元与该单元的逻辑、内容上的联系的环节深刻、新颖，着实让我在感动于人与人之间的无私关怀的同时，获得深入的思考！总之，在其他小组的 TBL 展示中，我受益匪浅！

开学时，我们小组"认领"了"Making a Living"这一主题。本想这不就是我们身边的每一个人正在做的事吗？我们的父母，我们的亲戚，我们的老师，那些点石成金的商业奇才，那些勇敢创业的大学生们……这主题既切合生活，又切合我们大学生，应该有很多话说！所以，应该很容易讲。可实践证明，我们错了！的确有很多可说，但就是因为有太多话可说，所以内容繁杂，难以理清思路、整理资料。我们前思后想，花了将近两个星期的时间才最终确定我们走"深刻路线"，并用"欲扬先抑"的手法展示"谋生"的"两面性"。但其后的查找资料的环节中，我们发现"艰辛"面的资料多不胜数，而"快乐"面的又难以找到；文字资料易找，但视频资料并不符合我们的要求。而且我们三人中只有我一个在学校有电脑，也只有我会做PPT，所以分配给我的任务相对而言较重。一周的攻关后，PPT终于完成了。但其后的小组演示却让我们发现其中一位成员的口语相对较弱。此外，我们的互动环节也较少，不确定性很多。但我们还是尽力配合，想方法扬长避短。最终我们的展示获得excellent的评价。虽然相对其他小组来说并不是很高，但在这过程中，我学到了与组员在思想碰撞中协调、配合，学会了面对一个"任务"时该如何思考、分解、重现，还学会了研究、深入探索、调动课堂气氛、随机应变、用英语表达交流。在压力中爆发，在爆发中释放，在释放中升华。TBL是行之有效的。

总的来说，大学英语的TBL，或者说夏教授给我们"推荐"的这种特别的学习方法是快乐的，是轻松的，是思想的盛宴，是创新的火源！我受益匪浅！

（13）肖恩妮（07301627）。

对于刚经历高考洗礼，迈入大学校门的大一新生来说，大学教学方法与中学是截然不同的，尤其是英语课堂的TBL教学方法。在完成小组任务的时候，我们会发现许多问题，有些是在平时学习和练习当中不会遇到的问题。这个过程提高了我们实际运用能力，尤其是写作和口语能力。在展示小组成果之时，我们更注重的是语言的运用和交流，而不是专注于语法结构和句子形式。在完成任务和展现成果后，我们获得了很大的成功感，这给我们学习英语带来很大的信心。这个教学方法为我们提供了一个展现自我的平台。TBL教学法除了是对英语能力的锻炼，还是对各方面能力的锻炼。例如，电脑能力——制作精美的PPT；合作分工能力——如何与组员共同合作，高效地完成任务；交流和主持能力——调动课堂气氛、组织同学参与；等等。

经历了一个学期的TBL英语学习，我们小组完成了任务，得到了夏教授的好评。反思这个执行任务的过程，我发现我有更大的信心去说英语、用英语，从而就形成了用英语的一种"冲动"。通过执行任务，我学会了超前学习、自我学习，形成了一种适合自己的学英语的方法。而且，我认识到自己对电脑方面比较在行，还有很强的组织能力，增强了自信心。我认为这是比学习到语言知识更加重要的方面。

下学期的英语课堂，我希望继续沿用这种 TBL 教学方法。这是一种素质教育方法，使我们发展各方面的能力。能有机会接受 TBL 教学法，能成为夏教授的学生，我真的非常幸运。因为这个学期的英语学习令我大开眼界，也让我锻炼了"身手"。

（14）杜梦垚（07301630）。

Dear Professor Xia,

首先感谢您给了我一个重新认识英语学习的机会。以前，英语课从来只有老师讲，讲的东西也比较枯燥乏味，纯粹是应付考试的内容，所以我对英语并没有多大兴趣。而自从听了您的第一堂课，我的想法完全改变了。您强调自主学习，所以我会自觉地上学习大厅；您强调我们要培养各方面的能力，所以我们在小组合作中锻炼了合作精神、沟通能力、对课文的深入思考能力，还提高了自己的电脑操作技能。在做 presentation 的时候，我们锻炼了自己的口语能力和临场应变能力。在参与别的同学的 presentation 的时候要动脑、动耳、动手、动眼、动口……刚开始有点忙不过来，但慢慢适应了就觉得很好玩、很刺激，因为每次都会带来不同的享受，每次都会有新的惊喜。

另外，在每个小组的 presentation 后，您都会给我们做精要的点评，让我们充分学习别人的长处，同时思考自己的短处以做改进。同时，您还会用生动有趣的例子活跃课堂气氛，使我们上英语课不仅学到知识，还可以得到思维上的放松和享受。您用充满激情的语言和永远年轻的心把我们引入了大学英语学习的殿堂，殿堂里有无数的宝藏，但每一件都要我们亲手去发掘，所以我们对这些宝藏也会更加珍惜。

再次感谢 Professor Xia 一个学期以来对我思想上的洗礼。祝您在 2008 年身体健康、青春常驻、笑口常开！

（15）赵祎（07301755）。

本学期，我有幸考入英语三级班，认识了许多优秀的同学，也认识了在英语教学方面非常有经验的夏纪梅老师，更见识到了非常有特色的 TBL，并深深受益于此。

一开始，夏老师给我们介绍这种方法的时候，大家都觉得非常新鲜，但与此同时也觉得要想做好绝非易事。当第一组作为 ice-breaker 上台演示结束后，我们对 TBL 的认识更进了一步，同时也跃跃欲试。终于，轮到我们小组了！我们既兴奋又担心。兴奋的是能够把自己的想法、创意及才能展示给大家。但同时也担心自己的能力不够，无法胜任。我们怀着这样的心情开始了！从分工到选材，再到组织编辑、综合排练，每一个环节都出现了意想不到的问题和困难。但是，我们都冷静地对待并克服了这些困难。当我们站上台展示自己成果的那一刻，真的很紧张，很害怕出状况；但幸运的是，我们成功地展示了自己的成果，并且取得了 7-star excellent$^+$ 的好成绩！这真的令我们欣喜若狂，让我们对自己充满了信心，同时也尝到了 TBL 的甜头！有机会的话，我们还愿意再次尝试！

我觉得 TBL 有很多优点：它提供机会让学生调用已有的英语知识和技能；挑战学生运用英语作为工具做事的能力；使学生对自己的学习负责，真正参与语言活动并做出贡献；唤起学生用英语做事的过程的意识；使学生获得成就感和进步感并学会学以致用；培养学生的团队合作精神；激发创新思维和潜力。最重要的是，它有效地把社会引入课堂，或者说是把课堂延伸到社会，让学生作为人才资源发展生存能力、工作能力和继续学习能力。总之，TBL 就是培养了我们的综合能力而不仅仅是为我们取得一个高分！

笔者举办中山大学 2007 级课程庆功会与学生合影（左图）、学生与笔者合影（右图）

3. 中山大学 2008 级大学英语课程学生反馈摘录

笔者注：在前面三届实践的基础上，我接受学生的建议，不断改进，增加了学生展示团队与其他同学的互动环节要求，包括笔记法、互问互答、参与活动、自评互评、建议法等，学生收获更大，可以从学生反馈中看出这一点。出现率高的词：精心准备，深度思考，精彩展示，互动交流，评价受益，等等。

（1）梁蔓馥（08362020）。

说真的，其实一开始我是对 TBL 充满怀疑的，我不相信一个由学生主导的课程可以让我真正学习到什么。因为以前我们也有小组的研究性学习，在展示成果的时候，我们需要站在讲台上充当老师的角色。那时候，所谓的小组合作不过是你负责一部分，我负责另一部分，然后再找一个人上台展示就可以了，根本就是在各做各的事，没有互相学习和沟通的过程。若是别的小组上去讲，更是没有兴趣看，一个人在上面展示 PPT，完全没有吸引力。

可是，当我真正开始进入夏教授的 TBL 课程时，我完全惊呆了。不是一个人在台上 show，而是小组成员同台合作展示成果，还与台下的同学有着各种各样的交流，深深地牵动着我们的神经。当然，他们展示的内容是相当精彩的，有词与句的学习，有课文的介绍，更有扩展的深度思考；在精彩内容的基础上，PPT 的设计也是别出心裁，无论是视频、音乐、图片还是字体颜色，同学们都是经过精心设计的，我们还要做课堂笔记，记下优点与缺点，的确很忙、很充实。让我印象最深刻的是唐艳等人的关于感恩的展示，记得她们用 role-play 的形式介绍课文内容，是如此的引人入胜；记得她们关于感谢父母的题目，是如此的让人深思；记得她们最后那配合手语表演的《感恩的心》，是如此的让人感动。TBL 真的给我留下了很多美好的回忆。

接下来就到我们 3 人小组做关于 Make a Living 的 presentation 了。本来以为我们会有很多时间做准备，可是临近时才发现因为很多事要忙，只剩下一个星期的时间做准备了。我们开会确定主题，然后分别找材料与图片，再开会分配工作，再开会讨论。我们想到谋生相对于现在的大学生是一个很严峻的问题，于是我们就围绕着这个情况进行我们的"深度思考"，我们用音乐与视频展示生活的艰辛，用图片与新闻展示现在的就业形势，用 role-play 来展示现在大学生想找一份工作之艰难，用深入探讨的方式与同学们一起商讨计策。很高兴，我们的努力得到了夏教授和同学们的肯定，我们得到了 5-star excellent！但是在夏教授的点评中，我们也发现自身存在着不少的问题：导入部分的新闻与我们自己的生活离得太远，展示的临场反应不够机灵，对词汇、句子与课文的处理方法太过沉闷。我们得到了肯定，也得到了纠正，相信经过这次实践，我们下次一定可以做得更好！

一个与 TBL 相伴的美好学期即将过去了，我收获了，也理解了，我相信日后一定会与其有更多美好的回忆！

（2）杨燕（08364054）。

一个学期转瞬即逝，TBL 也要暂时和我们分别一段时间了。但这期间尝到的 TBL 的新奇滋味和美妙感受却是非同寻常的深刻与难忘。

虽然接受新鲜事物都需要一定的适应期，但 TBL 的上手对我而言还是非常迅速的。也许是因为被应试教育压抑了太久，早就想要解放，也许恰好符合年轻人的性格特点，上了两三周的课程之后，我就能够基本习惯于那气氛轻松、思维活跃、互动性极强的 TBL 特有的学习风格了。

但是，在享受着从未有过的愉悦的学习氛围中，渐渐地我也发觉了 TBL 的课堂并非其表面所见的轻松无忧，事实上，它不仅不"轻松"，而且在某种程度上比以前的任何英语课上得都要"辛苦"。不同于以前只是一味跟着老师记笔记、抄板书，在

TBL 课堂里,你要同一时间内"眼看""耳听""口答""手记""脑思","五官"协调分工,同时高强度工作,再加上使用的又是平日实际应用较少的英语,这才让我体会到,真正上好一堂 TBL 真不是件容易的事情啊!但也正因如此,每堂课下来,感觉那一个半小时过得无与伦比的充实与丰富。

尽管只是短短一学期,TBL 却让我体验到了许多从来不曾有过的学习感受。有课堂上多媒体化的教学工具、活泼发散的教学模式、台上台下的即时交流、听力口语的实际应用,也有课堂下 PPT 的辛勤准备,寻找资料的孜孜不倦,团队合作的集思广益,最终定稿的精心筹划,等等。TBL 让我第一次感受到:课堂原来可以如此有趣,课室原来可以如此让人留恋。

真的很幸运,可以在中山大学的莘莘学子之中作为为数不多的学生之一,体验到夏老师精彩的 TBL。这对自己提出了更高的要求,因为大量丰富的学习内容要压缩在短短的两节课时间之内,TBL 自然无暇顾及诸如词汇、语法、翻译、写作等传统项目的训练。而作为学生的我们仍无法回避大学英语的考试。因此,在这些内容上,就更加需要自己平日里多下功夫了。无论是学习的自主性还是自律性,对大一新生而言,都是一个不小的挑战。而这也是 TBL 所暗示给我们今后人生的学习道路。

最后,只想说一句,TBL 的独特魅力只有亲身体验才能真正明白。

有些人即使并没有对自己说过什么特别的话语,但是平日里自然流露出的点点滴滴深深地影响了自己。在这里,只想对 Prof. Xia 真挚地说一声:"谢谢!"

(3) 黄秋蓉(08358023)。

一个学期过去了,在匆匆忙忙之中,我度过了大学的这一个学期。上了大学,明显感觉学习变得和高中时期有很大的不同。Professor Xia 真的是一位和蔼可亲的教授,年过五旬却能够保持着一颗童真的心,真的难能可贵,让人羡慕又佩服。上了 Professor Xia 一个学期的英语课,从一开始的课程引入到选题再到后来的小组展示,一方面,我真正懂得了什么是自主学习,另一方面,我接触到了许多与实际生活密切相关的东西。所谓自主,并不简单是什么东西都依靠自己,更是要学会创造,这才是自主学习的目的。而在小组课题准备的过程中,我更加懂得了小组成员之间相互配合的重要性。每一个小组成员只有相互配合了解,整个课题才能够顺利进展下去。我认为,这种合作能力的学习对每一个大学生都是十分重要的。因为在面对当今全球化的世界,每一个人都不是脱离集体的。只有相互协作才能够合理利用各种有效的资源,自己的能力才能够得到更多的发挥。而在课题准备的过程之中,我还体会到作为一个逐渐成长的人,应该有自己的思考,学会探讨事物背后的内涵和动因。同时,在这个过程之中,在与班上其他小组的成果展示对比之后,我也发现了自身的不足之处,例如创新能力不够、表达能力不足等。但是，我相信随着往后的学习，我的这些不足之处会得到改正的，请 Professor Xia 相信我。

无论如何，在这个学期的英语课堂上，我不仅仅认识了如此之多的新同学和您这位和蔼可亲的老师，还接触了如此之多的新东西。尽管以后上您的课的机会可能不多了，我仍然希望在下一学期的英语学习之中，我还能够从您身上学到更加多的新知识与能力。

（4）曹頔（08360044）。

亲爱的夏教授：

您好！首先祝您生日快乐！再祝您圣诞快乐！新年快乐！总之愿您有一世界的快乐！

感谢您在课堂上给我们的启发，感谢您在课堂外给我们的关怀，感谢您送我们礼物的用心。

感受了一个学期的 TBL，真是充满了新鲜感与挑战。当每个组展示之前，我总是充满好奇，想看看他们究竟会以什么方式表现这个单元的主题，他们对这个主题又会通过哪些材料来表现，有什么样的独特见解，看看他们的想法与我是不是"英雄所见略同"。而当自己做的时候便是一个个大大小小的挑战。从选材到构思到表达到深入，这一切都是以前传统教学法所未经历过的。说实话，我一开始还有些不适应，觉得任务很艰巨，可是不久就发现完成任务的过程也是很有趣的。那时，结果已经变得不再那么重要了，因为从这个过程中我已经有所感悟。

TBL 突破了传统意义上以老师为中心的课堂。在这个课堂中，学生是主宰，就像俗话说的："是骡子还是马，拉出来遛遛。"学生有多大能量都可以尽情地释放于课堂。这是一个自我展现的机会，在有限的时间里尽可能地展现最好的一面是当今社会不可少的技能。在课堂上，我们学会了在情境中与人沟通，我们也看到了越后面的组在调动课堂气氛中做得越好。在课堂中，我们不仅在学英语，我们学的是整个大社会。英语是一个工具，关键是我们要把思想加载在这个工具上，我们所要培养的是洞察世界的能力。作为现代大学生，要关注现实、关注世界，要眼观六路、耳听八方。课堂上，我们根据主题扩展反思并加入我们的理解，从而使英语真正成为有用的学科。

TBL 的一个很大的特色在课堂之外。我们从找材料到设计是一个完全自主的过程。通过小组讨论，我们交流着思想，同时也交流着情感。那几周，我们每天都在研究，每天都在完善，每天都在收获。当你只是做某个工作的一小部分时，也许还行，但当你要完成整个工作任务时，你就不得不考虑更多方面的问题。我觉得 TBL 可以培养我们做大事的能力，因为你要站在一定的高度才能把握住全局。

大一的第一学期即将结束，当我回头看看 TBL 课堂，我知道我得到了我所需要的收获。

再次感谢您，我亲爱的夏教授！

（5）丁瑞萱（08364055）。

尽管在高中上过多次以多媒体形式教学的课程，自己也曾独立地做过生物的双语 PPT 上台讲课。然而，当夏教授在一开始为我们展示过往学生的作品时，依然让我很震惊。当我面对师兄制作的精美的电子杂志时，随着页面一页页翻过的嚓嚓声，我对它是集同学合作的成品的事实感到不可置信。

任务型教学法由此给我留下了难以磨灭的印象，其中有一点领会可能是贯穿始终、对我教益最大的，那就是 just have a try。同样的作品，我为什么就做不到呢？这使我沉寂了很久的好奇与探索的精神再度被激发。

另外，能享受到同学们精湛的课件与不乏幽默的表演，这是进入三级班另一份幸运的收获。人各有长短，而一节节课的对照让我们越来越清楚自己的薄弱处。可以这么说，三级班让我直面了我的托福口语 20 分的惨痛历史，给了我从头再来的勇气；我也意识到了对电脑软件良好的掌握在充满竞争的世界是一项利器。这是促成我后来一个人制作本组电子杂志而废寝忘食的动力。

跟许多小组相比，我们组的课堂展示也许稍稍逊色，其中不乏一些偶发事件的影响，大家在一起讨论的时间也有限。但是，最后我们三个人仍旧没有太大的遗憾。因为不论结果如何，这是一次可贵的机会，三个平时并不熟悉的人在合作中渐渐协调，本身就值得回忆。

总而言之，任务型教学对我精神上的启发是磨砺要远胜于具体的知识。仔细想想，体会总是一些零零碎碎的东西，我想，过一段时间再回头，任务型教学会给我更深的领悟。

（6）武碧妍（08364022）。

非常幸运地被分进 Prof. Xia 的英语三级班。也是在这里，认识了 TBL。Prof. Xia 足足用了两个星期的课给我们介绍 TBL，学期结束前还上了个总结课，可见 TBL 的重要。而对于这个与传统课堂学习方法不同的 Task-based Learning，开始时我既紧张又怀疑。

在课堂上做 presentation 对于我来说并不陌生。高中时，英语课也是有小组展示作业的，但是，效果并不好。以前所谓的 presentation，就是把你要展示的材料全部放在一个 PPT 里面，然后几乎是逐行逐字照念，既让我们觉得做小组作业是一种负担，又让听众们觉得无聊乏味。而因为高中的班会等活动都是需要做课件的，做 PPT 成为学生干部必须掌握的一门技术，所以当时自觉得并没有什么挑战性。那 TBL 真的像 Prof. Xia 讲的那么神奇诡秘吗？真的能让我们获益良多吗？在这一学期的学习中，小组作业在总评成绩中占的比例相当重，按以前的做法真的可以达到老师的要求吗？就这样，我们惴惴不安地跟着 Prof. Xia 的步伐，去领悟 TBL 的精髓……

随着第一组和第二组同学的 performance "惊艳" 全班，兴奋与不安就紧紧地拽着我脆弱的心脏不放。他们制作的是电子杂志，技术含量异常的高。精美的图片，精心挑选的视频，精细的设计，缜密的思路，流利的口语，多样的展示方式而非单纯地把材料堆砌，小品、歌唱、讨论、角色扮演全部到场，让我们听众叹为观止、应接不暇，轻易地就把我们的 "魂" 勾去了。我这才意识到 TBL 的魅力！TBL 给了我们展现才华的舞台。在这里，你可以随心所欲地选择自己喜欢的方式与同学们共同学习、共同分享。我为此感到异常的振奋！

压力也是不可避免的。面对同伴们的出色表现，一股无形的力量会促使你追求优越。当我接到我们组的 topic 时，既高兴又沮丧。高兴的是我们有充足的时间去准备，沮丧的是 Prof. Xia 在课堂上所展示的 example 就是这个话题！我们都害怕跳不出示例给我们带来的深刻印象去创造自己的作品。经过讨论以后，终于选好了目标，我们决定也制作电子杂志。这意味着我们要去学习一个新的软件的用法，有挑战性，也有成就感。一开始时，小组合作进行得并不十分顺利，因为组员们的观点不一致，经过一轮协商后，我们才达成共识。分工也十分讲究，要确保各个成员的任务平衡。连同准备材料、学习软件、撰写讲稿、上台展示，我们前前后后共用了近 5 周时间，改了又改，最后总算交出一份满意的答卷啦！Prof. Xia 给我们的评价是 "five-star excellent"，虽然不是最好的，但也是对我们努力的肯定，成就感油然而生。

经过这一次的小组展示，我不仅掌握了电子杂志的制作方法这种 "硬" 技术，还学会了合作，懂得了团队之间要有默契和共识才能把事情办到最好。同时，第一次设计自己的课堂，也考验了自己的能力，尝到了任务型学习的快乐！

至于对 TBL 的建议，我觉得一个学期的任务还是稍轻了点，大多是听同学们的展示，希望 Prof. Xia 能够给我们更多的锻炼机会。在分组方面，我认为应该随机分配组合，因为自由组合一般都是与自己认识的人组合，如果随机分配组合的话，就可以让我们有机会与来自其他专业的同学相熟悉，可以让我们英语班同学之间更加融洽，也能锻炼一个人的交际能力。

与 TBL 结缘真的是一件幸运的事情。感谢 Prof. Xia 一学期以来对我们的指导和关心。祝 TBL 越办越好！

（7）廖智聪（08312011）。

进入中山大学读大一，我有幸被分到了夏老师的英语班里。在这里，我接触到了以前高中学习时无法想象的任务型教学法，让我体验到了原来英语可以这样学。

在夏老师的课堂上，教学任务主要是通过各组完成各自所负责的话题并在课上展示的方式进行的，而没轮到的同学则是以一种边学习、边评论的方式参与其中。很突出的一点就是，课堂的开放性很大，能让我们有足够的展示自我以及团队合作的空间。

然而，要突然间从高中的那种功利性的学习方式转变为如此截然不同的新方法，谈何容易！尤其是在我们小组准备话题以及在课堂上展示的时候，我有着十分深刻的体会。我们要讲的是"security"，这是一个比较严肃的话题，相对其他的来说可能会比较无趣，然而这又是与我们的日常生活紧密相关的，所以我们感到压力比较大，不敢懈怠。我们很早就做好了书面计划，又把思路跟老师交流了一下，当时感觉还不错，只要能把这计划在 presentation 中实现，那肯定是没问题的。但问题恰恰就出在了实现计划的环节上。由于我们课后用于英语上的学习时间不多，也没有预想到其他课程的任务会突然增多，导致计划做出来后就没怎么讨论如何实施，直到要展示的前一天我们才完成了 PPT 的制作。而在制作的过程中，我们也深切地感受到当初在做计划的时候没有充分考虑到各环节的可行性，但时间又不多了，所以我们的 PPT 并不能很完整地体现我们的想法，我们只好在课堂上用临场发挥来补救。幸好我们上台时都比较敢说，展示下来也不像我们以为的那么糟，但无论如何，这次的体验是给我上了一节很好的课。

任务型学习的一个特点就是，只要你愿意，你就可以最大限度地表现自己，最充分地提高自己的能力，这是高中的应试教育无法比拟的。在展示过程中，我们可以利用各种可以利用的资源和技术，以自由的方式阐述自己的想法，这既锻炼了我们的口头表达能力，又令我们更有勇气在其他人面前表达自己。

同时，任务型学习又很强调课后的自主学习。我们一周才两节课，老师上课不可能把这么多的内容都讲到，这就十分需要我们课后的学习。但是，上大学后，人容易放松对自己的要求，在学习过程中很多时候都脱离了课本，而且像学习大厅这样好的资源也没有充分利用好。这是要尽早解决的问题。

总的来说，任务型教学给了我新的英语学习体验，也让我面临了更多的机遇与挑战。高中的填鸭式学习已经一去不复返，在以后的学习中，我会加倍努力，积极主动地投入到任务型学习当中，不断地提高自身的英语水平及个人能力，更好地适应时代的要求。感谢任务型学习，也感谢夏老师，让我体验到了这么多。

（8）杨凤儿（08364042）。

TBL 是一种区别于中学英语教育的新型教学方法，因为它，英语教育不再枯燥，而成为一种让人趣味无穷的学习。它带给我们的不只是英语的知识，通过把社会引入到课堂和把课堂延伸到社会，它更多的是教给我们如何学、如何发展生存能力、工作能力和继续学习的能力，从而使我们知道如何在竞争激烈的当今社会赢取成功，保持竞争力，它带给我们的是一辈子都受用的方法。

在这个学期开展任务中，我学到了很多。不同于以前英语学习单靠个人勤奋，现在还必须有团队精神，因为我们需要在课堂上合作演示我们的作业，这对我算是一种最好的培训。在以前，我是一个不敢在同学面前发言的人，当着许多人的面说话，我不禁会脸红，手还会颤抖。所以，课堂上演示对我是一个极大的挑战，是 TBL 让我克服了这个缺点。它迫使我去尝试，去挑战自己、战胜心魔，现在我感觉自己在众人面前讲话变得更加自信与大方。这样的活动不仅让我认识更多的朋友，还让我学到更多的知识。同时，它让我发现团队的重要性。在以前，我总是不相信别人，觉得与人合作会使问题变得更加麻烦，可在学习中，我发现原来我们不是圣人，与人合作会使问题变得更简单。我们的作业需要花费很多的精力与时间，单靠个人是远远不够的。通过在选择材料、寻找材料、设计课件上的分工合作，不仅办事更有效率，还可以相互提意见，发现自己的不足。

TBL 不仅培养了我们的团队能力，使我们学会沟通，让我们变得更加自信，还让我们学会把英语作为工具去做事，英语不是我们学习的最终目的，我们要学会的是应用英语去消除因语言的障碍而存在的沟通与学习问题，TBL 让我们充分地体验到这一点，而且它提倡学生课堂上的自我组织。这不仅弥补了以前填鸭式教育的缺陷，让学生对自己的学习负责，真正地参与到活动中并做出贡献，还让学生获取参与活动的成就感与进步感。

不能忽略的一点是，通过学生参与到活动中，还可以激发学生的创作热情与创造性思维，杜绝高分低能，在这一学期中，我们当中的很多同学就运用了很多传统教育中没有的新方式，使英语教育变得更加活泼与互动。创新性的教育激发了我们对英语更多的学习兴趣。

最后，我衷心地感谢 TBL 带给我的进步。

（9）李丹婷（082305 班）。

再次浏览了我们小组 TBL 的最终成果，感觉是那么熟悉，我为之而自豪。熟悉是因为为了这几十页的电子杂志，我们前前后后奋斗了几个星期，里面的内容都已经烂熟于心了。自豪是因为对此成果的自我欣赏，当然，我们也取得了老师和同学们的认可。我一边欣赏我们的成果，一边回忆起我们的 TBL 过程，从中我感受比较深的有以下几点。

第一，我和我的组员的合作非常愉快。首先，我们十分有激情，每个人都抱着"要么不做，要做就做到最好"的态度，所以在整个过程我们都很投入。其次，我们每个人都有自己的贡献，从一开始每个人的自我构思到后来的任务分工，我们三个人都有提出自己的意见，提供自己找来的资料，因此，最后的成果是我们三个人共同努力的结果。

第二，在不知不觉中，我们运用着方法、技巧。记得第一节课，夏教授给我们介绍过学习方法，例如 find information、process knowledge、learn by using/negotiating/persuading/arguing 等等。其实，这些方法都不是第一次听说，而且单单这样听觉得比较虚，所以当时也没把它们放在心上。但现在回想起来，其实在我们的 TBL 过程中，我们真的有用到这些方法、技巧。例如，在我们的讨论过程中，我们会因为意见不同而形成僵局。在这个时候，我们就要去劝说别人认同你的意见。这其中又牵涉到如何清晰地表达你的意见、如何耐心地聆听他人的意见等各方面的问题。其实这个过程就是 learn by persuading。TBL 让我们在实践中学习了各种方法和技巧。

第三，这样的学习过程印象深刻。不只是对于我们的操作过程印象深刻，对我们的课文也印象深刻。以前上英语课，一个学期过后，学过的课文可能不用多久就会印象模糊。但通过 TBL，我相信到大学毕业，我也能记得我们的那篇课文，而且我们通过对课文主旨的深入挖掘，对主旨有了更深刻的体会，有一些有意义的主旨甚至会影响你的做人态度。

以上几点就是我对 TBL 的感受。当然，我也反思了一下我有哪些地方需要改进。例如，口语能力。对于最终展示的表现，我最不满意的就是自己的口语。下一次 TBL，我想我们可以尝试在准备过程中都用英语讨论。当然，还有其他不足的地方，例如写的能力、找资料的能力……总之，我觉得下次 TBL 要向着更 interesting、更 professional 出发。

（10）王也（08363050）。

不知不觉，TBL 已经陪伴我走过了大学生活的第一学期，我也由一个懵懵懂懂的小女孩逐渐成为成熟、有思想的成年人了。对于这第一学期的大学学习生活，我有很多感触，也有很多感恩，其中，我最想要感谢的就是陪伴我一起成长的 TBL。

我还记得初来中山大学的第一堂英语课，我像是走进了一个陌生又不属于我的世界。课堂上，老师用英语和我们交流，PPT 上全都是英文字母，这与我之前一直接触的英语教学完全不同，我听不懂，也看不懂，像个失落的小孩一般茫然无助。Prof. Xia 用了两节课的时间向我们介绍一种新型的教学法——TBL，对于这种全新的教学理念和方式，听得似懂非懂的我充满了好奇和疑惑：它究竟是怎样的一种学习方式呢？它和以前的英语教学模式有什么不同呢？它真的能让我们更好地掌握英语知识、提高英语水平、激发我们对英语的兴趣并拓展我们的素质吗？第一堂英语课下来，我感觉对自己原本的英语水平失去了信心。我还清楚地记得，那天的英语课结束后，我是充满了压力和担忧地走出教室的。

可是，事情仿佛在一点点地起着变化，接下来的英语课里，Prof. Xia 和我们一同开展 TBL，我感到自己越来越融入这个像大家庭一样的班级和英语的世界中了。在 TBL 的课堂上，我们以小组为单位对自己抽到的单元进行 presentation，我们通过同学们制作的 PPT 来学习课文，了解课文相关知识，对课文进行深入的思考；我们欣赏来自各方的图片、文章、视频、电影，甚至是同学们自己拍的 DV；我们在课堂上进行热烈的讨论，对自己的见解畅所欲言。在 TBL 的课堂上，你看不到老师以一种居高临下的姿态单方面地向你灌输英语知识，也看不到同学们死气沉沉地坐在讲台下等待老师的"填鸭"；你看到的是老师走到同学们中来，和我们一起学习、一起思考，你感受到的是一种其乐融融、充满互动的学习氛围。通过 TBL，我们学到的不仅仅是英语知识，而通过英语这个工具去发现，去学习，学习各科知识、学习这个社会、学习与人交往。英语不再仅仅是一门学科，而是成为一种工具、一种认识这个社会和世界的方法与途径。以前，我从来不会带着一种期待的心情去上英语课，而现在，每次走进 TBL 的课堂，我都是怀着一颗期待的心，每堂课上，我也都会收获大大小小的惊喜。

在兴奋又紧张的等待中，终于到了我们小组做 presentation 的时间了。虽然我们组是经历了一个很辛苦的过程才准备好了 PPT，但是我感觉，我从这次实践和经历中受益匪浅。

首先，我觉得自己学会了如何计划和安排做好一件事情。从开始筹划到动手制作我们的 PPT，每一个过程、每一个步骤我们都经过了商量讨论，并通过彼此的配合和协作共同克服了一个个困难。我觉得，这个过程远比最后的结果重要得多，我们亲身参与其中，并且每个人为这件事做出自己的努力和付出，能够亲力亲为、有始有终地学会做好一件事，不管结局如何，我都可以说，我付出了自己百分之一百的努力，面对结局，我不会后悔，这也给我的人生以很大的启示。

其次，我学会了动脑和思考。我们年轻人是充满想法的一代，TBL 让我们充分动用自己的大脑，不断地去创新。我觉得，这是一个艰难但又充满乐趣的事情，它仿佛激活了我们的大脑，让我们学会从不同的角度思考，真正地培养了我们独立思考的能力。

最后，我学会了如何与人共事交往。在这个社会中，没有一个人是孤立存在的。通过这次小组合作，我深刻地领会了这句话的含义。在小组中，我觉得自己有着双重身份，既是自己身份的个人，也是这个集体中的一分子。几天的合作下来，我学会了如何与组员沟通，如何与组员协调，如何融入小组中去，如何把我们小组的能量发挥到最大。这种 teamwork 是我从这次小组合作中收获最大的部分。

如果说我们这次的 presentation 有什么遗憾的话，那就是我们准备得太过仓促，直到最后几天才熬夜奋战，结果把我们都搞得筋疲力尽。还有就是我们可能顾虑太多，所以思绪没有放得开，很多很好的 idea 最后也出于这样那样的考虑没能采用，如果下次还有机会，我想我一定可以做得更好。

我想说，与 TBL 一起走过了一个学期，我真的收获了很多很多。TBL 对你的改变是潜移默化的，它不像以前的英语学习那样让你在分数和成绩上有显而易见的改变，而是从各个方面使你成长。通过 TBL，我觉得自己比以前变得自信了，虽然我的英语口语不是很好，但是起码我敢在大家面前 speak out 了；我比以前会思考了，思想再也不是停留在小孩子阶段，而是像一个成熟的有思想的大人了；我变得独立了，我明白了这个世界上除了你自己，没有人会对你负责任，你的学习是你自己的事，你的人生也是你自己的事，如果你自己没有自觉的意识和自制力，那么谁也帮不到你。

在我眼里，成长是一个很美好的词语，它是一个过程，也是一种结果。这一学期，我感谢 TBL 和我一同走过，与我一起成长，让我接触到了一个不一样的世界，也让我变成了现在这个不一样的我。

2009 年，我要加油！

（11） 黎文素（08386310）。

在写这篇学后反馈之前，我想先感谢这个学期带领我们进步的夏教授。夏教授是一位非常认真的教授，从她对任务型教学的课堂设计上、从她对 presentation 的评论中，我们就可以看出她曾对英语学习做出深入的思考、研究，并全心希望把最好的学习效果带给我们。夏教授可谓心思细腻，她采用幽默的语言风格不仅是为了活跃课堂的气氛，还为了身体力行地示范怎样在 presentation 中带动其他同学；而她对待我们的和蔼可亲的活泼态度是拉近师生距离的良方。最令人印象深刻的是，夏教授是一位走在时代前端的女性。从她开创性地采用任务型教学法并坚持改进的过程中，我们看到了一个不断学习、不断探索、不断追求目标的身影。从她的身上，我们感悟到了新的思维与敢于实践的精神无论在何时都会产生巨大的力量，光这一点就让我们受益匪浅。所以，谢谢夏教授！

经过一个学期的体验，我对任务型教学留下了深刻的印象。任务型教学是旨在学以致用的教学方法。针对中国学生多年应试英语教育落下的后遗症，任务型英语教学是一种有力的纠正措施。英语的基本技能是"听说读写"。我们以前接受的教育着重训练了读写能力，而听说能力则容易被忽略，尤其是说的能力。任务型教学则着重考验学生的说的能力，就算学生不能在短短的 presentation 中得到大量"说"的训练，也会在准备的过程中多做平常忽略的这项练习，在听其他同学的 presentation 过程中学习。最起码，任务型英语教学为那些长期忽略口语的同学敲响了警钟。任务型教学还要求我们围绕一个主题进行探讨并展示，这就训练了我们以后在工作中必须具备的展示自我成果与团队合作等等的能力。总的来说，任务型英语教学是一种新颖的、实用的教学方法。

我和另外两位同学合作完成了一个30分钟左右的presentation。我们主要经历了四个阶段。

第一阶段是效果构想与方法摸索阶段。在这个阶段里，我们构思整个presentation的流程，讨论我们想要达到的效果并且用头脑风暴的方法列出一堆可能用到的手法和细节。然后定下流程和准备任务，并把每个任务落实到每个人身上。

第二阶段是各自完成任务阶段。这些任务包括主题挖掘、寻找素材、制作PPT、做访问、制作video、设计发言稿等等。

第三阶段是汇总和演练阶段。这个阶段，所有在presentation时要用到的工具都准备好了，组员都在构想真正上场时可能遇到的状况、可能会说的话，并进行模拟练习。上场的前两天，我们在宿舍经常进行英语对话。

第四阶段是展示成果阶段。这时就是做展示的时候了。我们按流程完成了大部分的任务，但是因为超时，有些内容不能完全展示。

做完presentation后，我觉得这是我参与过的最成功的一次presentation，原因在于：①经历了之前的组别的presentation，夏教授给予了很多有用评价作为指引，自己也总结了经验。②我第一次这么认真地去做一个演讲。③演讲的流程和准备阶段的流程都很清晰，任务分配也很明确，因此有力避免了内容空虚、结构混乱等问题。④准备阶段的各个任务都有最后限期规定，避免了到最后才临时抱佛脚的不良现象。

笔者在中山大学2008级圣诞节课堂上派发圣诞礼物作为TBL奖品

自己做presentation以及看其他同学做presentation的这些经历使我学会怎样面对并完成全新的任务，使我学会从多个角度欣赏并分析别人的成果，使我学会以团队的力量克服种种困难。

4. 大理大学2012—2013年全校人文通识课学生反馈摘录

笔者注：这是本人在中山大学正式退休后应大理学院邀请于2012年秋季至2013年夏季任教开设的两门全校公选课。

课程一：全校人文通识课"社会性别与语言沟通"

（1）李丽（2010126212）。

这门课程算是开启幸福大门的钥匙，值得我们学习。每节课都有每节课的收获。要想幸福一生，请走进这门课，收益多，慢慢体会，慢慢理解。

（2）张昌蕊（2010162107）。

我很庆幸选到了夏老师的这门课。这样的双语教学课堂打破了以往选修课的沉寂，老师的激情感染着每个同学，可以说，这是我上得最认真的一门课了。我们从理论、视频、精美的PPT中感受男女的不同。

（3）李艳波（2011123433）。

这门课让我受益匪浅，我认为这门课对即将踏足社会的人作用非常巨大，是我们不可或缺的。

（4）张志敏（2011116124）。

这门选修课比必修课更值得上，它带给我们的不是生硬的知识和理论，而是我们生命中、生活中需要应用和应变的理性认识。它带给我们很多感悟，让我明白了许多生活中必须明白的问题。总之，这门课带给我的是一个新的前景、一条新的人生道路。

（5）杨荣平（2011130132）。

记得第一次同学问我去上什么课，我说了这门课的名称，结果他们都笑我，说："你不知道自己性别吗？"上完第一次课后，收获真的挺大的。

（6）莫艳萍（2011125142）。

我喜欢上这门课，它是人性的体现，是我们必须和应该了解的东西。我也喜欢老师上课的方式，老师要我们学会自主学习，从社会生活中、从文献书籍中找到自己需要的知识。

（7）余武丹（2011115151）。

当我听完老师第一堂课的互动讲解后，我才意识到我错了，而且错得很离谱。我虽然是个大学生，但是我的思想深度和广度根本体现不出一个大学生应有的水平。学习了这门课，让我看到了自己存在的危机。我告诉自己："你该反思了，要学会多方位、多角度地思考问题。"

（8）李小萍（2010118214）。

第一次上课就为之震撼，如此活跃自主的形式我有点适应不过来。经过几节课，我才慢慢进入状态。我觉得会给学生评价的老师才是尽职的老师。大学以来，作业、考试无数，很少有老师给予评价，使自己无法准确为自己定位。夏老师每次上课都给予我们作业评价，这是多大的鼓舞。对于课程内容，五节课讲不了多少，但夏老师引发了思考，种下了社会性别意识的种子，我们在以后的学习、工作、生活中会有意去达到和谐。

（9）孙佳（2010150125）。

学习这门课程，我的感受颇多，这是与平时的学习习惯有很大差别的，让我很震撼。我深深感到我们过去的教育方式有很大的问题。

（10）宋俊（2011109152）。

上了这门课让我一下子明白了许多道理。这是让我终身受益的课，应该作为大学生每个人都必修的实用课。

（11）张晓林（2011121210）。

学了这门课，使我明白了人与人之间沟通的重要性，我与同学之间的沟通感觉顺畅了，没有那么多矛盾产生了。这门课还训练了英语的听读能力，使我的英语水平明显增长。

（12）郑朴仙（2010129221）。

这门课对我今后的生活，无论是感情、家庭还是事业，都有很大帮助。

（13）常江天（2011115167）。

以前我总是不理解女生为什么不了解我，我经常问自己做错了什么，上完这门课，我知道原因是没有真正理解对方的需求。我很喜欢这门课，谢谢您，夏老师让我知道了男女性别的差异。

（14）张越（2011123407）。

以前我总是不知道父母吵架的内在原因，现在我会很客观地分析。他们是性别问题最好的案例。我以后还会更好地做班委工作。所以，这门课不仅在于学习课程本身，也是学习如何掌握沟通技巧，对男生和女生都有帮助。老师讲课轻松，与学生有很多沟通，我们还有实践机会，得到很好的锻炼。如果有机会，下学期希望继续选修夏老师的课。

（15）贾兰（2011123401）。

不知不觉，课程就结束了。我有很多收获。课堂上老师举了很多案例，让我们分析讨论，我觉得这种课堂氛围很轻松，既学到知识，又得到锻炼，我从中获益良多。我很喜欢这门课，很感谢老师。如果可以，我会在下学年还选择夏老师的课。

课程二：全校人文通识课"职场精英备战实训"［教材：美国电视真人秀节目《学徒》（*The Apprentice*）］

（1）尚秋菊（2010161319）。

通过5个星期的训练，让我这个上课一贯埋头记笔记的"抄女"也有了"思想"。观看影片的过程训练了我的观察力、听力、理解事物并从不同的角度去分析的能力、用适当的语言归纳总结以及呈现的能力。我感觉这样的课让我变"死"为"活"。当一个人有了"灵魂",才是一个真正意义的"人"。我学了这门课发现自己所缺的不是知识,而是常识、视野、境界和竞争力。这门课使我的思想受到了冲击。我得到了全新的洗礼!

(2)曾瑶(2010123402)。

感觉夏老师授课有以下特点:①有激情,很即兴,很 powerful,能使学生参与其中。②内容务实,耳目一新,结合录像,将观后老师的剖析和学生的剖析结合,我觉得这样的课含金量高。如果学校开设的课程都能像这样让学生得到"鱼",也得到"渔",那我觉得我交的学费是值得的。③风格幽默,整个课堂气氛轻松,语言能引起我们共鸣,使我们感同身受。希望以后还能选修夏老师开设的其他选修课。

(3)黄义吉(2010161332)。

这门课我觉得很有意义,老师讲得好。第一节课上,我们就被她的气质和才能所吸引。到后来随着课程的进行,我们更加意识到该为自己未来求职做准备了,不能再这样过一天算一天。这门课不仅让我们学到知识和技巧,还给了我们警示:大学和职场应该是一致的,不应该脱节。这门课给我们的帮助很大,对我们的现在和将来都有深刻的影响。我很庆幸在那么激烈的选课中抢到了这门课。

(4)耿孝丽(2010161316)。

虽然这门课的上课时间较短,但我却真正地从课堂上学到了很多有用的东西。夏老师激动人心的授课方式对我触动很大,每次听她的课都感觉耳目一新,而且授课内容对我们以后的生活也有很大的帮助。有些东西在课后可以延伸很多,上课仅仅是一种引导,课后我们可以依据个人情况把有限的知识应用到无限的实践活动中去。

(5)杨兴娥(2010143125)。

这门课犹如黑夜中的启明星,在我迷茫中告诉我该做什么,为什么做,该如何做。这门课完全改变了我的思想和行为,给了我战胜惰性与干扰的力量,使我明确了目标。更重要的是,教会我如何面对学业,做好职场人生的准备。谢谢夏老师。这门课教会我们的不是理论,而是一生的智慧!

(6)殷月(2010151102)。

在夏老师的点拨引导下,时间、效率、创新、技能等观念深入人心。作为大学生,我越来越感到自身的责任重大,渐渐明白我读大学是为了什么。

(7)杨颖慧(2010118222)。

通过夏老师的讲解,学生已经慢慢领悟到作为大学生应该学什么,怎么学以及如何学的求学过程。这五次课影响了我今后的思维方式,我受益匪浅。夏教授活跃的思维方式、犀利的言语评说将影响我今后的学习。在此,我真切地向夏教授致谢。谢谢您以独特的教学方式向同学们展示了值得上的课程，想必大家都有许多感悟吧！祝夏老师事事顺心！

（8）黄艳（2010150137）。

非常幸运选修了夏教授的这门课，我受益匪浅。这样的课应该贯穿于我们整个大学生活，让我们知道应该怎样度过大学生活，怎样有效学习，怎样为人处事。夏教授带着我们学到很多，发现很多，反思很多，谢谢夏教授！

（9）许磊（2010162141）。

选修了夏教授的课，我受益良多。刚开始想来混个学分而已，但结果却截然不同。从第一节课到结束，我都兴趣浓厚，夏老师精辟的讲解使我懂得了很多，教会我如何学习与做人。这门课的教学方法不像传统教学那么古板，由于双语教学，我的英语也得到了不少提升。为了跟上夏老师的节奏，我课后还特地小补了英语词汇量。感谢夏老师，感谢您让我对未来不再迷茫且充满期望。

（10）艾讲潮（2010152137）。

经过几周的学习，我突然有种感觉：我选对了课！我终于明白了，我读了那么多年的书，应该将知识运用到什么地方与如何应用。我找到了自己的位置，找到了以后学习与生活的方向以及职场的生存之道。这门课的成功在于，吸引人的学习内容，丰富灵活的教学方式，给学生自我思考的空间，我很受用。

（11）李芸（2010160148）。

这门课让我们去思考许多在校大学生不曾深思的问题。为大学生敲响了警钟，点亮了灯塔，是一门值得我们研究、探索的课程。

（12）沈洁（2011130209）。

当我走进这间教室，满心愉悦地坐在夏老师的面前时，我心中就情不自禁涌动着一股力量。夏老师的授课方式和课前引导给我带来了极大的兴趣和信心。我们每节课都在同一场景中得到不同的反思、不同的思考、不同的收获。我们在夏教授的引导下进行思考，分析、探索职场人才竞争所需的素质与能力。我在这门课中受到不小的心灵冲击。我每一次都在观看中反思自己。大学生的教育不仅仅是为了成为一个"合格毕业的产品"，而应该以各种方式训练自己务实精干的能力，这才是大学生教育的本质。如果可能的话，我还想与夏老师多多交流。

（13）杨秀琴（201150241）。

这门课给我的启发真多。这不仅是一门很有意思的课，更是一门值得所有人都去上的课。我第一次上课就激起了极大的兴趣，找到了学习的动力。我觉得，这样的教学方法才是当代大学老师应该选择的方法，也只有这样的方法才能培养出好的学生。我从这门课中学到很多，当然，也有遗憾。从第一次老师说要我们自己在课堂上

"抢分""挣分",我就鼓励自己一定要加油,可是结果一分也没有,这说明我没有别的同学反应快、归纳得好。我以后要刻意培养这方面的能力。感谢夏教授 60 多岁了还给我们开设这么有用的一门课,还上得这么精彩、这么有活力。这门课让我明白了什么才是大学生,什么才是大学生的做派,让我有了面临职场的危机感和紧迫感。真的很高兴能选到这门课,学到这么多今后求职有用的知识技能。我想我们都是明智的。

(14) 宋俊 (2011109152)。

我觉得这门课应该是在校大学生的必修课,非常感谢夏教授给我们开了这门课,这是专业书本上学不到的。它对我们今后的学习起了非常重要的指导作用。

(15) 陈思琪 (2011167152)。

刚开始上这门课的时候,我很有压力,因为老师在课堂提出问题,大家都在抢分,而我从小就不爱说话,不敢和老师交流,不敢公开讲出自己想法。夏老师十分活跃,讲课十分有激情,想激发我们的潜能,让我们多动脑筋,让课程有意义,让我们学到真正的东西,而不仅仅是获得学分。所以,上这门课,我受益匪浅。

(16) 吕世杰 (2011115206)。

夏教授第一堂课的讲述就把我吸引住了,收获不用多说,相信每个人都会有很多。我的英语水平有了很大提高。我认为,这门课每个大学生都应该学习,应该成为必修课,感谢夏教授为我们奉献的精彩的讲授。

(17) 邢成 (2011109319)。

从来进课室就感到无聊,可是这次上课,一个声音让我抬起了头,它洪亮激情,充满慈爱,它中英双语结合,让课堂充满了生气,我也看到其他同学比上其他课活泼,所以每次我都按时来听课。老师认真对待每一个同学,让我知道了如何去对待身边的每一个人,也让我知道了如何去过好每一天。

(18) 马晓倩 (2011130254)。

这门课让我知道自己虚度了大一,没有目标地在大学校园里生活。上了这门课,我有了紧迫感。

(19) 黄帮飞 (2011116242)。

这门课应该贯穿整个大学生涯。夏教授的讲解非常有深度,分析很透彻,这门课的影响将伴随我的一生,可以说,上这门课是我的人生的一个转折点。

(20) 李晓红 (2011150234)。

第一次课就被夏教授的激情和活力感染了。夏教授是我见到过的最可爱、最有活力的教授,您教的课我学会的太多。谢谢夏教授!我最想说给夏教授的话:希望您幸福安康,继续带领我奋斗不止,我们一起加油吧!

（21）李杰（2011128213）。

这门课很实用，大学生需要了解毕业后的残酷现实，以不至于在校期间迷失自我。要是我们学校每学期都能开设类似的课，那该有多好！

（22）马航（2011167150）。

很喜欢夏教授的上课方式和内容，很羡慕夏教授丰富的阅历、超强的能力和才华，我终身受用。

（23）陈学文（2011150250）。

夏教授激情的演说、丰富的阅历、独特的视角、风趣的评论深深地打动了我，希望夏教授有时间常来大理学院讲学。

（24）胡明祥（2011115126）。

"如果以往十几年的寒窗苦读的目的是获得一所高校的门票，当我们步入高校后，我们的目标是求取进入职场的门票。高校的门票要的是考场夺分的能力，那么，职场的门票要的就是竞争能力。高考前，老师都在分析考试趋势，估测试题。进入高校之后，备聘应该分析招聘的趋势、市场的需求，从而有针对性地培养竞争力。"谢谢夏教授这番精辟的论述和引导！

（25）陈大汝（2011116248）。

这门课结束了，但绝不是真正意义的结束，因为我们的思考不会结束，我们学到的东西会引导我们今后的生活。

（26）王丽优（2011130113）。

这是我进大学以来首次通过这种方式听课，如此调动眼耳口心手的课少之又少。我不但不觉得上课时间难熬，反而还想继续听下去。这门课能学到好多东西。

（27）周飞（2011168115）。

这门课就是让我们分析自己的长短，认识职场面试竞争拼搏的力度，让我们成为新时期职场的"学徒"。

2013 年，笔者与大理学院戴永英老师教的实验班师生合影（左图）、学生作品全校展示后笔者与院系领导师生合影（中图）、大理学院学生到笔者住地专家楼赠送锦旗（右图）

5. 华中农业大学 2014 年秋季人文通识课"社会性别与语言沟通"学生反馈摘录

笔者注：这是本人竞选受聘湖北省"楚天学者"，担任华中农业大学外语学院主讲教授开设的人文通识课之一。该课以 John Grey《男人来自火星，女人来自金星》为蓝本，集合大量生动现实的原材料，分析男女性别差异在心理、情感、思维、语言、行为各方面的本质区别，探索性别沟通的技巧策略。教学方法采用实时互动、研讨、反思、交流与共建。学生反馈有对教师的个人魅力和感染力的称赞，对课程的内容之实用、教学方法之新颖的认可，对自己灵魂的触动和引发的思考，希望课程开设更多更长的呼声等等。在随后的 2015 年和 2016 年开设的这门课期间，有学生来蹭课，有学生成群结队来听课，有学生慕名来学习。

（1）张思施（2012305201320）。

好久没遇见这么有魅力的老师啦！讲课有激情，又幽默，使课程很吸引人，只可惜这门课的课时太短了，不然肯定还有更多收获的。

（2）蔡银萍（2012306202326）。

我认为这门课程是非常有意义的课程，不仅有趣，而且有教育意义，因为谁都不能避免和异性接触，如果懂得这样的知识，就会减少许许多多误会和麻烦。唯一的缺点就是课程时间太少了。如果老师还继续开通识课，我一定会毫不犹豫地选择！

（3）印佩（2013305201533）。

在此致谢本课程的任课老师夏纪梅教授。幽默风趣的教学风格使我们的上课情绪不断高涨。老师充分引用案例，引导我们学以致用。老师很幽默，课堂很活跃，知识很有趣，这对我们了解社会性别与语言及至我们以后找工作、交友甚至婚姻都有很大的帮助，使我们可以在以后的异性相处中尽量避免一些不必要的冲突。

（4）唐晨雪（2013305201317）。

非常感谢夏教授为我这样刚开始接触爱情的女生讲述了男女之间的差异和相处之间会遇到的问题，让我发现原来我遇到的问题并不是只有我遇到，是有共通的办法来避免的。谢谢老师为维护宇宙和平、避免"星际大战"做出的贡献！

（5）闫凌（2013303200727）。

不得不承认，选这门课是一个明智的选择。我对两性之间的沟通有了更为深刻的理解，我可以更好地处理与他人的关系；同时，我更加注意生活中的性别差异现象。这门课不仅让我增长了知识，也让我认识了更多的朋友和让我钦佩的夏纪梅老师，希望以后还可以接触这样的课程。

（6）刘媛媛（2012302200723）。

一开始，我真的是抱着凑学分的心态选了这门课，觉得肯定是特别高深并且可能会很无聊的一门课。第一眼看到老师的时候，觉得老师年纪比想象中的大，课可能真的特别无聊。但是，真正开始上课的时候，我才意识到自己所有的想法都是错的，老师非常风趣幽默，课程也不无聊；相反，课程非常有意思。由于老师不是本校的，课前会问我们上下课的时间，这应该算是商量吧，从这点可以看出老师特别平易近人。开始上课后，老师的讲课方式非常棒，她会经常和我们互动，而且讲课的内容很有意思，我才了解到，社会性别和语言沟通不是一门讲大道理的课，而是一门很贴近生活的课。课程主要围绕的是由于男女性别不同而导致的思考方式及态度的不同而引发的矛盾。其实，这些我们在生活中都会讨论到，但是并没有引起大家的重视，男女生对待问题的态度大相径庭，其实小问题中也有大道理，这些问题真正讨论起来非常有深度、有意思。同时，老师教会我们的是另一种思考方式，课上，老师与我们也在积极互动和引导。我很庆幸选了这门通识课，可以说是大学以来选过的最有意思的一门课程，唯一觉得可惜的是课时太少，希望以后有机会再去听老师的课，学习更多的东西。

（7）李阳（2011311200922）。

这门课我真的很喜欢，夏教授可以把晦涩难懂的社会学词语讲得生动易懂，我真的学到了很多东西。通过这门课，我学会用新的视角来看现实社会中的现象，也知道了男女之间误会争吵的产生在很多情况下并不是孰是孰非的真理性的判断，而仅仅是性别差异导致的男女表达方式、思考方式等的不同。这门课适合情侣，相信对他们自己交往方式的改进会有颇多的启发。谢谢夏教授带来的精彩课程。

（8）元芒（2012302200703）。

当初选这门课，只是图课时少。但是，上课之后，我发现我预计错了。老师生动有趣的课堂深深地吸引了我，让我感受到了男女性别差异上的问题衍生出来的这么多有趣的现象，老师不仅用生动的语言给我们讲述了男女在思维方式、表达方式上的不同特点，也用不少现实生活中实际的话题来带领我们深入浅出地了解这门课程的魅力与知识。例如，男女为何沟通起来这么难，男女生活交往中为何有那么多不一样的习惯与爱好，我深深地为自己的无知感到惭愧，也为自己从这门课程当中了解到一些平时有所想但无所知的事情而感到庆幸，谢谢您让我学到了不一样的知识。

（9）赵申（2012307201504）。

大学里，夏教授的课是我上过的所有课中最积极去听的课了，这都归功于老师上课风格自由活泼，不死板。相信很多同学都和我有一样的体会，对夏教授这门课也一样充满热爱和感谢。老师在教学中总是用学生作品，我们觉得很有亲近感，同时也能让我们看看别的同学做到了哪一步，这样也有个对比。还记得，有次在食堂遇到夏教授，老师很高兴地对我说："今天晚上我又准备了好多优秀学生作品，你们又有眼福啦!"感谢夏教授在华中农业大学开设这样一门课,分享一些男人和女人之间交流的经验给我们。

(10) 方雪露(2013311201027)。

虽然这门课程只有短短的四周,但是它带给我无穷的思考。希望有机会能够学习到更多关于性别沟通的知识。我也很佩服夏教授,她拥有独特的思维与渊博的知识,希望下次能有机会再选她的课程。

(11) 张维(2013309200704)。

本次学习虽然只有短短的四周课,看似已经结束,其实这是对我们学习这门学科的一个引导、一个开始。更多的学习需要我们用心去观察,用心去生活,进而领悟其中的奥秘。我也希望通过本次课程的学习,开启对这个领域的认知,获得更多的知识,丰富充实我的人生。

(12) 王瑜(2012301200828)。

之前选这门课只是对课程名字感兴趣,在上过课后发现自己没有选错。课后还专门上网搜索了夏教授,看到其他学生的评论,自己也明白学生为什么上夏教授的课不会缺课还觉得上不够了。作为大学生,在男女性别沟通交流中,我们还有许多的犹豫和问题。就像夏教授在第一堂课上问我们什么是男人、女人,我们大多数人是无法做到像教授那样大胆地说出来的。我挺惭愧,已经是大学生了,还这么扭捏。几周课的学习让人有意犹未尽的感觉。其实,现在我们所学的课程大多比较枯燥,很多人逃课并不是不想学习。夏教授的课程虽然和专业关系不大,但可以应用到我们的社会生活中去。我想这课程唯一的缺点就是课时太少了,越上课越觉得自己所要学习的还有很多。最后,感谢夏教授带给我的大学里不一样的课堂!

(13) 张红稳(2012305201219)。

夏教授的课内容丰富多彩,讲课风格幽默生动且充满激情。在这个自由的课堂上,我学到了很多,并且非常开心。向夏纪梅女士学习,做一个真女人、好女人、强女人、知性女人。感谢夏教授精彩的课堂。

(14) 由成龙(2012307200117)。

这几乎是我大学期间听得最认真的课,也是最主动思考的一门课。现在大学的课堂真的很缺少这种氛围,这种感觉我认为对我的影响已经超越了授课内容本身。希望夏教授今后把这种感觉带给更多的人,谢谢!这门课让我受益良多,应该推广,让更多的学生有所启发和收获。

(15) 钟林(2012303200712)。

夏教授生动有趣的教学方法与旁征博引的教学内容让我们愉快地度过了教学时间。

（16）刘璐通（2012307200925）。

要是早点上这门课就好了，太多新鲜观念让我受益匪浅。今后的生活我会过得更加睿智。希望老师多开这样的课，造福更多的人！

（17）李婉奕（2013309200620）。

修完这门课，我真的是意犹未尽，尽管老师已经全方位地向我们展示和讲述了社会性别与语言沟通的精华。这门课始终充满了乐趣，让我们发笑的同时又暗暗深思。最让我觉得优秀突出的地方是，老师成功地避免了知识灌输的授课方式，而是处处鼓励我们自我思考、课下探究。我的理解是老师在告诉我们社会性别与语言沟通的话题很大，非常值得去深入探究，课堂学习是远远不够的，关键在于课下的、生活中的、身边的探究。我认为，这种模式相当好。真心感谢老师的风趣和激情，愿这门课被越来越多的同学发现和享受。

（18）邱敏华（2013311201219）。

上大学以来，这是我上过最有意思却又最令人深省的课，老师谈吐和讲课的特点使我印象深刻。

（19）杨勇（2012307200914）。

我在这堂课上学习到很多书本以外的东西。这对我的人生观有很大的启发，在此感谢夏教授的悉心指导。

（20）张蓉（2012308200134）。

这个通识课的内容吸引我，老师的阅历吸引我，课堂轻松活跃的气氛吸引我，每一堂课都能释疑解惑，所以每堂课都有收获。

（21）林津（2013307201526）。

刚踏入教室，就听到全场哄堂大笑，心想这老师厉害，上课还没一两分钟就能把课堂气氛弄得这么活跃。我迫不及待地入座，后来每节课都挺直腰板认真听，我觉得我学到了很多，能应用到生活和未来的感情中。

（22）郭欣（2013311201218）。

谢谢老师让我每周三晚都能体会到不同于专业课的感受。当我抱着好奇心来上第一堂课时，我被老师生动有趣的课堂深深吸引了。每个星期，我都期待着这门课。

（23）胡春阳（2013315200412）。

这是我上大学以来不知不觉听得最认真的一门课了。夏教授的课开阔了我的眼界，也让我学到了对自己的行为负责和守时律己的作风。

（24）罗芳（2012310200927）。

第一次上课，我就深深地爱上这门课了。说实话，我向来不爱上通识课，第一次上课的时候，我甚至想睡一觉度过。没想到听着听着，我越来越爱听老师讲课了。还记得夏教授问了这么一个问题:你是男人还是女人?你凭什么认为你是男人或是女人?对此,我真的不知道该怎样回答。看似这么简单甚至从来都不认为它可以算作一个问题的问题却把我难住了。更让我感兴趣的一个问题是:你最想对异性说的一句话是什么?你对异性最大的困惑是什么?之所以感兴趣,并非自己真的有疑惑,而是我想知道别人有什么疑惑。老师让大家回答关于男生与女生的品性的环节我更是喜欢,因为这差不多解答了我心里的那个疑惑,很感谢夏教授给我上了这门课,上大学以来最有意思的一门课。我很喜欢夏教授采用的中英文结合的教学方式。

(25)于利芳(2012302200725)。

不得不承认这是我上大学两年以来遇到的最有趣的一门课,课堂风趣幽默,很多东西虽然老师一讲就明白,但其实我们在生活中对这些东西确实很少留意。同时,我也在课堂中看到了自己和男朋友的影子,男性和女性的差异在我俩的身上很真实地折射出来,在语言沟通、行为特征、思维方式等方面的分析非常真实,我们每每听了都会会心一笑。课堂上跟着老师的讲述去思考、反思自己是不是也存在这样的问题,自己又有哪些优点,以及自己在恋爱过程中由于思维方式不同,沟通解码错误所导致的问题,同时也在反思中不断地改进自己,为以后男女之间的交往做了功课。此外,感觉老师的课堂互动做得很好,能让更多的人参与进来,融入课堂,有更深刻的感受。

(26)赵赛萍(2013305201418)。

大二上学期,我选这门课只是为了凑够学分。当我第一节课听到老师的自我介绍及课程介绍时,我就感觉到选这门课真的是一个意外的收获。老师通过一张男生、女生的图片开始了我们这门课,首先让我们从外部特征认识了男女的差异,继而又通过男女的社会交往让我们更深一层次地了解男女在性格上面的差异,然后介绍男生、女生在语言沟通上的不同。在此之前,我并没有意识到男女之间的差异竟然有这么多。想起以前在家看着爸爸妈妈吵吵闹闹,更加深刻地理解老师讲课的内容,懂得夫妻之间的相处之道。想起以前自己和男同学的相处也是存在些许磕磕绊绊,如果我之前能意识到男生这种区别于女生的性格,也许成长路上会减少一些不快乐。虽然我现在没有男朋友,但是对我以后交朋友以及和男朋友的相处也有一些帮助。老师的授课内容不死板,讲授的这些东西我们都可以应用在生活中,感觉受益颇深。老师第一节课讲过不会逼同学们考试,不会让同学们死记硬背这些内容,让我记忆深刻。我认为,老师讲课很生动,很精彩,不枯燥,每节课我都相当愿意参与到课堂中来。我们这门课只有四次课,但是老师把这四节课利用得很好。

(27)邹召军(2012301201215)。

我为选到这门通识课感到幸运,在课上,我学到很多生活中可以用到的东西。我知道了什么叫刻板印象、知道了男生与女生的大脑的区别、明白了男生与女生的差异的重要影响等等。在夏教授幽默风趣的教学风格下与浅显易懂的语言表达中，星期三的晚上我学得很开心，从来没觉得三个小时这么的短。

6. 华中农业大学2015年春季全校人文通识课"职场精英备战实训"学生反馈摘录

笔者注：这是本人作为湖北省"楚天学者"特聘主讲教授设计并主持的人文通识课，特意挑选了美国电视真人秀节目 The Apprentice 第十季中针对2008年经济大萧条时期青年精英大批失业，地产大亨 Donal Trump 招聘高管的筛选过程。此课是大学生面临社会职场挑选的预热。学生反馈集中在对教师的教法、教学内容的选取、课程对大学生当下求学的目标和未来的职场生活意义等重要方面的理解。

（1）潘奔（2012310200212）。

夏教授上的这门"职场精英备战实训"对我的触动很大。夏教授的上课艺术主要就是以案例来引导学生进行具体思考并提炼反思，然后让学生们讨论他们自己所提出的想法和观点，最后由老师来做完善与总结。总的来说，就是以"引"为主，这种教学方式我非常喜欢，我自己也经常参与到夏教授的课堂讨论中去，在讨论中了解别人的观点并得出自己的判断，这有助于培养我的观察与总结能力，使我的分析、评价、比较、归纳、陈述等语言和思维能力得到提高。大三的我是迷茫的。但是"职场精英备战实训"这门课使我明白了一点，专业并不是最重要的，最重要的是做一个有能力的人。何为有能力？有能力是指具备学习能力、理解能力、行动能力、领导和组织能力。毕业之后的求职生涯里，代表大学四年学习成果的毕业证书只是一块敲门砖，用人单位所看重的是你的综合素质和潜力。就算自己并没有雇主所想要的，也要学会自我营销，先把自己卖出去，售后服务可以慢慢来，毕竟我们在大学四年的教育下，学习能力还是不缺的！我希望在下一年里，我能够成为一个合格的职场人才，成功销售自己，平稳降落在社会。

（2）薛晨曦（2013303200119）。

本课程旨在引导大学生在走出校园前对未知的职场进行了解并做出备战。任课老师夏纪梅教授指引同学边看视频边思考，然后进行小组讨论、个人发言、展示成果，最后由夏教授进行点拨总结。我认为这种教学方法能调动大家的积极性，做到"全民参与"。同学们带着问题能更认真地观看视频，并有自己的想法与感悟。在展示环节，又能够向在座的同学抒发自己的观点与看法，与他人产生有趣的思想碰撞。这种方法打破了传统的老师讲、学生记的教学方法，更像老师和学生进行沙龙会谈一般，互相交换看法与观念。在这门课中，我对职场中的人和事有了更深刻的认识，填补了这方面的空白。经过对老师提出问题的思考，我觉得自己仿佛融入了职场，成为这场战斗中的一员，为以后真正走入社会打下了基础。在课程中，与小组成员探讨问题，有意见不统一的情况，也有一拍即合的时候，并在其中互相进步。

(3) 元健 (2013306201311)。

通识课已经结束，自己却有明显的意犹未尽的感觉。夏教授的课讲得超级棒，通过视频的观看，让我们更好地理解与反思职场备战，极大增强了课程的趣味性。把上课的主动权交给我们，让我们自己思考、总结，不仅提高了效率，收获也更大。老师的总结与点评让我们避免陷入思考的误区，实现从量的积累到质的突破。夏教授流利的英语口语和温和善良的人格更提升了这门课的魅力。我们大学生日益重视专业知识的学习，却忽视了对职场的认识与培训，毕竟我们学习专业知识的直接目的还是可以在毕业以后找到一份心仪的工作。这门通识课的开设让我们在思考中提前适应从学生到职业人的角色转变，与职场无缝对接，建议学校以后可以开设更多这样的课程。

(4) 郑佳琦 (2014303200229)。

从当初为了凑够通识课学分选了这门课程，到后来即使知道老师不会每节课都点名也每周四晚上开开心心地去上课，是夏老师的这门课让我找到了当初对大学课堂憧憬的影子，不需要背诵大段的文字，不用拿着厚厚的一本打印的PPT划重点，而是完全靠自己去思考领悟一件事情的本质与解决办法，我想这正是我想要的大学课堂。上完夏教授的课，我眼中的人才不再是成绩名列前茅的中国传统意义上的好学生，而是能力和智慧的使者。其中的能力包含学习能力、工作能力，更重要的是为人处世的能力，一个全面发展的人知道什么时候该推陈出新，知道什么场合下该说什么话，知道该如何用有限的资源做最完美的事。夏教授的课虽然只有短短的几周，但确实让我受益匪浅，相比以往，我会更注重事情的本质，观察细节，观察内在。评论事情更多的不会再就事论事，而是深度地挖掘和归纳总结。这些都使我的观察、分析、评价、比较、归纳能力，陈述与语言思维能力等得到了锻炼。夏教授不仅是一位优秀的老师，更是一位和蔼可亲的长者，真的很想继续听夏教授的课。所以，下学期如果有时间，一定还会去蹭课，这次无关学分，只是因为夏教授的课给我的吸引力。

(5) 胡佩雯 (2014303200223)。

一开始上这门课真的是个意外，本以为这种主题的课程要么讲讲心灵鸡汤式的样本范例，要么就是一些与实际相差甚远的大道理，第一次上课还带来了一些其他课的作业以防止课程无聊，可是直到第一堂课结束，我却发现那些作业都没有翻开，上课时的思维都被老师生动活泼的讲课带走了，不得不说，第一堂课我就被老师神奇的人格魅力所吸引，第二次上课，我又被那独特的课程内容所吸引。这门课程给我留下很深刻的印象，与之前任何课都不同，实在收益良多。上课时，我们看的视频十分精彩，大家在老师的引导下开发思维，发掘到了精彩中的精神价值。

(6) 陈宇昊 (2014303200301)。

夏纪梅老师用一种新颖的方法为我们完美分析和解读了职场人才招聘的奥秘，用精心挑选的视频和独到的分析记录指正同学们在学习过程中的问题并加以归纳。她在一节节课中有条理地让我们了解到了求职的关键所在,以一种双语的教学模式和中外文化对比的方式让我们清晰且广泛地认识到社会求职现状。她为我们敲响了警钟,也在时刻提醒和激励我们去做得更好。感谢夏纪梅老师。

(7) 陈杨(2012306201221)。

在这个即将面临大四毕业季,面临找工作的时间里,我非常幸运地抢到了夏老师的"职场精英备战实训"课程!在开始上这门课之前,我对大学与职场的概念是有些区分不清的,也不知道如何确切地将二者紧密联系。在此,非常感谢夏老师将迷茫无措的我点醒,给了我勇气和力量。我一直以为职场就是复杂的人际关系、冰冷的千篇一律的作息、朝九晚五的生活,我还总是觉得找一份像样的工作应该是很简单的,只要笔试时多看看书,面试时告诉面试官自己的知识程度达标就好了。而上了夏老师的课程之后,我仿佛醍醐灌顶,才发现我大学三年里对职场的认知都是错误的。我学到的最重要的一点就是,为什么老板会要你?并不是你有高学位、有证书,这些都是纸上谈兵,并不能为自己的价值加分。最主要的是你能为这个企业做什么?你能给别人带来什么样的价值?如果你只是知道知识,懂得理论,而不能合理运用,不能创造价值,那你必定是被淘汰的那一个。当明白这个道理的时候,我内心深处其实是非常懊悔的,因为我觉得我浪费了整整三年的时间,在这三年里,我没有任何实质性的作为。如果时光能够倒流,我衷心地希望能在大一的时候就明白这样的道理,为我未来求职之路做更好的铺垫。我在此要非常感谢夏老师,老师的课堂从第一堂课就深深地吸引着我,这是我在大学期间最喜欢的通识课,老师的课堂气氛活跃,师生之间互相学习,没有隔阂,不是单纯的老师讲课、学生听课,而是通过观看《飞黄腾达》《非你莫属》《职来职往》等节目,让我们去体验这种竞争感,并且是双语学习,更是受益良多!对于我这个马上就大四,即将面临残酷"赛跑"的学子来说,这样的课堂是千金难求!它让我明白自己对公司的价值,让我明白自己所拥有的、所缺乏的到底是什么。再次感谢夏老师这几周的陪伴!希望老师的课堂能被更多刚进大学的迷茫学子所发现,为大家点亮光芒!

(8) 范恒(2014303200403)。

记得当初选到这门课程时,还对"实训"二字有很大的疑惑,可自从上了第一堂课,我就发现这门课程不仅仅是看与想,而是整个人全身心学习。虽然只是坐在教室里,但是我们每个人都感到职场中的惊心动魄,的的确确称得上"实训",这也是我第一次从传统学生的角色中走出来,夏老师所做的也不是传统教学的教,而是导,学生的主体地位也得以显现。这样的课堂才是最适合大学生的。在这门以学生为主体的英汉双语实训中,我的态度从厌恶到喜欢,从不舍到感谢。在这里,我学到了很多重要的知识,更得到了一些基本技能,真心感谢夏老师给我们带来的精彩体验。

(9)梁晶华(2012307201221)。

这门课非常新颖,是我学习这么多年来的一场春风,一扫我眼前的阴霾。虽然我们是被动去看一些视频,但是确实启发了我们的主动思考与反思。首先通过大家的讨论、抢答、交流,然后由老师总结,让我们自然而然地加入进来。我印象中最为深刻的一句话是"乐而知之,知而行之,行而悟之,悟而慧之"。学了这门课,让身为工科男的我不仅仅停留在工科的一亩三分地里,心中想的也不仅仅是齿轮和机械,对未来的认知渐渐地清晰,自己也不断在向前进的方向努力。总之,谢谢您!

(10)刘婷(2012306201915)。

这门课就像是大学生活和职场生活的一个渡口,慢慢地将我们引渡到未来的就业中去,让我有更加清晰的求职目标,有更加充足的动力,知道自己在现在的条件下缺失什么,在找工作的过程应该去准备什么。

(11)左义炳(2013306201304)。

老师总是引导我们去分析,最后来个总结,每一次听完后都有恍然大悟的感觉,原来一个小小的细节可以被老师解读出那么有深层含义的信息,自己还是太年轻,完全没有觉察到里面的深层含义。夏老师以她特有的人格魅力征服了我们,虽然她已年过六旬,却有一颗年轻的心、一种年轻的活力,她循循善诱的风格也让我受益匪浅!

(12)林津(2013307201526)。

《学徒》节目联系当下大学生最敏感的问题——机遇、挑战、未来。随着自己每次观看节目的投入,我的心情由开始的沉重感变为后来的无畏感,感受到当代社会赋予我们的责任与使命。这无疑给自己敲了一个警钟,对于即将成为大三学生的我,已经感受到时间的转瞬即逝,深知未来的挑战离自己也不远了,如何尽早地历练好自身,发现自身的不足,锻炼好自己的能力,《学徒》节目无疑是一面镜子,让自己在欣赏不同人的优点时看到自身的不足,然后想着如何在接下来的大学时光里去改正,学习为人处世之道以及在职场里与人交往的技巧。这门课成为我紧张的学业中的调节剂,让我从以前被动地接受知识转为去反思,让我有了很多不一样的体验,学到不同于专业课的知识,这些远比课本上的知识有意义得多。让我感触颇多的是,夏老师身上的激情一直深深地感染着我。这是我第二次上夏老师的通识课,每一堂课她都如此富有激情地讲课,从骨子里散发的青春与活力加上如此丰富的肢体语言,引导大家去思考,告诉大学生应该如何度过大学生涯时,你定会明白什么是对学生负责。在大二选到这门课算是幸运的,让我尽早准备,姑且不说目标有多清晰,规划有多具体,起码大致有个方向,知道接下来的时间里自己应该往哪个方面改进。最后,谢谢老师,我深知每个老师的教学方式及个人特点都不同，但我很确信余下的大学生活里再也无法遇上像您这样充满激情又透露着些许孩子气的老师，祝您身体健康，生活幸福美满！

（13）方雪露（2013311201027）。

上学期，我有幸选了夏老师的"社会性别与语言沟通"课程，让我体验到了一种不同以往的教育理念和教学方法。这学期，我毫不犹豫地就选择了夏老师的"职场精英备战实训"课程。夏老师善于启发同学思考、探索和总结，让同学成为课堂的主导。就像老师所说的，教育的本质是"抽引智慧"，而夏老师就是那个能抽引学生智慧的老师。

（14）王凡（2013308200327）。

在大学中开设"职场精英备战实训"这门课是非常有必要的。我觉得它确实是灯，照亮了求职的路，引领我们走向成功。其实我更愿意把这堂课比作一个信号。它提醒我们要为自己进入职场做准备了。我们的简历是我们"走"出来的而不是写出来的。这个课程极大地提高了我们的职场素养，同时也提高了我们进入职场的概率。很庆幸我选了这门课。若是换作以前，我肯定在课堂上沉浸在手机的世界里去了。老师的这种教学方法让我全程投入课堂，不敢有一丝懈怠。正是因为思考了，才觉得受益匪浅。我更欣赏的是抢答环节。这个环节提高了学生的课堂参与率，锻炼了我们的思维敏捷度。激烈的抢答更是让我提前感受到了职场的硝烟滚滚。我觉得我再也坐不住了，因为坐得住等同于坐以待毙，我得为自己的将来考虑了。

（15）王颖（2013308200525）。

这门课程深深地推进了我对职场的认识，明确了自己所要锻炼的东西。抢答赢分的课堂方式与氛围不正符合职场规则吗？带着问题去看视频，分析内容，自己从中看到了什么，学到了什么，这种思维我也会带到以后的学习方式中。这种课堂模式才是真正的教育应有的模式，以学生为学习的主体，老师不是灌输者，起着启迪学生的作用。这门课程有"拨得云开见月明"的强烈感受，"云"是我现在的迷茫，"月"是职场拼搏规律和竞争技能，而夏纪梅教授开设的这门课就是为我拨云的有力工具。我真的很感激。

（16）赵海萍（2013308200521）。

刚开始对这门课并没有抱太大的希望，但是夏教授的课堂和她的授课方式却给了我一个大惊喜，确实让我收获很大。首先，夏教授的这门课采用了和我平时上课不一样的授课方式，她是以观看美国真人秀节目 *The Apprentice* 为主要方式，让我们分析其中参与者的成功与失败经历，对其性格、能力、思维等进行思考与讨论，洞察隐藏在这些成员背后的影响职场的一些要素。相对于平时观看视频一览而过，只是浮光掠影地知道一些表面文章，夏教授的方式确实给我上了一课，在"读图时代""浅阅读时代"，作为高校大学生，我们需要深层思考，并且要善于表达自己的想法。其次，夏教授的课堂气氛很浓厚，同学们可以畅所欲言，可以表达自己不同的观点，可以为自己的观点据理力争，在这一方面，夏教授鼓励同学们说出自己心中所想，很大程度上调动了同学们的积极性。

（17）钟林（2012303200712）。

夏老师寓教于学，通过自身丰富的阅历与开阔的视野来启迪我们当代大学生应该如何在大学阶段完善自我、如何提升自身竞争力、如何与人交流、如何在社会上立足。本门课程是我们在大学期间选修的最后一门课程，也是收获最多的课程，课间所学全是干货，毫无水分！夏老师独特的授课方式与人格魅力深深地感染着我，让我对一年之后的求职之路有了极大的信心。这门课教会我们如何提高自己的"筹码"，让我们能实现人生的意义与价值。在这期间，我收获到的不仅仅是"内在优于外在，长远优于即时，习得优于天赋，内省优于灌输"，更是一种对职场人与事的认识、对为人与处世的智慧认识，感谢可爱又可敬的夏老师，您是我迷茫求职路上的明灯！

（18）檀伟伟（2012310201020）。

我是在上一学期的通识课课堂上认识夏老师的，真的特别喜欢夏老师的带动式教学风格。老师先提出问题，让学生在课堂上去思考问题并表达自己的看法和收获，然后老师再表达自己的看法。所以，本学期选课时毫不犹豫地选择了夏老师的职场类课程。为了了解职场以及职场雇主和雇员的心理，我的手机视频软件里再无电影与电视剧，而是存了很多集《职来职往》、The Apprentice 这类的求职节目，每天看一集。作为一名在找实习工作的大学生，通过老师的课和观看这些视频，我开始对职场有所认知，也发现了自己的很多不足以及需要努力的方向。在夏老师的带领下，我开始带着问题看视频，去发掘现象的本质，去了解人们的潜台词，我也开始从一个沉默害羞的旁观者变成一个积极表达自己的参与者，这一切都离不开夏老师的引导，夏老师的课是让人着迷的，让学生进行头脑风暴，从而提升智慧。令我很感动的是，在学生分享的时候，夏老师都会在一旁认真地做记录，她的认真态度、思维方式、表达风格给课堂上的每一个人都留下了很深的印象。夏老师是我在大学遇到的最喜欢的一位老师。下学期有机会一定去蹭老师的课。

（19）徐珊（2013302200820）。

夏老师让我们深入观察细节，深度思考东西方差异。在比较中发现异同。在课堂上，学生有充足的发言权，能大胆地提出自己的观点，可以说，这是我上大学以来少见的活跃课堂。通过真实材料的参照，提高我们的观察、思辨、语言组织等各方面能力。我不会再把更多的时间留给迷茫，机遇只青睐那些有准备的人，我要努力成为有备而来的人。

（20）鲁波波（2012311201318）。

亲爱的夏教授，感谢您认真负责的教学，我真的受益良多。说起来也不怕您笑话，这是我第一次这么认真地写论文，一个字一个字地打。以前从来都是到网上复制粘贴的，但是您的这个课程论文，我只上网搜索了《周易·系辞上》"仁者见之谓之仁，智者见之谓之智"这一句话，不是粘贴而是自己打上去的，我跟您说这个不是想加分，而是我想跟您表达一下我第一次认真地写一个论文的想法。我很感谢您，因为我觉得您就像我职场的启蒙老师一样，教会了我很多东西，我会更多地去思考问题。所以，您这个课程的论文我想认真写，想写我所想。可能我的回答并不那么好，但是真的是我从以前自我的一种观念脱离出来的一种想法。我想我以后都会这样"仁者见智"。谢谢您！

（21）陈航宇（2012301201116）。

所谓"有心栽花花不发，无心插柳柳成荫"，作为一名大三学生，在为了凑足通识课学分的情况下选择了夏纪梅老师的职场课程，却未曾想，正是这一无心之举，让我在大学期间真正体验了一次突破传统意义的大学课堂。在这9个礼拜的学习过程中，使我对"职场""人才""求职"等多个词汇有了一个全新的认识。君不见，众多同学由一开始的羞涩扭捏到后来积极思考老师的每一个问题并主动回答；君不见，同学之间开始学会交流，这不仅是课堂，更是一次认识朋友的机会，在互动合作中彼此情谊见长；君不见，大家学会分享各自观点并求同存异，亮点各异，旁征博引，引一片叫好。这都是因为这门课让我们在学习中耳濡目染，在讨论中不断思考，在老师的教导下不断成长。我感谢有这样一门课，感谢有机会受到夏老师这样的好老师的指导，也感谢当初的一念之间的选择，阴差阳错中让自己收获如此之丰硕。希望现在的我们以及以后的你们都会因为这样的课堂而开始思考自己需要的是什么，最终，我们都会成为想要成为的自己，我们都有光明的前途。

（22）王爽（2014303200302）。

这是一次视觉的盛宴，是一次启人心迪的思想教育，是一次接地气的职前教育课。我获益匪浅！我明白了要想笑到最后，能力是基石，关系是硬道理。希望我到了那天能够笑傲职场。那时，我定不会忘记夏老师今日的谆谆教诲。

7. 华中农业大学2015年秋季通识课程"跨文化交流学概论"学生反馈摘录

笔者注：本课程全面涵盖跨文化交流的目的、性质、内容、冲突、策略，教学方法以大量案例分析为主，考评方法以学生课堂互动质量和期末自主选题、选材、设计作品、主题演绎为评分依据。学生反馈集中在教师风格、教学内容、教学方法、课堂状态、学生作为及其收益上。

（1）张镏娟（2014306201733）。

这门通识课改变了我对通识的印象，不再是老师在讲台上"满堂灌"而台下学生低头玩手机、做作业的情形了。整个课堂气氛非常活跃，让我有迫不及待想要发言的想法。对于夏纪梅老师，我还真的是孤陋寡闻，这样一位可爱的老太太才有点像我曾经想象的大学教授的模样。她的课堂形式多样，除了基本的讨论，还有辩论、观看视频、同学互评。课堂提问真的让我有脑洞大开的感觉。在各个同学的观点陈述中，我的思维得到了拓展，开始从自己的身边的例子思考存在的一些文化差异。

（2）阿卜力米提（2013308200105）。

当初选这个课的目的是想了解不同文化，而收获的却是了解不同文化的方法。我想，这才是大学应该教给我们的。这一门课与其说收获的是方法，不如说是一次思想的交流课。当老师提出各种问题，自己还想不出的时候，别人已经在自由大胆地分享他们的所感所想，有些是我自己想到的，而更多的却是自己没有想过的观点或者思维方式与角度。所以，这门课我收获更多的是一种思维方式。当然，在这八周课里，我也收获了跨文化交流的方法以及认识技巧。感谢老师给了我在校期间精彩的最后一门通识课。

（3）董莹（2014308200625）。

感谢夏老师在这八周中带给我的知识与快乐！您对跨文化交流的理解让我佩服。在您的课堂上，我真正感受到了自由发言的乐趣，每时每刻我的大脑都在飞速运转，努力从不同角度思考问题的答案。每次抢答与争论都那么激烈，大家不同的观点也在一定程度上扩展了我的思维模式与看法，而这也是一种跨文化交流。由此，我想我确实体会到了跨文化交流的魅力。

8. 华中农业大学2016年春季人文通识课"社会性别与语言沟通"学生反馈摘选

笔者注：这是本人连续在华中农业大学开设的人文通识课，之前修过此课的学生口口相传，使其有了广告效应。这次报选的学生反馈中不少提到慕名而来、跟踪而来，被这门课吸引而来，有的再度选修我的课程，有的干脆不要学分来蹭课，有的直接带自己的好朋友来听课。本书篇幅有限，摘选其中的小部分。

（1）赵赟（20113303200133）。

第二次选夏老师的课啦！从跨文化交流到跨性别交流，跨越两个学期，每次都有新惊喜，一样幽默的授课，不一样的思想碰撞。这门课结业了，男女差异我也大致懂得了。在这春暖花开的艳阳天，如何能不付诸实践呢？学以致用，受益一生。

（2）刘惠颖（2013305201112）。

很庆幸自己选了这门课，让我学到了更多的不是知识，而是人生交流沟通的技巧。我觉得，课堂学生交流互动的形式特别好。上课不是一味地回答问题，然后老师说对或错，就像老师说的，"我喜欢'思想流'的课堂而不是'知识流'的课堂"。

（3）林冰萱（2014311200912）。

夏老师是我见过的课堂教学很与众不同的老师，她更注重我们知识的运用而不是纯粹地把知识塞进我们的大脑。老师上课的风格很幽默，人也非常亲切。她就像一位长辈，循循善诱。

（4）张娜（2013311200826）。

以往的通识课基本都是在补笔记、玩手机或者是走神中度过的，但是，这门课第一次让我感受到了通识课的趣味性以及实用性，我收获了很多。很感谢老师的指导，让自己可以少犯些错误，也给了自己回答问题的勇气。课堂之上，老师采用回答问题给予平时分的制度。自己并不是一个喜欢回答问题的人，有时也害怕自己出错。但是，我又是一个在乎成绩的人。所以，也可以说这种方法逼迫着自己站了起来。所以，对自己而言，这也是一个进步，谢谢老师给予的机会。最后便是让自己体会到了课程的吸引力，让自己没有时间去想要做别的事情，而只专注于老师的教授内容。

（5）毋钰灵（2012304200230）。

作为一个快要毕业的"大四党"，因为缺0.5学分而不得不再选一门通识课，一开始因为要上课很不开心，但在上了一节课之后，我的态度就发生了180度的大转变，觉得这么好的课只有十几节课，学校真是太不够意思了。希望学校可以延长这门课程的课时，希望这门课可以一直延续下去，让更多的学弟学妹有机会学习到这门课！

（6）冯梦媛（2015310200431）。

"社会性别与语言沟通"可以说是我最喜欢的一门通识课。我已经很久没有上过这么有氛围、老师与学生互动频率这么高的课了。夏老师讲课的代入感很强，她并不是简单地与我们保持教授与接收的关系，而是对我们真正做到了推心置腹，渴望再上夏老师的课。

（7）张迎（2015303200828）。

第一堂课上，老师说："这是人生的筑梦课，男人梦，女人梦！"确实如此，我真的从中收获很多，也思考很多，期待以后还能继续上您的通识课！

（8）李浪（2013310200211）。

从第一堂课开始到最后一堂课结束，我一直觉得能够选到夏老师的这门课程是十分幸运的。首先，老师对课堂的把控非常到位，课程气氛轻松活泼，同时注重鼓励学生独立思考、勇敢表达。这让我不仅学到了课程知识，也提高了我思考问题、表达观点的能力。同时，这门课程与我们每一个人的生活是息息相关的，能够提前修到这门课程可以说是为我以后的感情生活点了一盏引路灯。

（9）徐姝颖（2014305201225）。

夏纪梅老师在这短短的五周课中，展现了她第一节课提到的真女人、强女人、知性女人的形象，很率真、真性情，同时也展现出了一些可爱女人的形象，既有作为教授端庄、学识渊博的一面，也有作为长辈慈祥关怀的一面。我觉得我选择上这门课是正确的，也希望自己将来在两性情感的道路上可以少走些弯路。

（10）马丹妮（2014306201316）。

夏纪梅老师对男女之间关系的深刻分析和阐述对我们有着非常多的帮助，让我们以后在两性相处的时候可以避免很多矛盾和问题。希望夏纪梅老师的通识课可以一直讲下去，期望老师可以将这门课延长学时，让我们可以了解更多的两性知识。这门课绝对值得向同学们推荐！

（11）范潇（2013307201029）。

我很喜欢老师的课，老师上课非常有激情、有活力，讲的内容丰富多彩，选材基本上是我们生活的缩影。这门课程开设得相当有意义，希望以后还能继续学到类似的课程。

（12）魏佳乐（2015304200408）。

夏老师教课确实有趣，我每节课都是在全神贯注地听，您让我们做了课堂的主人，用分数来激励我们。我觉得自己的思想确实在这里得到了一定的解放，受益匪浅。当然，我觉得您不仅是教给我们知识，还让我们学会运用，您真诚的心更是打动了我。我还清楚地记得您在课程结束的时候举的两个典型案例，当听到这是您自己和您父母的真实故事后，我当时一下子觉得自己的眼睛有些湿，我觉得自己被震撼了，您真的是用您的一生的经历在跟我们讲课，从来没有这样的老师给我讲过课，我只想说："谢谢您，夏老师！听您的课是我的荣幸，您讲的东西我想我是不可能忘了，如果有机会，我还要选您的课！"

（13）廖敏杰（2014309200222）。

老师那种生动有趣的讲课方式也让我明白了带着兴趣听课与带着任务听课的区别，更重要的是这门课程具有指导性功能。

（14）高英（2012303200733）。

夏老师的课特别受同学们欢迎，所以这次我果断选择了这门课，真希望老师以后可以来我们学校开设更多的课程。老师走在了教学的前沿，把这种独立思考、师生互动的方式带入课堂，注重培养学生的自我学习能力。

（15）金倩倩（2013308200127）。

这是我上的最有意思的一门通识课，没有之一。老师如同带我探索了一个新的世界，奇妙而又复杂。老师让我有了真正的思考。什么是学习？要如何学习？我觉得自己非常幸运，能够选到这门课，再次感谢！

（16）郑宇宇（2015317200215）、陈洁（2015317200221）、林梦媛（2015317200216）（三人小组）。

不得不提的是，夏老师的授课方式很独特，课堂的互动性很强，案例也很多，方便学生理解。夏老师还以自己父母和自己的经历作为事例来论证观点，我们对那堂课的印象很深刻，而且夏老师的坦诚很令我们感动。这是很优秀的一门通识课，希望能一直由夏老师开下去，同时，也希望夏老师能找到属于自己的幸福！

（17）李彤（2014301200927）。

我很庆幸自己选择了这门课时很少但对我的人生产生深远影响的课程。谢谢夏老师的言传身教，让每一位学生都获益颇丰。如果课时能更多一点，那就更完美了。

（18）易诗伟（2014307200801）。

这门课程对我而言不仅仅是知识的习得，更是思维方式的养成。在实际生活中，我也会有意识地运用课程知识分析解决问题，受益良多。夏纪梅教授作为资深教育专家，能给我们本科生上这样一堂生动有趣的课，我感到极为幸运。

（19）孙晓冬（2014302200512）。

夏老师的上课风格为这门课添色不少，这也是我在大学第一次感受到了大学课程的魅力，这才是我想象中的大学课程，上课的时候你会有一种感觉，就是"对对对，就是这样的，简直和我的遭遇一模一样"，然后就陷入回忆，回忆那时候最后发生了什么，是不是和老师之后说的解决办法一样。这门课是目前我在大学上的最珍贵的一门课了，也是收获感触最大最多的一门课了，谢谢您，夏老师！

（20）李宜桦（2014306201519）。

这是大学入学至今唯一一门自己非常感兴趣并认真去倾听了的通识课。选中这堂课其实纯属意外，但是却意外地很有收获。

（21）申飞燕（2014305201216）。

在这门课上，每一节都很享受，老师讲课很有特色，告诉我们要通过思考才是真正的学习，感觉自己好幸运，在大学期间选修了这门课程。课后，我也阅读了一些老师推荐的书籍，那些书籍都很棒。老师本人很风趣，课堂氛围也十分活跃，寓教于乐。说实在的，其他课上没有这么多人次的发言。

（22）张世进（2014304200810）。

课堂的气氛非常活跃，这是我在别的课堂很少发现的。这门课更贴近于学生的日常生活和将来的爱情生活，所以同学们都有很多自己的想法和观点要表达。

（23）杨惠萍（2013311201029）。

夏老师上课和蔼亲切，幽默风趣，善于利用例子和大量影音资料来加强知识的趣味度，可惜课时太短，不能与老师有更多交流。期望老师下次开更多的课，让更多的同学能聆听到您的谆谆教诲。

（24）孙小飞（2014304201114）。

这是一门思想与现实交汇的课程，是前所未有的人与人之间的思想碰撞的课程，衷心希望您的课程越开越好，并祝愿您身体健康。

（25）王鹏飞（2013304200315）。

老师用活灵活现的语言和丰富多彩的授课方式让我们大家融入其中，时间在不知不觉中就过去了，课后回想，老师上课的一幕幕都还在脑中。老师的授课方式新颖突出，能够让大家真正参与到课堂中来，大家也真正学到了知识，产生了不同以往的思考，对以后的学习、生活、工作、团队合作等都有十分重要的教育意义。双语教学更是精彩！老师讲得投入，我们听得开心，同时让我们了解了西方不同的文化气息。本课程的学习也到了尾声，而我们却意犹未尽。师者，传道授业解惑也。我认为这是一门非常有思想、有内涵、有意义的人文通识课，对于情商的提高、修养的提升有重要作用。

9. 国家教学成果二等奖（主持人）

成果名称：网络与课堂相结合的可持续大学英语教学改革实践及其成效

成果完成人：夏纪梅、王哲、李向奇、吴晓枫、道焰

成果完成单位：中山大学大学英语教学部、教务处、网络中心

笔者获奖证书

10. 教育部委派指导的高校访问学者访谈录

● **专家型教师的发展动力要素与来源（节选）**

（侯宏业：中山大学访问学者，河南工业大学副教授；写于2010年）

侯宏业（以下简称"侯"）： 您采用任务型教学法多长时间了？

夏纪梅（以下简称"夏"）： 1998年到现在，有12年了。

侯：请您谈谈实施任务型教学法的来龙去脉，为什么这么执着与坚持？

夏：1998年春季，我在香港中文大学合作研究期间，首先聆听了美国来的教育大师介绍的难题教学法（problem-based learning approach）。这种方法让学生去经历、体验，用学到的知识去解决一个真实的社会当中或学科当中所遇到的问题，大学的意义就在这里。不然，你读大学干什么呢？所以从本科开始，他们就培养学生这种动脑、动手、创新、创作的能力。对此，我觉得耳目一新，很震撼，当年我就在国内发表了一篇题为《高等教育中的难题教学法和外语教学当中的任务型教学法对比分析》的论文。然后，我就马上运用到我的课堂里面去了。开始还是属于初级阶段，没想到越做越精彩，学生也觉得很过瘾。每年，我都把学生最后交出来的作业保留下来，作为对后来的学生的一种刺激，"师兄师姐做到了，你们应该也能做到，甚至比他们做得更好"。学生很聪明，明白其中的道理。开始是"70末"的学生，然后到"80后"，到现在的"90后"，的确是越做越精彩。学生是在干中学，我自己也是一边干、一边学、一边摸索、一边提高；一边做研究，一边发论文；美国1995年发布一个科学实验室研究结果，学习方式一共有10种。学习效能最低的是听讲座，学习效能最大的就是自己学会后还能教别人。这在我身上就应验了，任务型教学模式我操作实践了，我把它提炼归纳了，有数据、有案例、有反馈。全国各校请我去做教师培训。在推广介绍时，等于自己又有了再深层次的思考，这就形成了良性循环。所以，我自己也在修改完善每年的导学、要求、设计、评价，不停地改，每年的版本都不一样。任务型教学法我做了12年，教了12届学生。

侯：您在大学外语教学上实践任务型教学法是最早的，您的成功能仿效吗？

夏：我的实践不但是最早的，而且是做得最完整的，就是有理念、有方法、有技术、有成果、有研究、有反思，做足全套的。我有显性成果，也有隐性成果，每一次跟老师们交流，他们都会很激动。现在很多同行都学去了。我做教学大赛的评委，发现很多选手都已经学到了、应用了。到目前为止，应用还不是多数，因为难度很大，挑战很多。那个过程是很艰苦的。你们旁听观摩时看我讲课很过瘾、很精彩，自己去试试就不一定行了。

侯：您课堂上的评价标准是基于什么考虑制定出来的？为什么会在评价环节里设计一个学生评价组任务？

夏：这个当然是基于大量的文献研究啊，还有就是对任务型教学法比较透彻的理解之后，我就个性化地去凝练出一些评价量表细目，是我自己原创的。然后，我又不停地进行实践，我12年的工作当中是不停地完善、不断地改进的。原来只有我一个人的评价，我说你们必须要知道我的标准是这样的，逼着他们朝着争取的方向去努力。但是，到了"90后"的学生，首届是2008级的学生，我发现他们的自主意识很强，他们会跟你争论。这一争反而点醒了我，我怎么不更民主一点呢，我给一个机会你们学会评价不是更好吗？我就增补一个学生评价环节，当一个展示组上台，就指定一个评价组，还要求全班每一个同学也参与评价，参与打分，这样一来，我的课堂就变得更为 open，学生的参与率就更高，而且参与更到位，变得有高度、有深度、有广度。这个尺度是我把握的，我毕竟是专家型教师，我不会任由学生乱评分。我先听到学生的 voice，先了解他们掌握这个标准的程度，然后我强调学术权威的标准，实在不行，来一个调和，这也是师生关系的一个新状态。我们再也不能在学生面前过分讲究师道尊严，也不能够凌驾在他们之上，要跟他们平等。但是，你毕竟比他资历老，你还得有一个标准，同时又要很包容。所以，我觉得，我也在改、在完善。

访谈启示：通过对夏教授访谈录音的整理，发现专家型教师成长的动力来源有几个方面：对学生无私的爱，对课堂永远的着迷；对教育事业完美的追求，对教学理论的求真与虚心；对知识的渴求与钻研，对业务的精益求精；对教学的深入思考，对实践的不厌其烦；对教育事业的乐观，对创新的执着追求；对问题的敏感，反应的敏捷与行动的勇敢。总之，一位在全国有影响力的深受学生喜爱的教授总是能焕发学生对学习的热情，其本人也能不断地从学生那里找到动力，痛并快乐地享受着教育带来的欢乐，这是"人本"的意义所在。

2010 年，候宏业拍摄的教师培训现场：夏纪梅老师任务型课堂（左图与中图）；2015 年，笔者与候宏业在河南郑州合影（右图）

● **教师的自主学习是专业成长的主干道：一次观摩者和实施者的研讨对话**
（段学勤：中山大学访问学者，大理学院副教授；写于 2011 年）

访谈背景与内容摘要：本文作者作为教育部高校访问学者，于 2011 年在中山大学访学期间，就教师自主学习、自主发展主题对中山大学外语教学中心主任夏纪梅教授进行了深入访谈。夏教授从教 30 多年，从一腔热血的青年教师到成就斐然的资深教授，再到声望极高的教师培训师，令人敬仰。最近又有三本以教师发展为主题的著作问世，即《外语教师发展的知与行》《基于课堂的外语教师技能发展》和《外语还可以这样教》。书中反复传达出一个信息，就是在事业发展过程中要"无须扬鞭自奋蹄"，才能不断自我提升软实力。

本次专题访谈关注教师在专业成长的道路上如何与时俱进、不断提升，是靠外部条件还是靠自主自立，如何依托课堂、发挥主观能动性、在岗自主发展。

段学勤（以下简称"段"）：夏教授，您能谈谈您对自主学习的信念是怎么形成的吗？

夏纪梅（以下简称"夏"）："信念"这个词用得很好，信念就是你相信什么。我相信教学相长，一套教材教了十几年就有十几种教案。我觉得备课的过程就是一个成长过程，也是与时俱进的自主学习。备课的过程中要广泛阅读，收集资料，查阅工具书，深度解读教材，感悟人生，适时、适当应用精辟语言、语录、谚语、哲理等等收益和积累，比学生先学、多学、会学、善学，然后才能有效导学。现代教师的功能已经不是传授、灌输、讲解现成的知识和给学生现成的材料，而是导学、导干、导用、导思、导人，因此备课不仅备教材，更要备方法、备学生、备课堂。

段：您的课的确很受学生欢迎，您是通过什么途径观察实施您的教学相长信念的呢？

夏：依托课堂。课堂是我们当教师的价值体现场所，对自己、对学生、对社会都有价值。这种价值不是靠照本宣科式讲课，而是用心、用情、用魂、用智慧去与学生沟通，与学生共建共生、共同成长。这就需要不断地改革创新，追求卓越，需要教研相依相益，师生在教研、教改中互利双赢。我的感觉是，上了轨道，灵感就很多，就容易触景生"思"，火候到了，就能文思泉涌。我发现50岁以后真是厚积薄发。我觉得既然很多东西可以跟人家分享，为什么不发表？我拿到教授职称以后，人家就老问："你当上教授还写什么？"我说我不是为职称写的；同事问："你还搞什么学术啊？"我说："我读书不为他人忙，写作研究苦也乐。"

段：要达到如此造诣，您的自主发展是否有阶段性？

夏：当然。初级阶段是做自主学习的有心人。为了充实自己、提高自己，我几乎逢人文讲座必听，逢专家讲座必去，逢权威的外语教育专著必读，逢教学感悟必写，逢教学问题必请教他人。中期阶段是最艰难、困惑、痛苦、挣扎的时期，因为没有明确的发展方向和被行内专家认同的研究方法，只是跟着感觉走。虽然也有成果，但上不了学术台阶。这个过程也是必然的、必需的，关键还是靠自主、自力、自立、自强的信念支撑。执着地探索，努力按"游戏规则"下功夫，在实践中发挥主观能动性，就能找到"北"，找到正确的轨道上路。这个阶段我定义为自主发展的探索期。后期阶段是自主发展的收获期。有了前期的投入，有了研究方向，有了一些理论指导，有了一些适用的方法，就有了发挥的本钱和空间。再加上自己是喜爱改革创新的人，所以就会有灵感、想法和主意。一经外界或某事的有利"刺激"，就会有思想和行为的"反应"。我常常觉得在教学过程中、课堂里、学生中可以进行研究的课题很多，我再对号去读书、思考、写作，教师培训邀请越来越多，等于给我命题的机会，非常享受这个"你命题我作文"的过程，是因需求索，是自主发展的机遇。

段：夏教授，您在著作中谈到教师职责时认为现代大学教师至少应具备两种能力：自我发展的能力和助人自我发展的能力。这两者是什么关系？您是怎么从中发展自己的？其中最难战胜哪些困难？

夏：助人发展的能力，我认为是老师的本分。要发展学生的自主学习能力，教学方法、教师角色都要变，真正以学生为中心，以学生为主体，把课堂还给学生，要引导、指导、协助、评价学生的自主学习、探索学习、合作学习的能力。教师首先要有这些理念、目标、方法、标准、能力，教师是学生的导师和协作者，要发展别人的自主学习能力，就得先发展自我学习能力。我自己是这样做的，我搞了十几年任务型教学，就是要培养学生自主学习、合作学习、探究学习的能力。事实上，他们做到了，我自己也尝到了甜头。我觉得关于教师自主发展、软实力发展，信念和行动是命脉。信念只是你相信什么，还不一定落实到行动，只有具体贯彻了才能证明你的信念是正确的。在这个过程中，最大的困难就是自己，你认为这个做不到，其实不是做不到，是你自己认为做不到，所以关键是要解放思想。这些话好像是革命口号，其实是哲学命题。没有做不到，只有想不到；是否能做到，试过才知道。说一千道一万，还是要"干中学习""实践出真知"。

段：您为什么特别强调助人自我发展能力？这对您的自主发展有什么不同寻常的意义吗？

夏：这是一个相辅相成的过程与结果。助人自我发展不再是给学生现成的知识，而是要帮助他们可持续发展。在这样教学的同时，我改变了课堂形态，改变了教学模式，把学生自主学习的智慧释放出来之后，这些又反过来滋养我、反哺我。我发现助人自我发展反过来促进我的自主发展的效益是显性、隐性都有的。

段：夏教授，您特别强调教学与科研互为依托、互为促进的关系，您是怎样通过自主发展来体现这种关系的？

夏：其实有很多很普通的话能说明这么一个真理："处处留心皆学问。"教学要跟科研联系起来。这其实也是一个良性循环，平时在各个环节，特别是课程设计、备课、创新课时，都要跟科研联系起来，形成教为研、研为教、教中有研、研中有教的良性循环。平时要有输入，看期刊文章的时候，就带着特定的动机和具体的目标去看。听讲座跟阅读都是必要的 input，听讲座和看论文的时候，我不只是简单地接受人家的东西，我要思考这个研究的奥妙在哪里，他怎么会想到这个选题，有什么发现，跟自己关注探究的东西有没有什么关联，有什么引发我去递进或者延伸。所谓触类旁通，我在设计课程的时候就揉进科研元素。所以，我一个创新的课就是科研的过程和结果。我觉得，这是一个有没有用心和留心的问题。

段：夏老师，那么到了哪一种层次才能具有自觉地把教学和科研自然地联系在一起的意识呢？

夏：常言道，"世上无难事，只怕有心人""世界上怕就怕'认真'二字"（毛泽东）。教师培训时碰到不少一线教师说不知道做什么研究，不知道哪里有课题。我经常跟他们说，我觉得课题多得做不完，怎么会没有课题呢？即使我告诉他这个是课题，他恐怕还是没有感觉。我觉得，这是人生态度跟职业态度的问题。大学教师不能仅仅满足于日常教学。要知道，科研比教学艰难百倍。教学是立身，科研是立命。没有研究的事情一定做不好，所以要能吃得苦中苦，要坐得住冷板凳，要经得起各种非学术的活动的诱惑，要舍得读、写、思、研。教育的基本原理是刺激——反应，没有刺激，哪来反应？刺激是要经常性地、多维度地进行的，而且没有人给你刺激，要自己找刺激。

段：作为读者和普通教师，我觉得最能体现您教学与科研互为依托的成果就是您实施了10多年的"任务型团队合作"教学法（task-based team work）。您能谈谈在此过程中的艰辛与快乐吗？

夏：先讲快乐吧，我觉得结果是快乐的，过程也是快乐的。从1998年起，我就已经开始关注和研究这个教学模式，一个基本原则就是让学生用英语做事，让学生发挥他们这个年龄阶段的优势做一些与其利益、成长、发展相关的事，结果他们做到了，做得非常令人刮目相看。例如，2003年正遇上"SARS"，学生以此为题做了一个中西医比较，那个课件和学生的演讲完全可以在WHO（世界卫生组织）发言展示。还有一个文科的男生讲堕胎，那个课件也是集世界资料之大成的作品，有自己的思考。这些学生的聪明才智给了我信心、成就感、职业幸福感，所以我就说快乐多于痛苦，其实在指导过程中付出的时间、精力和与学生的磨合相比，算不上痛苦。

段：您在《外语教师发展的知与行》一书中提到，您在教学生涯中做出三种得意选择：在大学从教早期选择为所有学科的学生授课，在经验期选择开设人文选修课，在事业成就期选择使用挑战性教学方法。可见，您往往知难而上，那么自主学习在这些选择中起到什么作用？您从中有什么收获？

夏：第一个阶段我开的是公共基础课，对各专业的学生有所了解。历史系的学生英语基础较差，我就为他们英语四级考试冲刺助力，结果，他们从全级倒数第二冲到全级第二名。所以，他们的系主任还有那些老教师全部记住我了。第二个阶段开设人文选修课是因为我自己觉得不想老把那些基础的东西翻来覆去地讲。我开一门课就要看好多书。比如说"跨文化交际",光是这个领域的书我就收集了一书柜,涵盖跨文化修辞、语音、翻译、跨文化沟通、商务、传播等等,有专著、教材、论文集、案例等。后来因为搞教师发展,又拼命买教师发展的书。就是想通过开课来充实自己、发展自己,成为一个有大文科思维的人而不是一个语言教练。第三个阶段就是20世纪末,当时开始了从上自下的改革。这种改革是基于学生的,那当然要用最彻底的方法。1998年,我在香港中文大学聆听了世界著名大师来讲的"难题教学法",回来以后就运用到外语教学,即任务型教学法,其实两者异曲同工,我觉得,敢于和善于运用新型教学模式就是自我学习和发展的一个很好的途径。

段:处于不同发展时期的普通一线教师也都面临许多有关职业发展选择的问题,比如教学与科研,教学质量与应试要求等。您能谈谈怎样通过岗上自主学习求得彼此的平衡吗?

夏:首先,我觉得不要把它们对立起来。教学与科研是一致的,教学质量与应试是一致的,如果真正做到以学生为学习主体,以交际能力为主要目标,我坚信办法总比困难多。

段:普通一线教师在职业自主发展的问题上还有许多疑虑,比如能力问题、能否实施、能否坚持等。您能在自主学习以发展自身实力方面给广大教师提一些建议吗?

夏:做任何一件事情最后的结果都是造福自己。你把自己发展好了,就可以辐射学生、造福学生,这不是自私自利,因为我们的角色就必须是这样的。这点想通了就好办,你就会去策划、设计,按照时代元素去做。另外,你还可以跟教研室主任商量,你适合做什么改革创新,你期望做什么行动研究,争取在排课上给予适当的支持。有了这种土壤和条件,就大胆去试。"做戏做全套",有头有尾。做完了还要帮助学生反思与总结:哪些是显性的,哪些是隐性的。显性的如PPT, presentation, demonstration;隐性的就是发展了他们的 talent, ability 等。你还要做好一个问卷,虽然是让学生打钩,其实是把这个模式的优点过了一遍。总之,课程模式改革创新是教师

2013年,本文作者段学勤与夏纪梅教授在大理学院合影

"干中学习"的途径，直接关乎能力提升与专业发展。

（注：段学勤老师在中山大学访学一年，全程观摩了笔者的大学英语课程，访谈之后，回校主动要求担任班主任，积极在她自己的教学中实施"任务型"教学模式，在她的精心指导下，学生作品在全校展示，获得校方高度赞扬。）

● 高校外语教师培训与专业发展的关联度及热点问题

（刘芳：中山大学访问学者，苏州科技大学教师，回校后晋升副教授；写于 2011 年）

刘芳（以下简称"刘"）：夏老师，您作为国家认证的教师培训师在各种层次的学术活动和培训班上对各种层次的教师做过上百场讲座，您认为目前高校英语教师的培训和专业发展关联度如何？存在什么样的问题？应该怎样改进？

夏纪梅（以下简称"夏"）：我对我们国内高校英语教师的培训市场、培训需求和培训状况做过很多的思考，其间也写过很多文章。我认为既然我是要为一线教师做培训，如果只是做自己能做的而别人做不了的，那就没有实践意义。每次接到培训邀请我都反问对方，你要我讲什么？而不是说我已经有什么，我能讲什么。这就是一个需求关系的问题。

我们现在整个高校英语教师的培训和教师个人的专业发展之间有没有形成一个一致性和关联度，也是我关注了好几年的问题。我听到一些老师反映，他们参加过的培训中，很多没有解决他们的问题。我在思考，这个原因到底在哪里？培训主办方请的人肯定都是术有专攻的，但是并不意味着你的专长能够教别人，或者能够被别人所接受。所以我们的教师培训要解决教师所需要的问题，要做教师所能做的。我有一个讲座很受欢迎，题目就叫"教师应该做，能够做，必须做，而且一定能做得好的研究课题与方法"，提供了几十个这样的课题，听了的人就可以结合自己的实际选题。我觉得，我们的对象是一线教师，是 practitioner。你要帮，就要因材施教。他们的起点在哪里？他们的终点在哪里？我觉得培训完的效果应该是："哎呀，我也可以做，我怎么没想到呢？"教师们回去跃跃欲试，还和我保持联系，那我也觉得很开心。高教司或人事司发证的这种培训来的都是骨干教师，是真的想进修、想研读而报名的，都是有内驱力、有发展目的的，他们接受培训回去以后，成才的相当多。我没有数据，但是间接的也好，直接的也好，后来追踪我到这里来访学的也好，我可以看到，从隐性到显性，成长绝对是有的，今后教育发展纲要一推出，未来十年，教师发展就是最重要的，培训就是必做的。国家现在投重金，花 5 个亿给中小学教师全员培训。你花了钱，请了人，你的培训和他们的专业发展是不是要一致啊？是不是要有关联啊？据我所知，action research, teaching demo, classroom observation, case studies, 中小学做得很好，但是高校里面，情况还不是很理想。所以，今后的教师培训，我们要提高教师的素养和素质，知识的深度、高度与认知的维度都要上个台阶吧。我觉得教师发展今后要考虑的问题，第一个是要对口，对老师的口；第二个是要提高教师的认知水平；第三个是扶助行动改进。教育部高校大学外语教学指导委员会已经为教师发展立了项，进行了广泛的调研，期待今后会根据这个调研的情况有推进。

刘：第二个问题是，您刚才也提到了，您的讲座一直很有针对性和实用性，受到了广大参加培训教师的欢迎，甚至有很多的粉丝听了您的讲座后就申请成为您的访问学者。您是如何取得这样的效果的？是不是有什么特别的理念和绝招？

夏：我有很多粉丝，有很多跟踪申请到我这里当访问学者，这是事实。培训的后续效果还不止于此。为什么会有这样的影响和效果呢？先学一步，先行一步。我认为，人一定要有 input，我买回来的书马上就该看的看，该写的写，该用到课堂的用到课堂，把握好火候。老师们经常说我的讲座好听，那可都是我多年积累的精华啊！理念更要先行，理念其实是一个多元、多维度、多方面、多层次的认知形成的一个混合体。我经常讲，有10个观念，自己一定要搞清楚，那是"行为源"。那就是：教育观、教师观、学生观、教学观、学习观、课堂观、人才观、考试观、知识观、评价观……其实远不止10个观念。这些观念需要与时俱进、推陈出新，需要从本质规律上搞清楚。我特别注意搜集，广泛搜集，包括从失败者那里搜集。世界上有很多人是失败之后成为成功者的。接下来就是绝招了，我道理懂了，还要实践来体验、验证和发现。"不能重道轻术。""术"不是雕虫小技，不是花拳绣腿，如果只是从技术角度讲的话，很容易被人攻击。1995年在英国的时候，我的导师经常强调，"Whatever technique you are practicing, you must have rational underneath."这句话我永远记得。我现在告诉别人，在你的教学法背后，你一定要说得出源于什么理念，是什么支撑你的技术的。我的讲座培训绝招还有分享型、交流型、反思型、自检型、卷入型、刺激型。听我讲座的人肯定会在思想、情感、行为、态度等方面不自觉地被卷入进去的。在我培训场上的人抬头率、关注率、参与率很高，没有光是看我"表演"或听我"演讲"的。可能的情况下，我是以工作坊的形式进行的，我还经常设计一些独特的做法，让老师们全方位地去反思、去感受自己的内心，从而知己知彼，找到方向。这就是我的绝招。教师培训时，我经常说，人的一生有数不清的老师，但你只会记住两种老师，一种是最糟糕的，一种是最好的。这个"最好"是指对你的人生影响大，对你的职业发展与做人做事做学问有楷模作用的，或者是一个很小的事情，在自己不知道时点亮心灯，这也是教师最伟大的地方。我是有教育理念和师训绝招的，而且都是历练出来的、学习得来的，也是多方面琢磨、拿捏出来的。

刘：您在做培训的过程中一直搜集现场调查或反馈的资料，从中发现一线高校英语教师在专业发展上迫切需要的是什么？有什么样的缺失？原因何在？您有什么样的解决办法或建议吗？

夏：这个问题问得非常具体。我为什么做这个基层调研呢？我的反思问卷都是在培训开场时5～10分钟内完成的，是我培训内容的一个组成部分，也是为随后的培训增加针对性的研究素材。我做的是一分钟，一句话，只要一张纸片，看PPT一分钟，做完以后马上收回来，就是最真的素材。对这些素材，可以从不同的角度切入分析，结论可以有无数种。因为它很真，除非这个人没有说真话。但是不会，因为我问的问题都问到他们心里去了，他们很想让我知道，他们不会说假话。这是初期做的。在后期，我改进了，写完以后，叫他们马上把纸上的内容誊写到笔记本上，以免回去后忘记。这一次，我又改进了。培训前和培训后对比，他们写的东西是不一样的。老师其实还是很想提高的。要成为发动机，可以加油，要进修，不能等别人来掀开稻草看你是不是珍珠。自己要关注信息，哪里有进修机会，自己去申请。老师是先生，是要先学先觉的，不能只读课本、只会讲教材那点东西。要争取进修是主观的问题，不能怪领导没有给机会，或者怪单位没给条件。老师是"自由职业者"，很多机会和信息都是靠自己掌握寻找的。老师要把自己当成专业人，如会计师、药剂师、律师、是需要不断考试认证和晋级提升或者进行技术更新的。所以，老师怎么能够拿个学历、学位、文凭就干一辈子了呢？教师要有自主学习、自主发展的观念和意识、动力与行动，否则一切都是空谈。

刘：您做了这么多场教师培训，那您认为教师培训是不是也应该分阶段进行？您针对不同阶段的教师设计了怎样的课程和内容？能举例说明吗？

夏：从专业人才发展阶段的规律来看，入职3～5年的教师最需要培训，引导他们怎么把经验提升到理论性、学术型的研究，很多老师是在这个阶段挣扎的。我做过的培训是按专题分类。有些是教学理念类的，有些是教学模式化的，有些是属于教学技能型的，有些是属于教学研究类的，有些是属于教师发展路径和方法的。各取所需吧。

刘：您认为学校或院系对教师的专业发展应该做出怎样的努力和安排？而教师本人应该对自己的发展做出怎样的努力和规划？

夏：对，一个是外因，一个是内因。对教师队伍的管理有人事处，人事处有师资科，他们对教师的专业发展有何作为呢？我接触过一些学校，人事处做得很到位。他们会定期针对全校老师不管什么专业都要懂的一些教育的基本原理、教育的基本方法、教育的前沿发展、教育的课题，邀请一些专家来培训。我觉得这点是非常好的。因为我在香港中文大学合作研究期间，发现香港中文大学有这样一个机构，类似于我们的师资科，就会定期请国际上比较有名的教育家到学校来做公开讲座。他们或者推介教学方法的一些原创，或者综述一些教育界前沿性的动态。他们的讲座也不是靠行政手段硬性通知去听，而是靠公开张贴的海报。可是，我每场到场，发现很多系主任去听，包括理工科的都去听。说明什么问题呢？你在高校里生存，你对高等教育理论的走向发展不关心，那就是不合格的教师了。不能只埋头于自己的专业，我是特别关注教育的。所以，学校如果真正重视教师的专业发展，院系部处相关的部门真正把这个列入学校办学发展的内容之一、规划之一，就应该有这个安排。对于今年及至未来3年、5年的培养计划、经费、行动、人员都要考虑。这也是教师发展所需，反正你要知道同行在干什么。我们学校作为示范点，已经接待过200多所院校的来访了。领导要做这样的事情。这些都是很必要的外部条件。

  内部条件当然还是教师本人了。你自己对自身近期、中期、长期、终极的发展要有计划和规划，如果真的把岗位当成一个career，而不是一个job，那都是应该进行规划的。人生规划的事情有些是可量化的、可显性化的，也就是可以数据化的。现在每年要统计：今年你发表了论文没有？立项了没有？参加会议了没有？我们社科处年年都要统计的。人事处是管理工作量的，教务处是管理教学质量的，社科处就是管理这个科研成果的。这个努力方向和规划还是有个前提，就是你知不知道信息，知不知道今年国内有什么相关的会议，国外在这个领域有没有会议在征集论文。信息都没有，就谈不上参与，更谈不上录用了。现在有些老师是过日子型的，只要孩子能成才就行了，那就谈不上自觉的职业发展了。

  刘：您能否针对新入职的教师和熟手型的教师的自我发展给出一些建议？从您做培训的经验来看，他们分别在哪些方面需要学习和做出改进？

  夏：新入职的教师都有一个摸索期、转型期、混沌期，他们也不一定都是铁了心来做教师的。新入职的教师首先有2～3年的摸索期，先确定自己是否适合这个职业，如果他们做得很痛苦，也会弄得学生很痛苦。那我们提出的建议就是：不行就赶紧改行。熟手型的教师如果教学很出色，但是科研上不去，没有发表论文，那就会陷入一个困境，在大学里面就待不好。当然也有比较想得通的，并且人事制度不威胁他们也是可以一直做下去的。在国外、在我国香港也是给这样的老师一条生路的，如果教学很优秀，学生的教学评价也的确很好，那就做一个普通教员，是不搞研究、不评职称的。如果你想尝试你是不是可以教学和科研"两只手"都行，那你就尝试一下，那是要受苦的。苦过以后觉得有可能，那就继续努力。新入职就是探索一下，看看自己是否适合。这个尝试和努力可能要10年。熟手型教师就是进行补缺学习。

  刘：有专家提议，我国也应该像国外一样实行教师资格定期考核的制度，您觉得这个对教师的培训和自我发展有什么样的启示和作用？

  夏：这个对有些教师来说是一个很可怕的消息。很多老师觉得毕业后只要被这个学校录用，那就是一辈子的事情了。但是，如果定期要重新考核的话，那就是不进则退了,只能往前奔了。而且这是人与人之间的竞争,老人和新人之间的竞争,每年几十万的同行毕业生之间的竞争,还有和"海归"之间的竞争。如果定期考核,不合格的当然只能被淘汰了。那么,对于培训和发展的启示与作用,当然是跟着考核标准走了。我就是很关注教师标准的人,除了保证自己做强、做大、做好,提高实力还注意带携青年教师。学历不等于实力,英雄不问出处。我发现,越是原来毕业学校不强的老师,越会努力。这次教学大赛冠军刘玲也是教大专的老师,这次在上海一起培训,我问她如何保持自己的状态,她说天天坚持看英语新闻。这还是一个观念问题,既然你是干这一行的,那么你就要对得住你的称号,你就要保证你的英语水平,你就要保持这个 PK 的实力。

刘:夏老师,谢谢您百忙之中抽空接受访谈,也感谢您对年青教师的发展给予的关心和宝贵的建议。我们期待您更精彩的培训和讲座。

夏:好。一定。

注:刘芳老师在中山大学访学一年,全程观摩了我的大学英语课堂教学,访谈后,回校积极实践,用心研究,随后晋升为副教授。

本文作者刘芳与夏纪梅教授合影

● **任务型教学的真谛:一次观摩者和实施者的研讨对话**

(陈伟平:中山大学访问学者,广州医科大学副教授,回校后晋升教授;写于2012年)

访谈目的与内容提要:夏纪梅教授于1998年发表了题为《难题教学法与任务教学法的理论依据及其模式比较》的文章,详细介绍和分析了任务型外语教学的理念及其追求的效益,并且全心投入大学英语任务型教学的实践。作为"任务型语言教学"国内最早的推介"人和"实践者之一,夏教授历经10年的磨砺与创新,探索出了一套适合中国大学生的、以任务驱动学习的英语教学模式,收获了10届学生的课程反馈数十万字。

本文作者于2011年在中山大学访学期间,观摩了夏纪梅教授的任务驱动教学实况,历时18周36节课。教学模式实践主要有七个环节。①教师导学。老师向学生介绍任务型教学法及课程学习目标和要求。②学生承担主题任务。学生自由组队,协商承担教材的单元主题任务。③课件制作。学生对主题进行探索学习并进行课件设计、修改以及完善。④课堂演示与互动。组员演示课件,就主题任务用英语讲解,依据预先精心设计的问题和活动与全班同学互动，力求解决所探讨的问题。⑤师生笔录。师生即场共同做好笔录并做好点评的准备。⑥师生即场评价打分。师生协商按既定的评价标准进行评价和打分。⑦反思并反馈。学生根据学习情况自我反思并反馈意见。

　　夏教授在组织任务型教学全过程中运筹帷幄、循循善诱，取得了良好的教学效果。本文作者通过对夏纪梅教授的访谈，从任务型教学实施者和观摩者进行研讨对话的角度，就任务型教学实践过程的有关问题以及学生的反馈情况，深入了解任务型教学的内涵，探讨关于任务型教学各方面可能存在的问题，以及探索解决问题的有效方法。

　　陈伟平（以下简称"陈"）：夏教授，在观摩了您一学期的任务型教学之后，我感触很深。常言道，"看人挑担不知重"，今天想就此机会，进一步探讨一些关于任务型教学的问题，想听听您实践背后的故事，希望通过这次访谈更深入地了解任务型教学。

　　夏纪梅（以下简称"夏"）：我也想知道你们对任务型教学的看法。有些教师尝试过这种教法，但是遇到不少问题就放弃了。

　　陈：是的，之前我也曾怀疑过，迷惑过。完整观摩任务型教学的全过程还是第一次，感觉跟以前不一样，总体感觉学生彼此交流都很真实，似乎忘了他们用的是英语，是一群人在一起做事和讨论的感觉，很自然。我想是否因为学生的英语基础较好，这样的学生才更适合任务型教学呢？

　　夏：学生从不愿做到愿意尝试，从做不到位到越做越好，有一个过程。任务型教学促使学生"在做中学习（learning by doing）"，关键要给他们做，体验多了也就自然了。任务型语言教学法始于20世纪80年代末，是当今教育界提倡和推崇的"以学习为本""以学生为主体""以老师为主导"的注重培养应用能力和创造能力的一种效益型教学法。自2003年我国《英语课程标准》明确提出任务型教学法后，就广泛应用于我国基础教育，连中小学都在推广了，没有理由大学英语教学不能实施任务型教学。到了大学阶段，学习者已具有了基本的语言知识，具备了一定的语言能力，大学生的英语学习在很大程度上需要将已经输入的语言知识多渠道地输出。在我看来，我们不但要在各所大学实施任务型教学，而且要做到出色，帮助大学生通过真实的任务把社会引入课堂，把课堂延伸到社会，让学生作为人才资源，发展生存能力和工作能力。话又说回来，任务型教学用于大学英语教学的实践方面的研究确实比中小学少，我国大学英语教学还广泛存在以教师为中心的教学模式的现象，学生处于一种比较被动的学习状态。

　　陈：是的，可是很多老师也不想改变原有的教学模式，因为任务型教学主要是让学生做事，有时候学生并不配合。观摩您的课，我发现学生都很配合，这可能和您的导课有关吗？您整整做了两次导学。

夏：如果学生不太配合，问题很可能出在"导学"环节。在任务型教学的前任务阶段，导学非常关键。教师要了解学习者的期待是什么，用什么方法才能让老师的期望和学生的期待达成共识。因此，在第一节课，教师不能简单地进行自我介绍，或者谈大体的课时安排和教学内容等，应该引导学生了解课程的教学目标以及期待什么样的教学效果，要跟学生协商，并让他们做出教学法的选择，焕发他们的需求、愿望和兴趣。这里想强调的是教师首先要学会尊重学生并和学生沟通。善于给予学生鼓励甚至奖励，增强学生的信心。我们提供的课程学习要能使学生产生 AIDA（attention，interest，desire，action），让学生明白而且乐意去学，主动去做，学生就会配合教学了。

陈：那么，在之后的任务链阶段，有一个学生准备的过程，就是学生对主题进行探索学习并进行课件设计、制作的过程。在这个阶段，作为老师可以做一些什么呢？您在学生的准备过程中主要从哪些方面给予他们帮助？

夏：任务型教学重视语言学习的过程，学生作品的选题、设计和完善的整个行动过程应该是任务型学习的核心阶段，这个阶段以学生自主思考、自主探索、自主设计、自主实施为特征，教师要全程放手，也要全程护驾。一方面，教师要鼓励学生多渠道、多方式地获取所需要的学习资料，并能够围绕主题的研究内容展开探究性学习。另一方面，教师要指导学生如何分析和整理材料，学会辨明资料之间的逻辑性。学生其实很会找材料，但教师要协助其对资料进行综合判断，去伪存真，从而获取最佳内容。教师的指导要及时和到位，包括对学生进行方法和态度的指导，帮助他们学会从信息资料中归纳解决问题的思路，共同创作富有思想性、逻辑性和创新性的好作品。

陈：学生作品的好坏有什么标准吗？

夏：当然有，我归纳为3Cs，即表述清楚（clarity）、组织严谨（coherence）、富有创意（creativity）。学生在老师的协助下反复修改作品，通过多渠道的输入—吸收—输出—发现—再有目的地输入，如此反复，最后才达到掌握和领悟这些标准，整个反复修改的过程就是真正的学习。任务型教学强调在干中学，这并不表示教师可以不管学生。在操作上，自始至终都应将学生置于被引导和被启迪的位置，这里面有知识的启迪、思想的启迪以及方法的引导。学生依据既定标准去作为，去修改，去展示，从中学会自主地、合作式地、创新性地学习，这样的学习才是有意义的，才能产生好的学习效果。

陈：在您实施任务型教学中，我们感觉到您总有办法使课堂运作得非常自然和谐，而且一切似乎都在掌控之中，是否一个学识渊博、名气较大的教师更能管理好一个班级，因为学生是仰望权威的。

夏：并不全是这样的，任务型教学对任何教师都提出了挑战，包括资历深、经验多、权威专家型教师。"90后"的学生是很有个性的，是敢于挑战老师的。大学课堂学生缺课的情况屡屡皆是，学生为什么不来上课？为什么来了又不配合？其实都是老师的问题。随着现代教育技术的发展，现代教师已经不仅仅是教授学生课本知识，教师是 organizer（组织者）、manager（管理者）、director（指导者）、communicator（交际者）、cooperator（合作者）、collaborator（协作者）。在实施任务型教学中，教师还应该是 motivator（驱动者）、stimulator（激励者）、activator（驱动者）、facilitator（给力者），要能够驾驭课堂，让学生产生 involvement（与我有关）、engagement（让我参与）、enjoyment（乐在其中）的效果。要做到这些，任何教师都是不容易的。

陈：在对学生的展示进行点评的环节，您经常强调"活化课文和主题"。当学生能将 PPT 展示的内容巧妙结合课本的某些句段或词语时，您总是给予较高的评价，您能谈谈任务型教学中对教材的处理问题吗？

夏：现代外语教材已经不仅仅是一本教科书，而是包括所有对发展语言和交际能力有直接或间接帮助的东西。不是我们把教材讲过了，学生就学到了。所以，对于教材的处理，我主张采取以任务驱动学生去自己消化教材的方式，从中发现问题和探索解决问题的方法，这样，学生在获取知识的同时发展了多种能力，而这些能力是在不知不觉中掌握的。学生在其作品展示或报告中既关注了课本的内容，又不停留在课本文字上，既理解了课文作者的观点，也加入了自己的思考和同学的意见，甚至提出了必要的思辨问题，这样，学生就将教材活化了，学习效益和教学效益都得到了增值。尽管现代教材的编写都强调"真实性"和"交际性"，但如果教师对教材的使用缺乏"真实性"和"交际性"，就失去了语言教学的思想性、人文性、工具性，教师手中的教材要成为学生手中的学材。学生和教材的关系、教师和教材的关系都是值得深入探讨的问题。以教材为本（text-based）和以任务为本（task-based）是有根本区别的，前者的结果往往是学生掌握 usage，后者的结果往往是学生掌握 use。

陈：在我观摩教学的过程中，有一点我觉得很特别。一组学生做报告的时候，您要求其他组成员参与互动和进行笔录，报告结束后作为师生共同点评和打分的依据。以往的教学评价是教师独自对学生的学习进行评价打分，您进行师生共同现场评价，能说说其中特别的意义吗？

夏：教师要求学生对其他团队的任务表现进行现场记录和评价，这样做对强化学生的观察能力、思考能力、分析能力和评价能力都很有帮助；赋予学生评价打分的权力，是对学习共同体的共建行动。学生依据既定标准进行即场评价也是一种学习。他们通过对学习效果的感知和认识，在后续任务中会以更加认真的态度来完成任务，更具开拓创新精神。师生评价共同体的建立对激励学生学习、改进课堂教学效果等都具有重要意义。特别值得强调的是，在评价中，鼓励学生提供建设性意见，而不只是简单地给一个好或坏的结论，这样可以增强合作意识和参与意识。通过共同评价，也强化了学习行为标准。

陈：在您的评价标准中，学生的成绩构成是60%为团队任务（task-based work）的完成，10%为出勤、参与和发表意见（attendance, participation, contribution），30%为期末笔试（final exam），这与通常我们评价学生的标准大不相同，学生的平时表现占了绝对大的比例。

夏：我采用了形成性评价和结果性评价相结合的办法。任务型教学重视的是学生通过感知、体验、实践、参与和合作等方式发展自我的过程，因此评价一个学生主要还是看过程，这就是为什么我把平时表现的分数权重放大，这起到了导向作用。教师对学生的发展进步应侧重全方位的表现。在我的评价标准里，60%的团队任务的分值中30%为团队的组员用英语表达的综合表现分，presentation的评价包括是否切题（theme-based）、是否与课文内容相关（text-related），有无内容的拓展（content-extended），是否表达流利清晰（fluent and clear），是否讲而不是读（talking instead of reading），甚至有无开场白和结束语（opening and concluding），这些都有标准。另外30%为PPT设计和内容，demonstration的评价涉及主题内容组织的条理性（well-organized in thought clue）、页面和活动设计的创新性（creative in design）、引用媒体资源的丰富性（varieties in sources），甚至媒体手段和技术的先进性（advanced in media technique），有了细化标准，学生就知道做什么和如何做了，知道什么是上品和精品，思考如何做到最好。这个比例的分数是学生用行动"挣"来的，所以要尽量多给"工分"，以资鼓励。当然，书面考试也是必要的，包括反思一个学期的学习内容，反馈课程收获，但即使是书面考试，也最好是用学生创造性解答的评论、分析、阐释类考试形式，而不是用唯一标准答案的概念题或选择题。

陈：您刚才说到"反思"，那么，学生是怎么看任务型教学的呢？我能听听您所教的这个数计学院班学生的反馈情况吗？

夏：十年来，我每做完一个学期的任务型教学，一定有"反思与反馈"环节跟踪。我的设计简称3Rs：①对学习的目标、内容和材料的回顾（review）；②对自己所作所为和综合素质发展的回忆（recall）；③对任务型教学的反思（reflect）。学生反馈得出的数据很多，这里就挑几个具有代表性的内容说说吧。据这个班的情况看，超过半数的学生认为自己在完成任务的过程中感到比较困难的是发挥创意，正因为这样，他们才更需要机会培养，创新精神从哪里来？在做中学呀。在完成任务后，大部分学生看到了自己的欠缺，感到学习目标更明确了。有超过80%的学生对自己组完成的任务感到比较满意或非常满意。从反馈情况中看，有近八成左右的学生，从选材到定稿的全过程花六个小时或十个小时以上的占的比例最大，这说明激励措施相当重要，学生真正被驱动和自觉投入学习任务了，走出课堂确实学得更多。值得欣慰的是，超过了90%的学生认为任务型教学与传统教学相比较，学习效益非常明显或比较明显。

陈：有没有学生是完全不能接受任务型教学的呢？

夏：全班也有极个别学生内心是不能接受任务型教学的，但行动上还是接受并投入了精力与时间，可以说明任务型教学还是相当可行的。

陈：但是，有一些老师仍然认为任务型教学可能会导致学生忽略语法知识的学习，最终可能会影响读写能力。您怎么看？

夏：大学英语教学培养出来的人是受过高等教育的人才，考察外语水平不应忽视读写功夫。任务型教学的首要目标是学生在具体的任务过程中进行真实的听、说、读、写、译，构建有意义的语言学习。学生在执行任务的过程中必须浏览和阅读大量的资料，随着大量信息的输入，阅读能力自然提高，文化视野也得到拓宽；学生对检索、搜寻和阅读所得的材料进行梳理、筛选和加工，必然应用写作、编辑等技能；学生对设计的课件进行陈述、阐释和讨论，又运用了口语交际技能，这些都是语言的综合技能。其实，任务型语言教学操作模式是有多种形式的。例如，英语语言教育专家 Jane Willis 的做法有三个阶段，即任务前阶段、任务链阶段和语言分析阶段，在语言分析阶段是可以聚焦语言的（language focus），根据课程需要和学生的实际情况，教师可指导学生对重要的语言项目进行有意识的学习。现在，很多学校都有自己的网络数字化平台，语言形式练习也可在平台上完成，师生可以更广泛地进行各方面的交流学习。

陈：那么，对于学生的语音问题呢？我在观摩中发现有些学生的英语发音并不是太好，说错的情况也时有发生。您如何看待学生的话语错误问题呢？

夏：关于语言的准确性和流利性问题一直是争论不休的。我想说的是，语音不准和言语失误，无论何种语言，都是不可避免的。任务型教学强调环境和互动的真实性，学生的发音和话语出现错误的情况是难免发生的，但这也是真实自然的，交际双方通过询问、重复、纠正等手段获取彼此信息，是真正的交际，正是任务型教学的目的所在。另一方面，英语正随着其使用范围的扩大和社会的急骤变革而发生多种变化：标准英语淡化趋势、变体英语多元化趋势以及英语语法方便化趋势，流利的英语表达应该胜于因为小心谨慎而难于开口，不要一味强调"标准"而抑制了学生的表达欲望，学生必须先敢于说，才能越说越多，越说越好。

陈：老师们在实施任务型教学中的确有很多困惑和问题要面对，在任务型教学的实施过程中，您认为教师最大的压力是什么？

夏：任务型教学对教师自身的能力提出了全方位的要求。在任务的前阶段，由于学生对任务的设计是开放式的，教师需要以"开放"对"开放"，要及时、得当地引导。在任务链阶段，学生对任务的执行和展示状态是无法预测的，这需要教师老练地做出判断。由于课堂是动态的，教师随时需要应对教学中可能出现的问题；课堂是以学生为主体的，教师也面临角色转换带来的巨大压力。教师充当组织者（organizer）、聆听者（listener）、记录者（recorder）、咨询者（consultant），以及问题的解决者（problem-solver），既要聆听学生的报告，还要分享学生的情感；既要注意学生的观点，又要捕捉学生表达不清的句意；既要书写评语，又要参与全班互动，最后还要点评，充当评论家（critic），太不容易了！因此，即便教师已经了解或领会了任务型教学的基本原则和操作，也会在实际操作中感到压力重重。所以，愿意在教学中加以尝试和变革的教师还是少数的。

陈：是的，无论是老师还是学生，我们最担心的还是自己的能力和教学的质量问题，担心我们的尝试会导致种种不良后果。

夏：要想提高外语教学质量，教学改革始终是必行之路，只是一味地担心、顾虑重重而不去尝试，这怎么能解决问题？教学方法可以多样化，但无论哪种教学法，关键是掌握两个原则：一是教方法；二是在干中学。教学方法与教学观、教师观、学生观、人才观、质量观、课堂观等有着密切的联系。当然，影响教学质量的因素还远不止这些。

陈：那么，您认为实施任务型教学现在还有哪些具体问题需要思考和面对呢？

夏：任务型教学法再好，也要看实施的人和相匹配的机制，是个系统工程。学校管理层方面要更新教育观念，要认识到外语教学的过程应该是多种刺激和反应的过程，是人与人之间交际的过程。首先，我们要解决好大班上课和小班上课的问题，要考虑多媒体网络教学条件等。再者，由于测试会给教学带来反拨作用，这种反拨作用可能是积极的，也可能是消极的或无效的。所以，我想说的是，采取合理的评价方法对教学的质量也是很重要的。最重要的还是加强教师发展，教师的各方面能力要提高，这涉及任务型教学的可操作性。影响任务型教学实施的因素还应该考虑学习者方面，考虑他们的学习背景、风格和性格特点等，要做大量行之有效的引导、说服工作，很多问题值得深入研究。

陈：从我们这次谈话可以看出，您非常认同任务型英语教学，您是否认为任务型教学是最适合大学英语教学的呢？这个问题有点棘手。

夏：没有最好的教学法，只有更好的教学法，这么多年教下来，确实体会到了这种教学的好处，在我看来，任务型教学是值得推广和探讨的。话又说回来，任何一种教学法都依据不同的语言观和教育观等，都有它的局限性。我国的英语教学环境是"外语"教学，不是"二语"教学，这也是要思考的问题。但无论如何，语言是具有工具性的，强调交际性，在做中学是必需的，现代外语教学模式的转变已经发生了三个递进层次：语言知识—知识与技能—做人与生存，让学生在实践中体验如何应用语言求生存、求发展,对他们未来在专业和职场的发展方面都是有益的,这才是外语教学的终极目的。

陈:跟您探讨了这么多关于任务型教学的问题,受益良多,再次感谢您。最后,希望您能跟我们广大的英语教师说一句话并用这句话结束我们这次访谈,如何?

夏:无论对教师还是学生,我想说:"Learning by doing, just do it!"

陈:谢谢您!

陈伟平访谈后完成文稿来信:

夏老师,完成了访谈稿,更加感受到您的价值,您十年的实践、您建构的模式、我亲眼看到的活力教学又呈现在眼前!

夏老师,您对我们太重要了。您就是一块宝,您的价值取之不尽;您还是一盏灯,让我们知道往哪里走;我非常清楚,您更是一根拐杖,吃力地搀扶着我们,您还想给我们插上翅膀,让我们自由翱翔……夏老师,永远感激您!

(注:陈伟平老师在中山大学访学一年,全程观摩了笔者的大学英语教学班"任务型"教学模式,经过此次专题访谈,在彻底弄通理念原则和方法的基础上,回校付诸行动,获得医学院学生的认同,被评为广州市高校优秀教师,发表研究论文,三年后晋升为教授。)

2011年,陈伟平(右一)等访问学者与夏纪梅教授合影

● 高校英语教师突破科研瓶颈的途径之一:在申报研究课题中成长

(尹曼芬:中山大学访问学者,大理学院外国语学院副教授,回校后晋升教授;写于2012年)

访谈目的与内容摘要:在2012年9月全国和省市"教育科学十二五规划"申报课题期间,越来越多的高校中青年外语教师开始积极参与申报,但由于缺乏必要的基本常识和前期学术积累,他们面对填写课题申报表所需的相应的学术规范、学术要求、选题与论证能力、研究方法的选择、研究思路和技术路线的呈现等都需要得到专业人员的指点迷津和学术"给力"。夏纪梅教授长期关注教师的在岗发展,特别是鼓

励教师通过申报教学研究课题突破科研瓶颈，实现教师"干中学习"和"问题变课题"的专业成长。本文作者作为教育部委派的高校访问学者，对导师中山大学夏纪梅教授进行了专题访谈。

尹曼芬（以下简称"尹"）：2011年到2012年期间，您有三部专著和四篇论文面世，都是以教师发展为主题。时逢全国和省市"教育科学十二五规划"课题申报之时，您正好到西部支教，让我们有机会因需带着"科研"和"立项研究"这个难题来请教您。您对这样的"求助"有些什么想法？

夏纪梅（以下简称"夏"）：作为高校英语教师，对科研有需求、有动力、有治学精神是我最敬佩的，也是我最鼓励的。我知道，高校有些教师处在科研的瓶颈期，虽然教学颇受学生欢迎，教学效果也得到专家和领导的肯定，但是因为没有科研成果，无法通过学术评审，职称难以获得。我在我的专著《外语教师发展的知与行》中提到，"没有研究的教学和没有教学的研究都是没有真正意义的教育行为"，我认为高校英语教师应该做、必须做、可以做也能够做科研。

尹：事实上，我们有些骨干教师过去申报过哲学社会科学基金项目，但结果是屡报屡败、屡败屡报，问题出在哪里呢？

夏：我比较倾向支持高校英语教师做教育科学研究。凡是"教育科学规划"类研究项目，我们都可以抓住机遇，利用这个平台，申报立项研究。至于"哲学社会科学规划"类研究项目，比较侧重文、史、哲、政、经、法专业领域的理论基础研究或事关国家地区政治经济方面的应用性、政策性服务研究，所以对一线英语教师群体来说，除非个人对以上研究特别感兴趣、有基础、善选题、能与相关学科联手出成果，否则最好选择"教育科学研究"。

尹：做"教育科学研究"，如何才能将教育研究和外语教学结合起来？很多教师觉得自己的工作和科研挂不上钩。拜读了您的有关著作和论文，知道您从事大学英语教学多年，而您的教学研究成果却如此丰富。大学英语教师做科研该依托什么？您是怎么解决教学与科研的关系的？

夏：我认为，做教育科学研究可以依托课堂。课堂里有人，有人就有事，有人就有思想、有行为、有动态、有变化、有人与人的相互关系和互为因果的作为与现象，有了这些，就有了课堂效果的成败因素。只要是教学有心人，都会对这些点点滴滴"上心"研究。所以，教学研究就是为了教学、来自教学、服务教学、改善教学、创新教学的研究。教学研究自然主要与课堂发生关系。教师长年累月在课堂里运作，对教学理念、教学对象、教学模式、教学内容、教学方法、教学效果、评价方法等是否有改革创新、推陈出新、顺应变化、与时俱进的动机和热情，这是前提。在此基础上，学会把不同时期、不同阶段、不同要求、不同需求、不同对象，甚至不同的自己的课堂里出现的问题变成研究的课题。例如，基于网络的大学英语教学模式实施好几年了，课堂里存在或发现什么问题？如何改进？又如，"90 后"大学生在成长方式、思维方式、学习方式、生活方式、关系相处方式上有无变化？课堂教学方式应该有哪些相应的变化以适时、适当地应对？类似的课题有很多，就看有心还是无心，有相应的学习研究还是轻车熟路以不变应万变。我本人是不甘寂寞、厌恶重复自己的人，所以喜好变革创新，甚至颠覆陈旧。当然，这需要"本钱"，要有学术积累；需要"功夫"，要有长期坚持不懈的读、写、思、研的投入。

尹：的确，没有"本钱"和"功夫"，我们在申报项目时会感到空白、软弱和无力。最无从下手或没有把握的是选题和填表。您评审和指导过不少申报项目，有什么共性问题需要注意的呢？

夏：总体来说，普遍的问题是选题不适当、计划不明确、论证不严谨、思路不完整、申报表的填写不规范等。

选题要参考与研究"课题指南"，找对课题的学科归属，因为评审专家队伍与来源不一样。选题要对行内、国内、国外本选题领域的研究历史和现状有一定的了解与跟踪，选定符合自己实际和国内实际的、具有开拓性或在原有基础上具有推进改革意义的有思路、有理论、有计划、能实施并有前期成果和预期成果的课题。选题题目要凝练，标题用词要能清晰表达研究对象、内容、目的。例如"大学英语教学模式的改革"这样的题目就太大且空泛，针对哪一类学校？拟采用什么模式？想达到什么目的？针对什么问题进行改革？等等。有的选题题目又太小，只能算研究项目中的一个环节。例如"大班授课学生参与度调查研究"这样的题目的调查目的是什么？调查结果与预测相一致有什么用？调查结果出来了又有什么用？这不像一个完整的研究项目。还有的选题是早已经被人做过了，如果没有新意，就没有意义。凡是科研成功的过来人，特别是文科人才，都有一个科研定律：顺着说和接着说，是发展或应用；反着说和对着说，是批判或思辨。总之不能看到别人做什么，成功了，发表了，自己也照搬照做同样的东西。

论证是项目申报表的核心。要将本研究的目的意义阐释清楚：研究什么，即对象、内容、范围、目的；为什么做这样的研究，即缘由、动机、重要性、必要性、研究的意义和价值、研究的基础；如何研究，要有具体内容、具体方法、实施路线。论证之前需要文献综述：国内外已有的相关研究，需要验证的权威论述，将要引用的相关理论理念或研究框架。论证最好采用问题导向，即显示已有研究或改革实践存在的问题，使之成为改革、创新、探索的必要性、可行性、推广性、针对性的理据。整个论证部分反映申报人的"学术底气"或检索综述能力。论证水平高的申报材料就相当于一篇上等论文。

研究计划需要计划实施的思路，行动路线图要清晰明了并有逻辑性。例如，自变量是什么，即引发变化的原因；因变量是什么，即自变量作用于研究对象后产生的效应，也即因果关系。以"自主性学习对大学生研究性学习的外语工具性效能研究"课题为例：自变量是自主性学习；因变量是研究性学习效能。通过对大学生自主性学习的指导，通过有目标、有要求、有任务、有显性成果的自主学习，实现以外语为工具的研究型学习效果。实施步骤要表现申报人的行动能力，例如，调查、访谈、反馈、发现/收集问题、设计改革方案、实践、总结、反思、反馈、修改行动计划、结论。预期成果与形式：成功有效、学生反馈、调查数据、成果包、研究论文。

申报表的填写基本过程有：思考—讨论—写作—再讨论—再修改；通常的方式有：酝酿—检索—思考—研讨问题—写作—再讨论—再修改。

尹：夏教授，您以上提到的选题不适当、计划不明确、论证不严谨的主要原因是什么呢？您作为评委或导师，有什么经验可以分享吗？

夏：我指导和评审过不少项目申请书，看到高质量的，我会由衷地为申请人叫好、喝彩、赞叹。遇到水平低的，我会有想帮助指点的冲动。所以，在我的教师培训设计时，我会加入以下经验：研究思路至关重要。题目不当、综述不当、论证不当、方法不当都是源于思路不清。

1）思路来自想明白、写明白、说明白、整明白、自己写得明白还要使读的人明白。我指导申报人填表时，总会先要求他们自己写一遍，遇到我看后不知所云的，要求他们口述给我听，我想听他们的研究思路。结果，凡是讲不出来或讲不清楚的，就是思路不清，所以我不知道他们想干什么。我告诉他们，想明白了才能写明白，想明白是写明白的前提。想明白需要"头脑风暴"，即集思广益，同行交谈，在交谈中碰撞出思想的火花。然后，很多思考思路又要靠写才能逐渐明白与清晰，在写的过程中梳理。当自己写过一两遍之后，不能讲出梗概，或者需要经过质疑或追问再口头解释的，说明思路仍然不清楚。写作的过程就是反复将想法条理化、深刻化、系统化的过程，也是研究思路与方法规范化的过程。例如，界定本研究：我要研究什么？我的研究意味着什么？研究问题的核心或关键是什么？需要如何证明它？有什么假设？别人有过什么类似的研究？研究题目要使人对你所研究的问题一目了然。研究内容要明细化。关键词定义要清楚：过去没有的，属于自己创造的词，要定义；已经有人定义的词，可能你有新的理解和应用；已经有多种意义和用法的词，若要选择某一种，必须界定清楚。研究行动要具体化，为研究的验收评价提供依据。

2）思路来自不满意现实实践，有问题需要研究、改善、创新。

3）思路来自阅读专业文献时的触发灵感，对别人的前期研究千万不要看了就认为"我也可以这样做"。要知道，填报项目申请书是"干中学习"的最有效途径之一。这是一个了解专业研究发展动态、发现自己学术不足、暴露自己研究水平或写作基础、及时补缺的过程，需要有足够充分和集中的时间、精力、思想的全力投入，有学术态度、学术精神，来不得半点侥幸、马虎、应付。实际上，一次申报项目的过程就是多次高质量的研讨和论文反复修改撰写的艰苦过程。

尹：您认为哪些研究课题是大学英语教师或高校英语专业教师比较适合做的？

夏：这要看你申报的是校本的还是省部级或横向项目课题，还要看你是想撰写研究论文还是申报项目立项。总体来说，高校英语教师，无论是专业课教师还是公共课教师，只要对教学研究感兴趣，打心眼里热爱教学、喜欢学生、钟情课堂的，在乎教学效果、教学质量、教学评价的，都可以找到研究课题。因为想做好手艺活，不研究怎么做得好？处处留心皆学问。问题是，研究不能光靠热情，还要舍得投入。投入足够的时间和脑力不停地读、写、思、研。课题可大可小，先从微型课题做起。一事一议，一个问题一个研究，一种现象一次研究。那些来自课堂、学生、教师、教材、教法、考法、评法、师生关系、变化、矛盾、困难、阻力等方面的内容都可以成为研究课题，关键是研究方法要规范。

尹：您能否给我们介绍一些应用教育科学研究方法做外语教学的研究课题？

夏：现在国内外都出版了不少介绍教育科学研究方法、外语教学研究方法的专著。当代教师要学会自己利用工具书，自主学习，自主发展。我个人比较倾向质化研究方法，例如教育叙事研究法、行动研究法、调查访谈法、口述史、案例分析等。

尹：夏老师，听了您的谈话，我们很受触动和启发，尤其是您说到的"处处留心皆学问"和"小课堂大学问"给我们很大的鼓舞。从微型课题着手，将教学难题变成科研课题，在课题申报中历练自己是可以突破科研瓶颈的。多么希望有更多的高校英语教师能听到您的这一番教诲，以便尽快进入您说的"教研相益"的状态。非常感谢您的肺腑之言！

夏：我也祝你们课题申报顺利，事业有成！

基金项目：本文系云南省十二·五教育科学规划课题（编号：GY11020）的成果之一。

（注：尹曼芬老师在中山大学访学

2013年，本文作者尹曼芬与夏纪梅教授于云南红河合影

一年，全程观摩笔者的大学英语课程，她回校后积极行动，不但在自己的教学实践中改革创新，还将其扩展到全校，出版教材，担任教学督导，三年后晋升为教授。）

11. 报刊访谈：天道酬勤，事在人为（《21世纪英语教育周刊》2005年选摘）

当老师当出境界了

不知从什么时候开始，夏老师每到一个地方讲学或出差回来，总会提着个鼓鼓的行李包，里面装的全是自己掏钱买的纪念品，总惹得别人好奇地问："这么多纪念品，给谁的呀？"她总是乐呵呵地回答："给学生的。"

学生请老师吃饭大多是为了表达对老师的谢意。不过，在夏老师这儿，却是老师请学生吃饭。如此一来，大家就不懂了："图啥啊？""甭管，我乐！"夏老师笑言她这老师已当出境界了。

夏老师最喜欢做的事情就是和学生待在一块。对于新鲜事物和年轻人的玩意，她可从不拒绝，也一点不落伍。她跟学生学唱最新的流行歌曲，她跟学生不断地升级软件，采访过程中，只要一提起她的学生，她就眉飞色舞，兴致大起。采访一结束，她就迫不及待给我们展示她和学生共建的多媒体电子课件，还饶有兴趣地在一旁讲解。她经常对自己说要"Grow up with my students. Keep young physically, mentally and psychologically."

夏老师虽然已到了"知天命"的年龄，但总是神采奕奕，似乎浑身充满了活力。她把这让人羡慕的青春秘方归功于心态的年轻和她从学生身上采集到的"青春气"。所以，她经常对身边的同事说："你说，这老师和学生，究竟谁该感谢谁啊？"

天道酬勤，事在人为

夏老师不仅在生活上与时俱进，在教学上更是如此。她对自己专业的关注度和敏感度，可从没因为年龄的增长而减退。夏老师的课堂教学在中山大学是出了名的，她多次获得校级乃至省级的教学优秀成果奖。夏老师也因为教学特色鲜明、品种多样、方法创新而深受学生欢迎，在校园里获得"中山大学四大才女之一"的美称。

创新教学是夏老师一贯的追求。早在20世纪80年代，夏老师就已经把听力课上得像DJ在串场一样生动自然，充满趣味性。因此那种"放录音—对答案—重放重听"的听力课模式是最为夏老师所不齿的，"这样的活还用得着老师来做吗？随便找个人都能当了吧"。不过，这创新教学的背后，夏老师可不知付出了多少心血和努力。曾经有老师看完了夏老师的教学演示后说："您这演示可真动人，不过我回去可动不了。"那老师不好意思地补充道："我可不能像您那么玩命啊！"

夏老师最喜欢这样一句话：机遇像小偷，来的时候你是不知道的，走的时候你才知道损失惨重。她认为错失机遇一般有两种情况：一是没把握住，二是没本钱把握。为了不让自己错失机会，夏老师无疑时时刻刻都做好了最充分的准备。

每次有学术交流活动或是学习的机会，夏老师总要排除万难参加。只要是对自己专业有帮助的，她一定努力争取，如果领导不给钱，她就自己掏腰包；领导不帮忙调课，她自己想办法补课。现在只要香港有专业方面的会议，她都会想办法参加。每次学习对她来说都是大丰收，课程马上得到了及时的更新，因此她的课总是常教常新。夏老师每次在学校开完讲座，之后网站上关于讲座的相关信息的点击率总是最高。在夏老师看来，参加学术会议等活动是实现自己可持续发展的"长线投资"，在这方面，她可从来都不吝啬金钱和时间。

教学是享受，是历练

很多老师对是否已完成教学任务这个问题所给出的答复是已教完第几单元或第几课。对于这种回答，夏老师总要追问一句：人教会了吗？

教学在夏老师眼里是享受，是历练，是成长的过程。夏老师从事教师培训工作已经有好几年了，在给老师做培训的时候，她总要老师们回答这个问题："你们把教学看作职业还是事业？如果仅仅是当作工作的话，你们认为自己是教书匠还是教书棍？"夏老师给"教书棍"的定义是"混"，如果是"匠"还得有点"匠心"。她认为，如果把教师职业仅仅当作谋生的手段，那么那些老师只是在用嘴巴来教书，是体力劳动，是应付；如果能把教学当作崇高的事业来看待，那就得用心、用脑、用神、用魂，是创造性劳动，是一种享受——享受自己的导学，享受学生，享受学生的作品。她坚信教师是一份很高尚的职业，不可以用物质收入去衡量。如果作为一名教师不能如此看待这个问题，那么当老师将会是一种折磨。

夏老师从事大学英语教学 25 年。她认为大学英语老师不能光研究语言本身，还必须研究教语言和学语言，而且研究教语言必须是很微观的、classroom-based 的、关注人的。以 questioning 为例，课堂提问可以分成多少种？老师为什么要问这个问题？这个问题会问出什么东西来，能达到什么效果？实际上学生是怎样回应的，如果不能回应，原因是什么？所以，夏老师认为研究就应该是"小题大做"，但目前大学英语教学研究在国内缺乏导向和气候，导致很多该做的课题一直都没人做，或做得不好。

另外，在被要求给青年老师提点建议的时候，夏老师认为目前最可悲的是，有一些老师根本不知道自己应该往哪个方向发展。其实，"是骡子是马，拉出来遛遛"，你各样都去尝试一下就知道了。但有些人就是怎么都不肯试，有可能是因为怕丢脸，也可能是怕失败。如果老这样的话，人生一辈子很快就过去了。因此，最重要的是要先了解自己，而了解自己最好的办法就是去尝试。

英雄不问出处

回想自己这么多年来的成长历程，夏老师觉得自己最大的特点是"不甘示弱"。因为这个特点，她取得了不少成绩；也因为这个特点，她吃尽了苦头。

夏老师因历史原因导致教育背景不佳，一度被人轻视。人在遇到困难和压力的时候，一般会有两种结果：一种是在压力下妥协放弃；一种是化压力为动力，奋发图强。有人说："压力和困难像弹簧，你强它就弱。"无疑，夏老师在与困难和压力较劲时，选择了做强者。因此，她将承受的压力和困难转化成动力。别人越是看不起她，她就越奋发。终于，她取得了今天令人羡慕的成就。因而，她在今天总结自己的人生经历的时候很豁达、很感慨地说："感谢那些曾经轻视我的人！"

夏老师目前最大的心愿就是能出一本书，记录下自己的人生经历。因为她的经历在她那一代人当中很有代表性，她很希望以自己的人生经历去激励将来的年轻老师们。我在此祝愿夏老师的书早日问世，同时也希望能有更多的青年老师像我这样幸运，分享夏老师人生旅途上积累下来的宝贵经验。

12. 爱丁堡大学博士研究生访谈录·中国外语教师成长与发展轨迹叙事研究案例之一：资深教师代表

［孟玲：中山大学 2007 级硕士研究生、英国爱丁堡大学博士研究生（2015 年获得学位）；本文为该博士论文中的资深教师代表案例，2010 年访谈记录］

（1）您总是说您天生是当教师的料，也当了一辈子受人爱戴的好老师。请您谈谈影响您选择做教师的背景、经历和故事。

说起来话长，可以浓缩归纳的是：我经历了儿时梦想当大学老师，下乡被选拔为山区小学老师，上大学选择读师范，毕业后自愿当老师，在大学任教并享受当老师的教师人生。

先从我的家庭背景说起。我出生在大学教师家庭，在大学校园里长大。小的时候，所有接触到的人基本上都是大学教师，而且都是非常精英的大学教师。跟父母出门的时候，常常被教授邻居拍我的头、摸我的脸，说我是爸爸的掌上明珠。中国古话有孟母择邻处。我刚好那么幸运，不用迁也不用择，天生给了我这么一个好环境。邻居们不是留洋海归，就是毕业于西南联大的优秀的知识分子。那个时候，国家给他们这样的高级知识分子优厚的待遇。他们心情舒畅，谈吐优雅，作为邻居，即使是唠家常也有潜移默化的功效。所以，实际上，我成长的童年是金色的，是养尊处优的，所处的是知识分子熏染的环境。

环境造人。我从小就有选择当老师的梦想。记得在小学五年级时，老师要我们写一篇作文，题目是"我的梦想"。我就写了我要像爸爸妈妈一样当大学教授，但那个时候是无意识的、朦胧的憧憬。但是，童年梦想是刻骨铭心的。

当然，这个选择后来是有过变化的。中学时，我发现自己有学外语的天赋。我开始改我的梦想选择了，我想读北京外交学院或者国际关系学院或者外国语大学，以后当外交官。

史无前例的"文化大革命"打碎了我的梦。我上山下乡去了。1968年，我在海南岛五指山林战天斗地，开始了不属于自己的青春生活。

　　幸运的是，我很快就被所在农场连队的老工人选拔为小学老师。这是和我的个性与努力分不开的。我虚心接受工人阶级的再教育，脱胎换骨，重新做人。我从工地劳作回来还热心地帮助产妇家挑水，帮助有困难的人家做家务，获得群众的好评。他们还发现我会唱歌跳舞，会拉琴，还会编快板书，所以就选择了我当小学老师，培养他们的孩子。于是，我18岁就开始从教了。回想起来，我认为这是天意。This is my fate, I turn out to be, I prove to be a born teacher. 我当了两年小学老师（1969年1月—1971年年底），在很穷困的山区，在海南岛农场生产队，在茅棚课室里，同时教两个年级的基础课（语文、算术、体育、音乐）。那个时候，我工作量很大，嗓子都喊哑了，发不出声音，曾经一度感觉很悲哀，以为再也不能唱歌了。幸亏，通过服用中草药痊愈了。那段时光真是很苦，但是也很快乐。

　　1972年，国家开始选拔工农兵上大学。我马上找了一个当地的大学毕业生林维刚辅导了化学，结果我的化学竟然考了110分。我1973年参加了考试而且成绩相当好就被录取了。当时，全国来招生的学校，很多都是理工科和医科。我知道我自己理工科基础又差又弱，这些学科我读不了，也读不好。我想我还是读外语吧。当时外语专业招生的只有中山大学、北京外国语学院和华南师范学院。当时我父亲还是被打倒的走资派，中山大学招生负责人拒绝录取我，北京外国语大学的名额被一名北京知青抢去了，那我只好报华南师范学院了。

　　说起来又有故事了。我原来在广东广雅中学是学俄语的，我招生考试口语的时候还是用俄语考的。我真的是没有正式学过英语，是从23岁零起点学起，也算是奇迹。

　　读了师范，又是跟老师有关。但是我这个一波不知道多少折了。本来最后一年学校都让我当实习助教了，就在自己本院本系带新生，当时已经有这种实验班了。没想到节外生枝，说起来又是与国家历史背景有关。"文化大革命"后期，高校办学要不就是军宣队进校，要不就是工宣队进校，声言要改造知识分子。工宣队是从企业的工人队伍中选派来的代表。在我当实验班助教期间，有一个工宣队队员其实根本不是真正的工人阶级，她是一个高干的女儿。她自己没有机会读大学，却以工人阶级的身份来进驻大学。她对我这种知识分子的孩子有一种发自内心的嫉妒，所以她在外语系领导小组讨论的时候一票否决了其他所有赞成我留校任教的票。她的理由是臭知识分子的孩子不能够留在大学里面。留在大学里面的人必须是"红五类"后代。所以当时留校不论学习，只看出身。就是她这一票否决，我只得依照当时从哪里来、回哪里去的大学毕业分配政策回海南岛农场去了。

人生处处是课堂——我的课堂人生缩影

　　回到农场报到没几天，我就被调到农场所在的白沙县主管农场工作的县委副书记身边当秘书。虽然领导和他的团队都挺关照我的，但是我又一次理智了，我坚决要求去教书。很多人不理解，教书不但穷，而且既没有权，又没有势。以前孔子也不过如此，当老师从来就是这样穷的。明知这样，我偏要放弃县级机关公务员，去五指山的一个大深山沟里面的干校教书，为什么？我想要离农垦局近一点，因为我正在办手续调回广州。我毕业的华南师范学院新任领导班子在恢复高考制度走上办学正轨后决定调一些优秀的毕业生回校任教，我荣幸地被列入名单，但当时农垦局人事部门领导不肯放人。我所在的白沙县距离位于彝族自治州的通扎农垦局很远，去一趟要早上6点钟坐一天才一个班次的长途大巴，翻山越岭，到了那里已经是下午三点，多远的路呀，而且路途艰险，全程几乎都在云雾中行驶。我情愿到五指山区最深的山里面去教书，为今后当大学教师做实质准备。当时所有通什农垦局管辖内的农场老师需要培训的都送到这里来，我就在那里当培训师，也过得很开心，因为大家都很尊重我。我又开始了我的教师生涯。可以说，就从那个时候开始，我真正把教学当作自己终身的、钟爱的职业。在我的那些学生给我写的赞美诗里，有的把我比作茉莉花，芳香又美丽，富有人格魅力，夸得我心里美滋滋的。我现在很想找回那个笔记本，不知放在哪了。在深山教书期间，我努力地看书，用心地教书，同时积极地促成办理回城手续。我在那里当培训师大概有半年时间。我承诺给农垦局培养大概100个英语骨干教师。当时的生活非常的艰苦，我们跑到厨房里面讨要蒜头，用它下饭。因为菜很稀缺，蒜头很呛很辣，咬一口马上就扒几口饭。后来，回城又遇到问题了。回原来毕业的大学任教，农垦局不批。我母亲当时59岁，决定退休，把位置让给我。我以家庭原因申请调动，再加上我执着地坚持，才终于如愿以偿。

　　从1979年调入中山大学到今天，我没有离开过这个岗位，但是也有过一次三心二意。1990年，我从英国学习回来，外资大品牌企业开始进入中国市场，正在寻找中国的精英人才做中国总代理的时候，美国的雅芳公司招募，我有点儿心动。我就去应聘，想试试。没想到那个外籍面试官给予我高度的评价。她说你这个人才太难找了，还承诺给最高级别工资的下一级，只要录用以后，第二年就给最高的那级工资，成为中国总代理，要求马上签合同。当时的政策是如果要进外资企业，你必须放弃你现在的国资单位，把你的档案放到街道，变成一个无业游民，你才能够被外企录用。中山大学是名牌大学，我当时是老讲师，马上就要升副教授了，又是教研室主任。我要辞掉它，变成街道的游民，这条我心里受不了，缺乏职业身份认同感。回想起来，可能有个上帝在 watch me, direct me，使我后来能够做教师做到今天"大姐大"的地位。这不是我说的，是别人说的；但我承认，在大学英语教学这个行业，我是"大姐"级了。关于选择当教师，说了这么长的故事。

（2）您为什么能够坚持做大学公共英语教师？不觉得低人一等吗？

这个又有故事了。中华人民共和国成立之前和之后一段时间，只有走文学路的人才是教英语专业的。英语专业一定是文学专业，定路定得很清楚。除非你是研究莎士比亚、狄更斯、海明威，你才会教英语专业的。其他尽管外语功底好的老师也都是教公共英语的。20世纪改革开放初期的高校，百废待兴，外语系把语言基础优异的人放在英语专业队伍，把俄转英的或英语基础相对弱些的人放在公共英语课，形成一个格局，好像英语好的人才是教英语专业的，那些没有留过洋或者不是英语专业高学历的就不能教英语专业。就我当时的学历，我是有自知之明的。后来发现我的选择还是对的。因为我教大学公共英语，我做得很认真，做得很安心，做得很投入。恰恰是人家不屑一顾的这么一个岗位，我却把它做出彩了。我在全国出名不是凭骄人的学历，我是凭自强不息的精神态度与拼搏出来的实力。我一直到今天还在教本科新生，我从来没有看不起我自己，我从来没有看不起公共英语。事实上，我认为全国高校外语界做得最精彩的是"大学英语"这个领域，改革创新走得比较快、比较前、涉及面比较广。所以，我无怨无悔，我觉得我很适合教公共课，合适才是最好的。

（3）回顾您的整个教学生涯，是否还记得才开始当老师时的经历是怎么样的？有没有造福您的人和难忘的事？

我当老师的早期有三个阶段。第一个阶段就是刚满18岁被选拔为小学老师。我都不知道怎么去定义"教师"的角色和功能，因为是特殊的时代、特殊的环境，那时有的只是对得到"教师"岗位的幸运感。因为我是在整批知青群体里被选拔出来当老师的，相比野外暴晒和繁重的体力劳动，能够在茅草房内跟孩童学知识，那是好幸福的事情呀，所以我很珍惜这种机会，全身心地投入进去。当时也没有什么教学法，遇到调皮捣蛋的男孩子、愚钝笨拙的女孩子，真不知道怎么办。有的女孩子很简单的加减法都不会，掰手指头也数不清楚。有的男孩子学习不聪明，捣乱很高明，上课钻进我的破讲台里面不出来，在里面做鬼动作，让你连课都没法上。我想把他拽出来吧，他又抱着桌子腿，拽也拽不动；就算能硬拽出来，也怕会把他拖伤。其他捣蛋的像躲猫猫一样，满课室地跑，我就满课室地去追，弄得我天天像抓猴子一样。我觉得我那段时间简直是超人，因为我完全没法上课。有几个女孩子不会算数时，眼泪汪汪地看着你，你讲什么她也没听进去，怎么教都教不会。跟我一起合作的有一个只有小学文化程度的老教师陈继芬。她对我的影响很大。她很聪明，是我的师傅。我虽然教育水平比她高，但是教学经验没有她多。她会用一些很简单的办法，把这些学生教会。她教语文和数学都非常简单朴素，教具是她自己发明的、可以利用的东西。我负责的两个班怎么同时串场呢？就是在这个课室和那个课室之间的泥巴墙掏个洞，我这边上课的时候，那边就做作业。我一边上课，一边透过那个洞看着另外那个班。所以，我能够同时做几件事情就是那时练出来的吧。

第二阶段就是我在华南师范学院读书期间。临毕业前，我被选拔为当时低年级实验班的辅导老师，已经被列入留校助教名单。那段时间，我跟同学们答答疑、解解惑、讲讲学习方法，跟他们一起开展社会活动，虽然算不上真正的教师，但是我已经把自己放入大学教师的队伍中去了。毕业时，我因特殊原因而离开了华南师范学院回到海南。有件事必须提一下。在改革开放一开始的时候，华南师范学院的新任校长就发出了外语系调回三个人的调令，我就是其中之一。但是，当时农垦局说我是被国家分配到这里的，你们凭什么现在又要调她回去？因此没有调成。

第三阶段就是我师范毕业后主动放弃机关公务员的职位，要求调到五指山山区干校，当了一个学期的教师培训师。在那段日子里，我开始享受到被成人学生尊敬、爱戴、崇拜、感恩的滋味。

我觉得自己在教师成才的路上有过很多隐形的翅膀，遇到过很多的恩人。这些人对我的点点滴滴永远在我的记忆之中。我对他们本人公开当面表示谢意也好，不表示也好，他们都藏在我的心里。我这辈子要感谢的恩师就是对我的教学有成功的影响作用的老师。尽管他们自己并无意识，但我却铭刻在心。我对那些阻挠过我、加害于我的人、给我造成前进障碍的人，也当作一种"恩"，回过头来把人家的伤害作为实际上的利来看。你想一下，水遇到了石头挡它的时候，它就蹦得更高。所以，你说要谢谢这个石头呢？还是要搬走这个石头呢？磐石呀，你根本搬不走，你要么越过它，冲击出反弹力量；要么绕过它，多走点弯路。总之不放弃，还是会到达终点的。

成功当老师，我首先要感谢的是我的妈妈。她从小就对我悉心指导，用她的智慧、学识和经验，栽培我，引导我。这种教育包括思想、学术、写作、数学、外语、阅读、翻译等。她真是我的贤母、良师、益友。等我回中山大学任教，我妈妈就指定我听好老师的课，好在这几个人也挺给面子的，也愿意让我去听。一般情况下，有些老师是不让随便听课的，怕你找他的毛病。我听了两三个老师的课。他们都是受过良好教育的，基本功特别好，教学态度很认真、很敬业。记得一个是汪德文老师的课。还有一个好老师来自中文系，我在读"助教进修班"的时候，有一门世界文学课。吴文辉教授神采飞扬地把世界经典文学故事全吞在肚里，然后绘声绘色地讲，每次听他讲课都是一种享受。我还听了时任外语系主任方淑珍教授的课，很有意思。然后就是王宗炎教授了。他主持的国家"七五规划"项目是搞应用语言学词典，我荣幸地成为项目组成员，参加部分条文的编译，从中跟他学了很多东西。平时，我写了论文交给他审读，我自己先后修改过20遍了，认为是最好的版本才拿给他看。王老师严谨认真，不厌其烦地给我批改和指点，我又回去再改10遍。最后将定稿与第一稿比较，真的是大不相同了。原来的初稿写得很散，经过王老调教后的终稿眉目清楚。这真是名师一对一的辅导。在学术上指导过我的高人还有中山大学外语系的高铭元教授，他也是新中国成立前培养的精英一族。他对名家散文解读得非常透彻，很有水平。20世纪80年代初期，我在中山大学和教育部联合举办的"助教进修班"得到众多的名师大师的授课指教。这些都是对我的一种重要补课，同时，我也受到了他们的治学精神、治学态度、学术水平的耳濡目染与培育熏陶。

几乎与进修同步，我当了教研室主任，其中一个任务就是要去听课。听课本来是我去观察评价，但我是把它当作一个可以博采众长的机会，我专听上课上得好的老师的课，自觉、主动、有意识地把握无数次学习的机会。我觉得当老师还是主观因素起决定作用的，同样的环境、同样的轨迹，结果却很不一样。我知道我缺什么，我就补什么。我拼命从时间海绵、环境海绵、人才海绵里面去吸水。性格决定一切，人生态度决定一切，处事方式也是决定因素。peer learning 非常重要。我还善于在同伴中找到 mentor。有时候我还去听年轻人的课。我的成长一直在博采众长，一直在"偷师"。人家讲得好，我马上记下来，回去就试。当然这个好的标准开始是朦胧的。只是感觉好，看着班的环境气氛好。后来我就有自己的创新了。我有一个摸索、观摩、学习、偷师、借鉴、求教、思考的过程，这些都是必需的过程，只不过这些全部都是主动的，没有人逼我或要求我这样做。主观是前提，当我有了一定的积淀了，我就会产生我自己的、独特的、创新的、开拓的、乐在其中的模式，我每做成一个新的成果，都有点激动。有时候我自己讲着讲着就哈哈大笑起来，学生看着我也一起笑起来。这就是感染力吧。

我的学历不高，没有正规学位。在大学任教的头十年，我生怕别人看不起自己，所以特别努力奋进。首先在教学上要站得住脚。我的课很受学生欢迎，还获得多次教学质量优秀奖。面对压力这种副刺激，应对的人会有两种，一种就是破罐破摔，反正你看不起我，我就这样子了，你能怎么样？另一种就是反弹。我偏要做好给你看，我偏要证明我不是你认为的那种垃圾。我就是后者。我申报晋升教授职称的时候，因为有很多复杂的因素，特别是有历史的遗留问题，"文化大革命"耽误了好几届，四五十岁还在等候每年有限度的晋升名额，所以要论资排辈地排队。对我这个当时的"后生"，领导不想让我"插队"，就在我的晋升条件上设障。我开始申请的时候有不少出版的教材，领导说教材不算成果，需要项目，于是，我就去申请项目。等我成功立项了，领导又说要论文，于是我就去写论文、发论文。就这样缺什么，补什么。尽管多次名落孙山，每次落选都颇受打击；然而，就在我这一段努力奋进期间，我在全国出名了，因为我在核心期刊连续发表了多篇论文。这些论文的影响力之大我是万万没有想到的。回头想想，真是要感谢压制你的人。

（4）您还记不记得初上大学讲台时的情景？紧张吗？

我1979年5月回中山大学报到上岗，被安排在哲学系1978级试讲。当时的外语系副主任陈珍广教授，公共英语教研室主任郑昌珏教授，还有一些老教师都参与听课评价。我之前做足了功课，选择观摩几个教学优秀的、经验丰富的、知识渊博的老教师的课。我先对大学的英语课有初步基本的了解，再认真备课。当时用的是许国璋主编的英语教材，我在海南岛做教师培训也用这个教材。结果，试讲获得通过。接着秋季开学，我就担纲1979级历史系的英语课程。20年后，那班同学回校聚会还邀请我参加他们的活动。

关于上课是否紧张，我就算是到了今天已经成名成家了，还是会紧张。但是这个紧张已经不再是以前那种没有底气的紧张，我现在是属于那种精益求精、追求出彩造成的认真，就是怕效果没有达到我所期望的。我从来都是台上一分钟、台下十年功的那种人。我5分钟的公开演讲要准备三个星期。以往好几次中山大学的开学和毕业典礼请我做唯一的教师代表发言的时候，我都会非常认真地去准备，如查阅资料，旁征博引，找出最有时代元素的、最好听的东西，争取在5分钟内把精华释放出来。这个可以说是紧张，也可以说是认真。年轻的时候更是如此。毫不夸张地说，我整个寒暑假都用来备课，把教材备到自己非常得意、内容非常充实、分析非常透彻为止。教科书的页面写满了注释，教案上也写满了例句，走上讲台之前还要演练无数遍，直到满意为止。随后几年，我的教案不断更新充实，每年都有不一样的讲法。这样上课既不重复枯燥，又扩充知识，边教边学，保持新鲜感和教学激情。这里我要提到一次经历。我当教研室主任后，有一次去听一个应届毕业留校任教的新手老师的课。9点半上课，他9点钟才出现在教师休息室，在那里拿起那本干干净净的教材随便翻一翻。我暗暗吃了一惊，真是艺高人胆大呀。我想我教学从来不敢怠慢，没有备足了教材哪敢走进教室。这位仁兄才提前半个小时看一眼教材就进去上课了，也太不负责任了。果不其然，这个年轻人很快就跳槽转行了，留校只是为了要个广州户口而已。之前我跟你提过的方淑珍教授，她就跟我们青年教师说过。她说："你们别看我这把年纪和这种资历，跟你们讲课我讲得那么潇洒、讲得那么好听，我是很认真备课才有这样的效果。"所以，我觉得紧张是一种追求完美的认真。我非常喜欢上课。我一听到要上课就特兴奋。就算是我上课之前遇到什么不开心的事情，但是我一走进课室，就会像什么事都没有一样。我一见到学生就开心。一走进课堂，我就能进入状态，有了课前的紧张，换来的是课上的潇洒。

（5）您在开始教大学英语的时候，主要采用什么样的方法？为什么受到学生的欢迎？

我认为不论使用什么教学方法，首先是爱，我在南粤优秀教师颁奖大会上发言的中心大意就是"爱，使我的教学生涯变得精彩"。这个爱说的是爱事业、爱学生、爱课堂，爱得如痴如醉。关键是这个爱被学生接收到了。我 1979 年五月份调入中山大学之前刚刚结束农垦师范的教学。学生为我写了很多赞美的诗歌，直到今天已经 30 多年了，我回了海南一次，当年的那些学生还记得我，奔走相告，纷纷来见我。他们现在的样子我都认不出是谁了。他们提起当年就说，你这种爱，我们从你的态度、你的眼神、你的讲课都能接收到。我觉得我还有一个性格优势，就是言语生动，绘声绘色。这和我的家庭成长环境有关。我家的饭桌也是课堂。我们吃饭的时候，我父母亲就像给我们上课一样，内容学贯中西、博采众长、引经据典、信手拈来，而且讲话的方式就是引人入胜、引发互动和思考的。其实，我那个时候就被那些话语方式潜移默化了，到我当老师的时候就自然流露释放出来。我相信这是我的课受学生欢迎的重要原因之一吧。我那种感染力、影响力、跟同学们的眼神交流、情感上产生的互动是看不见的，但确实是存在的。那个时候，还谈不上教学方法成派系，想不到有什么理论支撑。为什么我说我是一个 born teacher，我的基因里具备了成为老师的气质、素质、基本要素。因为被一个学生接受，那不能算是好老师；大多数学生都接受你，每一届每个班的学生都喜欢，当然就是公认的好老师。我 1979 年上岗，1980 年就评上了全校的教学优秀质量奖。作为女教师，从怀孕到临产前，从产假 30 天一满的第二天，我一直都在课堂上。我和学生相处得都很好，学生毕业 20 年返校的时候请我参加聚会，很少有校友返校请公共课老师的。

（6）如果说您的教学初期是以教学风格取胜，那您是什么时候开始形成自己的教学方法体系或教学理念框架的？是如何形成的？

1986 年，缘于偶然的机遇，我去了美国南加州大学（USC）。这是美国私立大学中的老校。那是 5 周的暑期培训，跨两个学院，一个是教育学院，一个是英文系。那次就有一个直接接触西方的、发达国家的高等教育和英语教学的启蒙机会。我们还参观了一些 community college，secondary school，参加了一些 social activities 和 educational fieldwork。那一年正好是我刚刚结束中山大学与教育部合办的"助教进修班"（也等同于在职研究生班）的学习，正好国内外进修对接。我先在国内补了基础课，然后到 English native speaking country 开眼界，我觉得这是天意安排。回国之后，我开始在自己的教学中融入西方元素。到了 1990 年，我又有一次机会去了英国的 Glasgow University，是有 500 年历史的老校，又是跨两个系，一个是 English Department，一个是 Higher Education Department，做 exchange scholar，待了一个学期。那一次我选听了一些课，申报了读高等教育的博士，系主任是学校的 senator，亲自给我写递交学校学术委员会的 recommendation 被 unconditional accepted。但是，我因为时间节点不对，已经错过了奖学金的申请时间。那个时候又没有任何的经济来源，我的小孩又很小，是刚上小学的关键期。就这样，我错过了一次读博的机会。但是，那次留英又让我直接接触了英国的教育。1995 年，我因为从 1993 年起担任教育部和剑桥大学考试部 UCLES 在中国联合推行的《商务英语证书》BEC 口试考官 Oral examiner 华南区考官队长 team leader 和培训师 OE trainer，幸运地被 British Council 华南办选拔到英国牛津大学暑期"世界英语教师培训班"（我是中国内地的唯一代表），随后又到剑桥大学参加"BEC teaching and testing"亚洲区口试考官培训班（中国内地代表来自北京、南京、杭州、广州、深圳各一人）。两个培训都是国际外语界顶级水平，都成为我事业进程中的转折点和里程碑。牛津大学暑期"世界英语教师培训班"请来的那些专家简直是太棒了，都是国际外语界的名家大腕，讲学的内容和方法有学术高度，也接地气，有理论，有技能，我特别受益。我记忆犹新的牛津大学暑期"世界英语教师培训班"中有一场讲座是关于阅读的。专家一开始就提出这样的问题：what is reading? 我一下子就震惊不已，因为我从来没有想过这个问题，尽管国内特别重视阅读教学，几乎是"以读为本"。专家从理念上、理论上、心理学上、认知学上、语言学上、交际学上讲什么是阅读。我边听边反思，觉得我们之前教阅读完全是在混沌期当中，只是自以为是地乱教。其实到现在还有不少教师在不科学地教阅读。我现在搞教师培训经常强化"阅读是交际行为而不仅仅是接受知识和信息与理解内容的行为"，已不是一贯以为的"接收书面信息的技能"那么简单的。牛津大学暑期"世界英语教师培训班"因为是在世界范围内开展的，所以出版商推介教材很活跃。与培训课程相匹配的世界权威出版社依据最新教育理念出版的精华教材，一边做展销陈列，一边供评价分析，加上专家指导应用，简直是绝配，非常实惠，收获超多。那一次，我还成了国际著名的外语教材研究专家 Brian Tomlinson 的粉丝。他也录取我做他的硕博连读的研究生，但后来也是因为资金的原因，没能读成。但我回国后，在教材建设和研究方面可持续发展。首先，我写了一系列文章分析评价牛津大学出版社与剑桥大学出版社的英语 ELT 教材。我归纳了五个特征，即 features, rationales, activities, creativity, modern conceptions。牛津大学的培训班结束后，我接着就去剑桥大学培训。在那里，两个主导培训师，一个教 testing，另一个教 teaching。又是很让人震撼的"洗脑"，所有关于语言测试、语言教学、语言教学研究、语言教材建设（包括设计与应用）都是深入浅出的、理论结合实践的。3 个月天天上课，我觉得自己就像在教材海洋和新知识、新信息、新技术的海洋里淘宝淘金。我对教材和教法的理念、设计、评价标准特别感兴趣，领悟较有深度。剑桥大学的培训结束时，导师要求每个学员对课程做总结陈述。我的陈述得到导师的最高评价。对此，有些小插曲要提一下。剑桥大学的培训我们中国内地去了 5 个人，我年纪最大。那是 1995 年，大部人是第一次学用电脑，第一次启用 e-mail。而我是比较追求创新的人，1990 年我已经用电脑输入出版了我的处女作《运用英语的技巧》(中山大学出版社1992年版)。当我们在电脑上各自准备课程总结时,虽然年轻同学有年龄优势,上手快,他们是名校英语专业毕业的,基础好,但是,当我上场做 presentation 的时候,我出其不意地露了一手,有理论、有技术、有功底、有独特的收获总结。其中,我还画了图。这是一个小插曲。我画图的时候把我的构思告诉了教 testing 的那个导师,就是运用简笔绘制考试人和应试人的关系。她听了很兴奋,连声说"你真把我的讲课内容吃透了"。然后,她就和我坐在一起画,呈现和阐释 testers and testees 的 relationship 不是 fighting,是 sit together and help each other and diagnosis。当时是画在那种 transparent 的透明胶纸上,用投影打出来。对 teaching 的 presentation,我归纳了 five-ings:stimulating, motivating, activating, facilitating, and last but not least,enabling. Make others able to use the language as a tool for real communication. 两个导师评价说,"太棒了,已经不知道用什么词来形容你的 presentation 了"。我从中受到了极大的鼓舞,有了充分的自信,开始实践理论化。1995年绝对是我的 turning point,milestone。顺便一提,我在夏秋两季培训回国后,发表了《到牛津问津,到剑桥探桥,世界名校风姿录》。我把这两个学校的历史浓缩成2万字的散文报道,发表后在教育界反响很大。1998年,我又幸运地被邀请去香港中文大学合作研究教材。邀请人孔宪辉博士成了我学术发展道路上的第七个"重要他人"。在他的精心指导下,我充分利用那里的图书资料,广泛听高水平教育讲座,抓紧时间将1995年以来的认知积累撰写成书,出版了《现代外语课程设计理论与实践》(上海外语教育出版社2003年版)。这一年又是我的专业发展历程中一个 further turning point。这一年是更具实质性的。因为在香港中文大学的3个月里,我完完全全沉浸在文献之中,老老实实地看书,每周和孔宪辉博士约见一次,谈我看了什么书,我准备怎么用这些材料。他像博士生导师一样帮我理性梳理。相比较而言,牛津大学的培训与剑桥大学的培训是感性的冲击,或是理性的初阶;这次香港中文大学合作研究是理性的升华。我在香港中文大学期间集中快速浏览了20世纪90年代后期世界各地出版的教育设计专题著作;看完以后又有这么一个大师帮我去梳理,所以我就掌握了写论文的逻辑思维、框架的搭建。我这个人比较善于找材料,也比较善于利用环境和资源。我在那里除了跟这个导师以外,还利用他所在的系和学校,听了很多大师的讲座。我记得美国来了一个教育大师讲 problem-based learning。我听完以后也是很震惊。再看外语界的文献,发现有 TBL,我就发了一篇文章论述 PBL 与 TBL 的异曲同工之处,那就是我最早的核心期刊论文了,在国内引起轰动。可以说,我对教育理念是真的很深化了,深到骨髓里。1997年我应邀去 Coventry University,体验了他们的 Open Day。回顾一下,1995年以后,我开始业绩显著,不断在核心期刊上发论文。我1999年评上教授。从1998年开始,我被选拔在教育部搞全国的教师培训。

从此，在这个领域，我越做越入门。我一边做教师培训师，一边也从听别的专家的讲学里面受益匪浅。我很喜欢跨界思维、触类旁通，我经常听中山大学的优秀文化讲座，还有各个学院从国际上请来的社会学、心理学、教育学、历史学、人类学、哲学大师的讲座。liberal arts 和 humanity 领域的讲座我都去听。我听他们的讲座就同时迁移到我自己的领域。我在写东西的时候，就可以旁征博引，思维很宽阔，所以讲的东西有可听性，受众率高。如果你不是有心人，没有把以上讲的当作机会，没有及时把握，没有马上用到自己的行动上，都会浪费就在身边的资源。我觉得教师的成长第一要主动发现、寻找、捕捉、把握、利用，然后及时高效地运用各种机会、人脉、资源。当然，这个跟性格、态度、方式等等息息相关。

（7）是什么使您敢于将这些新的理念运用于您的教学实践中？

我属虎，是虎性子。天生的性格就是不知道怕。只要我喜欢，我就往那里冲，我就去做。牛津大学出版社、剑桥大学出版社在中国的教材培训，我利用了。那些培训都是非常 technical 的，里面的很多 activities，techniques 都是有形的，拿来用就是了。我又很喜欢创新，喜欢设计。我看到别人设计的活动，我会想到把它再改造，因地制宜变成我的。这就是教育原理刺激—反应，我对刺激有即时反应和快速反应。这就已经是最成功的第一步了。我学习了理论，会内化成为我的东西，internalized。我看到了符合理念的活动，我被刺激出相应的反应。我非常勤奋，又有良好的基因，还掌握了适当的方法，充分研习、内化、吸收、积累、储备，善于利用，也善于改造、设计、创新。这些都是我的优势。

（8）您采用交际教学法以后是如何管理课堂的？

我从1995年那个 turning point 和1998年那个 further turning point 之后就真的开始在我的课堂里面实施交际教学法了，而且我一实施就是很到位的。因为吃透了理念原则，有实践、有反思、有反馈、有总结、有归纳、有提炼。我不会瞎做一会儿，不好就算了。有些老师就是这样，道理也懂了，交际教学法也做了，但是总是抱怨做不来、做不通，责怪学生不配合，也就放弃了。我认为做不通的原因是没有研究，没有找出规律，所以不做研究的事情一定做不好。教学研究也是学术研究。

（9）您在什么时候开始做研究和参加学术活动的？

第一，还是受到父母的影响，我妈妈是无事不研究的，包括门铃坏了，她也会去研究原理，这也是一种研究态度和精神。父母还有一个研究态度就是考证，不能够自以为是。你说一个成语，父母就会追问这个成语的典故是什么，怎么来的。又比如说到一个历史事件，他们又会追问这个历史事件的时间、地点、背景、人物，你要准确地回答。他们自己都是身体力行的。我爸爸80多岁的时候和博士生开会，突然问他们"博士"的"博"字有一点还是没有一点，把全场都问得愣住了。他用这个例子就是想说要严谨。到底有没有那一点，你回答不出来就说明我们平常就是随随便便的。第二，做学问的精神态度也是天生的。我也很喜欢思考，思想就没有停过转的。我看云彩、看太阳都会联想的，你说这是不是研究？我说这是最起码的、最基本的一个探究精神。我会去端详它，去思考这个云为什么会形成这个形状，这个天文、地理怎么那么神奇。科学精神就是一种儿童精神。我天生具备一种科学精神。然后就是兴趣。成功的人的因素都是一样的，有兴趣、有精神，态度上认真、严谨。还有赖于我的性格，我特别好胜、不服输。我有这种内心的驱动。你给我一个平台，我给你一个精彩。以前身处逆境，连平台都没有，我都拿出一个精彩来。没有平台，我就搭建一个平台。从无到有，没有条件，创造条件，那才更是本事。这些都是我做研究最基本的素质。人文科学探究心灵世界、精神世界，但是自然科学里面具备的一些素质都是一样的。自然科学、自然界里面的一些东西也会触发我们对人的内心、思想、灵魂的一些联想。因为我们是做老师的，我们的教学对象是人，我们的研究对象当然应该是人。有时候就会和语言学的专家发生分歧，他们研究的是语言本体，我研究的是学语言和教语言的人。所以，教学研究始终是我的一个至爱，我就是面对活生生的课堂里面发生的事情。由于我们应对的人是课堂里的人，是学习中的人、教育中的人，是变数和动态中的人，很多有意思的东西可以研究。科研的过程很艰苦，也有很多困惑，有过挣扎，有过痛苦，但更多的是努力、改善和解惑。首先是选研究方向的问题。我们这个领域可以做5种方向的研究，即文学、语言学（理论语言学和应用语言学）、翻译学、外语教育学的研究。我就选择做外语教育学。这与我在美国和英国进修都是跨教育学和英语两个专业有关，也与我对教学有浓厚兴趣有关。关于教学法，从大法到小法有5个专有词：methodology（教学论）、approach（教学模式法）、method（教学方法）、technique（教学技能法）、skill（教学实操法）。不理解我们搞教学法研究的人就以为我们只在做 method 和 technique，所以被认为上不上档次，这其实是误解。做研究，选定方向后就是选方法的问题，我比较倾向教育学质化研究范式。

（10）您的研究对您的教学产生了哪些影响？

影响很大。这种影响既有形，也无形；既显性，也隐性；既表层，也深层；全方位体现。特别是经验的升华，我把它叫作理论实践化、实践理论化。这个还是跟那次在英国牛津大学和剑桥大学的培训很有关系的。看英国权威 ELT 杂志给我一个最重要的启示，无论你的教学如何精彩，你都要能够说得出你应用的教育理念和原则 rationales underneath，不是纯经验性的东西。我的教学就是朝这个方向努力，我的教学研究也是朝这个方向努力。我的课程设计、模式设计、活动设计、教法设计、考法设计、评价标准设计等都是有科学依据的。我的教师培训讲座也是有理论、有实践的，尽管做文学和语言学的专家学者可能不会把我的研究当作学术性的，但我坚信自己是在做学术、在做研究，是国际教育界认同和倡导的"扎根研究"（grounded research）、实践研究（practical research）、教师的研究（teacher's research/practitioner's research）、行动研究（action research）、叙事研究（educational narratives）。我的研究不但影响了自己，帮助了学生，还影响了同行同事。教师的领导力指的就是专业影响力。我从事教师培训，这个方面影响大了。我在全国培训了十年，影响了大中小学教师过万人。既然有受众，这个东西就不能说无价值。中国知网上，我的论文下载率和引用率还是相当不错的。

（11）您是如何处理教学与科研的关系的？

我始终认为教研是相依、相宜、相益的，是互利双赢的。只教不研只是教书匠，只研不教只是学者，又教又研才是教育者，会教会研才能当教授。研究来自教学、服务教学、支撑教学、提升教学，要善于发现教学中的问题，把教学中的问题变为研究课题。教学和科研其实是完全可以同步的，这就需要留心、用心、费心，要舍得花时间、动脑筋、投精力于阅读、写作、尝试。

（12）在整个教学生涯中，有哪些感觉最幸福的重要时刻？

除了以上提到的进修成为人生转折点和里程碑是幸福的，还有就是发表成果和获奖的时候，接受学术组织聘任的时候，被全国很多大学聘任为客座教授的时候，被邀请到教育部做巡回演讲或视频演讲专家的时候，被学术会议选定为主题发言人的时候，被邀请做多种形式和多层级多专题的教师培训的时候，被选拔为国家级的教学指导委员会成员职位的时候。当然，平时最直接、最经常、最幸福的是学生取得成就的时候。学生对我的评教、反馈的心声、节日的贺卡、工作后的来信、毕业后仍然保持的友谊和联系、学生之间对我的口碑等等都是我幸福的源泉。据说在中山大学，报名选修我的公共课的学生多达几千人，校园流传着"在中山大学没有上过夏纪梅老师的课是遗憾"这样的话。这些都带给我幸福感、成功感、自豪感。出了名之后，还有电视台的采访、优秀文化讲座的邀请，应邀讲学的足迹遍及全国。这些点点滴滴都是一种社会认同、行业认同、职业身份认同，更是我的 identity 的优秀形象的体现。

（13）课堂上有哪些美好回忆？

太多了。美好回忆包括教差生和教优生两个极端的经历。记得1987和1988这两届历史系和中文系的学生多数来自农村，英语基础比较差。1986年全国开始四六级考试，这两届学生面临挑战。我先担任历史系的公共英语教学，连续教两年四个学期。结果，他们四级考试全班冲到全校排名第二。他们系主任对我简直是感恩戴德，评价极高，说我是神人。随后在中文系任课也是同样的情况，进校的时候，这个系的学生英语的总体排名末位。经过我教了四个学期以后，四级考试也是冲到全校第二名。这两次打了辉煌胜仗，用了很多心思。首先我对学生有爱且充分表现，他们觉得我没有因为他们英语基础不好而嫌弃他们。再加上教学和辅导的方法到位，他们的努力跟上，形成"合力"。有的老师总是认为自己教学很认真、很负责、很严格，就是学生不争气、不领情。我认为一定要走出这个误区。严有余而鼓励不足，恨铁不成钢会表现出来，学生就没有自信心了。还有更多美好的记忆来自优生的教学。自从实施分级教学，那些高起点班的学生都是自我感觉很好的，英语基础相对较好，有的甚至当过"小海归"，有的参加过英语辅导或比赛。我教这样的班就会挑战他们，我也要接受他们的挑战。挑战他们是什么意思呢？比如说 2006、2007、2008 这三个级的三级起点班，有相当一部分学生的英文开口就像 native。随着互联网的发达、教育技术的普及，我趁势采用挑战性极大的"任务型团队合作式作业作品化"的教学模式。结果获得大丰收。学生们在我的悉心指导和点拨下，作品美轮美奂，我当作珠宝财富一样保存起来，至今随时展示给教师培训或后来的其他院校的学生分享交流。至于我接受学生的挑战，我课堂中记忆很深的片段就是教 2009 级。学生已经是"90 后"了，南校区的学生很少，没有办法按水平分班。我按 TBL 让他们做，几位偏远地区来的学生根本就听不懂，他们从来没有听过英文讲课，他们也没有上过和考过英文听力。全班水平参差不齐。我按照我的要求让他们设计制作学习作品，我指出其中的误区时，他们不服气，要跟我争论。那真的是挑战。我从来都认为我 58 岁跟 18 岁的人没有代沟，这回开始我觉得有代沟了。比如，做 security 这个 topic，是个严肃的话题，所以我叫学生做的时候要用脑思考、用心体会、有应对策略。结果有一个团队搞的全是 fun，完全是 entertaining 的。我做点评的时候，表示"社会安全"问题不是个趣味话题，你们这样定调定位不恰当。该组学生马上站起来反驳说，难道不允许"乐观"对待吗？我说："当你们遇到社会安全构成的人身威胁，还能乐观吗？除了乐观，有办法对付吗？你们作为大学生，有思考吗？"接着我顺势展示上几届学生对这个专题的演绎反映的思考审读，用事实比较。这回他们才无话可说了。这个争辩的过程让我感觉到被挑战，也体会了与学生思想论战的必要，关键是要说得在理，要以理服人。还有一个记忆犹新的美好回忆就是学生反过来关爱我。在珠海校区教 2000 年首届本科生。因为从广州到珠海百多公里，下了车晕乎乎地进课室上课，下课时脸色惨白，一个学生来帮我做按摩，我感到很温馨。这些学生很可爱。还有一个学生，她毕业以后每年给我订《读者文摘》，已经订了近十年了。这样的故事有很多，都是因课堂结下的师生缘。我的课堂让学生释放智慧，我的课堂铺垫学生的前途。我当时完全按照职场要求教商务英语，一个学生后来顺利进入 P&G。她写信回来说多亏了我的教学，自己与别人相比，不是那种象牙塔培养出来的书呆子。

（14）您从教学过程中学到了什么？

教学相长。当老师最幸福的就是终身学习。学什么呢？首先是教材、课文解读、练习应用、解题解惑、生词意义，你自己都要先学一步，要考证、要查词典，这不就是一个学习了。学问学问，要学要问，这个学与问的过程我是 learn by doing 的，岗上边干边学、边教边学、边学边教的。你缺了就缺了，历史和时间都不能回头，我只能在未来的这个岗位上缺什么补什么。教材里面的语言问题、文化知识问题、历史背景问题，学问多了去了。马虎应付也行，但追求质量效益就要用不同的态度来处理了。第二就是学会与人打交道，与心理打交道。1993年至2003年，10年期间每周三的晚上，我都要去教学楼的教师休息室做心理咨询，等着学生来咨询各种人生疑难问题。我在应对这些问题的时候也要学习的，受过专业培训。教师的学习还来自指导研究生和访问学者这些过程，有隐性的、潜在的、显性的、有目的的、有专题的，有相互性的。相互性就是我和研究生或访问学者谈论文的时候，对方也有智慧和经历，有时候会反过来启发我，这种学术交谈、学者交谈就是思想碰撞、产生火花的过程。我为什么和访问学者相处得那么好。他们都是有教学和人生经验的，我们可以互补和互哺。这也是很幸福的事情。我常说下辈子还当老师的一个原因就是当老师有成就感，造福别人，也造福自己，其关键就是你从多种渠道随时随地都能学到很多很多东西。还有就是你不停地换学生，学生当中有智慧、有资源，可以成为自己学习的资源。我们还有很多学术会议、全国和出国的培训与进修机会，你要见，才有识，我们就不再是一颗螺丝钉被安在一个岗位上。

（15）您的学生怎么看待您的付出？

我的学生成为我的粉丝，崇拜我、喜欢我、爱我的太多了。以前没有电子产品，遇到教师节、我的生日、新年、春节、劳动节，收到的卡片我都可以挂满一个客厅，很幸福、很欣慰。学生给我写的那些词很贴心。2000年以后都是电子贺卡就没有办法保存了。我最早收到的一张电子贺卡是一张空中飞毯，上面有一个老师，带着一群席地而坐的学生遨游在知识的宇宙之中。我觉得那就是我的真实写照。那次给我的印象太深了。我发现学生懂我，我真的是好幸福。

（16）学生是否能达到您的用心预期的效果？

可以。因为我不知道怎么在这方面就是有优势和强项。我会设身处地，我会将心比心，我会去煽情或者是去激励。我有一种亲和力。大家都很喜欢我，因为我爱学生，有了爱，学生能接收到的。

（17）您是如何管理课堂的？

在中国的大学阶段根本不需要管理课堂，大家都是规规矩矩的。连那些外籍教师来到中国都觉得自己特别有尊严、特别受尊敬。中国的学生非常乖，绝对不会在课堂上给你捣乱；他不喜欢你的课，最多是在课堂上看其他的书或睡觉，不会影响你上课。当然，现在的"90后"不同了，他们会开始和你争论；或者是计算机系的那些

"夜猫子"，他们都是通宵熬夜，早上5点才睡一会儿，8点就来上课，所以容易打瞌睡。如果你搞交际教学法，在课堂上有活动，那个就涉及管理问题了。动态课堂对老师的管理能力要求特别强，否则会冷场、失控、无法调动，根本就搞不起来。现在的外语老师的确会遇到课堂管理的问题。我的管理采用"驱动法""活动法""互动法""合作法""展示法"以及"形成性业绩评价法"，是"形散神不散"的方法，需要专业的技艺与"人本"管理经验。

（18）遇到学生不听课的情况，您如何处理呢？

我的班上几乎没有不听课的。首先是我的课堂教学设计就是吸引眼球的。我特别会 draw attention。在课堂，我的眼睛是在扫视的，我是满堂走来走去的。就是不搞交际法的时候，我也不是固定站在讲台上的。我的风格就是能很快抓住听众的注意力，很多人对我的演讲评价是"这个人讲东西好听"。我总是回应说："我没有别的优点，就是认真。"认真设计，认真准备，认真研究，通过"言值"赢得"课值"，千方百计让自己的课有"质感"。

（19）这种能力是一开始就有的还是积累形成的？

激情是天生的，内容是积累的，方式是借鉴的。我的灵感记录本有好几箱。报纸上的案例我都剪下来，以后可以用到。我参加高水平的会议和培训，特别留意吸引力强的表达方式。我在2008年开学典礼上就用奥运会精神来讲，2007年的开学典礼我就用美国哈佛大学、耶鲁大学学生的例子来讲，2006年的开学典礼我就用哥伦比亚大学的办学宗旨来讲。材料就是平时阅读和留心收集的。你的讲课能够吸引人，让人觉得有可听性，不是光靠讲那么简单的。讲话是用心讲的，讲话是用脑子讲的，讲话不是简单用嘴巴讲的。我听到过有些人说"她不就是会说吗"，我的内心反应是"会说要有料呀，听众不是傻瓜"。初期以讲为主的教学，我把课文讲得很生动，讲生词讲得很有关联度。但后来随着教育理念的升华，我反思自己，尽管讲得好听，但是，我完全没有把英语当工具来教。过去我们看一个老师是不是好老师，就是看他有没有"料"。所谓"有料"就是有语料，要非常精细地去准备和储备，然后表现在讲课水平上。现在，追求的是思想的互动和知识的运用。所以，我基本上很少讲课文了。我开始实施任务型教学法后，我讲得少了，学生反馈说有遗憾。因为我曾经以讲课出名。我从1993年到2003年开设全校选修课时，学生传言"没有听过夏教授的课在中山大学是一大遗憾"。我从2003年开始实施任务型教学法，我就讲得少了，贯彻"以学生为中心"和"以学为主"。学生写反馈给我时说，我们想听你讲课，你却不讲，让我们讲了。明年，我要恢复以我讲为主的人文通识课。因为我收集了很多跨文化的资料，都没有机会用。通识课属于大口径的，是以知识性为主的。当然我也会融入研讨、互动、学生去寻找更多的资源来辩论之类的，但我至少会讲一半。2003年是任务型教学的初期，在选修课尝试，而且还不是很彻底的任务型。2005级是完完整整地运用任务型教学，我基本上是在幕后指挥的，完全不讲课文的了。

（20）在整个教学生涯中，您是否遇到过困难？遇到困难的时候如何寻求帮助？

当然有啦。开始时是英语基础问题，对有难度的课文理解和翻译有困难，我就求教我的母亲。她真的是高手，凡是难句、长句、复合句，她都能贴切地拆解，精确地翻译。她是中文、英文底蕴都深厚的学者，对各种词典的运用得心应手。至于教学问题，我基本自己解决。

现在我已经成为行尊，在教师发展这个方面已经是领军人。不是我遇到困难怎么办，而是同行向我求助怎么办。我应邀讲过的教师发展的专题都有上百个了。每一个专题我都是百炼成钢的，以解决困难为导向的。现在很多地方的人一听说我来当地讲学了，根本不用领导要求了，很多老师奔走相告就来到现场。印象特别深刻的是，有一次在广西，一下子挤来200多个老师，把屋子挤得满满的，我都讲到12点了，一看表说要吃午饭了，他们说不吃，您继续说。我讲的专题涉及全面，有教学理念、教学设计、教学改革、教材教法、教师与教材、教师与教法、教师与学生、教师的阅读、写作、研究、教师发展的职业期、教学研究的课题与方法等等。题目也都是很有特色的，比如"教师与教材：玩转手中的宝物""与时俱进的师生关系""教师该做能做且做得好的教学研究""如何上好第一堂课""如何设计热身活动"等。时代在变化，教师不能以不变应万变，还按以前的师道尊严站讲台、还按以前的教学方法是行不通的。我前面教2005级、2006级、2007级采用任务型教学法效果很好，到2009级就开始效果不好了，前面提到有学生无理争辩的场面出现。但是别看他们跟我争论，他们还是觉得我这个老师蛮好的。他们还老追问我下学期教不教他们班。我答应了，但没想到，后来接到通知让我教博雅班，就把他们给"甩了"。下学期在同一个教学楼里上课，发现那个班的同学故意等我，看见我就说："Professor Xia, you broke your word, you broke your promise."我说："对不起，我很迟才收到通知要教博雅班，我不是故意要骗你们的。你们的确喜欢我的课吗？"他们连声说："是呀，是呀。"可见，现在的学生，你一定要按照他们的兴奋点与他们的需求来进行，不能够再以自己为中心。你不能因为他一开始不适应，觉得有难度就放弃。另外，点评也很重要，必须让学生心悦诚服。这对老师的挑战很大。现在学生都是"90后"了，是伴随网络长大的，学习和智力优势很多。过去教数学专业的学生英语比较难，学生比较木讷。今年，教数学专业的学生很有些意外惊喜。首先他们的profile让我一看就吓了一跳，好多人会弹钢琴，很多有艺术细胞的去学了数学，他们做的PPT很有深度、有想象力、有创意，我特别满意。

（21）您是怎样树立学生心目中尊重崇拜的老师形象的？

现在很多老师痛苦就痛苦在这里了，不被学生尊敬。我肯定是追求受尊敬和崇拜的，而且希望是学生心中的名师。这里面有很多策略。最重要的是让他们明确我能够为他今后的成功做铺垫和打基础，这个是我一贯坚持的原则。我的教学绝对是这样设计的。我每年担任新生教学班的导学，清楚、明白、具体地声明，我不要把你们培养成课堂人，不要让你们成为学校人，一定是为你们的未来、职场、做人做适当的、必要的准备的，而且目标和方法要对路，一出校门就有用，绝对是没有 gap 的。我的教学十分强调这些影响他们的人生态度以及为人处世的方法。我为什么会有这样的想法和做法？主要是因为我的学习关注这方面的理论和动态，特别是"以人为本""以学生为中心""以学为主"的人才观。还有一个原因就是，我在实践中见到了成果和效果。例如，我采用任务型教学法，在课程结束的时候，我一定要让学生做反思 3R：recall what we did，review the criteria，reflect on the attitude and action，指导他们写这学期做了什么、从中获得了什么、发现了什么、反思重塑自己。我看了学生交上来的课程反馈，很是欣慰，认为达到职场化人才培养的目的了。我看到我付出的心血见效了，我就继续往这个路上走，越做越精彩，良性循环。学生受益，而且学生受益是可持续的，毕业后还不断给我感恩的反馈。这就是我所追求的学生心目中的名师、伴随成长的隐形翅膀。许多我教过的班后来没有继续教的，学生都反映是遗憾。我还求什么呢？我觉得赢得人心就够了。我想成为的老师我已经做到了。师生不是一桶水和一杯水的关系，我已经做到和学生一起共建知识了。我这个老师一个大脑已经能够和一个班 50 个大脑发生活化反应了。

想成为学生欢迎并真正造福学生的好老师离不开专业反思。回头反思自己的教学，我也经历过一段从"伪教"到"真教"的觉悟和自省过程。从教开始阶段就是属于中规中矩的，遵循传统套路的，以讲知识为主、为重、为本的教学。早期课前猛备和课上猛讲的都是语言知识，眼睛就盯着语法、词法、句法、文法，都是知识、规则，属于 usage（用法）而已。Henry Widdowson 出版了一本著作 *Teaching language as communication*，明确指出只是讲解和考核语言知识是不行的，懂 usage 而不会 use 是无效的教学。我们当年的英语教学真的只是教 usage，解读课文也是分析句型、词性为主，停留在语言用法的层面。还有一个误区，我们比较单向重视输入 input，缺乏足够的及时的关联的输出 output。学生 take in 了多少，能够应用多少，应用的质和量，都被忽略了。早在 20 世纪 80 年代末期，我已经发现即使英语高考高分的学生，让他们做选择题，他们会准确选"I am a student"，可是当他写作文的时候，他就写了"I is a student"。他们识别语法没问题，实际应用有严重问题，口语也是这样。常有学生指着我这个女士说"Professor Xia is a very good teacher, he blablabla"，该用人称代词 she 用成 he 了，就是用和练得太少了，学了用法不会应用的典型。这是我们的教有问题。其实，学生读死书是教师教死书的结果。学生懂得语言规则还要会适当应用才是语言教师的本事。老师把课讲完了、讲透了、讲细了、讲精彩了，就完成教学任务了。难怪学生学不会、学不好、高分低能、学了不会用、不能用。英语老师在学生心目中的地位可想而知。后来，我经过英国的进修学习和回国的实践，彻底明白必须在用中学、交际中学、学应用。所以，我采用了"任务型""交际法""输出驱动""自主合作""业绩作品化"等教学创新模式与教学评价法，给学生创造条件、提供平台。我先逼迫学生勇敢地将基础教育阶段12年学的英语输出，在输出的过程中才能真正发现自己的缺失，这样的学习才有具体目标和动机。直到21世纪初，我还遇到一些入学时起点高的优秀生拿着英语教材说教材太浅，不符合他的水平。我反问他，你看得懂，但你会用吗？你说它浅，你要能够会说、会写、能听、能用里面的句子，那才叫浅。你现在还不能说这个浅。我们国内编教材也有误区，有的特意找一些很晦涩难懂的文章唬人。我认为这种文章是供人解码用的，不是用来日常使用甚至学术交际的。当我采用牛津大学出版社或剑桥大学出版社的大学原版教材进行对比，选文的语言难度也并不是那么生涩难懂。

　　由于我很早就颠覆了"我讲你听""我教你学"的固化落后的教学观，所以我对这一类的教学状态有批判性思维和行动。我记得一个比较典型的案例。有一位青年教师讲课讲得很精彩，英文也很棒。我做教研室主任时观摩了他的课。下课后，我特意问学生："这位老师怎么样？"他们说："英文很棒。"我问："你们学会了吗？"他们苦笑一声，说："不会。"然后我去问这个老师："你为什么只管自己满堂讲英语？"他说："我怕我自己的英语忘了，口生了。"显然，他是为自己教，保持自己的英语状态是没错，但是他不管学生听不听得懂，也不去检查学生是否学会了，课堂上没有问答，没有互动，没有应用，没有交际，一个人垄断，一个人自说自话，一个人高高在上。每堂课都这样上，老师自己当然过瘾了。学生对这样的老师即使崇拜，也无工具性收获。语言是工具，是交际工具。老师应该追求什么收获？实际获得什么收获？我收获了学生的成长和自己的发展，双方都能用语言表述心声，用语言做事，互利双赢。我的从业是向着终极理想去献身、献计、献智慧的。对我来说，教学岗位不是一个 job，而是一个 career；不是饭碗、职业，而是事业。事业就意味着为它全情投入。我真的是做到了全心、全意、全情投入的。我觉得，教学是我人生的价值追求，是一种 ideal、一种 dream，有投入，才能有产出。教育产品既有学生人才产品，也有自身人才成长的成果。教育的产出就是一种社会贡献,这个完全是精神层面的。它不是工厂流水线做出来的东西,也不是创作的一幅艺术画。人的成长是很长远的,所以说,百年树人,培养好一个人甚至可以影响几代人的。有一句话是"教好一个学生,造福一个家庭,辐射一个社会,影响一个世界"。这种精神层面的作为是非常伟大的、意味深长的。我突然觉得自己很伟大。

(22)您当教师的职业幸福感与其他行业人士的眼光相比如何?

这个问题很复杂,因为涉及别人的心态。传统眼光里,老师是一个令人尊敬的职业。在当代,教师是因为有寒暑假而令人羡慕的职业。历史上,教书是被人看不起的职业。社会上,人们对教师有个成见,就是"书呆子",只有课本知识。还有一个社会现象需要提起,在社交场合,人家介绍我的身份时,往往提"外语学院院长"比"教授"更多。也就是说,官位比教师职位要高很多,排座位也是重视官位。然而,不管别人怎么看,我自己的职业幸福感是100分,对自己的职业选择无怨无悔,下辈子还当教师。

(23)您觉得做老师有哪些挑战?

一个是外部挑战,一个是内部挑战。外部挑战就是国际国内的形势、行业领域的变化、人事制度的改革、学生对象的需求等。例如,国家制定的教学大纲在更新,教师上岗资格任职业绩和职称评定标准在提高,学生对课程和教师的评价越来越挑剔。这些外部的挑战已经直接关联到教师的生存质量。内部挑战就是教师要挑战自己。我觉得我要是不自己挑战自己的话,我活着没有意思。我熬到今天,是有资格和资历去考核、评价别人了。国家现在是把外语教育置于战略地位,把教师质量置于教育改革的重中之重,要求改革、要求见效。社会上对外语教学效益有太多的负面评价,如"费时低效""一壶烧不开的水""聋哑英语"等等。专业领域的挑战,特别是交际法的应用,以学生为中心的课堂,语言学科方面的发展,都是对英语教师的挑战。学生对象基础比过去好了,学习条件比过去好了,要求自然水涨船高。

(24)您未来有什么计划、打算?

写书。我想写教育叙事,写教师人生回忆录,将我的教学经验、教育反思、人生感悟写出来与同行尤其是晚辈分享。与此同时,我愿意继续上课,特别是本科生的人文通识课,还有巡回或蹲点做教师培训,到我指导过的访学学

2009年,硕士研究生孟玲与夏纪梅教授合影

者、研究生所在学校蹲点、观摩、研究。我的教育情怀会让我保持教学激情，保持春蚕到死丝方尽的境界。有条件的话，我还希望能到英语国家去居住一段时间；在那里阅读、写作、交流、访问、整理一辈子积累的素材，准备结集出版。

13. 读者评价

●外语教育的科学性与工艺技术性所在：读夏纪梅新著《现代外语课程设计理论与实践》

（卢莉：深圳大学文学院大学英语部讲师；写于 2003 年）

引言

外语教育是一门什么学问？是语言学范畴还是教育学范畴？是科学还是工艺技术？

长期以来，外语教师被称作"教书匠"，资深和语言精湛的可被称作"语言大师"。从字面来看，"师"和"匠"合为"师傅"。师傅是教导知识和传授技艺的人。事实上，外语教师既要教导知识，更要传授技艺。应当说，外语教育既是科学，也是工艺技术。其科学性在于语言本身具有知识体系，语言认知有其规律性，语言教学的目标制定和内容与方法的选择需要理据。其工艺技术性在于，一方面，外语教育有明确的工具性，要培养学生运用外语作为工具进行信息、情感、思想、文化的交流；另一方面，为实现工具性目的需要采用行之有效的方法和手段。由此类推，外语教育既属于应用语言学，又属于教育学。狭义的应用语言学研究外语教学的规律、方法和效益，教育学的价值观、人才观、教学论、学习论、课程论等对外语教学同样适用。

毫无疑问，从事外语教育的教师需要外语教育的科学知识和工艺技术，这是他们在自己的外语知识和技能基础上必须掌握的职业知识与技能。外语教育的科学知识和工艺技术就像学生的外语知识和应用技能一样，前者是道理，后者是操作，理论上懂得应当如何做和为什么必须这样做不等于技术上会操作。这就是我国外语教学界在现代和传统外语教学方法变革更新的新时期需要认识和解决的问题。

通读夏纪梅教授新著《现代外语课程设计理论与实践》（上海外语教育出版社 2003 年版），感觉这正是外语教育科学与技术相结合的典范。全书围绕课程设计这一外语教学过程的核心环节，将理论与实践有效地结合，可谓有道有术。

外语课程设计的科学性

《现代外语课程设计理论与实践》借鉴语言学、教育学、心理学、交际学、管理学和系统论六大学科及其 30 个分支学科或理论分别对语言的本质、语言认知的规律、教学的原理、学习的条件、语言交际的因素、课程的目标和达标手段，还有语言与社会、文化、心理、交际、行为、思维、礼仪等方面的关系及其对语言习得的影响逐一进行阐述。这些理论分门别类、深入浅出、相互支持、环环相扣。例如，在外语课程设计的环节链条上，语言学对课程设计的指导作用在于提供科学的教学目标。其中，心理语言学研究人类大脑对听、说、读、写语言技能的处理过程有助于这四项技能教学的设计；社会语言学研究社会因素对语言使用的影响及其表现有助于教学内容的选择和关注教学目标当中语言使用的适当性；第二语言习得理论有助于教学环境、条件、方法等因材施教；应用语言学和教育语言学本身就是对语言教学的研究，为课程设计提供了全方位的理论指导。书中指出："在外语课程设计过程中，语言学及其分支学科对课程 what 和 why 有指导意义。至于 who 和 how 特别是 how to teach effectively 和 how to learn efficiently 则属于教育学和心理学范畴。"该书选择引用了教育学五种理论和心理学十种理论。其中，教育学主要解释教育的本质和规律以及由于认识侧重不同而产生的不同的教育流派。这对如何从本质上认识各种新旧教学方法特别有帮助。心理学关注人的学习心理和行为的关系。作者从十几种分类研究中选择了能够将外语学生的动机、情感、态度、认知、感知、感官、视觉、听觉、记忆、年龄特征、学习障碍、心理需求等理性地置于课程设计当中的部分研究成果加以介绍。如上所述，外语教育有很明确的工具性，语言是交际的工具，外语教学的目的是交际。因此，交际学也是这本专著的重要理论依据。交际学研究交际的本质、条件、功能和规律。最值得称道的是，作者在强调外语教学的目的是交际的同时，突出外语教学的过程也是一系列交际的过程，即通过交际学会交际。因此，课程中的教师和学生、学生和学生、课文作者和读者都有交际的角色关系。课程设计要充分体现这些主体和客体的关系，特别是"以学生为主体"的现代外语教学观。在介绍和阐述交际学的理论当中，跨文化交际和语用学也被作为现代外语课程设计的重要科学指导。作者提出要将本族语和目标外语的语言文化差异意识、知识和能力在课程目标、内容和方法上充分体现，培养外语学生跨文化交际和语用能力。最有新意的是，该著引用了管理学和系统论为课程设计做理论支撑。作者认为："课程设计与管理极其相似，也是科学与艺术的结合。课程设计者既是科学家又是艺术家，需要科学知识也需要操作技能。把课程设计置于管理的状态之下，就是要把课程设计目标化和系统化，包括设定目标、制定计划、实施计划以及策划如何达标、如何利用资源、如何分配时间、如何监控质量、如何制作操作规程、如何提高效益、如何生产优质产品等。这个过程与任何一种管理没有根本的区别。"

外语课程设计的工艺技术性

《现代外语课程设计理论与实践》精彩之处还在于它的实践性、工艺性和技术性。全书绝大部分篇幅是传授技艺，教人如何设计和如何评价设计的质量。事实上，每一位普通教师在日常教学的各个阶段、环节、步骤和事务都少不了设计。新时期的外语教学需要推陈出新，需要在教学内容和方法上应用新理念、体现新原则、贯彻新标准。为此，教师最需要发展的是创新能力，设计无疑是创新能力的表现。该著全面细致地介绍外语课程设计的基本原理、基本要素、基本步骤、现代模式和现代标准。其中，富有特色的论述和技巧很多。例如：制定计划时要既有"计划"，又有"策划"；既有"战略性计划"，又有"战术性计划"。分析需求时，既有学生的需求，也有教师和社会的需求。设定目标时，既有知识类目标，也有技能类和素质类目标。选择内容时，既有语言形式，也有语言功能。选择的标准包括语言材料的真实性和时代性。组织内容的方法可以从"线性排列""主题单元排列""循环排列""模块排列""故事线索排列"中选择。该著对教学模式的设计部分着重介绍现代提倡的"任务模式"。对"任务"的定义、目的、种类、标准以及"任务"的组成部分和效益特征做了详尽的推介，特别是对任务的设计做了相应的示范。关于教材的设计和创作，是该著着墨较多的部分，也是其精华所在。作者指出，编写教材的过程是一个学习、思考、研究、创作和写作的过程。学习、思考和研究自然是科学性所在，创作和写作则是工艺技术性使然。创作要有原创性，特别是创作练习、活动、任务、教案和多媒体课件。作者列举了两种单元框架，例如"车载式"和"直线式"；介绍了五种语言活动类型和60种课堂活动形式，例如人际交往类活动、获取技能性和应用技能性活动、模仿性活动和真实性活动，这些活动不但颇具匠心，新颖活泼，而且可操作，也可再创作。考虑到大多数教师主要是使用教材而非编写教材，教案设计就成为教师创造性利用教材的技术性工作。作者认为，这是"在教材使用过程中对教材的再创作"，主要表现在设计高明的问题。这些问题针对课文主题，挖掘含义，发挥联想，结合学生实际，贴近生活，促使学生应用所学外语思考和交流。这样的问题分为学前提问，旨在引导和刺激；学中提问，意在理解和争辩；学后提问，在于归纳和总结。作者在著作中对国内现行的四套主干教材进行了教案创作示范。值得一提的是，与时共进的教案设计必然包括多媒体课件设计。在各种创作设计工作中，设计和制作多媒体课件无疑是技术性最强的。作者提出要将"教学动化""教材活化""课堂延伸化"，教师要和计算机程序员联手，要和学生合作，一道发挥各自的智慧和创意，制作多媒体、多维度、多刺激、开放和互动的教学课件或"学习包"。可见，设计现代化的教案是高难度"动作"。从现代外语教育科学的角度来看，教材是教学原则、理念、路径、方法的集中体现。创作设计和编写现代外语教材或教案首先要对语言本质和语言学习本质有所认识，才能对现代外语教材的定义和功能有正确的认识。现代外语教材要能提供对语言学习的有效刺激，有利于发展学生的语言应用能力，同时有助于教师的"教学相长"式发展。

结语

《现代外语课程设计理论与实践》体现了语言学和教育学交叉应用的必要性和可行性，贯彻科研为教学服务的宗旨；其本身就是创作的表率和样板。书中没有生硬的教条，而是大量活生生的案例，理论也不乏深度和广度。书中每一章节提出的思考题都可以作为大大小小的研究课题，进行深入、具体、联系实际的讨论和应用。读这本著作，除了内容给人耳目一新的感觉之外，还深深感受到作者热衷教学的激情、勤于思考的秉性、善于创作的灵性、知行合一理论联系实际的作风。她能够对平时留心收集的大量资料旁征博引，融会贯通；能够紧跟时代，突显个性。书中透射出作者那学者的朝气、学术的活力和写作的魅力。她善于比喻的写作笔调随处可见，正如书中所述：课程像"商品房"，课程设计就像"勾画建筑蓝图"和"制定建筑工期表"，课程像"美食"，课程设计就像"设计菜谱"和"烹饪技术"。诸如此类，不一而足。尤为可贵的是，这本著作提供的理论、方法、技术和范式为教师培训、学习、实践、提高和发展提供了最直接的帮助。

● **理念先行，行动跟上：外语教师发展方向与途径——读夏纪梅著《现代外语教学理念与行动》有感**

（陈刚：中山大学访问学者，重庆科技学院外语系副教授；写于2007年）

引言

外语教师发展靠什么？教学实践当然是第一位的，但实践不是盲目的，需要理论指导、观念更新、经验总结、水平提升。要达到这些目的，教学研究显得尤为重要。然而，广大外语教师总是在"语言理论研究"和"语言教学实践"之间找不到适当的学科方向或研究课题。既有理论价值又有实践意义，并且直接应用于外语教学的相关研究究竟有哪些课题适合教师来做？

长期以来，外语教师在科研上"找不到北"，盲点多，花费了许多无用功。他们虽是教学的主体，却失去了对外语教学的话语权，陷入了集体无意识中。少数先觉者意识到了这个关键问题，成为"教师即研究主体和本体"的探索者。夏纪梅教授就是其中一位富有开拓精神和研究成果的教师代表。

通读夏纪梅教授的新著《现代外语教学理念与行动》（高等教育出版社2006年版），发现该书对外语教学和教师发展有理论依托的廓清、有行动研究的指南，正是指导教师将教学和研究相结合的典范之作。

理论指引：廓清学科理论的依托，指明外语教学与研究的方向。

指导外语教学研究的理论依托应该来自哪些学科？语言学理论相对于教育学理论哪一个更适合教师学习和应用于教学实践？《现代外语教学理念与行动》前两章在学

科依托和研究方向上进行了理论探讨。

在该著的第一章，作者对外语教育进行了精辟独到的论述与阐释，提供了有关教育和外语教育的理念、原则、方法、效能和标准的言论说法，收集和创作了对外语教师和外语学生的角色以及外语教学的功能的生动比喻，阐明了教学相长、教研相益的道理。

作者深刻地指出，外语教学的目的应该与教育的终极目的相一致。对此，她认为"现代教师的教学目的不是教书，也不是教课，而是教人"（第3页），"外语教学的最终目的和目标就是培养学生运用语言解决职场和生存问题的能力"（第25页）。她对国际教育领域的发展趋势了如指掌，故能在书中旁征博引。例如，"现代教育目标可以归纳为四个'学'：Learn to know, learn to do, learn to live together, learn to be"（第31页，引自Hughes, 1998）；教师要从"台上圣人"变为"身边向导"（第6页，引自秦秀白《21世纪报·英语教学周刊》2005年5月9日）……这些论述集中反映了现代教育提倡"以人为本、以学生为中心、以过程为重点、以方法为导向、以能力培养为目标、教学源于生活服务社会"的核心理念，并以此得出外语教学应当更多依托教育科学的结论。

对于一些外语教学存在的误区，作者认为"如果考什么教什么，不考的不教，怎么考怎么教，那么，教的只是试题，那是测试语言，不是真实社会人际交流的语言"（第9页）。她批评那些"枯燥的练习题，误导的模拟题，单一的测试题，等于用死法教活人，让活人读死书"（第43页）。

该著从教育学的理论视角对教和学、教和考、教师和学生、学校和社会的关系做了一系列的阐述，然后借鉴美国20世纪60年代推广的"教师即研究者"运动的经验，提出外语教师进行行动研究的重要性，"没有教师参与的教学研究是无应用价值的研究。教学研究的成果应该是教师能够接受的和有助于教学的"（第14页）；"教学研究若不与课堂现实相关，教师会视这样的研究为象牙塔里的无用功，认为是玩弄科学的作为"（第26页）。该著有不少作者创新性的论点和提法，例如，关于教师发展的意义，作者提出，"现代教师至少要有两种能力：自我发展的能力和助人自我发展的能力"（第4页）；"有专业特长不等于有教学特长，有专业知识不等于有教育知识，优秀的专家不等于优秀的教师，富有语言研究成果的教师不一定富有语言教学成果"（第5页）……

有了第一章的铺垫，在第二章里进行外语教学学科理论依托的廓清是水到渠成的。作者引经据典地指出，语言学与语言教学虽然只有一字之差，其内涵却很不一样（桂诗春，1988），语言学与教育学没有直接的关系，把语言学理论直接运用于外语教学实践所带来的害处与益处一样多（Spolsky, 1978），与外语课程的各个环节、教学的各种因素和现象相关联的学科涉及教育学、心理学、教育语言学、狭义的应用语言学（语言教学）、系统论和第二语言习得理论，更广泛的还有社会学、人类学、管理学、交际学等。她在引经据典的同时得出结论，无论把外语教学归属为"语言教育学"还是"教育语言学"或是"应用语言学"，一个基本和共同的前提是外语教学不应该再受制于语言学的一统天下。

在廓清外语教学学科理论依托后，作者接下来继续探讨外语教师可以做的研究，即第二章里有关外语教师的科研方向和方法问题、有关中国外语教学难点与应对办法问题、有关中国外语教师的发展出路问题和中西外语教学文化差异问题。可以说，这些都是我国外语教师长期以来关注、困惑和担忧的问题。经过她总结出来的教学研究课题多达上百个，而且都是广大教师愿做、能做并且值得做的微型课题，是基于课堂的课题、基于自己的课题。这种科研指导和方法引导使人读了茅塞顿开、豁然开朗，省去了广大外语教师因盲目摸索在时间和精力上的耗费。

作者在该著的理论篇中旁征博引、充分论证，广泛吸取了前人的研究精华，又结合自己多年的教学研究实践，闲庭信步般娓娓道来，没有冰冷的说教，没有晦涩的术语；读起来如久旱逢雨，畅快淋漓，道出了广大教师的心声，解开了外语教学改革和研究的死结。

实践指导：展示如何开展教师培训，示范如何实施教学活动。

明确做什么（know what）与知道怎么做（know how）不是一回事，从理论到实践往往还有一段距离。学科理论依托廓清之后，外语教师有了恰当的学科理论做指导，但在新的理论指导下如何展开实践需要重新建构。重新建构期的实践最好是在专家的指导下进行。《现代外语教学理念与行动》第三章和第四章正是在新理论指导下急实践之所急、想实践之所想，帮助一线外语教师成为高水平的理论知识的"操盘手"。

该著第三章探索外语教师培训活动与技术。作者全面介绍了教师培训的目的、形式、类型、方法和程序，明确指出了教学活动与教学测试题的区别、教学活动中"课堂式"和"社会化"活动的区别、教学活动中 usage 和 use 的区别以及语言技能和交际技能的区别，详细解释了现代外语教学听力活动、口语活动、阅读活动、写作活动以及教学材料的标准。接下来，作者列举了 5 个培训活动实例。每一个实例中推介的教学任务或教学活动都体现了理论与实践、教学与科研、教与学以及反思与发展的结合，既有理论依据，又有针对性、实践性、趣味性和互动性，切实保障教师培训落到实处，见到实效，能够从根本上帮助教师经历多种有效的认知和实践过程，有利于外语教师体验教学、体验交际、体验自身和职业发展的乐趣。鉴于广大外语教师对本体性知识和实践性知识的掌握尚可，但条件性知识掌握不足的现实状况，作者在实践指导中适当地融会了教育学、心理学和管理学的知识。

　　第四章是外语教学的活动与实施。作者对符合现代外语教育原则的活动标准进行了精心的筛选、归纳和升华,又对外语教学活动类型、教学技术类型、预期教学效果进行了论述,接下来提供了5套共100种教学活动,类型多样,形式灵活。有"热身/导入"活动,有"打破坚冰/僵局"活动,有"头脑风暴"活动,有基于"沟渠/空隙"的活动,有基于专题的活动,有基于情景的活动,有基于难题的活动,有基于案例分析的活动;有供配对练习的活动,有供小组练习的活动,有游戏、辩论、谚语或幽默演绎、故事、采访、角色、脑筋急转弯等,丰富多彩,趣味横生。

　　在借鉴、消化、吸收国外和本土民间各种精彩交际活动的基础上,再创作的这些多种形式的教学任务或教学活动,是作者心血和智慧的结晶。这些创作和改编的教学活动主要供课堂人际教学使用,形式多样、目标各异,供教师各取所需,推陈出新,既有利于教师用于培养实用人才,又有利于教师从中教学相长和自我发展。它们能够保证教学富有刺激、挑战、动感、发现和快乐等积极的认知效果,保证师生共同在教学过程中体验学习、体验社会、体验人生、体验做事、体验做人、体验交际,从而有效填补人机教学所欠缺的教学效果。

　　纵观实践篇,培训策划匠心独运、活动安排丝丝入扣,同时每个活动都给读者留下了充分的思考余地和发挥空间,从中不难体会到作者为教师发展和学生成长付出的良苦用心。

结语

　　思想深刻、理据充分、玩味无穷是该著提供的教育论述之精辟所在;思路开阔、形式丰富、创意无穷是该著提供的教学活动之精彩所在。全书博采众长,但独辟蹊径;既有理论,又有咨询,更有实践;基于课堂,又不局限于课堂,每一部分都留有充分的余地给读者思考、争论、创作、充实,是专为一线外语教师提供的教学研究的理论、教师发展的方法、教学活动的资源,特别适合教师培训和教师个人的学习实践。

　　"上士闻道,勤而习之。"先觉者寻找到了恰当的理论来指导外语教学实践,并且强调通过在职培训改善外语教师的条件性知识,作为一线外语教师理

本文作者陈刚(左一)等人与夏纪梅教授合影

当把握时代潮流，随其流而扬其波，努力弥补自身在职业素养和能力结构方面存在的缺陷。"雄关漫道真如铁，而今迈步从头越。"

● 读夏纪梅三本新著有感

（赖鹏：中山大学外语教学中心副教授；写于 2012 年）

夏老师：

您送给我的您的三本书我都如饥似渴地读了。那天晚上跟您道别后，一回到家，我就迫不及待地开始看了，第二天一鼓作气接着看，字如其人，那些文字仿佛能让我听到您说它们时的语气和声音，带着您一贯的风格：精辟、犀利，十分启人深思。在教学手段和方法上，我又一次觉得获益匪浅。正好这些天在写一篇东西，发现可以引用您书中的某些语句做佐证，我会把您的书列在我这篇文章的参考文献里，特别感谢您送给我书，如此及时地为我的写作解惑，正是我需要的。虽然我没有上过您的课，但我从您的书中学到了很多，在心目中，我把您当作我的良师。您的著述使众多读者受益。首先受益的是无数的教师，而这又能使这些教师的无数学生间接受益，所以您在著作中与我们的分享是无价的。真诚地感激并祝愿您：健康快乐、平安顺利！

14. 课堂教学观摩评价

● 夏纪梅教授课堂即场评价型教学评析与启示（选摘）

（陈婉琳：中山大学访问学者，肇庆学院外语系教师；写于 2004 年）

近年来，中山大学夏纪梅教授在国内外教师课堂评价研究的基础上，有针对性地研究了课堂即场评价的标准、设计、方法等内容，并在任务型外语教学中实施课堂即场评价。课堂即场评价是整个任务型课堂教学中重要的环节，是决定课堂教学是否达到以学为主这一教学目标的一种手段。本人在观摩夏纪梅教授的课堂即场评价型教学后很受启发，认为课堂即场评价质量的优劣与教学效果密切相关，是教师课堂教学能力、教学水平和教学艺术的集中反映，是教师深层的教学思想的具体化落实。培养课堂即场评价能力，对英语教师能否和如何成功地依托课堂教学，发展专业素质综合能力和促进自我发展有着积极意义。

夏教授课堂即场评价的内涵体现在四个方面。

（1）鼓励性评价。以赏识鼓励评价为先，激发学生参与的信心和勇气，重视学生在学习中的体验，帮助学生学会有效地调控自己的学习过程与培养合作精神。

（2）开放性评价。坚持以"学生的发展"为中心，注重培养学生主动参与、积极探索、大胆创新，倡导学生创新性地学习，与学生进行开放性探讨和平等对话，实现互动，达到教学相长。

（3）个性化评价。引入学生互评、关注个体差异，允许学生进行不同的"解读"，倡导"共建"，使课堂成为师生共同进行知识建构和意义创造的过程，促进评价对象的转变和发展。

（4）引导性评价。引导学生掌握运用评价语言运用的标准，帮助学生去发现有利于创作成才的真本事，学会同伴互相提高合作学习能力。

任务型学习调查数据显示，夏教授的学生都认同这种课堂即场评价活动。他们对自己即场评价同伴的能力逐渐表示满意。

夏教授的教学对我们青年英语教师起到了示范和引导作用，我们从中得到启示，教师发展可以依托课堂即场评价全面提升自身的观察能力、反应能力、分析能力、笔记能力、评价能力、演讲能力和反馈能力。

通过以课堂即场评价方式实践对学生的学习情况进行及时评价、具体反馈和提出建设性改进建议，大学英语教师才能提高分析、解决、处理教学问题的能力，提升专业性技能；才能更好地展开和控制课堂教学，为课堂教学的交际化提供可靠保障。同时，让教师体验到教学成功的喜悦，增强教师专业化程度的自我效能感；反过来，又进一步增强教师优化专业素质和专业结构的教育信念。教师即场评价能力的

2008年，本文作者陈婉琳（左二）等人再次观摩夏纪梅教授课堂教学后合影

个性魅力和即场评价课堂教学的艺术魅力产生了课堂凝聚力、向心力。这个过程也能潜移默化地影响学生，从而对教学效果产生积极影响，以达到英语教与学的互动发展。

● 我与导师相处的收益（摘选）

（梁玉玲：中山大学访问学者，肇庆学院讲师，回校后晋升副教授；本文为第二届大学英语教师发展专题研讨会及特色交流会大会专题发言，写于2007年5月5日）

我在高校教大学英语近十年，有一定的教学经验，也曾主持校级研究项目，关注外语界教学研究动态，愿意投入精力从事科研，使自己在职业生涯中全面发展。因此，我迫切希望在科研水平和专业职称上及时提升。然而，与许多同龄同事一样，我在理论与实践、理念与行动、理想与实际之间找不到平衡点，特别缺乏应用理论和转换知识的能力，常常处于徘徊、困惑、不知所措的状态。一个偶然的机会，我拜读了夏纪梅教授的著作《现代外语课程设计理论与实践》（上海外语教育出版社2003年

版），欣喜地发现外语教学研究有这么多的课题可以做，这么适合自己做的研究方法可以拿得起来，特别是对与课程设计相关联的教学法研究和教师发展问题有了目标与方向，心中立即萌发了"去当她的学生"的念头。上网一查，发现她的确是很适合我师从的学者。她是教育部高等学校大学外语教学指导委员会副主任委员、中山大学大学外语教育研究所所长、外国语言学及应用语言学硕士点外语教育研究方向的导师、全国大学英语教师培训师。她的研究成果包括在全国教育类核心期刊发表外语教育研究论文30多篇，主持省部级教学研究项目10多项，出版教材10多部、著作5部。与此同时，网上还有她教过的学生对她的赞美，她与学生共建的多媒体课件。可见，她是一位有理论、有实践、有建树的行尊，也是一位爱学生并受学生尊崇的好老师。2005年9月，我有幸得到我校院系领导和同事的支持，来到了梦寐以求的中山大学，当上了一名进修生。然而，让我意外惊喜的是，夏教授了解了我的求学目的之后，立即出面帮我转成了高校访问学者的身份。我这才知道有高校访问学者这种师培模式。我暗自庆幸与夏教授有缘。就这样，我荣幸地成为夏教授接受的第四批访问学者。当访问学者一般是一年为期，但由于我的感觉太好了，我又延长了半年。所以，事实上，从2005年9月到2007年1月，我总共当了三个学期的访问学者。期间，我的经历归纳为：观摩导师的大学英语课堂教学，旁听导师的英语教育专题课程和公开讲座，参与导师的科研项目、学术会议、教师培训，撰写导师命题的论文并在其指导下开展相应的研究，与导师谈经论道感悟人生。这些经历可以说是我一生的财富，它让我反思过去和思考未来并在思考中学习、在学习中行动，在行动中发展。下面是我对这些经历简要的回顾与粗浅的感悟。

  观摩听课：观摩名师的课堂教学实在是一种享受。在中国，夏教授是"任务型教学法"最早的推介人和实施者。她从20世纪90年代末在大学本科生的小范围基础课开始尝试，到21世纪本科生的大范围公选课推广应用，期间不断完善和创新，已经探索了一整套适合中国大学生的任务驱动团队合作的大学英语教学模式。我整整观摩了她一学年的任务型课堂教学，深深为她精彩的教学能力所折服。其精彩渗透在教学的每一个环节和细节：理论结合实践，善于改革创新，对课堂游刃自如的驾驭，对学生精辟独到的点评，对"任务"的透彻理解，对以学生为中心的理念的贯彻，在课堂与社会、学生与社会人、语言与交际、语言与思维、语言教学与素质培养等方面都能有机和巧妙地结合。我坚持不断地听课的目的，一是学习如何将外语教育理论应用到课堂实践的方法，二是思考如何将此运用到自己的课堂。俗话说，"看人挑担不知重，看事容易做事难"。任务型教学法的实操真的很不容易。有几次，夏教授让我们旁听的研究生和访问学者试试对学生实施任务的表现进行点评，还真是说不出来，需要她"补台"。

聆听讲座："听君一席话，胜读十年书。"夏教授以英语教育为专题所开设的课程多达50讲，内容涉及外语教育理念、原则、方法、手段、模式以及课程设计、教案设计、教学活动设计、教学研究、教学评价、教材建设、教师发展等。她每年受到邀请所做的教师发展讲座多达几十场次。听她的讲座总有一种"过瘾"的感觉，因为她讲座博采众长，深入浅出，旁征博引，妙语连珠，听完就想行动。原来，她的讲座都是厚积薄发的产物。她先后读过7所大学，自觉参加过无数英美专家主持的教师培训和以外语教师发展相关的国际学术会议，处处留心，所做的笔记都有几箱之多，再加上她认真准备与对表述语言的精心提炼，所以信息量大，可听性强，感染力十足。

参与活动："项目要do，参会要meet。"这是夏教授对我们的要求。夏教授主持的省部校级教学研究项目很多。我参与的有"基于《大学英语教学要求》的课堂教学质量监控及其评价标准研究"和"大学英语四、六级考试改革对教学的反拨后效作用研究"。参与项目最大的收获在于参与了研究的全过程，从文献浏览综述，到设计调查问卷和整理分析，再到论文写作与修改等。只可惜我没有参与立项申请的过程，因为论证过程就是研究目标设定和方法选择的过程，是研究的重要阶段。许多青年教师苦于没有项目，很大程度上是立项申请的论证不过关。还值得一提的是，由于夏教授指导的访问学者来自全国各地，我们之间有了互学互补的机会和环境，做起学问更有团队意识和智慧共建效应。这也是国际教育领域提倡的peer learning。此外，夏教授很关注学术前沿动态，凡是她认为有教学研究价值的学术会议，都及时通知我们争取参会。她常说，"见识见识，有见才有识"。"Meeting，就是到现场去meet people，idea，situation，contexts，不去meeting哪有feeling和thinking。"所以，参会对提高学术能力非常重要。我在访学期间出席过的学术会议有"广东省外国语学会2005年会"（广东湛江）、"首届全国大学英语教师发展专题研讨会"（广州）、"首届中国外语中青年学者科研方法研讨会"（扬州）、"2006国际语言测试大会"（广州）等。

命题研究："读书不为他人忙""好脑袋不如烂笔头"——这是夏教授告诫我们的成长经验。每过一段时间，夏教授就会召集我们访问学者"布置作业"，即科研课题。她常常兴奋异常地告诉我们，值得做的课题很多很多，就看善不善于发现和会不会做。要成为科研选题的有心人，平时要下功夫。首先要靠阅读输入：读专著、读期刊，要读别人的，想自己的，而且读书，就是为了积累知识和刺激思考。读后要输出，靠写作：不怕写、不怕改，文章是改出来的。她定期将自己出席学术会议、浏览阅读期刊文献、与学者教师交谈等途径产生的科研设想逐一列成论文题目，给我们边提点、边讨论，并且把我们brain storming碰撞出来的思想火花详细记录在案。她要求我们分别"认领"课题回去做。最让我历练提高的就是这个写论文的过程。动笔之前，她先与我讨论，讲她对该课题的思路。紧接着，她要求我把她讲过的思路和要点"吐出来"，从中看我是否"入戏"。每次交第一稿，一定得准备被全盘否定，因为我的底子太差、水平太低，距离撰写学术论文的规范还差得很远。稿子被改得"满脸通红"，评语让人无地自容。"思路混乱，逻辑不清，目的不明，文字粗糙"，是常见的批评。大删、大改、大补充、大调整直至第五稿也不奇怪。夏教授不但批改认真仔细，而且不惜时间约我耳提面命。她的点评句句刺中要害和弱点，没有坚强的心理承受力，听了就会眼泪汪汪。但是，我对自己说，没有这样的学习过程，哪会有所提高呢？这是一种"刮骨疗伤"，怎能不痛呢？事实是，一篇拿得出手的论文，一定是反复修改过10多遍甚至无数遍的产物。这样的经历让我深深体会了做学问的严谨和艰难。

交心谈心：亦师亦友，心心相印，关怀备至，情感交融。与导师在一起，最大的幸福是被请到她家吃饭谈心。她完全把我们当成她的亲生儿女，从买菜，到烹饪，乃至餐前餐后的洗刷，夏教授都不让我们动手。看着我们吃，她特别开心。我们无所不谈，谈婚姻、家庭、工作、人生、苦乐、哲理，互相倾诉，互相抚慰，互相解惑，又俨然朋友，像知心人，分不清谁是老师、谁是学生。她丰富的人生经历、洞察心理的敏锐与对后辈的体贴关怀常常令我感动不已。连同我们的家人，也自然而然和她成为一家人。

自2002年以来，夏教授先后接受指导的国内访问学者已经有14人。他们分别来自新疆、辽宁、青海、贵州、广西、重庆等地以及广东肇庆、珠海、佛山、广州的高校。他们中有教授、副教授、讲师。她与大家结下的缘分和友情真正是忘年交。

在最近教育部召开的国内访问学者工作总结会上，夏教授指导国内访问学者的经验还得到推介宣扬。跟着这样的导师，我们能够及时跟踪外语教学改革和研究的学术动态，提高教学研究的能力和水平，培养发展创新意识和能力，为自我发展和可持续发展奠定基础，也有利于回校后发挥学术骨干的辐射作用。

我在中山大学当夏纪梅教授的访问学者有一年半时间，已经成为我职业生涯的一个重要发展阶段。我反思过去当学生时期求学的盲目性，以前当教师时期治学的忙乱

本文作者梁玉玲与夏纪梅教授合影

性，当访问学者期间研学的历练性，现在对求学之道、治学之法、研学之路均有了理性的深刻认识。学然后知不足，知不足才能发奋补缺。今后，我要像夏教授那样认真做学者，严谨做学问，做个与学生有缘、有情、有爱的好老师。

● **英语导学课设计案例与英语课堂教学魅力探析——夏纪梅教授的课程特色（选摘）**

（李红军：中山大学访问学者，顺德职业技术学院外语系副教授、回校后晋升教授，国家级精品课程负责人；写于2008年）

如今，在国内大学英语教学界，没有听说过夏纪梅教授名字的教师为数不多。无论是每年暑期遍布全国的假期英语教师培训，还是在频繁的全国大中小学英语教学会议、教师培训或技能比赛中，常常可以看到夏纪梅教授的身影，感受到夏纪梅讲课或评课的影响和魅力。

夏教授讲课的特色在哪里？魅力突出表现在什么地方？为什么在文人相轻、中西文化碰撞的大学英语教育界，夏教授讲课能够赢得如此多的掌声、笑声和众多"粉丝"的追捧？这些都是自2006年我第一次在重庆"中国大学英语课堂研究研讨会"亲耳聆听夏教授讲座之后一直都萦绕在心头的谜团，也是我反复思考的问题。最近，有幸再次恭听了夏纪梅教授有关"英语导学课设计"的讲座，本人得以从该讲座的设计、内容、过程和活动等各个环节中，又一次观察体会并感受到了夏纪梅教授课程的特色和魅力，也从中悟出了一些道理。

夏教授做的题为"Task-based ELT Training"英语教学微技能培训，首先是"Teaching the First Lesson"（如何上好第一节课）。讲座之初，她用提问的方式，启发现场受训教师进行一系列的思考和讨论。例如：①你的第一节课有无计划（plan）？有无目标（objectives）？采用什么教学模式（approach）？交际（communication）有无发生（take place）？②What do you usually do in the first class?（你第一节课经常做什么？）③What should we do in the first class?（第一节课应该做什么？）④What do you expect as a learner at the first class?（你作为学生第一节课会期待什么？）⑤What do you expect as a teacher at the first class?（你作为教师第一节课会期待什么？）

现场反馈信息表明，有相当一部分教师在第一节英语课上仅仅是简单地将自己的名字写在黑板上或告诉学生而已。大部分人没有全面设计，而且为了不耽误教学计划的完成，马上进入教材内容。

从夏纪梅教授该讲座的目录提纲、课程设计、目标与理念，结合夏教授数年来关于大学英语教学的部分相关理论、文章与教师培训，到第一节"导学课"的介绍引入、活动设计、课堂描述与管理、信息反馈以及夏教授其他课程的教学，本人又一次感受到了"夏氏课程"的特点和魅力。

"夏氏课程"特点浅析

（1）理论先导、实践随行。夏教授常常提到教学要体现"rationales underneath"。听夏教授讲座，感受最深的特点之一，就是她将教学的理论和实践达到了比较完美的结合。在普通英语教师眼里，一个司空见惯或习以为常的教学环节与活动，在夏教授的脑中和课堂教学中却可以发掘到无处不在的理论基础。仅以夏教授对英语导论课的设计为例，她的"自我介绍""课程介绍""学生活动"等呈现出丰富多彩、独具匠心的光彩、活力、乐趣和新意，都是她所秉承的教育理念、信念、观念的作品。

（2）有的放矢、互动交融。正像夏教授在《现代外语课程设计理论与实践》一书中所言："从教学行为来看，教学由三个基本成分组成：学生、教师和课程。没有学生，就没有教学对象；没有教师，就没有施教活动/行为；没有课程，就没有教学程序；没有程序的教学是没有目标、没有计划、没有内容、没有标准的盲目行为，也就没有科学性可言。"她常常在教学中强调"Learning English for use, for communication"（为应用、为交际学习英语）。因此，无论从夏教授的培训讲座或是日常教学，她都能够做到"有的放矢、因生施教、互动交融"。

（3）课堂魅力、趣味横生。凡是听过夏教授课程或讲座的人，都会有一种"痛快、过瘾"和"享受"的感觉，因为她的课堂常常是生动活泼、趣味横生、笑声不断、掌声连连的。从她的课上，听众可以充分体验到语言的魅力、思维驰骋的联想、学科交叉与互融的智慧。"夏氏课程"的课堂魅力体现在四个方面：第一，是她丰富的语汇和敏捷的语速；第二，是她教学和人生结合，课堂与世界自然融合，浑然天成；第三，是她丰富多彩的生活、与时俱进的活力和不断学习的精神常能拉近师生之间的距离，从而形成了亦师亦友的关系；第四，是她生动活泼的多媒体课件和以情感人的教学作风。所以，她的课程才能在拥有语言排比、词汇丰富、思维敏捷、语速疾驰生动的魅力之外，辅之以现代化多媒体课件的翅膀：从色彩搭配、图片图表、设计和动画等方面，尽显其课程的"活泼、趣味"、严密的思维逻辑条理性和语言魅力。而在外语教学界，像夏纪梅教授这样的年龄和资历的教师，对现代化教学手段的使用达到如此水准、多媒体课件做得如此精彩的教师并不多见。

（4）育人创新、回味无穷。综观"夏氏课程"的教学特色，本人认为，夏教授

本文作者李红军与夏纪梅教授合影

课程之所以风靡外语教育界，深受广大英语教师欢迎的另一个重要特色在于她既不是"教书"，也不是"教课"，而是在"教（育）人"。她在教师培训时常说"在大学任教，千万要准备用自己的一生去诠释大学之大、高教之高、教学之优和教师之精"。"夏氏课程"能在听课的人的大脑中留下很深的印象，令人感到"余音绕梁"，多年甚至终身不忘。因为她的语言体现了其知识和智慧的沉淀与结晶以及生活与事业的高度融合。像许多国内杰出的语言大师和专家一样，她在她的教学中投入凝结了她对英语教育事业深深的爱、对学生浓浓的情。只有像她那样能够"从事教学、享受教学、体验教学、研究教学、共建教学、合作教学、发现教学、创新教学"的人，才可以在有限的三尺讲坛上拥有自己的"教学情""学生缘"和"教师梦"。她的课堂才可以令学生和听众受益匪浅、回味无穷。所以，夏纪梅教授的课程教学效果好，深受学生和同行欢迎也就不足为奇了。

15. 指导高校访问学者工作总结（摘选）（中山大学2010—2011学年度接受青年骨干教师访问学者工作会议，以夏纪梅教授团队为例）

导师的人格魅力和指导能力是访学成功的保证

夏纪梅老师的访问学者遍及全国各地，他们都是慕名而来的。因此，夏老师每年所带的访问学者少的时候有3人，多的时候有六七人，基本上每年都可组成访问学者团队。而且历届访问学者组成了一个qq群，群名就是"踏雪寻梅"。所有夏老师的访问学者可以随时随地以文字、多媒体等方式，将自己的日常生活感悟、教学心得、教案设计、课堂实录、课件等上传发表，超越传统时空局限，促进教师个人隐性知识显性化，让大家共享自己的知识和思想，从而达到同行互动、集体反思的效果。

导师严谨的作风、渊博的知识、勇于创新的意识和宽厚的胸怀及其人格魅力以及对此项工作的认真态度对访问学者完成访学工作具有强大影响力和外在驱动力。

在指导访问学者过程中，夏老师做到了她一贯坚持且行之有效的"十有"和"五利用"：对访者有计划，有要求，有指导，有标准，有示范，有命题，有任务，有交流，有检查和有标志性成果；让访者利用导师的专长、资源、项目、机会和智慧。在这过程中，师生共同学习和研究。

夏纪梅教授认真治学，具有远见卓识，在学术上给他们指引方向，在生活上亲切关照，给访问学者深刻的影响，使他们在中山大学一年的生活愉快、充实而且硕果累累。

夏老师不但让所带的访问学者全程观摩了她自己的大学英语基础课程和后续拓展课程，还指导他们观摩了外语教学中心和外国语学院等多位优秀教师、多种相关专业、多种学历层次的课堂教学以及带他们参加了国家级、地区级、校本级的各类教师专业培训，广泛听取多种专题的人文讲座。各种学习和听课的机会，给了他们很多的启发和信息。

基于他们取得的成绩，夏老师给出这样的评价："教学经验丰富，教学研究基础扎实，勤于读写，虚心求教，成果斐然。是在教学、科研、领导等方面均大有潜质、前途无量的青年优秀学者和学术领军后备人选。"这样的评价不仅是对他们一年访问学习成绩的评价，也是对他们今后职业生涯提升的期望和鼓励。事实证明，夏老师指导过的访问学者回到工作岗位都大有长进，捷报频传。

中山大学教务处国内访问学者工作办公室
二〇一一年六月三十日

16. 毕业学生来信选登

（1）中山大学法学院2000级朱瑜坤来信（毕业后驻香港新华社）。

题记：有位哲人说过，人生的历程就好像在一片田野里采摘果实，无论是芝麻还是西瓜，还是途中的清风明月，抑或是暴风骤雨，都是人生难得的一笔财富。进入大学以来，得到最宝贵的一笔财富就是能够和很多很好的老师接触，他们个性洋溢而学术渊博，希望能够以下面这一封信件，表达我对老师深深的谢意。

夏老师：

您好！

在不知不觉之中，大学的两年已经在混混沌沌之中度过了。两年的大学生活走过的时候也许没有什么特殊的感觉，甚至有些麻木；但是现在回头看看，毕竟是走过了一段路，也就自然地留下了一段深深浅浅的脚印。特别是从珠海校区回到广州校区，让我们提早体验离别的愁绪。现在想起种种，最想做的就是想真诚地对您说一声谢谢。

谢谢您对幼稚和无知的我们的谅解与包容，谢谢您包容了我们的错误，包容了我们的鲁莽和冲动。在您的课上，您从来没有大声地骂学生。我们都了解您是一个"有脾气"的人。我非常清楚地记得您曾经说过，无论在外面您生多大的气，在进教室的那一刻，您将您最好的笑容给了学生，就是您这宽容的笑颜使我们觉得教室常是一片晴空。

谢谢您独特而专业的教学方法。在《中国青年报上》曾经有一篇文章，说到外国的老师在给学生做担保的时候有一句动人的话："我以我的生命保证。"有人说过中西教育文化的差异往往体现在老师对学生的态度上。如果学生的能力只有半桶水的时候，中国的老师往往会看到没满的一半，而西方的老师就看到另一半。受到良好的中西文化交流熏陶的您既看到我们的优点，又看到我们的不足，您用鼓励来对待我们的不足，用赞美来帮助我们克服怯懦。我深深地记得您对我们说过大学是让人犯错误的最后机会了，有什么需要尝试的，就逼自己试下，努力完善自己。我铭记着这话，去面对新的环境。

我们曾经很不开心，因为老师您课内讲一个课时要我们课外用四个课时去准备。其实细想，这样一种自由交流的上课方式无论是老师还是学生都要付出很多，得益的还是学生。老师您常会告诉我们外面的世界是怎么样的，无论这种现象是好的还是坏的，因为知道了才能够改正。其实，课本能够给予我们的知识面真的很窄，它告诉我们理论的是什么，但是没有告诉我们实际的是什么。您曾经有一句话："大学的真谛在于老师和同学共同构筑的环境，如果只通过课本就可以学到同样的知识，那大学就没有存在的必要了。"我们很珍惜这样交流对话的机会。不是说学生可以没大没小地不尊敬老师，而是您教会我们用一种平常的心态去面对社会中的每个人，人人之间都会有一种基本的尊重，也有可能进行良好的沟通。

很荣幸我们能够分享您的许多故事。没有故事的人生是不完美的人生。人生一路走来，有很多值得回首的地方。通过老师的故事，我们学会了很多人生道理，知道了许多人情世故，就算是一件小事情也会有独特的地方。

老师的作用是什么？这常常是社会向教育界提出的疑问。学习上，老师不是只教授知识，而是传授一种学习的方法，一种能够在人生中继续使用的方法。学习并不是唯一的，更重要的是做人的"知识"。人的一生一环扣一环，环环相扣就成了生命链。而老师经常就是帮助学生把生命链扣好的人。教育育人，最重要的还是教会一个人怎么样去做一个人，怎么样去面对生活的种种。正是老师的一句话或者是一个行动就会改变一个学生的一生。老师，您是一位很好的老师，最重要的是从您身上折射出一位正直的人的光芒。人人说："好人一生平安。"最后祝愿老师万事如意。

此致
敬礼

学生：朱瑜坤
2002年11月1日

（注：此信保留至今15年，该学生毕业后坚持每年给我订寄《读者文摘》，现在香港新华社工作。）

（2）中山大学学生听闻夏纪梅教授退休来信。

Dear Professor Xia,

　　Today, I suddenly read a notice you put on your homepage. You said that you have already transacted the procedure of retirement. I was so upset, because I was looking forward to your English class next term. You are such an excellent professor that I am proud of being your student.

夏教授：

　　真的很喜欢你，每次看见你都会觉得很愉快，就像看见一个很开心的小朋友一样。现在知道你要退休了，真的很舍不得！那我们下个学期怎么办呢？大一这个学期，我很庆幸自己能遇上你，你让我知道，原来英语可以学得这么有趣。每次跟同学聊天说起英语课的时候，我都会特别自豪，因为我的同学老是抱怨他们的英语老师不好，而你却是那么好。真希望下个学期你还能继续教我们的英语。

　　但是，即使有多么不舍，我都会祝老师退休之后生活快乐，继续像小孩子一样开开心心，笑口常开！

　　致礼！

关思敏（082305 班）
2009 年 1 月 30 日

Dear Prof. Xia,

　　首先祝您在新的一年收获更多的欢乐与幸福。学生不敬，竟然这么迟才看到您在主页上发布的消息。学生不常上网，没想到一上网就看到……那一刻，震惊，遗憾，自责，不舍……百感交集！您是那么的青春，那么的有活力，真的无法将您与"退休"二字挂钩！

　　我还记得您在课堂上用"超越"二字评价我的表现。在大学的第一个学期里能有您的鼓励是一件多么开心的事！它将是我前进的动力，我会带着您的话语向更高峰攀爬！衷心地感谢您！

　　您在课堂上授予我们的学习方法和您展现出来的生活态度将会使我们的四年大学生活甚至一生受益！我们不会忘了您赠予我们的礼物——钥匙，打开成功之门的钥匙！再次谢谢您！

　　Dear Prof. Xia，学生在此祝愿您的退休生活更加充实，在人生的另一个阶段收获更多的幸福与感动。

学生蔡丽珍（082305 班）
2009 年 2 月 12 日

（3）毕业研究生、访问学者教师节来信。

亲爱的夏教授：

　　您好！

　　回想起在中山大学与您相处、聆听您教诲的日子，您语重心长的话语犹在耳边。

您亲和的人格魅力、开阔的学术视野、新颖的思维方式、深厚的科研功底、富有责任心的指导态度，给我留下深刻的印象，让我受益匪浅。您有现实意义的学术思想，有实践性的学术指导，使我的思路豁然开朗，并在我心里播下了种子，为我指明了今后的科研方向和发展道路。您几十年如一日的刻苦钻研、孜孜不倦、"以行而求知，因知以进行"的精神是我学习的榜样。我很遗憾由于现实的原因不能像其他访问学者一样与您相处更长时间，但接受您的指导已是我的幸运了。

其实，在我们第一次学术沙龙中，我就意识到自己就是您提到的"教书棍"，浑浑噩噩，稀里糊涂地混了10年。说实话，我挺自卑的，随信附上我尝试写的东西，不知行不行，请您看一看。若有不妥，我再修改。另外，我当时给您的数据是四舍五入的。

谢谢您为我所花的时间与精力，我会与您电话联系的。

顺祝您：身体健康、工作愉快！

贾琼（中山大学访问学者、兰州大学教师）
2007年

尊敬的夏老师：

您好！教师节到了，学生张青华祝您教师节节日快乐！

转眼之间，毕业已经三年多了，时间过得真快啊！但时间不能冲淡学生对您的想念、对您的尊敬，学生永远忘不了您对我殷勤的教导与母亲一样的关怀。一日为师，终身为父。更何况您教导了我两年。从一开始与导师见面，不止一次地证明我当初的幸运感觉，永远忘不了您对我的严格教导，永远忘不了在您家做饭的情景，更忘不了在汕头大学开会期间一起居住的日子……所有这些，学生我都默默记在心里，心中装满了感激。自己当初和毕业以后不止一次地对别人说过，我运气很好，在读研究生时遇到了今生最好的老师。真想一辈子跟着您做学问，做一辈子您的学生。虽然平时给您写信很少，打电话问候也不多，但学生其实一直在心里为您祝福：祝福您身体健康，合家欢乐，事事顺心！所有的感激在教师节来临时就化作学生真心的祝福吧！祝您节日快乐，工作愉快！

张青华（2005届中山大学研究生，现任中国石油大学英语教师）
2008年9月10日

干妈：

教师节快乐！

今年暑假，单位派我参加了外语教学与研究出版社在北京的全国高校教师教育研

修班，内容是由文秋芳老师主讲的论文阅读与评价。外研社的研修班如今都采用先由专家密集讲座和演示然后让所有参加老师进行 PPT presentation 竞赛的形式，很像当年在中山大学向您学习的任务型教学模式。深受这种模式的影响，我在自己的教学中一直要求学生能够用 PPT 做 presentation 把所学应用起来，得益于这样的教学实践，以我为主导的研修班小组在外研社竞赛中通过精湛的 PPT 演示和富有创意的解说稳拿第一名，文秋芳老师和外研社的领导给我们颁了奖。在来自全国各地 200 多名同行（有博士毕业、有很多海外学习归来者）参加的比赛中获得头奖，虽然这个奖并不带来实质的利益，但仍让我小小得意了一番。以前我用这种模式教过的能从中受益的学生都一直感激我给他们拓宽了视界、拓展了能力，而这样的荣耀都得益于干妈您当年领先的教学理念以及对我们的悉心传授，这些都令我受益匪浅。其实，一年多来，单位里繁重的授课任务和人事制度令我消沉了很长一段时间，今年暑假在北京的学习重新激起我对英语教学科研的兴致。我不能浪费在中山大学里曾受过干妈教导熏陶的三年！希望自己能好好钻研上进，做一块能糊上墙的好泥巴！

祝干妈身体健康！笑口常开！

蔡焱（2005 届中山大学研究生，现任广西师范学院英语教师）
2008 年 9 月 10 日

敬爱的夏老师：

您好！

今天是您的节日，我们的节日，遥祝您身体健康、家庭幸福。我暑假在家恶补文献阅读，尤其是您的文章和讲座，受益匪浅。看到您的成就，尤其是您的终身学习、勤于思考的精神，很受鼓舞。您的教学理念、您的投入、您的思维和独到的见解都是我仰慕您的理由。这个暑假很充实，我是在阅读文献和撰写论文中度过的。希望能给您一份好的"见面礼"，不过还很不够，所以我决定今年春节不回家，在广州"闭关修炼"。

2010 年，胡素芬与夏纪梅教授合影

胡素芬（中山大学 2009 年访问学者、华中农业大学副教授）

人生处处是课堂——我的课堂人生缩影

夏妈：

不是在教师节才产生的话语，是浓缩了一年的感情今天再次向您表达：我的人生何幸，能遇您这样的良师慈母益友，您始终在我心灵深处。我爱您！

陈刚（中山大学访问学者、重庆科技学院副教授）
2011 年 9 月 10 日

夏纪梅老师：

虽然时间飘过，但微笑依然永远！虽然相处短暂，但快乐却是永远！虽为师生辈分，但却姐妹情深！虽然节日只是一天，但祝福是永远的！夏老师，谢谢您！

吴文亮（中山大学访问学者、柳州师范高等专科学校教授）

夏老师：

像天空一样高远的是您的胸怀，像大山一样深重的是您的恩情。请您接受我诚挚的祝福吧，教师节快乐！

赖鹏（中山大学同事）

敬爱的夏老师：

您好！

怀着美丽的心情，用金色缎带扎起 12 只太阳花，加一只盛开的百合，带着清新花香，环绕着 999 朵玫瑰，放在常青藤做成的爱心底座上，满含深深的想念和感恩，借着 e-mail，遥寄对恩师最崇高的敬意，美好的祝愿！祝亲爱的夏老师永远令学生痴迷！祝您心如太阳花，永远年轻！祝您事业如百合，业绩辉煌！祝学生的爱永远围绕您，欢乐开怀！教师节快乐！身体健康！

侯宏业（中山大学访问学者、河南工业大学副教授）

李琼清（2016 年 11 月 24 日微信）：感恩父母！感恩恩师！脑海里又浮现了当初您指导我硕士学位论文的情景：我每写完一章发给您看，您总是百忙中安排时间给我"私教"两小时左右。打印稿上写满了您的批改笔迹，每章都如此啊！学生较愚钝，免不了要给老师批评！记得有一次临离开您家时，您担心我心里受不了您的批评，还特意对我说："我是对事不对人啊，别往心里去！"我当然要往心里去了！您不知道您语速极快的每句批评里边包含了您多少有见地的意见和见解，对我来说如此珍贵，

常让我有茅塞顿开之感啊！我怎能不窃喜?！谢谢您，亲爱的夏妈妈！祝您平安快乐！

（李琼清：中山大学外国语学院首届"研究生班"毕业，广东轻工业职业技术学校高级讲师）

路惠文（2016年12月8日微信）：早，教授，昨天学到很多知识，感恩！您的语录：生活无处不课堂，精辟，学习到了您的敏锐观察力，受教啦！

（2017年1月21日微信）：从教授身上学习到很强的行动力，对新事物的感知力，与人交往的交际能力。

（路惠文：广州花地中学英语教师、荔湾区英语骨干教师赴美培训班学员）

2016年，路惠文与夏纪梅教授合影

17. 发表教学研究论文目录（中国知网 1981—2016 年）

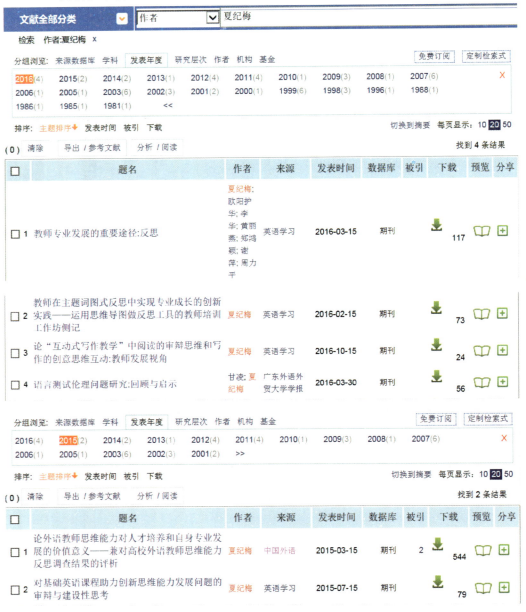

第三章 课堂言值与课值

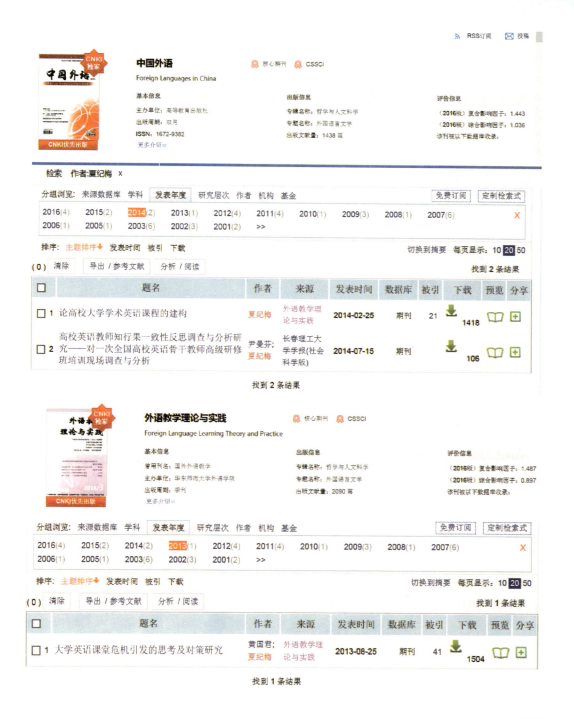

人生处处是课堂——我的课堂人生缩影

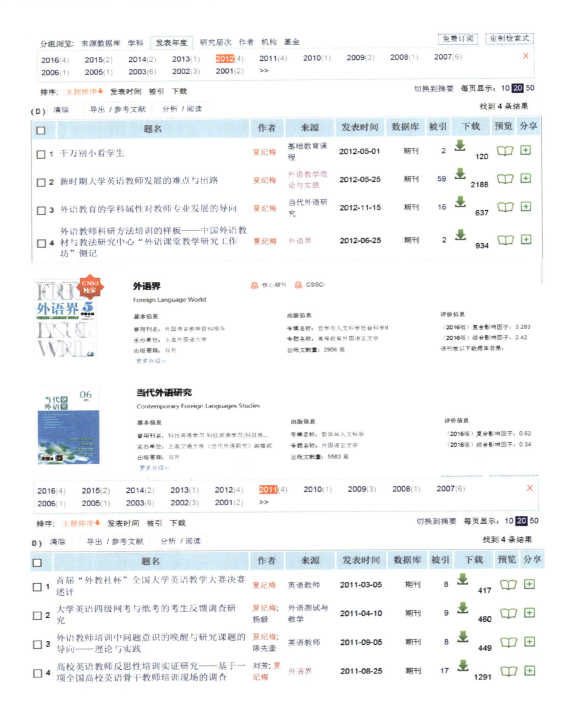

第三章　课堂言值与课值

外语测试与教学
Foreign Language Testing and Teaching

基本信息
主办单位：上海外国语大学
出版周期：季刊
ISSN：2095-1167
更多介绍»

出版信息
专辑名称：哲学与人文科学
专题名称：外国语言文字
出版文献量：223 篇

评价信息
（2016版）复合影响因子：0.776
（2016版）综合影响因子：0.5

| 2016(4) | 2015(2) | 2014(2) | 2013(1) | 2012(4) | 2011(4) | 2010(1) | 2009(3) | 2008(1) | 2007(6) | X |
| 2006(1) | 2005(1) | 2003(6) | 2002(3) | 2001(2) | >> | | | | | |

排序：主题排序↓　发表时间　被引　下载　　　　　切换到摘要　每页显示：10 **20** 50

(0) 清除　导出/参考文献　分析/阅读　　　　　找到 1 条结果

□	题名	作者	来源	发表时间	数据库	被引	下载	预览	分享
□ 1	网络与课堂相结合的可持续大学英语教学改革实践及其成效	王哲;夏纪梅	外语电化教学	2010-05-20	期刊	42	1913		

RSS订阅　投稿

外语电化教学
Technology Enhanced Foreign Language Education
核心期刊　CSSCI

基本信息
主办单位：上海外国语大学
出版周期：双月
ISSN：1001-5795
更多介绍»

出版信息
专辑名称：哲学与人文科学社会科学II
专题名称：高等教育外国语言文字
出版文献量：3783 篇

评价信息
（2016版）复合影响因子：2.168
（2016版）综合影响因子：1.671
该刊被以下数据库收录：

| 2016(4) | 2015(2) | 2014(2) | 2013(1) | 2012(4) | 2011(4) | 2010(1) | 2009(3) | 2008(1) | 2007(6) | X |
| 2006(1) | 2005(1) | 2003(6) | 2002(3) | 2001(2) | >> | | | | | |

排序：主题排序↓　发表时间　被引　下载　　　　　切换到摘要　每页显示：10 **20** 50

(0) 清除　导出/参考文献　分析/阅读　　　　　找到 3 条结果

□	题名	作者	来源	发表时间	数据库	被引	下载	预览	分享
□ 1	论教师研究范式的多样性、适当性和长效性	夏纪梅	外语界	2009-02-25	期刊	68	1780		
□ 2	二语习得中的性别差异——多学科视角述评	靳鹏;夏纪梅	中国海洋大学学报(社会科学版)	2009-11-10	期刊	13	862		
□ 3	从大学新生英语应用能力看中学英语新旧课标的成效	陈婉琳;夏纪梅	疯狂英语(教师版)	2009-02-01	期刊		226		

中国海洋大学学报(社会科学版)
Journal of Ocean University of China(Social Sciences)
CSSCI

基本信息
曾用刊名：青岛海洋大学学报(社会科学版)
主办单位：中国海洋大学
出版周期：双月
更多介绍»

出版信息
专辑名称：社会科学II
专题名称：教育综合
出版文献量：2684 篇

评价信息
（2016版）复合影响因子：0.843
（2016版）综合影响因子：0.441
该刊被以下数据库收录：

331

人生处处是课堂——我的课堂人生缩影

第三章　课堂言值与课值

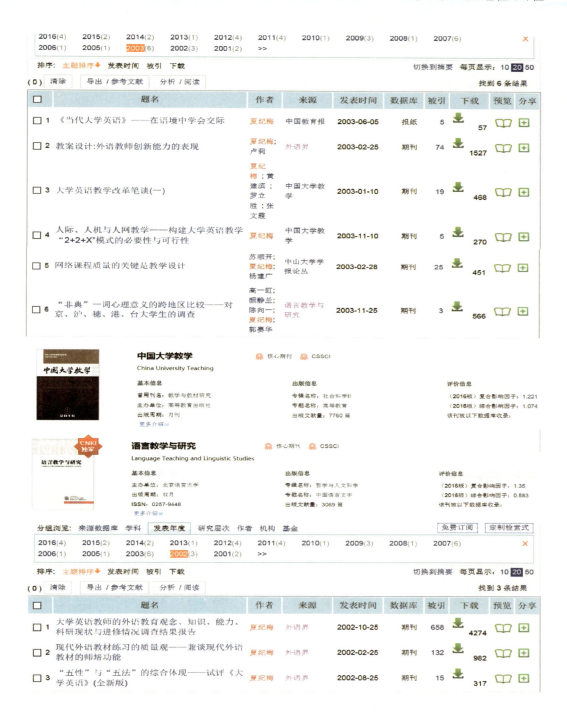

人生处处是课堂——我的课堂人生缩影

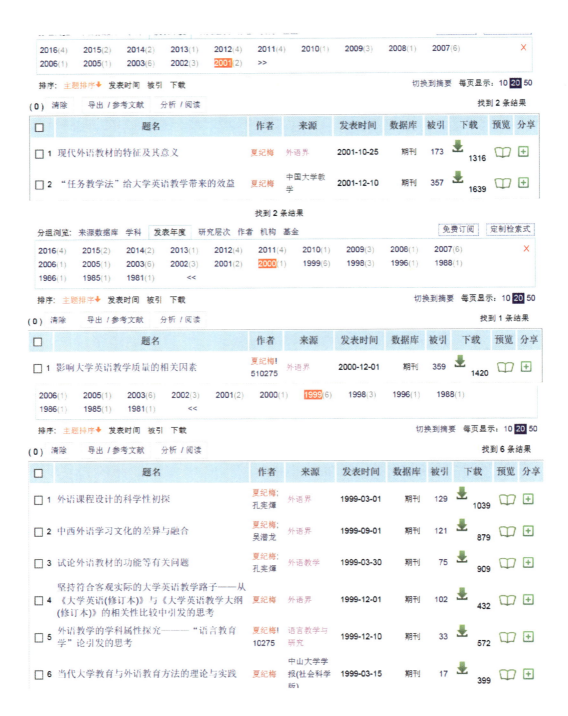

2006(1)　2005(1)　2003(6)　2002(3)　2001(2)　2000(1)　1999(6)　1998(3)　1996(1)　1988(1)
1986(1)　1985(1)　1981(1)　<<

排序：主题排序↓　发表时间　被引　下载　　　　　　　　　切换到摘要　每页显示：10 **20** 50

(0)　清除　　导出 / 参考文献　　分析 / 阅读　　　　　　　　　　　　　　找到 3 条结果

	题名	作者	来源	发表时间	数据库	被引	下载	预览	分享
□ 1	"难题教学法"与"任务教学法"的理论依据及其模式比较	夏纪梅|广州510275; 孔宪辉|香港沙田	外语界	1998-12-01	期刊	497	1776		
□ 2	大学英语教材、教法与素质培养——兼评《大学英语精读》	夏纪梅	中山大学学报论丛	1998-06-30	期刊	2	223		
□ 3	一次公共选修课与素质培养相结合的尝试	夏纪梅	中山大学学报论丛	1998-04-30	期刊	2	163		

2006(1)　2005(1)　2003(6)　2002(3)　2001(2)　2000(1)　1999(6)　1998(3)　**1996**(1)　1988(1)
1986(1)　1985(1)　1981(1)　<<

排序：主题排序↓　发表时间　被引　下载　　　　　　　　　切换到摘要　每页显示：10 **20** 50

(0)　清除　　导出 / 参考文献　　分析 / 阅读　　　　　　　　　　　　　　找到 1 条结果

	题名	作者	来源	发表时间	数据库	被引	下载	预览	分享
□ 1	从一份调查问卷看ELT发展趋势	夏纪梅	中山大学学报论丛	1996-06-30	期刊		168		

2006(1)　2005(1)　2003(6)　2002(3)　2001(2)　2000(1)　1999(6)　1998(3)　1996(1)　**1988**(1)
1986(1)　1985(1)　1981(1)　<<

排序：主题排序↓　发表时间　被引　下载　　　　　　　　　切换到摘要　每页显示：10 **20** 50

(0)　清除　　导出 / 参考文献　　分析 / 阅读　　　　　　　　　　　　　　找到 1 条结果

	题名	作者	来源	发表时间	数据库	被引	下载	预览	分享
□ 1	以教学论为主导,编制符合教学规律的外语电视教材	夏纪梅	外语电化教学	1988-09-30	期刊		73		

2006(1)　2005(1)　2003(6)　2002(3)　2001(2)　2000(1)　1999(6)　1998(3)　1996(1)　1988(1)
1986(1)　1985(1)　1981(1)　<<

排序：主题排序↓　发表时间　被引　下载　　　　　　　　　切换到摘要　每页显示：10 **20** 50

(0)　清除　　导出 / 参考文献　　分析 / 阅读　　　　　　　　　　　　　　找到 1 条结果

	题名	作者	来源	发表时间	数据库	被引	下载	预览	分享
□ 1	英语近义词与修辞	夏纪梅	中国翻译	1986-03-15	期刊		110		

找到 1 条结果

人生处处是课堂——我的课堂人生缩影

第三章 课堂言值与课值

18. 出版学术著作与教材目录（1986—2013 年代表作）

（1）《英语阅读》，中山大学出版社 1986 年版。

（2）《英语视听说》，中山大学出版社 1986 年版。

（3）《运用英语的技巧》，中山大学出版社 1992 年版。

（4）《商务英语证书备考辅导》，广东教育出版社 1993 年版。

（5）《英语交际常识》，中山大学出版社 1995 年版。

（6）《大专英语》，广东高教出版社 1997 年版。

（7）《大学英语教案》1～6 册，上海外语教育出版社 1999 年版。

（8）《贤母良师益友》，广东人民出版社 2000 年版。

（9）《现代外语课程设计理论与实践》，上海外语教育出版社 2003 年版。

（10）《大学目标英语补充教案》，上海外语教育出版社 2005 年版。

（11）《现代外语教学理念与行动》，高等教育出版社 2006 年版。

笔者主笔的部分出版物封面选照

（12）《外语教师发展的知与行》，上海教育出版社 2011 年版。

（13）《基于课堂的外语教师技能发展》，上海教育出版社 2012 年版。

（14）《外语还可以这样教》，外语教学与研究出版社 2012 年版。

（15）《大学学术英语：读写教程补充教案》上、下册，上海外语教育出版社 2013 年版。

19. 教师培训专题目录选

（1）教学专题。

1）学科核心价值与人才核心素养匹配的教学与评价创新。

2）互联网时代实体课堂的应变之道与术（创构慧心课堂，造就高大上教师）。

3）构建教育生态的阳光导师：导学、导思、导干、导评、导研、导创、导人。

4）大学生课业作品化及其评价标准与方法案例分析。

5）"成果导向"的教学模式的理论与实践。

6）翻转课堂的来龙去脉及其对教师的挑战。

7）微课的设计原则与评价标准。

8）审辩思维品质培育的方法与标准。

9）人文通识课的设计与教法（案例）。

10）导学课设计目的与意义（案例）。

11）大学教师教学技艺之道与术。

12）运用英语设计专业课教学的原则与预期效果。

（2）教学研究专题。

1）教学研究课题探究与方法推介。

2）近四百年国际著名有效教学核心理论综述与实践转化模式推介。

3）"行动研究法"：知行效。

4）以思维导图为工具，助力"有效教学"经典理论梳理及其在教学中的转化应用。

5）教学实践理论化七步法：教学研究基本功普及版。

6）高校教学改革、教学研究、教学成果奖一体化构建。

7）高校教学研究促推教学改革实践案例选展。

（3）教师发展专题。

1）高校新入职教师的第一个五年规划。

2）高校青年教师的专业成长与发展之路：为与为，道与术。

3）高校任教：杏坛耕耘梦想的人，看懂现在，明确未来。

4）师生学习共同体的构建要素与相处招数。

5）运用思维导图导航教师专业发展（教师反思，梳理教学核心观念）。

6）我的教师生涯经历与成长故事（教育叙事系列：教师经，教育道，教学技）。

7）女性教师家庭与事业的平衡术（"三八节"公开讲座）。

8）现代教师的胜任力"十大软实力"发展方向与方法（系列讲座：学习力、思考力、管理力、组织力、沟通力、关系力、演讲力、创造力、发展力、生存活力）。

（4）外语教育专题。

1）运用思维导图导航外语教师专业发展。

2）外语学科核心价值与人才核心素养匹配的教学与评价创新。

3）大学英语拓展课程设置与设计创新及其带动的教师专业发展（案例）。

4）任务型团队式研究性大学英语教学模式理论与实践（案例）。

5）以思维导图为工具，助力有效教学理论梳理及其在外语教学中的转化应用。

6）运用思维导图解构与建构课文意义的教学创新：审辩式阅读与创意性写作互动教学与评价（案例）。

7）外语课程助力审辩式思维能力发展之道与术。

8）激活课堂的英语教学设计。

9）提高外语教师专业能力的有效途径：反思与评析。

10）外语教学实践理论化七步法。

11）外语教学研究学术指导（普及版）。

12）新教育背景下大学英语应变之道：增强学术含量的目标与方法。

13）输出驱动成果导向的大学英语课业作品化可行性探究；大学英语学生课业作品化的理论与实践。

14）如何评价英语教学助力师生的思维能力发展。

15）英语教学微技能（系列工作访：导学课，热身活动，讨论活动，听说读写技能即场点评，等等）。

16）结合专业的大学英语教学模式案例分析。

（5）其他人文专题。

1）语言智慧赏析。

2）言值课值源于演讲水平和教学设计。

3）跨文化交流中的跨性别交流：性别差异与沟通策略。

4）跨文化交流与中西教育比较。

后 记

我与课堂心相印："课痴"的"恋情录"

世上有一种"痴文化"，指那些对自己所钟情的、热爱的、投身的工作、事业或艺术沉醉其中且精益求精的人文现象。我觉得自己就是一个"课痴"，钟情教育，爱恋教育，投身教育，思考教育，探索教育。自然，我也是受益于教育的人。

我在学生心目中，是一个"对教学一往情深"的人，是教育思想的舞者、教育情怀的歌手、教育情节的恋人、教育生态的园丁、教育大厦的建筑工、教育接力赛的起跑者，是人才新星的推手、学术人成长的隐形翅膀、课堂的导演、学生的导师、课程的设计师。当然，我也得益于教学相长。

在我的日常生活中，"收入眼中的都是课"。天象地貌、植物生态、男女老少、行为举止、社会现象、学科特征、学者讲座、新闻报道、电视节目，凡此种种，都可以成为我触类旁通的"刺激物"，进而成为我眼中、耳中、脑中、口中、心中的"课程"。

说真的，"备课""上课""研课""观课""评课"已经成为我的生活习惯与生活方式，成为我生活的重要组成部分。

我爱教学，对它如痴如醉；我爱学生，把他们视如己出；我爱课堂，使之生机盎然；我爱我师，将其精神发扬光大；我爱教育，将其自始至终放在第一位。因为爱，我的教师人生变得精彩。

我相信，课堂有恋情。加拿大教育家马克斯·范梅南说过："教育学就是一种迷恋他人成长的学问。"我真的很爱恋我的学生，不是人们以为的异性相吸的师生恋，而是教与学之间那种互利双赢、共生共建的依恋。

我相信，课堂有生态。人们对教师的身份认同最熟悉不过的是"园丁"。园丁用智慧来浇灌，专业地耕作，欣赏种子发芽、苗木开花、果实成长的过程，从中体验自己的生命价值。

我相信，课堂有心灵。教育界把教师功能定义为"人类灵魂的工程师"。这里有人与人的思想、情感、知识、经验、技能、感悟、认知的交流，是心智的灵动，也是生命质量的所在地。

我还相信，课堂有味道。那里充满了青少年的青春气息、课本的书香，要品尝就要会咀嚼。课堂有长度，师生可以通过探究知识的来龙去脉，把课堂无限延伸。课堂有宽度，师生可以通过讨论交流各自的观点、视角，超越一本教材、一位老师、一种思维。课堂也有深度和维度，研究型教学能够引导审辩式和创新性思维，将学习引向素养培育和发展。

总之，我与课堂有情结，有情怀，有经历，有见闻，有感触，有收获，有许多想与人分享的感悟。看山，山有意境；看水，水有心境；看花，花有语境；看人，人有情境。有了享受课堂的心情，就能将世间万物看成认知与学习的对象，触类旁通，获得无限乐趣。

我这辈子从18岁开始在山间从教，到2018年结束任教合同，有近50年的教育生涯，心系课堂，钟情课堂，痴迷课堂，爱恋课堂，情牵课堂，思索课堂，享受课堂，对教育情有独钟、情有所系、情有所托。

我这辈子近70年的课堂人生，从家庭课堂到学校课堂、社会课堂，受到的教育是天道酬勤、事在人为。临渊羡鱼不如退而结网。有耕耘必有收获，收获在于过程。英雄不问出处，没有骄人的学历，就靠脚踏实地地努力和打拼出来的实力。

我常怀一颗感恩的心，感谢那些曾经帮扶提携过自己的人；同时，也感谢那些曾经轻视和压制自己的人，是他们给了我不服输的反冲力。受恩不忘报，施恩却不望报。

做学者要耐得住寂寞。自在不成才，成才不自在。读书不为他人忙，写作研究苦中乐。别人度假寻欢时，恰是鄙人奋笔时。

可以说，我是一个"born teacher"：有教师梦，也是教师料；有学生缘，也是好学生。我对教育事业以情相许。从做梦到追梦、寻梦、筑梦、圆梦，轨迹清晰，足迹踏实。现在，这一切都开始如同运用蒙太奇手法的电影，渐渐淡出。

在我的有生之年，我用"痴"情、"痴"意、"痴"精神写完了这本"课堂恋情录"。其中的"恋"有恋课、恋师、恋生、恋事、恋物、恋景，其中的"情"有生情、共情、心情，其中的"录"有回忆录、观感录、自叹录、随想录、访谈录、发言录、反思录。

作为关注教育研究的学者，本书也可以算是一种教育叙事的创新尝试。话语方式多种多样，集"自传、叙事、对话、散文、文学创作"为"杂烩"，呈现独特经历的方式也富有个性化色彩。正逢"教育研究叙事转向"的时机，本书可以为人文社科性质的教育研究者提供研究素材。

需要说明的是，为了表现学生语言的原汁原味，本书对摘选刊载的学生反馈部分的内容尽量不做文字润色，因此这部分的行文可能会有明显瑕疵，特此说明。如果有教师同行或研究生想利用学生反馈文字语料做研究分析，笔者也无任欢迎，愿做"供料人"。

　　实话相告，我是"捆着腰带"、站着打字完成这本教育人生叙事书籍的。因为我的腰不争气，年轻时下乡落下了腰肌劳损，年老后因肾亏气虚而不能久坐。

　　尽管这样，我仍为自己的"痴"性点赞。这本书权当献给自己的精神礼物，也希望能对教师、学生和那些爱学习、爱思考、爱生活的人有一点点有益的启示。书中涉及的现象与思考仅对事，不对人，特此声明。

夏纪梅
2017年8月
中山大学康乐园

笔者与学生结下母女情、姐妹情：与钟义清、李琼清夫妇合影（左图），与林慧华合影（中图），与黄国君合影（右图）